DICTIONNAIRE

DE LA

PRONONCIATION.

PARIS,
TYPOGRAPHIE DE FIRMIN DIDOT FRÈRES,
RUE JACOB, 56.

DICTIONNAIRE

DE LA

PRONONCIATION

DE LA LANGUE FRANÇAISE,

INDIQUÉE AU MOYEN DE

CARACTÈRES PHONÉTIQUES,

PRÉCÉDÉ D'UN MÉMOIRE

SUR LA

RÉFORME DE L'ALPHABET,

PAR

ADRIEN FELINE.

PARIS,

CHEZ FIRMIN DIDOT FRÈRES, ÉDITEURS,

IMPRIMEURS DE L'INSTITUT DE FRANCE,

RUE JACOB, 56.

1851.

En publiant un dictionnaire de la prononciation, je n'ai pas voulu seulement donner un guide sur la manière de prononcer les mots de la langue française; j'ai eu aussi pour but de démontrer combien l'alphabet phonétique que j'emploie serait utile, et combien son usage serait facile. Je crois donc devoir faire précéder ce dictionnaire d'un mémoire sur la nécessité d'adopter un alphabet rationnel et phonétique.

MÉMOIRE

SUR LA

RÉFORME DE L'ALPHABET.

AVANT-PROPOS.

Depuis longtemps on a signalé les vices de notre alphabet. Volney les avait démontrés; mais, orientaliste avant tout, il n'avait aperçu dans une réforme à cet égard que les facilités qu'elle procurerait pour l'étude des langues de l'Asie. Ne songeant qu'à la science, il n'avait pas porté son attention sur les résultats philanthropiques et économiques; il n'avait pas compris tout ce que la civilisation devait retirer d'un perfectionnement dans ce mode de communication. La pensée de vulgariser, de rendre usuel un alphabet rectifié, ne lui était pas venue; il ne s'était pas occupé des moyens de vaincre les obstacles que pourrait éprouver une telle tentative.

Destutt de Tracy avait aussi abordé ce sujet, et sa logique si parfaite l'avait conduit aux mêmes résultats; il prouvait la nécessité d'avoir un alphabet qui fût complet. Mais alors les progrès de l'industrie ne perfectionnaient pas comme aujourd'hui tous les procédés de travail, et il ne songeait pas non plus à généraliser immédiatement l'usage de ce nouvel alphabet; il demandait seulement qu'une réunion de savants, volontairement formée, s'occupât de le composer, puis en fit l'application, plutôt dans des vues scientifiques, qu'avec l'espoir d'un progrès national et humanitaire.

Frappé, dès mon enfance, des défectuosités de l'alphabet, j'ai aussi depuis bien longtemps médité ce sujet. Mais, subissant l'influence du siècle, je me suis surtout préoccupé de l'utilité générale d'une réforme et des bienfaits qui en seraient la conséquence nécessaire. Animé d'une forte conviction, j'ai cherché les moyens de vaincre les résistances, et il m'a semblé impossible que l'on ne se rendit pas à l'évidence des avantages philanthropiques et économiques qui sont si palpables à mes yeux. Je viens donc, encouragé par tous les prodiges de perfectionnement réalisés de nos jours, proposer l'amélioration de l'instrument le plus puissant de tout progrès, de toute civilisation.

DE LA NÉCESSITÉ D'UN ALPHABET RATIONNEL ET PHONÉTIQUE.

Ce qui constitue notre supériorité sur les animaux, ce qui nous rend susceptibles de perfectionnement, c'est l'admirable faculté qui nous permet de nous communiquer nos idées. Deux agents nous servent à cette communication intellectuelle : la parole, qui est un don naturel, et l'écriture, qui est une conquête de l'esprit humain. On peut dire qu'à cet égard le génie de l'homme nous a dotés plus richement que ne l'avait fait la nature; car la parole n'est entendue qu'à une faible distance, elle s'évanouit avec le son, et ne laisse dans la mémoire qu'une trace incertaine et fugitive. L'écriture fait bien plus : elle franchit l'espace, elle brave le temps, elle grave la pensée.

Pourquoi donc le langage seul s'est-il ressenti des effets du progrès; pourquoi le voit-on en tout temps s'améliorer constamment, tandis que l'écriture depuis tant de siècles est restée stationnaire ?

Les différentes manières de peindre la pensée remontent aux temps les plus reculés. La connaissance que nous en avons nous porte à croire qu'elles ne sont pas le produit de modifications successives, et qu'elles ont pris naissance dans des civilisations différentes. Trois principes essentiellement distincts semblent en effet avoir inspiré les inventeurs de l'écriture. Nous la voyons symbolique chez les Égyptiens, idéologique chez les Chinois, phonique ou phonétique chez les Phéniciens.

L'écriture phonétique devait être, comme la plus simple, le dernier degré de perfection, puisque, représentant les sons, elle semblait s'identifier à la parole pour ne former avec elle qu'une seule et même langue. Les écritures symboliques et idéologiques, au contraire, qui représentent des choses et des idées, forment des langues distinctes des langues parlées, et ne peuvent, à cause de leurs difficultés, être connues que d'un petit nombre d'adeptes ou de lettrés.

Cependant nous avons été si peu rationnels dans l'application du principe phonétique, on voit si souvent dans notre alphabet le même son indiqué par des signes différents (Volney compte trente-sept manières d'écrire le son *an*) et le même signe exprimer des sons divers, que, tout en n'ayant qu'une seule et même langue sous le rapport des mots et de la construction des phrases, nous en avons deux en réalité; d'où il suit qu'il faut apprendre successivement à prononcer et à écrire chaque mot, et que par le fait notre écriture est idéologique, puisqu'elle ne représente pas des sons précis, mais des pensées distinctes.

Destutt de Tracy a émis, à cet égard, une opinion que je crois devoir reproduire ici :

« Ces alphabets sont devenus, dit-il, un assemblage fortuit de « pièces de rapport prises çà et là, et réunies sans plan, sans vues « et sans système. Tantôt un caractère manque, et on en réunit « plusieurs pour exprimer une seule voix ou une seule articu- « lation; tantôt le même caractère a successivement plusieurs « valeurs. Quelquefois une voix ou une articulation n'a point « de signes; d'autres fois on peut la rendre de cinq ou six fa- « çons différentes. . . . . En un mot, nos alphabets, vu leur « défectuosité et le mauvais usage que nous en faisons, c'est- « à-dire nos vicieuses orthographes, méritent encore à peine le « nom d'écriture. Ce ne sont réellement que de maladroites ta- « chygraphies, qui figurent tant bien que mal ce qu'il y a de « plus frappant dans le discours, et en laissent la plus grande « partie à deviner, quoique souvent elles multiplient les signes « sans utilité comme sans motif. Aussi l'abbé d'Olivet est obligé

« de convenir qu'*on ne saurait envoyer une phrase de conver-* « *sation à Montpellier ou à Bordeaux, et faire qu'elle y soit* « *prononcée, syllabe pour syllabe, comme à la cour.* »

De ces défectuosités de notre alphabet résultent les conséquences suivantes :

1° Un vague déplorable dans la langue parlée, qu'il est impossible de fixer par des signes certains et définitifs, et dont les sons exacts ne peuvent être transmis que par la tradition orale. Aussi la prononciation varie-t-elle suivant les provinces et les familles ;

2° Un travail très-long et très-compliqué pour apprendre à lire, puisque plusieurs lettres peuvent se prononcer de différentes manières, et un travail plus long encore pour apprendre à écrire, puisqu'il faut, entre les nombreuses manières d'exprimer le même son, suivre strictement celle adoptée par une aveugle et impérieuse routine. En sorte que, pour lire et écrire, il ne faut pas seulement connaître les lettres, mais bien la prononciation et l'orthographe de chacun des mots de la langue, ce qui est un obstacle insurmontable à l'instruction du peuple ;

3° Un double travail pour ceux qui, parlant une autre langue, veulent parler et écrire le français, et qui, ne pouvant pas s'aider de l'étude faite dans les livres, doivent apprendre à la fois notre langue écrite et notre langue parlée ;

4° Enfin, une augmentation dans la dépense de temps et dans les frais à faire pour tout ce qui s'écrit et s'imprime, attendu qu'une méthode irrationnelle étant nécessairement plus compliquée que toute autre, il s'ensuit que notre orthographe emploie une quantité de signes qui excède d'un quart, ou même d'un tiers, celle qui serait nécessaire.

Ce serait donc réaliser un immense progrès que d'adopter une modification grâce à laquelle on parviendrait à fixer la prononciation, à généraliser l'instruction primaire, à répandre l'usage de la langue française, et à procurer à la nation une économie considérable.

Le procédé est d'ailleurs bien simple : il consiste à rendre notre alphabet rationnel, à l'identifier avec la parole, à faire qu'il ait un signe, mais un seul signe pour chaque son.

Il est probable que le premier alphabet a été composé ainsi, et que c'est par sa transmission dans plusieurs idiomes qu'il aura perdu sa simplicité primitive et rationnelle. Les nouvelles langues auxquelles on l'appliquait comprenaient sans doute des sons qui n'existaient pas dans celle à laquelle on l'empruntait, il fallait les représenter ; et, faute d'intelligence et de soin, on aura employé des caractères connus pour indiquer de nouveaux sons, au lieu de créer des signes également nouveaux.

Qu'arrive-t-il lorsque l'on fait usage d'un pareil instrument, on apprend d'abord à connaître les lettres, et la facilité qu'apportent à cette étude les élèves les plus inappliqués prouve que l'obstacle n'est pas là. Mais il faut ensuite apprendre à épeler, et ici commencent des difficultés sans nombre, des difficultés véritablement infinies, puisqu'avec nos signes il est impossible de deviner l'orthographe d'un mot nouveau ou d'un nom propre. Aussi beaucoup de personnes renoncent à faire épeler les enfants et préfèrent leur apprendre les mots entiers, écrits sur des cartes, comme avec l'écriture idéologique des Chinois.

Destutt de Tracy signale un autre inconvénient bien grave résultant de ce premier enseignement. « La mémoire seule, « dit-il, peut servir à cette étude; aucun raisonnement ne peut « guider; au contraire, il faut à tout moment faire le sacrifice « de son bon sens, renoncer à toute analogie, à toute déduction, « pour suivre aveuglément l'usage établi, qui vous surprend « continuellement par son inconséquence, si, malheureusement « pour vous, vous avez la puissance et l'habitude de réfléchir.

« Et j'en appelle à tous ceux qui ont un peu médité sur nos « facultés intellectuelles, y a-t-il rien au monde de plus funeste « qu'un ordre de choses qui fait que la première et la plus lon- « gue étude de l'enfance est incompatible avec l'exercice du ju- « gement? Et peut-on calculer le nombre prodigieux d'esprits « faux que peut produire une si pernicieuse habitude, qui de- « vance toutes les autres ? »

Il faut donc reconnaître que notre alphabet est la plus déplorable introduction aux études de l'enfance ; qu'après avoir exigé un travail de plusieurs années qui pourraient être employées si utilement pour le développement du corps et de l'esprit, il n'est pas encore, pour l'homme le plus savant, un instrument sûr, au moyen duquel il puisse écrire tous les noms propres, tous les mots dont il n'a pas appris l'orthographe; et il n'est pas un homme, quelque instruit qu'il soit, qui ne trouve à chaque page d'un dictionnaire des mots qui lui sont inconnus. Ainsi nous possédons seulement un moyen d'écrire correctement les mots étudiés, et incorrectement ceux que nous ne connaissons pas.

Par les difficultés qu'éprouvent encore constamment les personnes qui ont l'habitude de lire et d'écrire chaque jour, pendant plusieurs heures, on peut juger de celles que doivent rencontrer le paysan et l'ouvrier qui n'ont pu consacrer à l'étude de la lecture et de l'écriture que quelques saisons d'hiver dans leur enfance, et qui ont si rarement l'occasion de s'y exercer. On nous donne, chaque année, le nombre des élèves qui suivent les écoles primaires; mais pour connaître combien il en est, sur ce nombre déjà fort restreint, qui profitent de leurs études, il faudrait retrancher ceux pour lesquels les difficultés sont restées insurmontables et ceux qui semblent lire parce qu'ils prononcent tous les mots écrits dans un livre, mais qui font de tels efforts pour assembler les lettres, que toute leur attention est absorbée par ce soin, et qu'il ne leur en reste plus pour comprendre le sens des phrases. Aussi les élèves des écoles primaires n'ouvrent-ils plus aucun livre après leur sortie de l'école, parce qu'ils ne comprennent pas ou parce que la peine passerait le plaisir.

D'ailleurs, il ne suffit pas de lire l'imprimé, il faut également lire les écritures, et dans beaucoup de pièces écrites un grand nombre de lettres et de mots sont complétement illisibles et doivent être devinés. Quelle extrême habitude ne nous faut-il pas pour les déchiffrer, à nous qui nous sommes exercés dès notre première jeunesse? Comment le paysan y parviendrait-il, lui qui éprouve une si grande incertitude entre tant de manières de peindre les mêmes sons, entre tant de lettres qui ne se prononcent pas? Voyez les mémoires de vos jardiniers, de vos cuisinières. Quelles combinaisons bizarres! Elles ne le sont pourtant pas plus que celles que nous prescrivent l'usage et les règles de la syntaxe.

En Angleterre, une commission pour l'instruction primaire

constatait, en octobre 1845, que cent soixante-seize écoles du district du centre contenaient onze mille sept cent quatre-vingt-deux enfants dont deux mille vingt-six seulement lisant couramment la Bible, c'est-à-dire l'imprimé. Cinq mille huit cents, plus de moitié du nombre total, ne savaient que nommer les lettres et assembler les monosyllabes. Le rapport de cette commission ajoute que, sur cent élèves qui sortent de ces écoles, vingt-quatre ne connaissent que leurs lettres et les monosyllabes, et cinquante n'ont reçu aucune leçon d'écriture.

Par cet aperçu de l'état de l'instruction élémentaire en Angleterre, où elle est beaucoup mieux organisée, où les écoles sont beaucoup plus multipliées qu'en France, on peut juger des résultats que l'on pourrait constater chez nous si l'on faisait les mêmes relevés statistiques. Je ne crois certainement pas exagérer le mal en disant qu'il n'y a pas deux paysans sur cent en état de lire assez facilement pour y trouver le plaisir que la lecture procure à tous ceux qui la pratiquent sans effort.

L'usage d'un alphabet rationnel et phonétique ferait cesser tous ces inconvénients. En effet, en apprenant dans un tel alphabet les noms des lettres, on apprend leur valeur exacte et invariable, de sorte que l'élève qui connaît ses lettres peut lire sans maître en les nommant successivement. Pour écrire, il ne faudrait que savoir dessiner les signes convenus, qui se présenteraient sous la plume dans l'ordre où ils seraient prononcés, et l'oreille serait un guide toujours sûr pour l'œil et pour la main.

Ne paraît-il pas évident qu'alors l'élève saurait lire, après deux mois de travail, aussi bien qu'il le fait aujourd'hui après quatre années d'études ; que son temps, si péniblement employé à une épellation aride et fastidieuse, pourrait l'être à apprendre le français ; qu'il pourrait commencer une instruction qui l'intéresserait, lui donnerait le goût de la lecture et développerait ses facultés. L'enfant du pauvre, après avoir fréquenté l'école pendant quatre hivers, posséderait un instrument sûr, exact, qu'il manierait facilement ; il vaincrait les obstacles, toutes les écritures seraient lisibles pour lui, et il saurait lui-même écrire d'une manière correcte. Enfin, les difficultés de la grammaire, si grandes pour tout le monde, et presque insurmontables pour les enfants, seraient diminuées de moitié : la grammaire serait toujours l'art de parler et d'écrire correctement, mais son étude se réduirait à celle de l'art de parler.

Beaucoup de paysans parlent mal, dira-t-on; comment pourraient-ils bien écrire? Nul doute qu'ils écriront comme ils parleront; mais ils parleront bien, car, grâce à la méthode proposée, non-seulement on emploierait à apprendre le bon français le temps que l'on perd maintenant à épeler, mais encore la connexité entre l'alphabet et le langage serait telle, que l'on ne pourrait corriger une faute dans la manière d'écrire sans en corriger une dans la manière de prononcer, et qu'on ne pourrait apprendre à lire et à écrire sans apprendre à bien parler. Cette connexité invariable entre la lettre et le son ne profiterait pas seulement aux paysans pour corriger leur langage, mais encore à beaucoup de personnes instruites qui diffèrent entre elles sur la manière de prononcer les *e*, les *a*, les *o*, les *l* mouillés, et d'autres lettres encore. L'écriture laissant dans le vague à cet égard, il n'y a que l'autorité toujours incertaine de la majorité que l'on puisse invoquer : avec l'alphabet rationnel, il n'en serait plus de même, le dictionnaire enseignerait tout à la fois à écrire, à parler et à prononcer correctement (1).

J'ai dit qu'un autre avantage, qu'on obtiendrait certainement serait celui de faciliter l'étude de notre langue maternelle, tant pour les étrangers que pour les habitants des provinces où l'on en parle une autre. On a vu qu'aujourd'hui celui qui a appris le français dans les livres est encore obligé d'apprendre à le prononcer; car jamais l'homme, même intelligent, ne peut, à l'aide de son dictionnaire, savoir comment se prononcent les mots. Il en est de même pour l'étranger, qui a d'abord appris à parler le français; il lui faut encore un long travail pour apprendre à l'écrire. Avec l'alphabet proposé, au contraire, dès qu'il connaîtrait les sons représentés par les signes, il saurait lire le français.

Cette considération me semble d'un haut intérêt, particulièrement pour l'Algérie. Il n'est pas de cause qui contribue da-

(1) La meilleure méthode pour apprendre et enseigner à bien prononcer serait de lire, ou de faire lire les élèves à haute voix, dans des livres imprimés en caractères phonétiques.

vantage à entretenir les haines nationales entre peuples voisins, surtout entre vainqueurs et vaincus, que l'impossibilité de se comprendre. Le jour où tous les habitants de l'Algérie parleraient notre langue, cette population serait devenue française. Ce serait donc un point capital que de leur offrir un alphabet bien supérieur au leur, qui puisse servir en même temps pour l'arabe et le français, et qui, permettant de les appeler dans de nombreuses écoles, sans les rebuter par une étude fastidieuse, donnerait au gouvernement le moyen de leur faire enseigner la langue française.

Enfin, l'économie politique, qui sait que le plus petit bénéfice, souvent répété, peut procurer de grands profits, en trouverait un immense dans cette réforme. J'ai cherché dans plusieurs phrases quelle serait la diminution des lettres employées, et celle que j'ai trouvée est de près d'un tiers ; supposons seulement un quart. Si l'on admet que, sur trente-cinq millions de Français, un million, en terme moyen, consacre sa journée à écrire, si l'on évalue le prix moyen de ces journées à trois francs seulement, on trouve un milliard, sur lequel on économiserait deux cent cinquante millions par année.

La librairie dépense bien une centaine de millions en papier, composition, tirage, port, etc., sur lesquels on gagnerait encore vingt-cinq millions.

Mais le nombre des gens sachant lire et écrire décuplerait ; les livres coûtant un quart moins cher, il s'en vendrait par cela seul le double, et le double encore parce que tout le monde lirait. De sorte que ce profit de deux cent soixante-quinze millions serait doublé ou quadruplé, et l'économie imperceptible d'une lettre par mot donnerait un bien plus grand bénéfice que les plus sublimes progrès de la mécanique.

Tous ces bienfaits de la réforme que j'appelle ressortiront, je le crois, bien évidents à tous les yeux ; mais on contestera peut-être la possibilité du succès. Des propositions ont déjà été faites à ce sujet, dira-t-on, et ont été mal accueillies du public.

A cela je répondrai : De ce qu'une innovation utile a été une première fois présentée mal ou dans un but purement scientifique ; de ce que, au lieu d'appeler l'attention des esprits sérieux sur les grands résultats qu'on en pourrait obtenir, on n'a su qu'exciter les railleries des esprits légers, s'ensuit-il qu'une nouvelle tentative soit impossible à entreprendre avec espoir de réussir ? L'accusation d'impiété était, il y a quelques siècles, un moyen de réprobation tout aussi puissant que l'est aujourd'hui le ridicule, et pourtant Galilée l'a emporté. Si, malgré les préjugés de son époque, il est parvenu à faire admettre une vérité qui ne présentait d'abord à l'esprit aucune application utile, pourquoi désespérerions nous, dans un temps de lumières, de faire accepter une réforme qui offre le plus puissant moyen de civilisation et de progrès ?

L'orthographe a été déjà changée souvent, elle ressemble peu à ce qu'elle était du temps de Montaigne. Mais ce n'est plus l'orthographe qu'il nous faut modifier, c'est l'alphabet qu'il faut soumettre à une recomposition radicale.

Je ne méconnais point que cette réforme ne saurait être l'œuvre isolée d'un individu, qu'il n'en est pas d'un tel progrès comme de ceux qui s'effectuent dans les sciences, les arts et l'industrie, et qui, entrepris par l'inventeur, sont accomplis peu à peu par des personnes qui en reconnaissent successivement le mérite. Les lettres de l'alphabet sont des signes de convention, comme les chiffres ; il importe, par conséquent, qu'elles soient connues et adoptées de tous ceux entre lesquels elles doivent établir des communications. Aussi le concours du gouvernement serait-il d'une grande utilité, et l'autorité qui régit les écoles primaires pourrait obtenir des résultats immédiats dont jouirait la génération présente. Sans ce concours, sans l'appui du gouvernement, l'œuvre exigera certainement plus d'efforts, elle s'opérera plus lentement.

Plusieurs exemples doivent servir de guide et nous encourager. N'a-t-on pas, dans un siècle de barbarie, remplacé les chiffres romains par la numération arabe, l'une des plus simples inventions de l'esprit humain, puisqu'elle ne consiste qu'en deux points : avoir un signe pour chaque nombre jusqu'à neuf, et décupler la valeur du chiffre en le reculant d'un rang ? Cette idée n'en est pas moins sublime, et elle a eu les conséquences les plus heureuses pour la civilisation. Il est vrai que ces chiffres ont été introduits peu à peu en plusieurs siècles, par les savants, pour satisfaire aux nécessités de l'arithmétique et de l'algèbre; mais n'avons-nous pas vu, de nos jours, l'autorité, réalisant un des projets de Louis XI, imposer à tous un nouveau système de poids et mesures, conforme à cette numération arabe? Et dans un temps de liberté, quoique depuis cinquante ans notre mémoire rebelle n'ait pas encore pu adopter ce nouveau langage, pas une plainte ne s'est élevée contre cette innovation, ni contre les mesures sévères qui proscrivent l'ancien système.

Comparons cette réforme à la réforme de l'alphabet. Sous le rapport de l'utilité, il n'est pas douteux que celle-ci ne donne de bien plus importants résultats, puisque l'on fait un bien plus grand usage des lettres que des chiffres, et que les irrégularités, les anomalies de l'alphabet qui se reproduisent dans chaque mot, sont bien plus choquantes et surtout bien plus nombreuses que ne l'étaient jadis celles des poids et mesures.

Sous le rapport de la difficulté de faire admettre un nouvel alphabet, il faut observer que ce qui se présente sous une forme déterminée, arrêtée, est promptement accepté, ainsi que le prouve l'établissement des monnaies décimales; que si le système métrique appliqué aux poids et mesures a rencontré plus d'obstacles, c'est que rien n'est plus difficile à retenir qu'une quotité de force, qu'une portion de l'espace, qui doit être estimée, appréciée par la mémoire des sens. Quand, par un grand effort, on a pu enfin se mettre dans l'esprit, s'approprier une mesure que l'on peut reporter partout où il est besoin, ou se rappeler une force produite par l'attraction de la terre sur un certain corps servant d'étalon, il devient bien difficile de l'abandonner pour en adopter une autre; on estime pendant longtemps la nouvelle mesure d'après l'ancienne, comme on pense souvent dans sa langue maternelle ce que l'on veut dire dans une langue étrangère. Aussi le système décimal, qui a été promptement adopté pour les nombres abstraits servant aux calculs, ne l'a-t-il été que très-difficilement pour les nombres concrets représentant les choses (1).

(1) J'essayerai de signaler ici une autre cause qui retarde l'adoption des nouvelles mesures, et qui en rend l'usage difficile : c'est l'habitude fâcheuse où l'on est d'ex-

La réforme de l'alphabet, loin de présenter les difficultés du système métrique, s'effectuerait aussi facilement que celle du système monétaire ; car, avant d'apprendre à lire, on sait parler et reconnaître les différents sons de sa langue : or, chaque lettre devant correspondre à un nom connu, il ne s'agirait que d'apprendre à la distinguer ; tout serait positif, et non susceptible d'appréciation. La mémoire n'aurait pas, comme pour les proportions des poids et mesures, à retenir l'appréciation d'une partie de l'infini, force ou espace, pas même un nouveau nom, mais simplement un nouveau signe représentant une chose parfaitement déterminée, finie et connue.

Si l'on veut trouver dans les perceptions de l'ouïe l'analogue de ce qui se passe pour les gradations des poids et mesures, ce n'est pas dans les sons qui forment les mots qu'il faut le chercher, mais dans les tons de l'échelle musicale. Là aussi les nuances sont insensibles ; c'est pourquoi il est très-difficile de retenir la note servant de diapason, d'étalon conventionnel. Ceux qui ont pu enfin la graver dans leur mémoire doivent longtemps y revenir, soit pour trouver le reste de l'octave, soit pour apprécier une octave différente ; et ils éprouveraient une aussi grande difficulté à changer de diapason que l'on en a eu pour changer les étalons servant de base au système décimal.

Quelques personnes prétendent que le nombre des sons que l'homme peut émettre est également infini et que les nuances sont insensibles. C'est là une question de physiologie qu'il me semble inutile d'examiner, puisque les sons que peut prononcer chaque individu, comme ceux qui composent chaque idiome, sont parfaitement distincts et en nombre très-circonscrits.

primer la dimension d'une chose sous un seul dénominateur, par un numérateur trop considérable pour que l'esprit puisse opérer l'addition qui lui est nécessaire pour se représenter l'objet. Il est, par exemple, presque impossible d'opérer mentalement ou à l'œil l'addition de soixante deux centimètres, tandis que l'on pourrait faire celle de six décimetres deux centimètres. Lorsque le chiffre n'est exprimé que par un nombre abstrait devant servir au calcul, il y a alors bénéfice de temps et plus de facilité, pour le lire et l'écrire, à réduire tout au même dénominateur ; mais lorsque c'est un nombre vraiment concret, qui doit représenter une chose, en donner l'idée, il faut exprimer les dénominateurs les plus forts, afin de réduire le numérateur, puisque celui auquel on parle sera obligé, pour se représenter la chose, de répéter le dénominateur le nombre de fois exprimé par le numérateur.

Je ne me dissimule pas que le projet de mettre en usage un nouvel alphabet doit effrayer bien des gens, qui seront peu disposés à sacrifier deux heures de *far niente* pour apprendre quelques signes nouveaux. Mais ils se rassureront bientôt lorsqu'ils verront que le nombre des lettres conservées sera suffisant pour que toute personne sachant lire couramment avec l'alphabet actuel puisse lire également avec l'alphabet nouveau, avant même de connaître la valeur des nouveaux caractères. L'expérience est facile à faire : que dans une phrase on remplace par des points les lettres qui devraient être changées, et tout le monde la lira couramment.

Les personnes qui écrivent beaucoup et que la crainte d'une légère étude pourrait préoccuper reconnaîtront qu'elles seraient amplement récompensées par l'économie de temps que leur procurerait l'emploi du nouvel alphabet.

On s'inquiétera pour notre poésie et les chefs-d'œuvre de notre littérature. Mais il ne s'agit pas de supprimer l'alphabet actuel ; il continuerait encore pendant longtemps d'être employé par les lettrés, comme la langue latine a été pendant tant de siècles la langue savante et seule écrite, comme les chiffres romains dont on fait encore usage. Il s'agit seulement, pour ceux qui peuvent recevoir une éducation complète et suivre les écoles secondaires, d'acquérir, par l'étude la plus sommaire, une seconde manière d'écrire qui les mette en rapport avec la masse du peuple et leur fasse gagner une heure de travail sur quatre.

On craindra de perdre la trace des racines ; mais le peuple, qui ne sait ni le grec ni le latin, ne tire aucun profit des racines, et tous ceux qui y ont recours sauront les deux alphabets et les deux orthographes.

Enfin, la pensée que je mets en avant est si simple, qu'elle paraîtra étrange. Nous admirons une chose compliquée, au-dessus de la portée de notre esprit, souvent même par cela seul qu'elle est obscure et que nous ne pouvons la comprendre ; il nous est si naturel d'ailleurs de considérer comme parfait ce que nous faisons tous les jours, d'oublier les difficultés dont on a peut-être fait un jeu pour notre enfance, que nous repoussons souvent avec mépris l'idée que nous pouvions tous avoir et que nous n'avons pourtant pas eue; on l'accuse d'être bizarre, disons le mot, d'être ridicule; et le ridicule est mortel en France. Tout le monde n'a pas, comme Christophe Colomb, le droit de soumettre ses critiques à l'épreuve de l'œuf, et il faut une sorte de courage, un véritable amour du bien public, pour hasarder une innovation dont le principal mérite est la simplicité.

Mon idée au surplus n'est pas nouvelle, ou plutôt elle ne l'est que dans la forme et le but. Beaucoup de savants grammairiens, Domergue, Beauzée, Duclos, ont, depuis longtemps, critiqué notre alphabet; la grammaire de Port-Royal a fait de même; Destutt de Tracy, comme je l'ai déjà dit, en a démontré les vices, et Volney a écrit un volume entier sur l'*Alphabet européen appliqué aux langues de l'Asie*, où il prouve les imperfections de notre système graphique. Il a même fondé un prix pour celui qui proposera un alphabet universel, et les quatre classes de l'Institut s'en sont occupées (séance du 24 avril 1822). Quand M. Marle parla de réforme, M. Andrieux et nombre d'académiciens l'appuyèrent d'abord chaudement; mais il fut abandonné lorsqu'on le vit, par une inconcevable faute de logique, suivre une méthode incomplète et par conséquent irrationnelle, en opposition avec les principes qu'il avait posés.

Je dois pourtant dire que si la pensée première de mon projet est simple, le Mémoire que je livre aujourd'hui est le résultat de bien des réflexions et le produit d'un long travail. Tous ceux que la nature a placés dans la classe malheureuse des inventeurs me comprendront, car ils savent qu'inventer n'est rien, que le difficile est de rendre l'invention praticable, présentable, et surtout de la faire accepter. Pour celle-ci, il y a près de quarante ans que je l'ai conçue, et il y en a trente que j'ai formulé un premier Mémoire.

Certes, la civilisation européenne est un des plus beaux spectacles que présente l'histoire de l'humanité. Les progrès dans les sciences naturelles, obtenus par la méthode rationnelle, réagissent avec une incroyable puissance sur l'industrie; et malgré les exigences incessantes qu'impose l'augmentation de la population sur le continent européen, le bien-être de toutes les classes s'est amélioré de la manière la plus sensible.

Cette amélioration est évidemment le résultat du soin que chacun apporte à perfectionner les instruments et les procédés dans la profession qu'il exerce. Tout fabricant, tout ouvrier est convaincu qu'il n'est si mince économie d'argent, et surtout de temps, qui, répétée fréquemment, ne finisse par donner des bénéfices considérables; et il en est bien peu maintenant qui hésitent à changer l'instrument employé par leur père et dont ils ont l'habitude, contre un autre qui demandera quelque apprentissage, mais qui devra leur procurer un profit certain.

Pourquoi donc ne perfectionnerait-on pas l'alphabet, l'instrument de travail le plus usité, comme on perfectionne les autres? Pourquoi ne le soumettrait-on pas à ce rationalisme auquel la civilisation moderne doit ses succès? Il existe sans doute une différence : c'est que chaque ouvrier est libre de modifier son outil ainsi qu'il l'entend, et qu'il n'en est pas de même pour l'alphabet; mais pourquoi l'autorité n'aiderait-elle pas au perfectionnement d'un instrument qui est le premier de tous, comme le ferait le dernier des ouvriers, comme l'exigerait tout fabricant, et comme l'a fait la Convention pour les poids et mesures?

Le gouvernement, qui fait plus d'efforts que jamais pour généraliser l'instruction; les philanthropes de toutes les opinions qui le secondent; ceux qui veulent le bien-être du peuple, son amélioration matérielle et morale, tous doivent désirer une réforme qui peut seule généraliser l'instruction primaire. Jamais on n'aura fait tant de bien à si peu de frais.

Les économistes, qui savent que le temps est la richesse de l'homme; les administrateurs, qui veulent l'uniformité du langage; les hommes politiques, qui veulent rapprocher les nations; enfin tous les amis de l'humanité, tous les hommes de progrès, devront appuyer cette réforme. C'est, j'en conviens, une grande et importante affaire. On n'oserait l'aborder dans un siècle de barbarie ou de routine; mais elle ne sera pas au-dessus des forces d'un siècle de lumières, d'une nation à la tête du progrès comme la nation française, d'un gouvernement jaloux de montrer que pour faire le bien il a autant d'énergie que la Convention, et qui reconnaîtra, j'en suis convaincu, qu'il s'agit d'une chose de la plus haute utilité, bien plus utile encore que les chemins de fer, et qui peut être réalisée sans sacrifices publics ni privés, sans apporter de désordre ni dans nos finances ni dans l'existence de tant d'individus.

AVANTAGES D'UN ALPHABET UNIVERSEL.

Les imperfections qui existent dans la manière d'écrire le français existent plus ou moins pour les autres langues. Les alphabets étrangers auraient également besoin d'être refaits, et les nations qui opéreraient cette réforme en obtiendraient des avantages analogues à ceux que j'ai démontré devoir en résulter pour la langue française.

Les Italiens et les Espagnols ont su tirer un meilleur parti que nous de l'alphabet romain; ils ont beaucoup moins de lettres inutiles et de doubles manières de rendre le même signe; mais encore en ont-ils, et il leur manque, comme à nous, plusieurs voyelles.

L'alphabet anglais, au contraire, présente plus d'anomalies encore que le nôtre. Il y aurait une économie de temps plus considérable à écrire cette langue comme on la parle; car ce ne seraient pas seulement des diphthongues à simplifier, des doubles lettres ou des lettres muettes à retrancher; ce seraient des syllabes entières qui devraient disparaître, parce qu'on ne les prononce jamais.

L'allemand, dont on abandonne en ce moment les caractères gothiques pour prendre ceux dits romains, aurait besoin, ainsi que toutes les langues du Nord, d'une modification dans la valeur même des caractères, bien plus importante que leur forme.

L'arabe et toutes les langues de l'islamisme ont leurs voyelles mal déterminées, représentées par un petit nombre de signes et par des accents que l'on omet le plus souvent; toutes les lettres en sont difficiles et longues à tracer. C'est ce qui fait que Volney engageait les savants de l'Europe à se servir des caractères romains, quelque imparfaits qu'ils soient, pour écrire les langues orientales. Destutt de Tracy a montré aussi les défectuosités de l'alphabet en usage parmi les peuples de l'Orient, et il leur attribue le peu de progrès de la civilisation dans cette contrée. Un médecin français, M. Teule, qui a passé plusieurs années au milieu des mêmes populations, explique de la même manière l'état de barbarie dans lequel elles sont restées depuis plusieurs siècles; et en effet on doit reconnaître que la différence de religion n'est pas, comme on l'a cru, la véritable cause de l'infériorité actuelle des peuples de l'Asie, comparés à ceux de l'Europe; car à l'époque du moyen âge, où l'influence religieuse avait le plus de force, la civilisation de l'Orient surpassait celle de l'Occident. On doit bien plutôt chercher la raison d'un tel fait dans les difficultés de communication intellectuelle de peuple à peuple et dans l'imperfection des alphabets, qui ont empêché les nations asiatiques de profiter des progrès immenses que les méthodes rationnelles, adoptées depuis trois siècles pour les sciences naturelles et vulgarisées par l'imprimerie, ont opérés dans la civilisation européenne.

L'amélioration des alphabets orientaux ne touche pas seulement les États musulmans, elle touche également la France, à raison de la possession de l'Algérie, et la Russie, à cause des provinces caucasiennes.

Mais si pour chaque nation il est essentiel de perfectionner son alphabet, il ne l'est pas moins d'en adopter un qui, appliqué à toutes les langues, devienne universel.

La création d'un tel alphabet général intéresse au plus haut degré la politique intérieure de tous les grands États. Les sujets de la France parlent allemand, italien, breton, basque, arabe et nombre de patois qui diffèrent beaucoup du français; ceux de l'empire britannique parlent gallois, irlandais, écossais, et font usage d'une multitude d'idiomes dans de nombreuses colonies. La Russie, disent les géographes, compte plus de cent langues différentes dont vingt-sept principales; l'Autriche en compte également une quantité considérable dans ses divers États, animés chacun d'une nationalité jalouse. Les États-Unis sont peuplés en partie d'émigrants venus de toutes les contrées du monde. Il n'est pas jusqu'à la Suisse où règnent trois idiomes bien distincts. Certes si la confusion des langues a arrêté l'édification de la tour de Babel, l'administration de chacun de ces États doit terriblement souffrir par la difficulté qu'éprouve l'autorité à se faire comprendre de tous les sujets soumis à sa loi. Toutes ces nations doivent donc appliquer leurs efforts à se faciliter réciproquement l'étude de ces nombreux idiomes, surtout de celui qui est adopté par le gouvernement dans chaque pays. Elles atteindraient assurément ce but en apportant à l'alphabet toutes les simplifications dont il est susceptible, et en le rendant commun à toutes les langues; de telle sorte que les élèves des écoles primaires, n'y rencontrant plus aucune difficulté, puissent consacrer la presque totalité de leur temps à l'étude de la langue nationale.

L'alphabet est le plus puissant instrument de communication. Si l'on parvient à le rendre universel, on établira un rapport entre les diverses manières de s'exprimer dans toutes les contrées; on fera pour le monde entier une chose analogue à ce qui a été réalisé en France par l'établissement du code Napoléon et d'un mode nouveau de mesurage et de pesage, dont le principal mérite a été de faciliter les rapports entre les Français de toutes les provinces, en leur donnant les mêmes lois et les mêmes bases d'appréciation pour les poids et mesures. Un alphabet qui serait le même pour tous faciliterait également les rapports entre les provinces de chaque État et entre les États eux-mêmes. Or, plus ces rapports seront faciles, plus ils se multiplieront, plus les progrès de la civilisation seront rapides, et plus on verra s'éteindre les haines nationales et diminuer les chances de guerre.

Pour créer ce grand moyen de communication, il suffirait d'appliquer à toutes les langues l'alphabet rationnel en indiquant toujours chaque son par le même signe. L'alphabet général se composerait ainsi de tous les signes représentant tous les sons dont les hommes font usage. L'alphabet particulier d'une langue se formerait de l'alphabet général, moins les signes indicateurs des sons que cette langue n'emploierait pas.

Le problème posé par Volney se trouverait alors complètement résolu, puisqu'une personne parfaitement ignorante d'une langue étrangère pourrait, quoique ne la comprenant pas, lire un livre écrit dans cette langue et se faire comprendre de ceux qui la sauraient. Il en résulterait qu'au moyen d'une grammaire et d'un dictionnaire on pourrait, dans son cabinet, apprendre une langue de l'Océanie, suffisamment pour se faire entendre des habitants de ce pays, et surtout pour être en état de les comprendre.

J'ai trouvé, parmi les personnes auxquelles j'ai communiqué mon projet, des novateurs impatients dont l'imagination va toujours en avant sans mesurer les obstacles. Ceux-là me demandaient de proposer une langue universelle, au lieu de m'en tenir à un alphabet. J'appelle aussi de tous mes vœux cette inappréciable amélioration; mais l'esprit humain ne procède pas ainsi par grandes réformes, surtout pour ce qui appartient aux choses usuelles, comme le langage. En tout progrès on ne parvient au but le plus élevé qu'en multipliant les degrés, afin de rendre l'ascension plus facile; et il est certain qu'un alphabet universel serait un premier pas pour arriver à une langue universelle. L'embarras n'est point de créer cette langue; il n'est pas un seul des milliers d'idiomes en usage parmi les hommes qui ne puisse devenir universel si tout le monde voulait l'adopter. Mais la difficulté, l'unique difficulté, est d'obtenir tout d'un coup cette unanimité de volonté. On n'y réussirait évidemment pas, et ce n'est que peu à peu que l'on pourra réduire le nombre des langues. Pour accélérer ce mouvement, il est essentiel, comme je l'ai dit plus haut, de simplifier l'étude des principaux idiomes en leur donnant un alphabet rationnel et représentatif du langage; puis, ainsi que je le demande, il faudrait appliquer à tous les idiomes ce même alphabet, afin que l'on puisse apprendre une langue étrangère sans apprendre un alphabet nouveau. Ce sera nécessairement un premier pas vers une langue universelle.

D'autres moyens peuvent encore être employés pour hâter l'assimilation des langues. On peut leur donner le plus grand nombre possible de mots communs, on peut donner dans chacune d'elles le même nom à la même chose; mais il faut pour cela qu'une nation puisse faire autorité, qu'il y ait une raison de décider entre elles. Or, on ne voit guère que les noms de lieux sur lesquels on puisse se mettre d'accord, les usages locaux devant ici prévaloir et faire loi. Un point bien important aussi serait de ne pas défigurer les mots qui passent d'une langue dans une autre. Ces emprunts sont très-fréquents en Europe; mais dans leur mutation les mots empruntés deviennent méconnaissables pour la nation même qui les a fournis, et alors ces mots, qui devraient devenir communs aux deux langues, se spécialisent sous une forme nouvelle à la langue qui fait l'emprunt. Cela tient à ce qu'ils sont pris dans la langue écrite plutôt que dans la langue parlée, et que, à raison du vague résultant de la défectuosité des alphabets, chacun les prononce comme il veut. Avec l'alphabet phonétique et universel, ces locutions conserveraient leur valeur et leur prononciation, et il n'y aurait de différence que dans l'accent et l'intonation qui finiraient même par être atténués.

J'ai dit que la composition de cet alphabet universel ne présenterait pas de grandes difficultés; cependant elle exigerait, je crois, la réunion d'une sorte de congrès linguistique, où chaque gouvernement enverrait des interprètes éclairés de son idiome national; de manière que les sept ou huit principales langues de l'Europe au moins y soient d'abord représentées.

La mission de ce congrès comprendrait la révision successive de chaque idiome, la constatation des voyelles ainsi que des consonnes qu'il admet, la désignation de celles qui sont communes aux différentes langues, enfin la partie calligraphique qui consisterait dans le choix des caractères de l'alphabet universel.

Ce travail, dès qu'il serait terminé, et avant même son application à l'usage public, aurait un grand intérêt scientifique, puisqu'il mettrait en évidence d'une manière exacte les rapports et les différences existant entre les sons qui composent les langues. Il donnerait en même temps la connaissance de l'alphabet universel proposé, et chaque nation pourrait apprécier les avantages et les difficultés de son adoption.

En supposant que les puissances européennes ne veuillent pas adopter de suite cet alphabet universel et le rendre vulgaire dans leurs États, il serait encore très-utile qu'il fût fait. Les souverains des nations orientales, qui font de si grands efforts pour assimiler leurs peuples à ceux de l'Occident, reconnaîtront probablement qu'il est indispensable d'abandonner leurs alphabets défectueux pour en adopter de nouveaux sur des bases simples et uniformes, et il serait fort important pour tous que ce fût celui qu'aurait arrêté le congrès. Il serait alors en rapport avec les nôtres, et aurait l'assentiment des hommes les plus compétents de l'Europe.

La religion musulmane ne serait pas un obstacle à cette réforme, d'abord parce que l'alphabet actuel pourrait être conservé pour les livres sacrés et sa connaissance exigée des ministres de la religion, puis parce que les caractères du Coran ont déjà éprouvé des changements importants depuis Mahomet.

L'alphabet préparé par le congrès pourrait aussi servir aux philologues, qui en feraient usage pour correspondre entre eux, principalement pour écrire les langues qui n'ont pas d'alphabet ; et les lettrés de tous les pays, reconnaissant tous ses avantages et voyant combien il leur faudrait peu de temps pour l'apprendre, ne tarderaient sans doute pas à s'en servir. La seule économie d'un quart sur le temps employé à écrire serait bien certainement un motif suffisant pour les décider à s'imposer quelques jours d'une étude facile, dont ils seraient amplement dédommagés.

J'ose enfin espérer que l'amour de l'humanité, l'intérêt que l'on porte au peuple, engageraient beaucoup de personnes à appuyer cette réforme, et que si, contre toute attente, les gouvernements restaient froids et inertes, l'opinion publique et les efforts de tous les hommes influents finiraient par surmonter les obstacles.

APPLICATION DU PRINCIPE RATIONNEL.

La première partie de ce mémoire, avec un essai sur l'application du principe rationnel à notre alphabet, avait été imprimée en janvier 1848. J'attendais la clôture des débats sur l'adresse pour en faire la publication, lorsque la révolution de février éclata.

J'avais, on l'a vu, exprimé la pensée que l'autorité seule pourrait facilement réaliser la réforme de l'alphabet, et j'attendais de sa part un concours puissant et empressé. Les événements qui suivirent la révolution semblaient devoir me confirmer dans cette opinion. Il m'était permis de croire que le gouvernement républicain, qui venait de s'établir, tiendrait à accomplir cette grande œuvre, et voudrait imiter en cela la Convention qui a réformé le système des poids et mesures. De toutes parts on montrait un grand enthousiasme pour l'éducation du peuple; le ministre de l'instruction publique, M. Carnot, portait un nom qui lui imposait comme un devoir l'encouragement de toute idée de la nature de la mienne, et ses bureaux me montraient beaucoup de bonne volonté. Tout me faisait donc espérer que mon projet serait immédiatement pris en considération et expérimenté.

J'adressai dans ce but une première demande, une seconde, une troisième, sans recevoir de réponse; je vis enfin le ministre, mais je ne pus obtenir de lui un examen particulier et immédiat. Il se borna à renvoyer mon mémoire à une commission évidemment incompétente, au lieu d'en instituer une spéciale suivant mon désir. Dès lors je prévis le résultat, et je dus m'apercevoir que l'administration, même la plus bienveillante, est retenue par une incroyable force d'inertie; je compris que c'était folie de croire qu'il suffisait de signaler une réforme à l'autorité pour espérer de la voir reussir, surtout s'il faut vaincre l'habitude et le préjugé le plus enraciné.

Je ne fus pas découragé par cette déception, je me dis comme Galilée : *Pourtant j'ai raison;* et je résolus de marcher seul, s'il le fallait à la poursuite de ce progrès, d'essayer ce que pourrait un homme n'ayant pour lui que sa conviction. Je fus d'autant plus porté à prendre cette résolution que j'appris qu'il existait en Angleterre une société nombreuse composée d'hommes considérables, qui depuis deux ans travaillaient avec succès à la réforme de l'alphabet anglais.

La première chose à faire était de composer le nouvel alphabet, car jusqu'alors je m'étais borné, comme mes prédécesseurs, à indiquer les principes d'après lesquels il devrait être établi. Il fallait pour cela reconnaître et distinguer les différents sons en usage dans la langue française. Ce travail ne pouvait être accompli par une seule personne, puisque toutes les oreilles n'entendent pas de la même manière, et je dus demander la coopération d'hommes instruits, doués de sagacité et d'un esprit observateur. MM. Jomard, Mérimée et de Saulcy, membres de l'Académie, M. Dufau, directeur de l'institut des jeunes aveugles, et M. Delahaye, professeur et auteur d'observations critiques sur notre alphabet, voulurent bien me prêter leur concours en formant avec moi une commission officieuse.

Cette commission, voulant d'abord préciser l'objet de ses travaux, jugea qu'elle avait seulement à s'occuper des sons et des articulations, les seuls éléments constitutifs de la parole qui soient susceptibles d'être représentés par l'écriture, ainsi que je vais essayer de l'expliquer.

La parole se compose du son, du bruit, du temps, du ton, de l'accent et du timbre.

Le propre du son, ce qui le distingue du bruit, c'est d'être le produit d'une vibration, et par conséquent d'avoir une certaine durée. Il a pour caractère particulier de faire vibrer les corps à l'unisson. Les voyelles sont des sons.

Le bruit résulte d'explosions, de sifflements ou de roulements; il ne peut faire vibrer les corps. Tel est le caractère des articulations ou consonnes. Pour qu'elles puissent être perçues d'une manière bien distincte, il faut qu'elles soient jointes à un son, qu'elles le précèdent ou le suivent.

Les sons ou voyelles, soit isolés, soit joints au bruit d'une ou plusieurs articulations ou consonnes, forment les syllabes dont se composent les mots. Ils sont représentés par les lettres de l'alphabet.

Le temps joue aussi un rôle important, il mesure la durée de l'émission du son. Dans certaines langues, dans l'anglais, par exemple, il y a des voyelles spécialement longues et d'autres brèves. Cette différence est telle, qu'elle constitue des sons vraiment différents, qui exigent des signes distincts. Dans d'autres langues encore, le temps est si exactement determiné, qu'il peut être indiqué; mais cela n'existe pas pour le français. Si nous avons des voyelles longues, la durée de leur son, dans les mots qui les reçoivent, est toujours variable; elle se mesure sur l'expression et le sentiment, elle augmente avec l'emphase, et l'on ne saurait établir une règle à cet égard. Ainsi, l'*ê* de *tempête* est certainement plus long que celui de *trompette*, mais il l'est d'autant plus que l'on donne plus de force au discours.

Les consonnes peuvent également devenir longues : les sifflantes et les roulantes en étant prolongées; les explosantes, s'il m'est permis de créer ce mot, en marquant un temps d'arrêt entre elles et la voyelle qui précède. Leur longueur, comme celle des voyelles, varie en raison de l'intention.

Beaucoup de personnes se figurent que, dans l'écriture usuelle, les longues sont représentées par des accents ou des doubles lettres; c'est une erreur. Les accents, prescrits par les dictionnaires avec une grande irrégularité, n'ont guère d'autres règles que l'usage. Ils indiquent les voyelles graves, bien plus que celles qui sont longues. Les doubles lettres elles-mêmes qui devraient toujours indiquer, sinon le redoublement, du moins la consonne longue, sont bien loin de le faire; elles sont même souvent employées pour rendre brève la voyelle qui précède, ou pour lui ôter sa nasalité, lorsque la logique voudrait que ce fût le contraire (1).

Le ton établit également une différence dans le langage. Il n'est jamais, dans la langue française, le propre d'un mot; comme le temps, il se fait sentir en raison de la phrase et de l'intention. Certaines langues exigent l'élévation ou l'abaisse-

(1) Destutt de Tracy avait été frappé de cette différence dans la durée des sons, et il proposait de l'indiquer par un, deux ou trois points. Il n'avait sans doute pas fait cette remarque, que, pour chaque mot, le temps n'est pas toujours le même, et que, variant suivant la phrase, ce ne sont pas des signes orthographiques qu'il faudrait employer, mais des notes musicales.

ment du ton au commencement ou à la fin des mots ou des phrases, mais le français a l'avantage de n'être pas soumis à ce récitatif monotone.

L'accent, qui nous fait appuyer sur certaines syllabes plus que sur d'autres, contribue aussi à animer la parole et à varier le langage. Il est très-prononcé dans quelques langues. Dans la nôtre, au contraire, il est à peu près insensible. Je crois même avec beaucoup de personnes et surtout d'étrangers, qui sont les meilleurs juges en cette matière, que le caractère particulier du français bien parlé est de n'avoir point d'accent, toutes les syllabes devant être prononcées d'une manière également distincte, et la voix ne devant s'élever que suivant le sens de la phrase.

Le timbre enfin, qui fait distinguer les uns des autres les diverses sortes d'instruments, ceux en cuivre de ceux à cordes, fait aussi distinguer la voix de chaque personne. Il est le propre de l'organe; il est, comme la physionomie, un des caractères de l'individualité; c'est par lui qu'après bien des années, on reconnait sans hésitation une voix exercée entre des milliers d'autres.

Ces explications montrent que, sur les six éléments de la parole, deux seulement, les sons et les articulations, entrent dans la constitution essentielle et invariable des mots que l'écriture a pour objet de représenter; que trois autres, le temps, le ton et l'accent, forment la musique du langage et en marquent l'expression (les notes indiquent le temps et le ton; quant à l'accent, il est encore dans le vague); que le timbre enfin, qui est indépendant de la volonté, échappe à toute indication.

La commission a donc eu raison de décider qu'elle ne s'occuperait que des sons et des articulations.

Elle a commencé par l'examen des voyelles, et a admis que la langue française possède deux *a* susceptibles d'être prononcés chacun d'une manière particulière, ainsi qu'on le voit dans les mots *pâle* et *patte*; que cette différence de son est ordinairement indiquée par un accent, et que souvent aussi elle ne l'est pas, comme dans *mars*, *marron;* que, non-seulement cette même voyelle *a* a deux valeurs bien sensibles, mais que, pour l'un des sons qu'elle exprime, elle est quelquefois représentée par un *e* comme dans *femme*, *récemment*. On remarqua que l'*e* a également deux sons, indépendamment de l'*e* muet, comme dans *fée* et *fête*, et qu'il en est de même pour l'*o*, que l'on prononce de deux manières dont les mots *dévot* et *dévote*, *hôte* et *hotte* fournissent l'exemple. Mais faut-il voir là une différence réelle de sons ou seulement de temps, de durée dans la prononciation; ne sont-ce pas des *a*, des *e*, des *o* brefs et longs; l'*i* et l'*u* ne sont-ils pas dans le même cas?

L'examen de ces questions fit reconnaître que la variété de son qui se trouve dans les trois premières de ces cinq voyelles ne se reproduit pas dans les deux dernières. Cette variété fut jugée indépendante du temps, et les deux nuances de son qui la constituent furent appelées l'une grave et l'autre aiguë. On remarqua que les sons graves se prêtent plus particulièrement aux syllabes longues, quoique cependant les sons aigus puissent être tenus également pendant un temps illimité.

La commission s'accorda donc pour admettre les sons *a*, *â*, *é*, *ê*, *o*, *ô*, *i*, *u*.

Elle s'occupa ensuite de l'*e* portant l'accent grave. Donne-t il un son distinct de ceux qui portent l'accent aigu ou l'accent circonflexe? Il fut jugé que ce son, différent de celui qu'indique l'accent aigu, est identique avec celui que marque l'accent circonflexe; que si dans ce son unique des accents grave et circonflexe, il nous semble en percevoir deux, cela est dû à la différence de temps et d'accentuation, qui n'est pas seulement inhérente à la prononciation de certains mots, mais qui varie encore suivant la passion.

Pour compléter le travail relatif à la lettre *e*, il restait à fixer le caractère de l'*e* appelé muet, dont le son n'a rien de commun avec ceux de l'*e* fermé et de l'*e* grave. La commission en fit une étude qui prouva que, dans le plus grand nombre de cas, l'*e* dit muet, placé au milieu ou à la fin des mots, n'exprime véritablement aucun son, ainsi que le nom donné à cette lettre l'indique d'ailleurs suffisamment; un son muet ne saurait en effet se comprendre. La conclusion fut que l'*e* muet proprement dit existe dans l'orthographe, mais non pas dans la langue; que, dans tous les mots où il est nécessaire de le prononcer, il exprime un son réel comme tous les autres signes, et que ce son devrait être appelé sourd et non pas muet, cette dernière dénomination n'étant qu'un non-sens.

Après l'*e* on passa au son *eu*. On reconnut qu'il existe bien dans la langue française, et l'on remarqua qu'il présente avec l'*e* que je viens d'appeler sourd le même rapport qu'on avait trouvé entre les deux sons des premières voyelles *a* et *â*, *é* et *ê*, *o* et *ô*. Ce rapport est en effet si bien marqué, que, dans une foule de mots comme *jeune*, *pêcheur*, on fait entendre le son de l'*e* sourd et non celui de l'*eu* tel qu'il est donné par les mots *jeûne*, *pêcheuse*.

Un membre pensait, comme plusieurs grammairiens, que le *eu* comporte deux sons; mais la majorité n'a pas partagé cet avis : elle a considéré que le son pris pour le second *eu* n'est autre que celui de l'*e* improprement nommé muet, déjà signalé dans les mots *jeune*, *pêcheur*.

Enfin, le son *ou* fut admis au nombre des sons parfaitement distincts et spéciaux.

A l'égard des quatre nasales, la commission s'accorda sur ce point, qu'elles constituent des sons simples, bien que dérivant de certaines voyelles, et il demeura constant que ce sont quatre véritables voyelles qui doivent avoir chacune un signe particulier. Il fut seulement observé que la nasale *in* tient bien plus de l'*ê* que de l'*i*.

Ainsi on constata définitivement quinze voyelles bien distinctes dans l'alphabet de la langue française.

On passa aux diphthongues. Forment elles des sons simples ou composés? L'examen qui en fut fait démontra que le son qu'elles expriment est toujours, comme le disent les grammairiens, produit par la réunion de deux voyelles dont on prononce la première brièvement, de manière à ne laisser entendre qu'une émission de voix. Je fis remarquer que les deux voyelles *i* et *ou* entrent dans la formation du plus grand nombre des diphthongues, et que dans cette position, devant être prononcées très-rapidement, elles subissent une véritable transformation et deviennent des consonnes que représentent les signes *y* et *w;* que le son, entre autres, indiqué par *oi* se prononce *oua* ou plutôt *wa;* que dès lors ce ne sont plus de véritables diphthongues, puisqu'elles ne sont pas formées de deux voyelles ne donnant qu'une émission de voix, mais d'une consonne et d'une voyelle.

On se demanda ensuite s'il ne serait pas bon de donner la description de la forme que prend l'instrument vocal pour produire les diverses voyelles ; mais ce travail fut jugé trop difficile à réaliser d'une manière satisfaisante. Nous ne pouvons mieux dire que le professeur du *Bourgeois gentilhomme;* et comme Molière a voulu le faire comprendre, nous fûmes convaincus que ces démonstrations, fort inutiles pour les nationaux, ne sont d'aucun secours pour les étrangers. Il n'y a qu'un moyen d'apprendre à prononcer, c'est d'entendre les sons et de les répéter. L'exemple des sourds de naissance prouve que ceux qui ne sont pas doués du pouvoir d'entendre sont également impuissants à s'exprimer distinctement par la parole.

Il fut en conséquence décidé qu'il valait mieux enseigner à distinguer les voyelles par des exemples pris dans les mots les plus usités, sur lesquels il y a le moins de doute et qui les présentent tant comme initiales, médiales, finales, que jointes à différentes consonnes.

Une autre question fut posée : c'est celle de savoir dans quel ordre seraient classées les voyelles. Il y eut unanimité pour ne pas les confondre avec les consonnes. Mais fallait-il leur conserver entre elles l'ordre suivant lequel elles figurent dans l'alphabet romain, ou les classer, comme le proposait M. Delahaye, en raison de la modification que subit l'organe et de la marche qu'il suit pour passer d'une voyelle à une autre ? Dans ce système on aurait pu adopter l'ordre suivant indiqué par la société phonotypique anglaise : *i*, *é*, *ê*, *in*, *a*, *an*, *â*, *o*, *on*, *e*, *un*, *eu*, *ô*, *ou*, *u*.

Ce classement parait, en effet, assez satisfaisant tant comme rationnel que pour l'étude des langues ; car, pouvant admettre par intercalation les voyelles des langues étrangères, il donnerait évidemment une grande facilité pour apprendre à prononcer une voyelle nouvelle par la connaissance que l'on aurait de celles dont elle se rapproche le plus. Mais on fit observer que, si dans cet ordre il est des voyelles qui semblent se suivre, il en est d'autres qui obligent l'organe à interrompre sa marche pour en prendre une différente comme, par exemple, quand il passe de l'*â* à l'*o*.

M. Delahaye fit connaître alors que le docteur Willis, professeur de l'université de Cambridge, avait imaginé un instrument qui produit successivement les voyelles comme une flûte donne les tons, au moyen d'un simple allongement du tube. On jugea, d'après cette communication, que de nouveaux éclaircissements pourraient être obtenus ultérieurement, et la solution de la question fut ajournée. En attendant, on conserva l'ordre actuel des voyelles, en intercalant celles qui peuvent être appelées dérivées.

Les quinze voyelles reconnues se sont en conséquence trouvées classées de la manière suivante : *a*, *â*, *an*, *è*, *é*, *e*, *eu*, *i*, *in*, *o*, *ô*, *on*, *u*, *ou*, *un*.

La commission a examiné alors les consonnes. Aucune difficulté ne s'est présentée concernant *b*, *d*, *l*, *m*, *n*, *p*, *t*, *v*. On a également reconnu celles qui, ne formant qu'une seule et même articulation, sont cependant indiquées par plusieurs signes, tels que par les lettres *k*, *q*, *c*; par *c*, *s*, par *s*, *z*, et par *g*, *j*. Il a été bien entendu que chacune de ces articulations ne devrait plus avoir qu'un seul signe. On a admis ensuite les consonnes *gue*, *gne* et *che*.

L'*x* a été exclu parce qu'il ne fait que reproduire tantôt la lettre *z*, comme dans le mot *deuxième*, et tantôt deux consonnes, soit les dures *ks*, soit les douces *gz*, ainsi qu'on le voit dans les mots : *axe*, *exemple*.

Pour les consonnes *y* et *w*, je demandai qu'elles soient maintenues dans l'alphabet, comme résultant de la transformation que subissent les voyelles *i* et *ou* prononcées rapidement. Je fis remarquer que cette transformation, sensible dans toutes les diphthongues commençant par l'une de ces deux voyelles, l'est plus encore à la fin des mots où elle produit la différence qui existe entre *haï*, du verbe hair, et *aïe*, exclamation, et que ces deux voyelles se changent si bien en de véritables consonnes, qu'on ne peut les prononcer seules, qu'il faut y joindre l'une des autres voyelles, et qu'on peut même les faire suivre des sons *i* et *ou* pour dire *yi* et *wou*, bien différents de *ii* et *ouou*.

Je fis observer, en outre, que ce son *y* est signalé par la grammaire de Port-Royal comme existant dans les mots *aïeul*, *faïence*, *païen*, pour lesquels elle proposait déjà d'adopter l'orthographe *ayeul*, *fayence*, *payen;* que cette grammaire prouve que l'*y* est une consonne distincte de l'*i* par la raison que les mots qui viennent d'être cités composent deux syllabes et non trois, qu'il faudrait compter s'ils étaient écrits par un *i* véritable; qu'enfin, on ne peut nier que dans ces mots ce son ne soit le même que dans *noyé*, *noyau*, *yeux*, *yole*, etc. J'ajoutai que les voyelles *i* et *ou* transformées en consonnes satisfont mieux à l'euphonie de notre langue, qui entremêle autant que possible les voyelles et les consonnes; tandis que l'*y*, employé pour deux *i*, a au contraire l'inconvénient grave d'appartenir très-souvent à deux syllabes différentes, comme dans *noyé*, *loyale;* ce qui donne lieu à une énorme difficulté pour ceux qui sont obligés d'épeler.

Cette opinion ne fut pas d'abord partagée par la majorité, qui ne voulait pas reconnaître les consonnes *y* et *w*, et qui pensait pouvoir indiquer toujours les sons qu'elles expriment par les voyelles *i* et *ou* en leur donnant une prononciation plus rapide; mais toute objection a cédé, quant à l'*y*, devant la nécessité d'avoir un signe différent pour écrire les mots *Cipaye*, *Blaye*, *Biscaye*, et beaucoup d'autres qui pourront nous venir des langues étrangères avec la même terminaison. On a donc définitivement admis d'abord la consonne *y*. Puis, à l'égard du *w*, on a pensé qu'il ne fallait pas le retrancher de notre alphabet; que les deux manières de le prononcer comme un *v* et comme un *ou* prouvent qu'il n'exprime réellement aucun de ces deux sons, mais qu'il en a un autre qui lui est propre. On a reconnu d'ailleurs que la langue française a déjà reçu un assez grand nombre de mots étrangers contenant cette lettre, pour qu'il soit nécessaire de la conserver.

Le *l* mouillé fut l'occasion d'une assez grande diversité d'opinion. L'un des membres de la réunion pensait qu'il n'est autre chose que le son indiqué le plus souvent par *y*, et qu'il faut le prononcer comme on prononce cette dernière consonne dans le mot *Bayeux*. Mais les autres membres, tout en reconnaissant que cette manière de faire entendre le *l* mouillé est en effet très usitée, ont fait remarquer qu'elle n'est pas générale et qu'on doit l'attribuer à l'habitude d'une prononciation négligée ou vicieuse. Pour moi je dis que je considérais notre *l* mouillé comme la réunion des deux consonnes *l* et *y*; que c'est à mes yeux une consonne double comme *ks* ou *gz*, représentés dans notre alphabet par un *x*, comme le *dj* et le *tch* des Italiens, qui les écrivent par une seule lettre et dans lesquels notre oreille perçoit deux consonnes. Il me semblait qu'un alphabet rationnel, distinguant tous les sons primitifs, ne devait pas admettre un seul signe pour deux sons. Mais la majorité a persisté dans la pensée que le *l* mouillé forme un son propre et unique qui doit avoir son signe spécial.

Un membre a demandé s'il ne fallait pas admettre deux *r*, le *r* dur et le *r* grasseyé des Provençaux. On a répondu que le genre d'articulation résultant de ce dernier mode de prononciation n'étant usité ni à Paris, ni dans la plus grande partie de la France, ne devait pas figurer dans l'alphabet français.

M. Jomard pensait aussi qu'il y avait deux *que* et deux *gue*. Il ne lui paraissait pas que le *q* de *quintal*, de *vainqueur*, fût le même que le *c* de *courage* et de *chœur;* il lui semblait que le *g* suivi des voyelles *e* et *i* diffère de celui qui précède *a*, *o*, *u*. M. de Saulcy exposa, à ce sujet, que l'étude des langues orientales lui avait effectivement fait apercevoir dans chacune de ces articulations une différence qui auparavant lui échappait. Les autres membres ont pensé que, dans la langue française, cette nuance n'existe qu'à cause de la modification imposée par certaines voyelles à la consonne qui les précède, et que cette modification n'étant pas facultative, mais forcée, ne peut constituer une seconde consonne distincte.

Le dissentiment a été plus grand relativement au *h* aspiré.

L'un des membres était d'avis qu'il modifie d'une manière sensible la voyelle qu'il précède. Les autres ont répondu d'abord que, dans ce cas, ce ne serait pas un son véritable, susceptible d'être représenté par une lettre, mais une variante dans la prononciation de la voyelle, variante qu'il suffirait d'indiquer par un signe, et ils ont fini par ne pas reconnaître cette modification.

Certains mots ont dû admettre le *h* comme articulation gutturale, ainsi que plusieurs idiomes nous le présentent encore. Le bas-breton, ancienne langue celtique qui était parlée dans toute la Gaule et qui a nécessairement fourni un grand nombre de mots à la langue française, fait un grand usage de cette articulation et lui donne autant de rudesse qu'elle en a dans l'arabe; il est probable que, l'organe des peuples conquérants se refusant à une articulation d'une si grande dureté, elle aura d'abord été adoucie, puis supprimée, et le *h* n'a plus eu pour fonction que d'empêcher la liaison avec le mot précédent.

Nous avons ainsi reconnu dans la langue française vingt consonnes, qui sont : *pe*, *be*, *me*. *te*, *de*, *ne*. *ke*, *gue*, *gne*. *le*, *ille*, *ye*. *fe*, *ve*, *we*. *se*, *ze*. *che*, *je*. *re*.

Ces vingt consonnes forment huit classes, dont les cinq premières sont composées de trois lettres, dures, moyennes et douces; les deux suivantes de deux, dures et douces, et la dernière d'une seule. On pourrait aussi les classer en onze brèves ou explosantes, et neuf longues, dont huit sifflantes et une roulante.

Quant aux noms à donner aux lettres du nouvel alphabet, il était évident que celui des voyelles serait le son qu'elles représentent, et que le nom des consonnes serait l'expression de la consonne jointe à une voyelle constante. Pour cette voyelle, l'*a* me semblait celle qui devait être préférée comme la plus sonore et comme devant se retrouver dans toutes les langues ; mais l'*e* sourd a été choisi, parce qu'il modifie moins la prononciation de la consonne.

Il fut convenu que toutes les lettres seraient du genre masculin.

Il restait à se prononcer sur l'apostrophe, les liaisons et l'aspiration.

On jugea qu'il n'y avait lieu à aucune modification concernant l'apostrophe.

Pour la liaison entre la lettre qui termine un mot et celle qui commence le mot suivant, on décida, après quelque hésitation, que lorsque cette liaison devra être faite, la consonne finale qui l'exprime sera écrite, et ne le sera pas quand on ne devra point la faire sentir. C'est assurément le système le plus rationnel.

Dès lors il n'y avait plus besoin d'un signe pour indiquer l'aspiration.

La commission ayant terminé le travail qu'elle avait entrepris sur l'alphabet français, il me restait à faire le choix des caractères. Contrairement à ce que j'avais d'abord pensé, je me décidai à employer des lettres accentuées, mais seulement comme caractères transitoires. Mes motifs furent, d'abord, qu'il ne fallait arrêter les signes définitifs que lorsqu'on aurait fait le travail d'assimilation des principales langues, ainsi que je l'ai demandé en traitant de l'alphabet universel. En effet, nous avons déjà besoin de trente-cinq signes pour la langue française, et il en faudra environ une dizaine d'autres pour exprimer les sons qu'elle ne possède pas et qui se trouvent dans les langues étrangères ; ce sera donc une vingtaine de signes qui devront être ajoutés aux vingt-six lettres de l'alphabet romain, si, comme je le pense, on le prend pour base de l'alphabet universel. En outre il sera bon, autant que possible, de prendre les signes nouveaux parmi ceux des idiomes étrangers. Comment donc établir ce travail graphique avant d'avoir complété le travail phonétique ? Je dirai même qu'ici comme partout les signes étant nécessaires pour se faire comprendre, il m'a semblé que des lettres provisoires, bien que ne donnant pas toute satisfaction sous le rapport graphique, pourraient néanmoins faciliter l'accomplissement de l'œuvre phonétique.

Une autre considération très-puissante m'a encore porté à cette détermination. La grande difficulté n'est pas de convaincre qu'un alphabet phonétique est bon et avantageux, mais de le faire adopter. Tous les lettrés, c'est-à-dire les personnes qui passent leur temps à lire ou à écrire, se sont tellement approprié notre alphabet actuel, qu'ils n'y trouvent plus aucune difficulté et qu'ils s'effrayeront à l'idée du moindre travail, quelque simple et facile que soit l'étude qu'on leur demande. Or, la nouvelle écriture différera de l'ancienne de deux manières : par l'arrangement des lettres ainsi que par leur forme et leur valeur. L'arrangement des lettres étant soumis à un rationalisme rigoureux, il ne peut être fait de concession sur ce point ; il en résultera que les mots changeront d'aspect et qu'ils paraîtront au premier abord assez étranges, disons même assez bizarres. Ce sera là une difficulté sérieuse, car les mots, que nous reconnaissons bien moins en lisant chacune de leurs lettres que par leur ensemble, ne se présentent pas seulement comme offrant un sens à notre intelligence, un son à notre oreille, mais aussi une forme à nos yeux ; y supprimer quelques lettres, sans même nuire à la prononciation, c'est leur donner une forme nouvelle et singulière, c'est les déguiser. Cette première difficulté sera grande et l'on ne pourra la vaincre qu'en livrant à la routine un rude combat devant l'opinion publique. Il fallait donc éviter, autant que possible, de joindre à un tel obstacle celui qu'auraient occasionné des signes tout à fait nouveaux dont on aurait dû apprendre la valeur. C'est dans ce but, c'est afin de préparer plus heureusement la transition que j'emploie d'abord, pour les lettres qui manquent à notre alphabet, des signes connus et seulement modifiés d'une manière aussi régulière que possible.

Voici comment j'ai essayé de résoudre ce problème.

Pour les voyelles, divisées en aiguës et en graves, écrire l'aiguë sans accent et la grave avec un accent circonflexe, c'est imiter ce qui se fait souvent ; je le ferai toujours, ce sera ma seule innovation. Pour l'*e* sourd, j'ai adopté l'epsilon, qui ressemble beaucoup à l'*e*, et qui sera facilement retenu, étant l'unique caractère réellement nouveau que j'admette. J'ai dit que je considérais le son *eu* comme le grave de *e* sourd, je l'écris donc avec un epsilon accentué. Enfin je regarde le son *ou* comme le grave de *u*, et je l'indique par un *u* accentué. Quant aux quatre nasales, j'y remplace le *n* par un trait sous la voyelle.

Il n'est assurément personne qui ne retienne ces indications à la première lecture ou à la première vue.

Pour les consonnes, ma méthode offre encore plus de facilité. Les lettres *p*, *b*, *m*, *d*, *v*, *r*, qui ne représentent qu'une articulation, ne subissent aucun changement. *n* cessera seulement d'entrer dans la composition des nasales. *l* simple ne se compliquera plus par d'autres lettres pour former le *l* mouillé, qui sera représenté par un *l* souligné. Le *g* ordinaire se prononcera toujours *gue*, quelle que soit la lettre qui le suive ; il ne fera plus concurrence au *j*. Le *gne* sera exprimé par un *g* surmonté d'un trait. Le *k* conservera sa prononciation actuelle, et la conservera seul sans le concours des signes *q* et *c*. *s* n'aura jamais le son du *z*, mais celui qui lui est propre ; il ne subira plus la concurrence du *c* et du *t*. Le *z* ne faisant plus double emploi avec l'*s* aura toujours, et seul, le son qui lui appartient. *y* ne représentera ni un, ni deux *i*, mais la consonne qui commence *yeux* et finit *Biscaye*. Le *w* n'aura plus le son du *v* simple, mais celui du *ou* bref. L'articulation *f* ne sera plus indiquée par *ph*. Enfin le *ch* sera exprimé par la lettre *h* seulement.

En résumé, on voit qu'à l'exception des consonnes *gne*, *ille* et *che*, auxquelles j'applique des signes, non pas nouveaux, mais simplement modifiés ou uniques, toutes les autres consonnes existantes conservent leur valeur la plus habituelle, et que toutes les lettres seront parfaitement distinctes.

Quant à l'inconvénient des accents et des soulignés, il est réel pour l'écriture cursive, parce que ces signes la ralentissent en obligeant l'écrivain à déplacer sa main, et parce qu'on les oublie souvent ; mais il est nul pour l'impression. Or, avant d'apprendre à écrire avec un nouvel alphabet, il faut apprendre à lire, et les caractères que je propose permettront de le faire pour ainsi dire immédiatement.

L'alphabet établi d'après ces principes sera composé ainsi qu'il suit :

ALPHABET PHONÉTIQUE.

VOYELLES.

SIGNES.	VALEUR.
a	a
â	à
a̲	an, en
e	é
ê	è, ê, ai, et
ε	e
ε̂	eu
i	i, y
i̲	in
o	o
ô	ô, au
o̲	on
u	u
û	ou
u̲	un

CONSONNES.

SIGNES.	VALEUR.
p (1)	p
b	b
m	m
t	t
d	d
n	n
k	k, q, c
g	g, gu
ḡ	gn
l	l
l̲	ill
y	y
f	f, ph
v	v
w	w
ṡ	s, c, t
z	z, s
h	ch
j	j, g
r	r

Quelques-unes des personnes auxquelles j'ai communiqué cet alphabet m'ont fait observer que, tant qu'un signe particulier sera nécessaire pour chaque voyelle et chaque consonne, il faudra trop de temps pour écrire, et qu'il vaudrait mieux proposer dès à présent un alphabet tachygraphique.

(1) Pour prononcer ces consonnes, il faut les faire suivre de la voyelle ε.

Cette observation ne m'a pas arrêté. Depuis soixante ans que la tachygraphie est inventée, ses progrès ont été presque nuls et sa pratique bien restreinte. Si cela tient à ce qu'offrant trop de difficulté pour la lecture, elle ne peut entrer dans l'usage public, il faut pour toujours la laisser à ceux, en petit nombre, qui ont besoin d'écrire très-rapidement. Si c'est parce qu'il existe une trop grande différence entre cette méthode et l'écriture usuelle, il faut commencer par adopter un alphabet rationnel dont on pourra plus tard simplifier les caractères, car cet alphabet doit former la base de toute bonne tachygraphie.

DICTIONNAIRE

DE LA PRONONCIATION

DE LA LANGUE FRANÇAISE

INDIQUÉE

AU MOYEN DE CARACTÈRES PHONÉTIQUES.

PRÉFACE.

La manière de prononcer les mots de la langue française diffère notablement de la manière de les écrire. Un dictionnaire dont l'objet exclusif ou principal est d'indiquer cette prononciation avec exactitude doit être, par conséquent, d'une grande utilité aussi bien pour les nationaux que pour les étrangers. Pourquoi jusqu'à présent n'a-t-on pas réussi à le donner au public? Pourquoi tout ce qui a été produit en vue d'atteindre ce but, l'a-t-il manqué constamment? C'est qu'on ne possédait pas la base essentielle d'un travail de ce genre; c'est que notre alphabet ne nous fournit pas les signes qui sont nécessaires pour représenter notre prononciation d'une manière certaine, nette et précise, pour indiquer par une seule lettre chacun des sons et articulations de notre langue. Dans le mémoire qui précède, j'ai signalé cette défectuosité ainsi que tous les autres vices de notre alphabet; j'ai démontré la nécessité d'une réforme de cet instrument de nos communications intellectuelles, et j'ai proposé de le remplacer par un alphabet rationnel et phonétique dont j'ai exposé les avantages. Dans mon opinion, un alphabet, établi suivant ces deux principes, est absolument indispensable pour composer un bon dictionnaire de la prononciation française.

Lorsque je conçus cette ambitieuse pensée de réformer l'alphabet, ma conviction bien acquise, j'avais à la faire passer dans les esprits ; tel est l'objet de mon mémoire. Je devais aussi arrêter les nouveaux caractères, et dans ce mémoire j'ai expliqué comment j'y suis parvenu.

L'idée mise au jour, l'instrument créé, il fallait passer de la théorie à la pratique, en faisant connaître cet instrument par une application qui ne blessât pas trop l'habitude établie, qui ne rendît point choquant l'aspect des mots formés des nouveaux caractères et qui ne rebutât pas en exigeant, pendant les premiers jours, une lecture moins rapide que celle à laquelle nous sommes accoutumés. Donner des phrases entières où les mots auraient acquis par l'effet de leur rapprochement une étrangeté plus grande, c'eût été tomber dans ces inconvénients. Un dictionnaire de la prononciation qui les évite, au contraire, en présentant les mots isolément, m'a semblé la forme la plus favorable à l'introduction de mon nouvel alphabet. Quand on consulte un ouvrage de ce genre, la précipitation n'est plus permise, puisqu'il faut étudier la valeur de chaque lettre ; on sentira donc immédiatement l'utilité des caractères phonétiques qui indiquent avec une exactitude rigoureuse la manière de prononcer les mots. J'avais encore une autre raison de prendre cette détermination : c'est que, me trouvant obligé d'écrire les trente mille mots de la langue française, j'abordais et je résolvais à la fois toutes les difficultés, je répondais d'avance à toutes les objections sur l'application de mon alphabet. Je ne m'attends pas à ce que mes solutions soient admises par tout le monde ; mais dans les choses de convention, comme l'écriture, le point essentiel est de donner une solution quelconque.

Le dictionnaire que je publie doit d'ailleurs contribuer à déterminer la prononciation, et à ce titre il a un immense intérêt. N'est-ce pas une chose bien singulière, en effet, que de voir la langue française, si bien fixée relativement à la construction des phrases, aux règles de la syntaxe et à l'orthographe, rester dans un vague inouï quant à la manière de prononcer les mots? Qu'en résulte-t-il? Que rien n'est plus rare que de rencontrer un bon lecteur; que souvent les plus savants et les plus éloquents orateurs rompent, par la prononciation vicieuse d'un mot, le charme qu'ils font éprouver à leurs auditeurs; que chaque province, chaque famille a sa manière de parler; que les étrangers cherchent vainement des principes certains et ne savent sur qui se régler, parce que le Parisien ou le Tourangeau, dont ils seraient disposés à suivre l'exemple, ne sait lui-même comment dire une foule de mots, ni comment mettre sur le papier sa propre prononciation.

L'impérieuse nécessité de faire cesser cet état d'incertitude a déterminé plusieurs auteurs de dictionnaires à essayer de joindre à la définition des mots une représentation écrite de leur prononciation. Mais il suffit d'ouvrir l'un ou l'autre de ces ouvrages, composés tous avec l'alphabet actuel, pour reconnaître que si l'on se conformait, en parlant, aux indications qu'ils donnent, la bizarrerie de notre langage comparé à notre orthographe ne ferait qu'augmenter encore.

Parmi les auteurs qui ont fait le plus d'efforts pour parvenir à donner exactement la prononciation, on peut citer M. Napoléon Landais. L'éditeur de son dictionnaire, dans une note de l'avertissement, s'exprime ainsi : « Le système de prononcia-« tion conventionnelle adopté par M. Landais, est aussi utile « aux étrangers qu'aux Français qui ne connaissent pas bien « leur langue, et surtout aux habitants des départements dont « l'accent est vicieux. Il n'y a peut-être pas d'autre moyen effi-« cace de corriger les défauts de la prononciation. La méthode « prosodique n'est point suffisante pour cela, parce qu'elle ne « saurait indiquer les différences bizarres qui existent entre « l'orthographe d'un mot et la manière de le prononcer. »

Voyons s'il était possible à l'auteur de justifier complétement cet éloge.

On lit d'abord dans l'exposé du système de prononciation figurée appliqué au dictionnaire : « RÈGLE GÉNÉRALE EXPRESSÉ-« MENT RECOMMANDÉE..... *Toutes les lettres doivent être rigou-*

« *reusement et strictement prononcées*, puisque nous n'em- « ployons que les caractères rigoureusement et strictement « nécessaires pour rendre le son le plus exact possible du mot « que nous voulons traduire. »

Puis en parlant des voyelles il est dit : « I. Cette voyelle n'a « proprement que le son qui lui est naturel; impossible donc de « le rendre autrement que par lui-même... O a deux sons, l'un « bref et l'autre grave ou long... U surmonté ou non d'un ac- « cent ne se prononce jamais que naturellement, nous ne le fi- « gurons donc que par lui-même. » Il faudrait conclure de là que ces trois voyelles ne se modifient jamais, qu'elles ne forment pas le son *ou*, et ne prennent pas le son nasal quand elles se combinent avec un *n;* ce qui serait en contradiction avec les faits.

M. Landais continue : « Les *e* muets ne se font point sentir, « c'est leur prérogative naturelle. » Alors il ne faudrait jamais les prononcer dans les monosyllabes, *je*, *me*, *le*, etc., où cependant leur élision est l'exception, ni dans les mots : *ceci*, *besoin*, *chemin*, etc. On croirait, d'après cela, que cette lettre inutile est retranchée de la prononciation figurée, et loin de là, elle y est ajoutée partout.

« *eu*, *eû*, *œu*, n'ayant qu'un son unique, ne sont annoncés « que par *eu*. » Cependant ce son diffère très-sensiblement dans les mots *peu*, *peur*, *eux*, *œuf*. Si M. Landais avait eu un signe pour indiquer cette différence, il n'aurait sans doute pas fait une pareille confusion (1).

Voici quelques exemples des procédés employés dans le dic-

(1) Puisque je parle ici de M. Napoléon Landais, je saisirai cette occasion de dire que j'ai le droit de compter ce grammairien progressif au nombre des partisans d'une réforme alphabétique, dont il a reconnu l'incontestable nécessité. Suivant lui, avant un siècle peut-être, le monde entier ne parlerait plus que la langue française *si elle subissait une réforme basée sur des principes de raison et d'expérience.*

« Voyez, dit-il, où nous mène cette bizarrerie (de notre orthographe comparée à « notre prononciation); un même mot, le mot *pétition*, par exemple, donne deux « syllabes absolument semblables dont la prononciation est toute différente. *Com- « ment figurer les sons d'un pareil mot sans se voir contraint de changer les « lettres de l'alphabet?*.... Nous arriverons à prouver que l'étude des langues, « toute sérieuse et sévère qu'elle paraît, n'est réellement épineuse que parce qu'on « refuse d'en aplanir les difficultés inutiles.... Ne devrions-nous pas nous arroger « le droit d'une aussi sublime initiative? . La langue française est européenne;

tionnaire de Napoléon Landais et dans le mien. La comparaison qu'on en fera démontrera l'impossibilité de rendre la prononciation d'une manière satisfaisante autrement qu'avec mon alphabet phonétique.

ORTHOGRAPHE USUELLE.	PRONONCIATION DE LANDAIS.	DICTIONNAIRE PHONETIQUE (1).
Anagramme,	Anaguerame,	Anagram.
Billon,	Bion,	Bılo.
Biscaye,	Bicekâ-ie,	Bıskay.
Deuil,	Deu-ie,	Dɛl.
Boudin,	Boudein,	Bůdi.
Boa,	Boa,	Boa.
Bois,	Boâ,	Bůâ.
Boire,	Boare,	Bůar.
Bataillon,	Batâ-ion,	Batalo.
OEil,	Euie,	ɛl.
Cercueil,	Cerkueuie,	Sěrkɛl.
Recueillir,	Rekueuieir,	Rɛkɛlır.
Groin,	Guero-ein,	Grůi.
Guingan,	Guieinguan,	Giga.
Imprevoyant,	Einprevoeian,	Iprevůaya.
Oint,	Oein,	Ûi.
Agneau,	Aguiô,	Agô.
Doyen,	Doeiein,	Důayi.
Criailler,	Kriâ-ié,	Kriyâle.

On a cherché aussi à établir des règles de la prononciation par des moyens didactiques. M. Malvin-Cazal a publié dans ce genre un traité qui a eu les honneurs de l'impression aux frais de l'État. Mais il me semble que, si ce travail peut être utile aux grammairiens, il ne le sera guère au public. Pour poser des principes sur la matière, M. Malvin-Cazal a dû composer un volume de cinq cents pages contenant peut-être quinze cents règles qui donnent lieu à des milliers d'exceptions. Or, comme il est fort

« pourquoi ne pas chercher a en faire la langue universelle?... La digue qu'on « nous oppose est l'impossibilité de soumettre une langue aux lois de la raison. « L'a-t-on jamais essayé? »

(1) Voir, pour la valeur des lettres, l'alphabet phonétique, soit à la fin du mémoire qui précède, soit en tête du vocabulaire.

difficile de trouver la prononciation d'un mot dans un ouvrage semblable, il faudrait apprendre et retenir cet ouvrage, qui est un véritable supplément à la grammaire.

J'ai donc dit avec raison que, malgré les diverses tentatives qui ont été faites jusqu'à ce jour, on n'avait pas encore donné sur la prononciation française un guide sûr et d'un usage facile. J'espère que ce guide, si nécessaire, on le trouvera dans mon Dictionnaire.

J'ai rencontré des difficultés de plus d'une nature. D'abord sur la manière de prononcer les mots; j'ai dû à cet égard consulter les auteurs qui m'ont précédé, ainsi que plusieurs personnes très-aptes à trancher ces sortes de questions, et je suis fondé à croire que je me suis peu éloigné de la vérité; cependant je n'ai pas de prétention à l'infaillibilité, je désire au contraire que l'on veuille bien relever mes erreurs et me fournir l'occasion de les rectifier. J'espère surtout que l'Académie, qui jusqu'à présent s'est abstenue avec raison d'indiquer la prononciation dans son dictionnaire, voudra faire disparaître cette lacune quand elle aura reconnu que mon alphabet lui en offre le moyen. Je n'entends pas par là mettre mon autorité à côté de la sienne, et ce serait, pour moi, une assez grande gloire de lui avoir fourni l'instrument nécessaire pour établir un code de la prononciation française.

Je me suis attaché à figurer les mots plutôt tels qu'on les prononce que tels qu'on devrait les prononcer, ne me préoccupant guère des racines grecques et latines, parce que d'autres considérations m'ont paru devoir l'emporter. Ce qui m'a déterminé, c'est l'usage le plus général, celui de la bonne compagnie, qui devait prévaloir. Quand j'ai reconnu des divergences et des incertitudes, j'ai eu égard, pour me décider, d'abord aux racines françaises et à celles des langues vivantes, puis à l'euphonisme qui fait l'harmonie du langage. J'ai dû aussi prendre en considération le sens des mots, donnant plus particulièrement à ceux qui ont de la solennité les sons graves, et les sons aigus à ceux qui sont doux, familiers ou brefs. J'ai jugé utile enfin, lorsque l'usage général n'avait pas créé une règle invariable, d'établir une différence dans la prononciation des mots dont l'orthographe est la même, et qui cependant expriment des choses différentes.

Les indications qui pouvaient être données d'une manière certaine, et celles qui devaient être négligées à cause de leur incertitude, ont été un autre genre de difficulté, aussi bien que le choix que j'avais à faire entre divers signes qui, dans quelques cas, pouvaient être employés presque indifféremment.

Les voyelles graves *â*, *ê*, dans nombre de mots où elles sont brèves, ne se distinguent pas bien des voyelles aiguës *a*, *e*; cela provient principalement de la briéveté du son, et en outre de la nature des consonnes qui précèdent ou suivent, et dont l'articulation entraîne la modification de la voyelle. Je me suis donc trouvé souvent dans l'indécision à cet égard; aussi je m'attends à quelques critiques; mais je pense que l'influence des diverses habitudes provinciales y sera pour beaucoup. En général, on préfère les voyelles aiguës dans le Midi, et les voyelles graves dans le Nord.

Relativement à l'*e* muet, je ne me suis pas conformé à l'opinion de plusieurs auteurs qui pensent qu'il est impossible de prononcer une articulation sans la placer entre deux voyelles, et que lorsque l'une de ces deux voyelles manque dans le mot écrit, il faut dans la prononciation ajouter un *e* muet. Je ne partage pas cette opinion; je crois, au contraire, qu'une seule voyelle, soit avant, soit après, suffit pour une ou plusieurs consonnes, et bien loin d'en ajouter, j'ai cru devoir même supprimer l'*e* muet dans tous les mots où on l'écrit sans jamais le prononcer; je n'ai pas vu de raison pour mettre un *e* à *marque* plutôt qu'à *marc*, à *leste* qu'à *lest*, a *rixe* qu'à *onyx*. J'ai seulement eu égard à ce que, dans le langage soutenu, on fait sentir le plus souvent les *e muets* placés au milieu des mots. Je les ai donc maintenus dans les mots où ils sont alors susceptibles d'être prononcés : ce sera aux personnes qui emploieront mon Dictionnaire à en faire la distinction et à ne point perdre de vue que, dans la conversation ordinaire, la prononciation de cette lettre aurait un caractère d'affectation qu'on s'applique à éviter.

Pour l'*e* muet final, quand il se trouve à la suite d'une autre voyelle, il ne se prononce pas; il a pour effet seulement de rendre cette voyelle longue, et l'on ne fait sentir cette augmentation de temps que dans le langage soutenu et dans la prononciation des vers pour les rimes féminines. Il aurait été, par conséquent, irrationnel de tenir compte de cet *e* véritablement muet dans une orthographe phonétique. Lorsqu'il sert à marquer le féminin et qu'il est placé à la suite d'une consonne muette au masculin, il ne se prononce pas davantage, mais il fait articuler la consonne comme dans *profond, profonde.* Dans ce cas, je me borne à écrire la consonne que l'on doit prononcer.

La similitude qui existe entre l'*y* et l'*i* bref me permettait, dans beaucoup de mots, d'employer l'un ou l'autre, excepté pour les cas où ces lettres sont finales. J'ai donné le plus souvent la préférence à l'*i*, et je ne me suis servi de l'*y* que lorsque cette consonne est bien caractérisée comme entre deux voyelles. J'ai fait de même pour le *w*, qui se confond avec le *ou* bref. Je pense pourtant qu'il serait mieux d'employer l'*y* et le *w* devant toutes les voyelles avec lesquelles ils ne forment qu'une même syllabe, dans les diphthongues, par exemple. Je n'ai pas osé le faire encore, par crainte de changer trop brusquement l'orthographe.

Enfin, mon plus grand embarras est venu de la nécessité où j'étais de me conformer aux modifications que subit notre langage par suite de l'usage où nous sommes de lier souvent les consonnes finales avec la voyelle initiale du mot qui suit. Le système phonétique veut que la consonne finale ne soit écrite que quand elle se fait entendre, et par conséquent lorsque la liaison a lieu : or, comment préciser exactement les cas où cette liaison est de règle et ceux qui l'excluent? Malgré ce que l'on dit de l'horreur de notre langue pour l'hiatus, elle en admet cependant un grand nombre, alors même qu'il existe une consonne pouvant se lier. Beaucoup de finales ne permettent jamais la liaison; d'autres, telles que la terminaison en *er*, l'admettent dans les verbes et la repoussent dans les noms substantifs. J'ai dû faire sur ce sujet une étude particulière. J'ai dû également me rendre compte des effets de la liaison sur les voyelles nasales, qui en sont toujours plus ou moins affectées, à ce point, que, suivant quelques grammairiens, elles perdent le son nasal pour reprendre celui de la voyelle primitive; et que, suivant d'autres, le mot prend même dans sa prononciation la terminaison féminine. Il m'a semblé que ni l'une ni l'autre de ces règles n'est générale, et que souvent encore la voyelle conserve sa nasalité. J'ai essayé d'indiquer ces variantes de notre langage dans des notes ajoutées aux mots qui en sont susceptibles. Il serait à désirer qu'à cet égard, comme pour les liaisons en général, on s'occupât de poser des principes fixes; mais ce travail, qui a été préparé en partie par de laborieux écrivains, est du domaine de la grammaire, et il ne peut être accompli que par une autorité irréfutable et faisant loi.

Pour les mots tirés d'une langue étrangère, conformément à ce que j'ai dit dans mon mémoire, je leur ai conservé leur prononciation originaire toutes les fois que l'usage ne les avait pas trop francisés.

Un dictionnaire de la prononciation étant destiné principalement aux gens du monde, je n'ai pas cru devoir comprendre dans le mien une multitude d'expressions nouvelles que l'on trouve dans quelques vocabulaires, et qui sont plus souvent techniques qu'usuelles. J'ai pris pour modèle le Dictionnaire de l'Académie; j'ai retranché un très-petit nombre de mots complétement inusités aujourd'hui, et j'en ai ajouté quelques autres dont on fait maintenant un usage assez général.

J'ai ajouté également un verbe de chacune des quatre conjugaisons régulières dans ses différents modes et dans tous ses temps, ainsi que la conjugaison des deux verbes auxiliaires et des irréguliers. Ce complément était indispensable, la prononciation des verbes donnant lieu à de fréquentes incertitudes.

Le Dictionnaire de l'Académie ne contient pas les noms de lieu; je ne les donne pas non plus. Mais je compte entreprendre un dictionnaire de géographie, dans lequel je donnerai ces noms tels qu'ils se prononcent dans le pays même qu'ils indiquent, ce qui me sera facile avec mon alphabet. J'ai l'espoir qu'alors on établira partout les cartes d'après ce principe, et qu'elles pourront servir à toutes les nations.

AVERTISSEMENT

POUR L'USAGE DU DICTIONNAIRE.

Comme les mots de la langue française varient dans leur prononciation, par l'effet des liaisons, on a dû les donner dans ce Dictionnaire phonétique, d'abord tels qu'ils doivent être prononcés isolément, puis ajouter à la suite la consonne qui sert à former la liaison avec le mot suivant, quand elle doit ou peut se faire, soit dans tous les cas, soit dans quelques circonstances ou seulement devant certaines espèces de mots.

Les mots qui ne sont pas suivis de la consonne, sont ceux qui ne se lient jamais.

Ceux qui commencent par un *h* aspiré sont accompagnés d'un signe, pour indiquer que leur initiale, dans l'orthographe phonétique, ne se lie pas avec la consonne finale du mot précédent.

La prononciation des mots contenant la lettre dite *e* muet est variable dans la plupart des cas. Ce dictionnaire supprime cette lettre lorsqu'elle reste absolument muette en toute circonstance ; mais il la maintient dans les mots où elle doit être prononcée, soit toujours, soit accidentellement.

Les lettres longues sont indiquées par un accent vertical.

Tous les mots qui se prononcent de même au singulier et au pluriel, sauf la liaison, qui dans ce dernier cas est obligatoire, sont donnés seulement au singulier.

Sans chercher à poser ici les règles de la prononciation, il est bon de faire observer que les liaisons, les *e* dits muets et les lettres longues, qu'il faut presque toujours faire entendre et sentir dans les vers et dans le discours soutenu, doivent s'effacer ou s'élider à mesure que le langage prend le ton de la conversation et devient familier. L'inobservation de ce principe de goût donnerait à la prononciation un caractère affecté et quelquefois même bizarre.

4.

ALPHABET PHONÉTIQUE.

VOYELLES.

SIGNES.	VALEUR.
a	a
à	â
a̲	an, en
e	é
ê	è, ê, ai
ɛ	e
ɛ̀	eu
i	i
i̲	in
o	o
ò	ò, au
o̲	ou
u	u
ù	ou
u̲	un

CONSONNES.

SIGNES.	VALEUR.
p	p
b	b
m	m
t	t
d	d
n	n
k	k q c
g	gu
ḡ	gn
l	l
l̮	ill, il
y	y
f	f
v	v
w	w
s	s, c
z	z, s
h	ch
j	j, g
r	r

EXPLICATION DES SIGNES.

'	Accent des lettres longues.
ASP.	Indication des mots aspirés.
—	Trait séparatif des lettres qui s'ajoutent au mot pour former la liaison

DICTIONNAIRE

DE

LA PRONONCIATION

INDIQUÉE PAR L'ALPHABET RATIONNEL.

A

A, â.
A, a.
ABAISSE, abês.
ABAISSEMENT, abêsma-t.
ABAISSER, abese-r.
ABAISSEUR, abêsɛr.
ABAJOUE, abajû.
ABANDON, abado.
ABANDONNEMENT, abadonma-t.
ABANDONNER, abadone-r.
ABAQUE, abak.
ABASOURDIR, abazûrdir.
ABATAGE, abataj.
ABÂTARDIR, abatardir.
ABÂTARDISSEMENT, abatardisma-t.
ABATÉE, abaté.
ABATIS, abati-z.
ABAT-JOUR, abajûr.
ABATTEMENT, abatma-t.
ABATTEUR, abatɛr.
ABATTOIR, abatûar.
ABATTRE, abatr.
ABAT-VENT, abava-t.
ABAT-VOIX, abavûâ-z.
ABBATIAL, E, abasial.
ABBATIAUX, abasiô-z.
ABBAYE, abei.
ABBÉ, abe.
ABBESSE, abês.
ABCÉDER, abcede-r.
ABCÈS, abcê-z.
ABDICATION, abdikâsio.
ABDIQUER, abdike-r.
ABDOMEN, abdomên.
ABDOMINAL, E, abdominal.
ABDOMINAUX, abdominô-z.
ABDUCTEUR, abduktɛr.
ABDUCTION, abduksio.
ABECÉDAIRE, âbesedêr.
ABEILLE, abêl.
ABERRATION, aberâsio.
ABÊTIR, abetir.
AB HOC et AB HAC, ab ok êt ab ak.
ABHORRER, abore-r.
ABÎME, abim.
ABÎMER, abime-r.
AB IRATO, ab iratô.
ABJECT, E, abjêkt.
ABJECTION, abjeksio.
ABJURATION, abjurâsio.

Abjurer, abjure-r.
Ablatif, ablatif.
Ablation, ablâsio̱.
Ablette, ablêt.
Ablution, ablusio̱.
Abnégation, abnegâsio̱.
Aboi, abûa.
Aboiement, abûama̱-t.
Abolir, abolir.
Abolissement, abolisma̱-t.
Abolition, abolisio̱.
Abominable, abominabl.
Abominablement, abominable-ma̱-t.
Abomination, abominâsio̱.
Abondamment, abo̱dama̱-t.
Abondance, abo̱da̱s.
Abondant, abo̱da̱-t.
Abondante, abo̱da̱t.
Abonder, abo̱de-r.
Abonnement, abonma̱-t.
Abonner, abone-r.
Abord, abor.
Abordable, abordabl.
Abordage, abordaj.
Aborder, aborde-r.
Aborigènes, aborijên-ž.
Abornement, abornema̱-t.
Aborner, aborne-r.
Abortif, abortif.
Abortive, abortiv.
Abouchement, abûhma̱-t.
Aboucher, abûhe-r.
About, abû-t.
Abouter, abûte-r.
Aboutir, abûtir.
Aboutissant, abûtisa̱-t.
Aboutissante, abûtisa̱t.
Aboutissement, abûtisma̱-t.
Ab ovo, ab ôvô.
Aboyant, abûaya̱-t.
Aboyante, abûaya̱t.
Aboyer, abûaye-r.
Aboyeur, abûayer.
Abracadabra, abrakadabra.

Abraxas, abraksâs.
Abrégé, abreje.
Abréger, abreje-r.
Abreuver, abreve-r.
Abreuvoir, abrevûar.
Abréviateur, abreviater.
Abréviation, abreviâsio̱.
Abri, abri.
Abricot, abrikô.
Abricotier, abrikotie.
Abriter, abrite-r.
Abrogation, abrogâsio̱.
Abroger, abroje-r.
Abrouti, e, abrûti.
Abrupt, e, abrupt.
Abrupto (ex), egz abruptô.
Abrutir, abrutir.
Abrutissant, abrutisa̱-t.
Abrutissante, abrutisa̱t.
Abrutissement, abrutisma̱-t.
Abscisse, absis.
Absence, absa̱s.
Absent, absa̱-t.
Absente, absa̱t.
Absenter (s'), absa̱te-r.
Abside, absid.
Absinthe, absi̱t.
Absolu, e, absolu.
Absolument, absoluma̱-t.
Absolution, absolusio̱.
Absolutisme, absolutism.
Absolutiste, absolutist.
Absolutoire, absolutûar.
Absorbant, absorba̱-t.
Absorbante, absorba̱t.
Absorber, absorbe-r.
Absorption, absorbsio̱.
Absoudre, absûdr.
Absoute, absût.
Abstème, abstêm.
Abstenir (s'), abstenir.
Abstention, absta̱sio̱.
Abstergent, absterja̱-t.
Abstergente, absterja̱t.
Absterger, absterje-r

Abstersif, abstersif.
Abstersion, abstersio̱.
Abstersive, abstersiv.
Abstinence, abstina̱s.
Abstinent, abstina̱-t.
Abstinente, abstina̱t.
Abstractif, abstraktif.
Abstraction, abstraksio̱.
Abstractive, abstraktiv.
Abstractivement, abstraktivma̱-t.
Abstraire, abstrêr.
Abstrus, abstru-z.
Abstruse, abstruz.
Absurde, absurd.
Absurdement, absurdɛma̱-t.
Absurdité, absurdite.
Abus, abu-z.
Abuser, abuze-r.
Abuseur, abuzɛr.
Abusif, abuzif.
Abusive, abuziv.
Abusivement, abuzivma̱-t.
Abyme, abim.
Abymer, abime-r.
Acabit, akabi-t.
Acacia, akasia.
Académicien, akademisii̱.
Académie, akademi.
Académique, akademik.
Académiquement, akademikma̱-t.
Académiste, akademist.
Acagnarder, akag̃arde-r.
Acajou, akajû.
Acanthe, aka̱t.
Acariâtre, akariâtr.
Acatalepsie, akatalepsi.
Acataleptique, akataleptik.
Acaule, akôl.
Accablant, akâbla̱-t.
Accablante, akâbla̱t.
Accablement, akâblɛma̱-t.
Accabler, akâble-r.
Accaparement, akaparma̱-t.
Accaparer, akapare-r.
Accapareur, akaparɛr.
Accapareuse, akaparɛz.
Accéder, aksede-r.
Accélérateur, akseleratɛr.
Accélération, akselerâsio̱.
Accélératrice, akseleratris.
Accélérer, akselere-r.
Accenses, aksa̱s-z.
Accent, aksa̱-t.
Accentuation, aksa̱tuâsio̱.
Accentuer, aksa̱tue-r.
Acceptable, akseptabl.
Acceptation, akseptâsio̱.
Accepter, aksepte-r.
Accepteur, akseptɛr.
Acception, aksepsio̱.
Accès, aksê-z.
Accessibilité, aksesibilite.
Accessible, aksesibl.
Accession, aksesio̱.
Accessit, aksesit.
Accessoire, aksesûar.
Accessoirement, aksesûarma̱-t.
Accident, aksida̱-t.
Accidenté, e, aksida̱te.
Accidentel, aksida̱tɛl.
Accidentellement, aksida̱telma̱-t.
Accise, aksiz.
Acclamation, aklamâsio̱.
Acclamer, aklâme-r.
Acclimater, aklimate-r.
Accointance, akûi̱ta̱s.
Accointer (s'), akûi̱te-r.
Accolade, akolad.
Accoler, akole-r.
Accommodable, akomodabl.
Accommodage, akomodaj.
Accommodant, akomoda̱-t.
Accommodante, akomoda̱t.
Accommodement akomodma̱-t.
Accommoder, akomode-r.
Accompagnateur, ako̱pag̃atɛr.
Accompagnatrice, ako̱pag̃atris.
Accompagnement, ako̱pag̃ma̱-t.

Accompagner, akopaña-r.
Accompli, e, ako̱pli.
Accomplir, ako̱plir.
Accomplissement, ako̱plisma̱-t.
Accon, ako̱.
Accoquinant, akokina-t.
Accord, akor.
Accordable, akordabl.
Accordailles, akordâḻ-z.
Accordant, akorda̱-t.
Accordante, akordat.
Accordé, e, akorde.
Accordéon, akordeo̱.
Accorder, akorde-r.
Accordeur, akordɛr.
Accordoir, akordûar.
Accore, akor.
Accorer, akore-r.
Accort, akor-t.
Accorte, akort.
Accortise, akortiz.
Accostable, akostabl.
Accoster, akoste-r.
Accoter, akote-r.
Accotoir, akotûar.
Accottement, akotma-t.
Accouchée, akûhe.
Accouchement, akûhma̱-t.
Accoucher, akûhe-r.
Accoucheur, akûhɛr.
Accoucheuse, akûhɛ̂z.
Accouder (s'), akûde-r.
Accoudoir, akûdûar.
Accouple, akûpl.
Accouplement, akûplɛma̱-t.
Accoupler, akûple-r.
Accourcir, akûrsir.
Accourcissement, akûrsisma-t.
Accourir, akûrir.
Accoutrement, akûtrɛma-t.
Accoutrer, akûtre-r.
Accoutumance, akûtumas.
Accoutumer, akûtume-r.
Accrédité, e, akredite.
Accréditer, akredite-r.

Accroc, akrô.
Accrochement, akrohma̱-t.
Accrocher, akrohe-r.
Accroire, akrûar.
Accroissement, akrûasma̱-t.
Accroître, akrûatr.
Accroupir(s'), akrûpir.
Accroupissement, akrûpisma̱-t.
Accrue, akru.
Accueil, akɛḻ.
Accueillir, akɛḻir.
Accul, akul.
Acculer, akule-r.
Accumulateur, akumulatɛr.
Accumulation, akumulâsio̱.
Accumulatrice, akumulatris.
Accumuler, akumule-r.
Accusable, akuzabl.
Accusateur, akuzatɛr.
Accusatif, akuzatif.
Accusation, akuzâsio̱.
Accusatrice, akuzatris.
Accuser, akuze-r.
Acens, asa̱s.
Acensement, asasma̱-t.
Acenser, asa̱se-r.
Acéphale, asefal.
Acepia, asepia.
Acerbe, asêrb.
Acerbité, aserbite.
Acéré, e, asere.
Acérer, asere-r.
Acescence, ases'as.
Acescent, ases'a-t.
Acescente, ases'a̱t.
Acétate, asetat.
Acéteuse, asetɛ̂z.
Acéteux, asetɛ-z.
Acétique, asetik.
Achalandage, ahala̱daj.
Achalander, ahalade-r.
Acharnement, aharnɛma-t.
Acharner, aharne-r.
Achat, aha.
Ache, ah.

Acheminement, ahēminma-t.
Acheminer, ahēmine-r.
Achéron, ahero̱.
Acheter, ahte-r.
Acheteur, ahtɛr.
Achèvement, ahevma̱-t.
Achevé, e, ahve.
Achever, ahve-r.
Achillée, ahile.
Achit, ahi.
Achoppement, ahopma-t.
Achores, ahor-z.
Achromatique, akromatik.
Achromatisme, akromatism.
Achronique, akronik.
Acide, asid.
Acidifère, asidifêr.
Acidification, asidifikâsio̱.
Acidifier, asidifie-r.
Acidité, asidite.
Acidule, asidul.
Acidulé, e, asidule.
Aciduler, asidule-r.
Acier, asie.
Acierer, asiere-r.
Aciérie, asieri.
Acolyte, akolit.
Acomas, akoma.
Acomat, akoma.
Aconit, akonit.
Acoquinant, akokina-t.
Acoquinante, akokinat.
Acoquiner, akokine-r.
Acotylédone, akotiledon.
A-coup, akû-p.
Acoustique, akûstik.
Acquéreur, akerɛr.
Acquérir, akerir.
Acquêt, akê-t.
Acquêter, akete-r.
Acquiescement, akiesma̱-t.
Acquiescer, akiese-r.
Acquisition, akizisio̱.
Acquit, aki-t.
Acquittement, akitma-t.
Acquitter, akite-r.
Acre, akr.
Acre, âkr.
Acreté, âkrɛte.
Acrimonie, akrimoni.
Acrimonieuse, akrimoniėz.
Acrimonieux, akrimoniė-z.
Acrobate, akrobat.
Acronyque, akronik.
Acrostiche, akrostih.
Acrotère, akrotêr.
Acte, akt.
Acteur, aktɛr.
Actif, aktif.
Action, aksio̱.
Actionnaire, aksionêr.
Actionner, aksione-r.
Active, aktiv.
Activement, aktivma̱-t.
Activité, aktivite.
Actrice, aktris.
Actualité, aktualite.
Actuel, le, aktuêl.
Actuellement, aktuelma-t.
Acuponcture, akupo̱ctur.
Acutangle, akutagl.
Adage, adaj.
Adagio, adajio.
Adaptation, adaptâsio̱.
Adapter, adapte-r.
Adatis, adatis.
Addition, adisio̱.
Additionnel, le, adisionêl.
Additionnellement, adisionelma-t.
Additionner, adisione-r.
Adducteur, aduktɛr.
Adduction, aduksio̱.
Ademption, adapsio̱.
Adepte, adêpt.
Adéquat, e, adekûat.
Adhérence, aderas.
Adhérent, adera̱-t.
Adhérente, aderat.
Adhérer, adere-r.

Adhésion, adezio̱.
Ad hoc, ad ok.
Ad honores, ad onorês.
Ad hominem, ad ominêm.
Adiante, adia̱t.
Adieu, adiė.
Adipeuse, adipėz.
Adipeux, adipė-z.
Adipocire, adiposir.
Adirer, adire-r.
Adjacent, adjasa̱-t.
Adjacente, adjasa̱t.
Adjectif, adjektif.
Adjectivement, adjektivma̱-t.
Adjoindre, adjûi̱dr.
Adjoint, adjûi̱-t.
Adjonction, adjo̱ksio̱.
Adjudant, adjuda̱-t.
Adjudicataire, adjudikatêr.
Adjudicatif, adjudikatif.
Adjudication, adjudikâsio̱.
Adjudicative, adjudikativ.
Adjuger, adjuje-r.
Adjuration, adjurâsio̱.
Adjurer, adjure-r.
Admettre, admêtr.
Adminicule, adminikul.
Administrateur, administratėr.
Administratif, administratif.
Administration, administrâsio̱.
Administrative, administrativ.
Administrativement, administrativma̱-t.
Administratrice, administratris.
Administrer, administre-r.
Admirable, admirabl.
Admirablement, admirablėma̱-t.
Admirateur, admiratėr.
Admiratif, admiratif.
Admiration, admirâsio̱.
Admirative, admirativ.
Admiratrice, admiratris.
Admirer, admire-r.
Admissible, admisibl.
Admissibilité, admisibilite.
Admission, admisio̱.
Admonéter, admonete-r.
Admonition, admonisio̱.
Adolescence, adoles'a̱s.
Adolescent, adoles'a̱-t.
Adolescente, adoles'a̱t.
Adonis, adonis.
Adoniser, adonize-r.
Adonner (s'), adone-r.
Adoptant, adopta-t.
Adopter, adopte-r.
Adoptif, adoptif.
Adoption, adopsio̱.
Adoptive, adoptiv.
Adorable, adorabl.
Adorateur, adoratėr.
Adoration, adorâsio̱.
Adorer, adore-r.
Ados, adô-z.
Adosser, adôse-r.
Adouber, adûbe-r.
Adoucir, adûsir.
Adoucissant, adûsisa-t.
Adoucissante, adûsisat.
Adoucissement, adûsisma̱-t.
Adoué, e, adûe.
Ad patres, ad pâtrês.
Adragante, adraga̱t.
Ad rem, ad rêm.
Adresse, adrês.
Adresser, adrese-r.
Adroit, adrûa-t.
Adroite, adrûat.
Adroitement, adrûatma-t.
Adulateur, adulatėr.
Adulation, adulâsio̱.
Adulatrice, adulatris.
Aduler, adule-r.
Adulte, adult.
Adultération, adulterâsio̱
Adultère, adultêr.
Adultérer, adultere-r.
Adultérin, adulteri̱.
Adultérine, adulterin.
Aduste, adust.

Adustion, adustio̱.
Advenir, advɛnir.
Adventice, adva̱tis.
Adventif, adva̱tif.
Adventive, adva̱tiv.
Adverbe, advêrb.
Adverbial, e, adverbial
Adverbialement, adverbialma̱-t.
Adverbialité, adverbialité.
Adversaire, adverser.
Adversatif, adversatif.
Adversative, adversativ.
Adverse, advêrs.
Adversité, adversite.
Adynamie, adinami.
Adynamique, adinamik.
Aérage, aeraj.
Aération, aerâsio̱.
Aérer, aere-r.
Aérien, aerii̱.
Aérienne, aeriên.
Aérifère, aerifêr.
Aériforme, aeriform.
Aérographie, aerografi.
Aérolithe, aerolit.
Aérologie, aeroloji.
Aérologique, aerolojik.
Aéromancie, aeroma̱si.
Aéromètre, aeromêtr.
Aérométrie, aerometri.
Aéronaute, aeronôt.
Aérostat, aerosta-t.
Aérostation, aerostâsio̱.
Aérostatique, aerostatik.
Aétite, aetit.
Affabilité, afabilite.
Affable, afâbl.
Affablement, afâblɛma̱-t.
Affabulation, afabulâsio̱.
Affadir, afadir.
Affadissement, afadisma̱-t.
Affaiblir, afeblir.
Affaiblissant, afeblisa̱-t.
Affaiblissante, afeblisa̱t.
Affaiblissement, afeblisma̱-t.

Affaire, afêr.
Affairé, e, afere.
Affaissement, afêsma̱-t.
Affaisser, afese-r.
Affaiter, afete-r.
Affaler, afale-r.
Affamer, afame-r.
Afféagement, afeajma̱-t.
Afféager, afeaje-r.
Affectation, afektâsio̱.
Affecter, afekte-r.
Affectif, afektif.
Affection, afeksio̱.
Affectionner, afeksione-r.
Affective, afektiv.
Affectueuse, afektuɛ̂z.
Affectueusement, afektuɛ̂zma̱-t.
Affectueux, afektuɛ̂-z.
Afférent, afera̱-t.
Afférente, afera̱t.
Affermer, aferme-r.
Affermir, afermir.
Affermissement, afermisma̱-t.
Affeté, e, afete.
Afféterie, afetri.
Affettuoso, afet'uôzô.
Affiche, afih.
Afficher, afihe-r.
Afficheur, afihɛr.
Affidé, e, afide.
Affiler, afile-r.
Affiliation, afiliâsio̱.
Affilier, afilie-r.
Affinage, afinaj.
Affiner, afine-r.
Affinerie, afinri.
Affineur, afinɛr.
Affinité, afinite.
Affinoir, afinɗar.
Affiquet, afikê-t.
Affirmatif, afirmatif.
Affirmation, afirmasio̱.
Affirmative, afirmativ.
Affirmativement, afirmativma̱-t.
Affirmer, afirme-r.

Affleurer, aflɛre-r.
Afflictif, afliktif.
Affliction, afliksio̱.
Afflictive, afliktiv.
Affligeant, aflija-t.
Affligeante, aflija̱t.
Affliger, aflije-r.
Affluence, afluas.
Affluent, aflua-t.
Affluente, aflua̱t.
Affluer, aflue-r.
Afflux, aflu-z.
Affoler, afole-r.
Afforage, aforaj.
Affouage, afûaj.
Affourche, afûrh.
Affourcher, afûrhe-r.
Affranchir, afrahir.
Affranchissement, afrahisma̱-t.
Affre, afr.
Affrétement, afretma̱-t.
Affréter, afrete-r.
Affréteur, afretɛr.
Affreuse, afrèz.
Affreusement, afrèzma̱-t.
Affreux, afrè-z.
Affriander, afria̱de-r.
Affrioler, afriole-r.
Affront, afro̱-t.
Affronter, afro̱te-r.
Affronterie, afro̱tri.
Affronteur, afro̱tɛr.
Affronteuse, afro̱tɛz.
Affublement, afublɛma̱-t.
Affubler, afuble-r.
Affut, afu-t.
Affutage, afutaj.
Affuter, afute-r.
Affutiau, afutiô.
Afin, afi̱.
Aga, aga.
Agaçant, agasa-t.
Agaçante, agasa̱t.
Agace, agas.
Agacement, agasma-t.

Agacer, agase-r.
Agacerie, agasri.
Agame, agam.
Agami, agami.
Agape, agap.
Agapètes, agapêt-z.
Agaric, agarik.
Agasse, agas.
Agate, agat.
Agavé, agave.
Age, âj.
Agé, e, âje.
Agence, ajas.
Agencement, ajasma̱-t.
Agencer, ajase-r.
Agenda, aji̱da.
Agenouiller (s'), ajnûle̱-r.
Agenouilloir, ajnûlûar.
Agent, aja̱-t.
Agglomération, aglomerâsio̱.
Agglomérer, aglomere-r.
Agglutinant, aglutina̱-t.
Agglutinante, aglutinat.
Agglutinatif, aglutinatif.
Agglutination, aglutinâsio̱.
Agglutinative, aglutinativ.
Agglutiner, aglutine-r.
Aggravant, agrava̱-t.
Aggravante, agrava̱t.
Aggravation, agravâsio̱.
Aggraver, agrave-r.
Agile, ajil.
Agilement, ajilma̱-t.
Agilité, ajilite.
Agio, ajiô.
Agiotage, ajiotaj.
Agioter, ajiote-r.
Agioteur, ajiotɛr.
Agir, ajir.
Agissant, ajisa-t.
Agissante, ajisat.
Agitateur, ajitatɛr.
Agitation, ajitâsio̱.
Agiter, ajite-r.
Aglomération, aglomerâsio̱.

AGLOMERER, aglomere-r.
AGLUTINANT, aglutina-t.
AGLUTINATIF, aglutinatif.
AGLUTINATION, aglutinâsio.
AGLUTINER, aglutine-r.
AGNAT, agna-t.
AGNATION, agnâsio.
AGNATIQUE, agnatik.
AGNEAU, agô.
AGNEL, agêl.
AGNELER, agle-r.
AGNELET, aglê-t.
AGNELINE, aglin.
AGNÈS, agês.
AGNUS, agnus.
AGONIE, agoni.
AGONIR, agonir.
AGONISANT, agoniza-t.
AGONISANTE, agonizat.
AGONISER, agonize-r.
AGONISTIQUE, agonistik.
AGONOTHÈTE, agonotêt.
AGRAFE, agraf.
AGRAFER, agrafe-r.
AGRAIRE, agrêr.
AGRANDIR, agradir.
AGRANDISSEMENT, agradisma-t.
AGRAVANT, agrava-t.
AGRAVANTE, agravat.
AGRAVATION, agravâsio.
AGRAVER, agrave-r.
AGREABLE, agreabl.
AGREABLEMENT, agreablɛma-t.
AGREE, agree.
AGREER, agree-r.
AGRÉEUR, agreɛr.
AGREGAT, agrega-t.
AGRÉGATION, agregâsio.
AGREGÉ, agreje.
AGRÉGER, agreje-r.
AGREMENT, agrema-t.
AGRÈS, agrê-z.
AGRESSEUR, agresɛr.
AGRESSION, agresio.
AGRESTE, agrêst.
AGRICOLE, agrikol.
AGRICULTEUR, agrikultɛr.
AGRICULTURE, agrikultur.
AGRIE, agri.
AGRIFFER (S'), agrife-r.
AGRIPALME, agripôm.
AGRIPPER, agripe-r.
AGRONOME, agronom.
AGRONOMIE, agronomi.
AGRONOMIQUE, agronomik.
AGUERRIR, agerir.
AGUETS, agê-z.
AH, â.
AHAN, aa.
AHANER, aane-r.
AHEURTEMENT, aɛrtɛma-t.
AHEURTER (S'), aɛrte-r.
AHI, ay.
AHURIR, aurir.
AÏ, ai.
AIDE, êd.
AIDER, ede-r.
AÏE, ay.
AIEUL, E, ayɛl.
AÏEULS, ayɛl-s.
AIEUX, ayɛ-z.
AIGLE, êgl.
AIGLETTE, êglêt.
AIGLON, êglo.
AIGRE, êgr.
AIGRE-DOUX, êgrɛdû-z.
AIGRE-DOUCE, êgrɛdûs.
AIGREFIN, êgrɛfi.
AIGRELET, êgrɛlê-t.
AIGRELETTE, êgrɛlêt.
AIGREMENT, êgrɛma-t.
AIGREMOINE, êgrɛmôan.
AIGREMORE, êgrɛmor.
AIGRET, êgrê-t.
AIGRETTE, êgrêt.
AIGRETTÉ, E, egrete.
AIGREUR, êgrɛr.
AIGRIR, egrir.
AIGU, E, egu
AIGUADE, êgad.

AIGUAIL, ègal.
AIGUAYER, egeye-r.
AIGUE-MARINE, ègmarin.
AIGUIÈRE, egièr.
AIGUIÉRÉE, egiere.
AIGUILLADE, eguilad.
AIGUILLAT, eguila-t.
AIGUILLE, eguil.
AIGUILLÉE, eguile.
AIGUILLER, eguile-r.
AIGUILLETAGE, eguiltaj.
AIGUILLETER, eguilte-r.
AIGUILLETTE, eguilêt.
AIGUILLETTIER, eguiltie.
AIGUILLIER, eguile.
AIGUILLON, egilo.
AIGUILLONNER, egilone-r.
AIGUISEMENT, eguizma-t.
AIGUISER, eguize-r.
AIL, al.
AILE, èl.
AILÉ, E, ele.
AILERON, èlro.
AILLADE, alad.
AILLEURS, aler-z.
AIMABLE, èmabl.
AIMANT, èma-t.
AIMANTE, èmat.
AIMANTER, èmate-r.
AIMANTIN, èmati.
AIMANTINE, èmatin.
AIMER, eme-r.
AINE, èn.
AÎNÉ, E, ene.
AÎNESSE, enês.
AINS, is.
AINSI, isi.
AIR, èr.
AIRAIN, èri.
AIRE, èr.
AIRÉE, ere.
AIRELLE, erêl.
AIRER, ere-r.
AIS, è-z.
AISANCE, èzas.
AISE, èz.
AISE, E, eze.
AISÉMENT, ezema-t.
AISSELLE, esêl.
AISSIEU, esié.
AITIOLOGIE, etioloji.
AJONC, ajo-k.
AJOURNEMENT, ajûrnema-t.
AJOURNER, ajûrne-r.
AJOUTAGE, ajûtaj.
AJOUTER, ajûte-r.
AJOUTOIR, ajûtûar.
AJUSTAGE, ajustaj.
AJUSTEMENT, ajustema-t.
AJUSTER, ajuste-r.
AJUSTEUR, ajuster.
AJUSTOIR, ajustûar.
AJUTAGE, ajutaj.
AJUTOIR, ajutûar.
ALAMBIC, alabik.
ALAMBIQUER, alabike-r.
ALANGUIR, alagir.
ALARGUER, alarge-r.
ALARMANT, alarma-t.
ALARMANTE, alarmat.
ALARME, alarm.
ALARMER, alarme-r.
ALARMISTE, alarmist.
ALATERNE, alatêrn.
ALBÂTRE, albâtr.
ALBATROS, albatros.
ALBERGE, albêrj.
ALBERGIER, alberjie.
ALBINOS, albinos.
ALBRAN, albra.
ALBRENE, albrene.
ALBUGINÉ, E, albujine.
ALBUGINEUSE, albujinéz.
ALBUGINEUX, albujiné-z.
ALBUGO, albugô.
ALBUM, albom.
ALBUMINE, albumin.
ALBUMINEUSE, albuminéz.
ALBUMINEUX, albuminé-z.
ALCADE, alkad.

Alcaique, alkaik.
Alcalescence, alkales'as.
Alcalescent, alkales'a-t.
Alcalescente, alkales'at.
Alcali, alkali.
Alcalin, alkali
Alcaline, alkalin.
Alcaliser, alkalize-r.
Alcantara, alkatara.
Alcarazas, alkarazâs.
Alcée, alse.
Alchimie, alhimi.
Alchimille, alhimil.
Alchimique, alhimik.
Alchimiste, alhimist.
Alcool, alkool.
Alcoolique, alkoolik.
Alcooliser, alkoolize-r.
Alcoran, alkora.
Alcôve, alkôv.
Alcyon, alsio.
Alcyonien, alsionii.
Aldebaran, aldebara.
Aldee, alde.
Alderman, alderman.
Ale, êl.
Aléatoire, aleatûar.
Alêne, alên.
Alênier, alenie.
Alénois, alenûa-z.
Alentour, alatûr.
Alentours, alatûr-z.
Alépine, alepin.
Alérion, alerio.
Alerte, alêrt.
Alevin, alvi.
Alevinage, alvinaj.
Aleviner, alvine-r.
Alexandrin, aleksadri.
Alexipharmaque, aleksifarmak.
Alexitère, aleksitêr.
Alezan, alza.
Alezane, alzan.
Alèze, alêz.
Algalie, algali.
Alganon, algano.
Algarade, algarad.
Algèbre, aljêbr.
Algébrique, aljebrik.
Algebriste, aljebrist.
Algide, aljid.
Alguazil, algûazil.
Algue, alg.
Alibi, alibi.
Alibiforain, alibifori.
Alibile, alibil.
Aliboron, aliboro.
Alidade, alidad.
Alienable, alienabl.
Aliénation, alienâsio.
Aliene, e, aliene.
Aliéner, aliene-r.
Alignement, aligma-t.
Aligner, alige-r.
Aliment, alima-t.
Alimentaire, alimatêr.
Alimentation, alimatâsio.
Alimenter, alimate-r.
Alimenteuse, alimatêz.
Alimenteux, alimatê-z.
Alinéa, alinea.
Aliquante, alikat.
Aliquote, alikot.
Aliter, alite-r.
Alize, aliz.
Alizé, alize.
Alizier, alizie.
Alkali, alkali.
Alkékenge, alkekaj.
Alkermès, alkermês.
Allah, al'a.
Allaitement, alêtma-t.
Allaiter, alete-r.
Allant, ala-t.
Allante, alat.
Allantoïde, al'atoid.
Allèchement, al'êhma-t.
Allécher, al'ehe-r.
Allée, ale.
Allégation, al'egasio.

Allege, alêj.
Allegeance, al'ejas.
Allegement, al'ejma-t.
Alleger, al'eje-r.
Allégir, al'ejir.
Allegorie, al'egori.
Allegorique, al'egorik.
Allégoriquement, al'egorikmat.
Allegoriser, al'egorize-r.
Allegoriseur, al'egorizer.
Allegoriste, al'egorist.
Allègre, alêgr.
Allégrement, alêgrema-t.
Allégresse, al'egrês.
Allégretto, al'egreto.
Allégro, al'egrô.
Alleguer, al'ege-r.
Alleluia, aleluia.
Allemand, alma-t.
Allemande, almad.
Aller, ale-r.
Alleu, alê.
Alliacé, e, aliase.
Alliage, aliaj.
Alliaire, aliêr.
Alliance, alias.
Allier, alie-r.
Alliteration, al'iterâsio.
Allobroge, al'obroj.
Allocation, al'okâsio.
Allocution, al'okusio.
Allodial, e, al'odial.
Allodialité, al'odialite.
Allonge, aloj.
Allongement, alojma-t.
Allonger, aloje-r.
Allopathie, al'opati.
Allouable, alûabl.
Allouer, alûe-r.
Alluchon, al'uho.
Allumer, alume-r.
Allumette, alumêt.
Allumeur, alumer.
Allure, alur.
Allusion, al'uzio.
Alluvion, al'uvio.
Almageste, almajêst.
Almanach, almana-k.
Almee, alme.
Aloès, aloês.
Aloetique, aloetik.
Aloi, alûâ.
Alonge, aloj.
Alongement, alojma-t.
Alonger, aloje-r.
Alopecie, alopesi.
Alors, alor-z.
Alose, alôz.
Alouette, alûêt.
Alourdir, alûrdir.
Aloyau, alûayô.
Alpaga, alpaga.
Alpestre, alpêstr.
Alpha, alfa.
Alphabet, alfabê-t.
Alphabetique, alfabetik.
Alphabétiquement, alfabetikma-t.
Alpine, alpin.
Alpiste, alpist.
Alsine, alsin.
Alte, alt.
Altérable, alterabl.
Alterant, altera-t.
Altérante, alterat.
Alteration, alterâsio.
Altercation, alterkâsio.
Altérer, altere-r.
Alternat, alterna-t.
Alternatif, alternatif.
Alternative, alternativ.
Alternativement, alternativma-t.
Alterne, altêrn.
Alterner, alterne-r.
Altesse, altês.
Althæa, altea.
Altier, altie.
Altière, altiêr.
Alto, altô.
Alude, alud.
Aludel, aludel.

Alumelle, alumêl.
Alumine, alumin.
Alumineuse, aluminèz.
Alumineux, aluminè-z.
Alun, alu.
Alunage, alunaj.
Alunation, alunâsio.
Aluner, alune-r.
Alunière, alunièr.
Alvéolaire, alveolèr.
Alvéole, alveol.
Alvin, alvi.
Alvine, alvin.
Amabilité, amabilite.
Amadis, amadis.
Amadou, amadû.
Amadouer, amadûe-r.
Amaigrir, amegrir.
Amaigrissement, amegrisma.
Amalgamation, amalgamâsio.
Amalgame, amalgam.
Amande, amad.
Amande, amade.
Amandier, amadie.
Amant, ama-t.
Amante, amat.
Amarante, amarat.
Amarinage, amarinaj.
Amariner, amarine-r.
Amarrage, amaraj.
Amarre, amar.
Amarrer, amare-r.
Amaryllis, amaril'is.
Amas, amâ-z.
Amasser, amâse-r.
Amatelotage, amatlotaj.
Amateloter, amatlote-r.
Amateur, amatœr.
Amatir, amatir.
Amaurose, amôrôz.
Amazone, amazôn.
Ambages, abaj-z.
Ambassade, abasad
Ambassadeur, abasadœr.
Ambassadrice, abasadris.

Ambe, ab.
Ambesas, abzâs.
Ambiant, abia-t.
Ambiante, abiat.
Ambidextre, abidèkstr.
Ambigu, e, abigu.
Ambiguïté, abiguite.
Ambigument, abiguma-t.
Ambitieuse, abisièz.
Ambitieusement, abisièzma-t.
Ambitieux, abisiè-z.
Ambition, abisio.
Ambitionner, abisione-r.
Amble, abl.
Ambler, able-r.
Ambre, abr.
Ambrer, abre-r.
Ambrette, abrêt.
Ambroisie, abrûazi.
Ambrosien, abrozii.
Ambrosienne, abroziên.
Ambulance, abulas.
Ambulant, abula-t.
Ambulante, abulat.
Ambulatoire, abulatûar.
Ame, âm.
Amé, e, ame.
Amélioration, ameliorâsio.
Améliorer, ameliore-r.
Amen, âmên.
Amenagement, amenajma-t.
Aménager, amenaje-r.
Amendable, amadabl.
Amende, amad.
Amendement, amadma-t.
Amender, amade-r.
Amener, amne-r.
Amenité, amenite.
Amentacées, amatase-z.
Amenuiser, amenuize-r.
Amer, e, amêr.
Amèrement, amêrma-t.
Amers, amêrs.
Amertume, amertum.
Amethyste, ametist.

AMEUBLEMENT, ameblema-t.
AMEUBLIR, amebli-r.
AMEUBLISSEMENT, ameblisma-t.
AMEUTER, amête-r.
AMI, E, ami.
AMIABLE, amiabl.
AMIABLEMENT, amiablema-t.
AMIANTE, amiat.
AMICAL, E, amikal.
AMICALEMENT, amikalma-t.
AMICAUX, amikô-z.
AMICT, ami.
AMIDON, amido.
AMIDONNIER, amidonie.
AMIGDALE, amigdal.
AMINCIR, amisir.
AMINCISSEMENT, amisisma-t.
AMIRAL, amiral.
AMIRAUTÉ, amirôte.
AMIRAUX, amirô-z.
AMITIÉ, amitie.
AMMAN, ama.
AMMEISTRE, amêstr.
AMMI, am'i.
AMMON, am'o.
AMMONIAC, AQUE, amoniak.
AMMONIACAL, E, amoniakal.
AMMONIACAUX, amoniakô-z.
AMMONIAQUE, amoniak.
AMMONITE, amonit.
AMNIOS, amniôs.
AMNISTIE, amnisti.
AMNISTIER, amnistie-r.
AMODIATEUR, amodiater.
AMODIATION, amodiâsio.
AMODIER, amodie-r.
AMOINDRIR, amûidrir.
AMOINDRISSEMENT, amûidrisma-t.
AMOLLIR, amolir.
AMOLLISSEMENT, amolisma-t.
AMOME, amom.
AMONCELER, amosle-r.
AMONCELLEMENT, amoselma-t
AMONT, amo.
AMORCE, amors.
AMORCER, amorse-r.
AMORÇOIR, amorsûar.
AMORTIR, amortir.
AMORTISSABLE, amortisabl.
AMORTISSEMENT, amortisma-t.
AMOUR, amûr.
AMOURACHER, amûrahe-r.
AMOURETTE, amûrêt.
AMOUREUSE, amurêz.
AMOUREUSEMENT, amurêzma-t.
AMOUREUX, amûrê-z.
AMOVIBILITÉ, amovibilite.
AMOVIBLE, amovibl.
AMPHIBIE, afibi.
AMPHIBOLOGIE, afiboloji.
AMPHIBOLOGIQUE, afibolojik.
AMPHIBOLOGIQUEMENT, afibolojik-ma-t.
AMPHICTYONIDE, afiktionid.
AMPHICTYONIE, afiktioni.
AMPHICTYONIQUE, afiktionik.
AMPHICTYONS, afiktio-z.
AMPHIGOURI, afigûri.
AMPHIGOURIQUE, afigûrik.
AMPHISCIENS, afisii-z.
AMPHITHÉATRE, afiteâtr.
AMPHITRYON, afitrio.
AMPHORE, afor.
AMPLE, apl.
AMPLEMENT, aplema-t.
AMPLEUR, apler.
AMPLIATIF, apliatif.
AMPLIATION, apliâsio.
AMPLIATIVE, apliativ.
AMPLIFICATEUR, aplifikater.
AMPLIFICATION, aplifikâsio.
AMPLIFIER, aplifie-r.
AMPLISSIME, aplisim.
AMPLITUDE, aplitude.
AMPOULE, apûl.
AMPOULÉ, E, ampûle.
AMPUTATION, aputâsio.
AMPUTER, apute-r.
AMULETTE, amulêt.
AMURE, amur.

AMURER, amure-r.
AMUSABLE, amuzabl.
AMUSANT, amuza-t.
AMUSANTE, amuzat.
AMUSEMENT, amuzma-t.
AMUSER, amuze-r.
AMUSETTE, amuzêt.
AMUSEUR, amuzer.
AMUSOIRE, amuzûar.
AMYGDALE, amigdal.
AMYGDALOIDE, amigdaloid.
AMYLACE, E, amilase.
AN, a.
ANA, ana.
ANABAPTISTE, anabatist.
ANACARDE, anakard.
ANACARDIER, anakardie.
ANACHORÈTE, anakorêt.
ANACHRONISME, anakronism.
ANACOLUTHE, anakolut.
ANACRÉONTIQUE, anakreotik.
ANAGALLIS, anagalis.
ANAGOGIQUE, anagojik.
ANAGRAMMATISER, anagramatize-r.
ANAGRAMMATISTE, anagramatist.
ANAGRAMME, anagram.
ANAGYRIS, anajiris.
ANALECTES, analêkt-z.
ANALÈME, analêm.
ANALEPTIQUE, analeptik.
ANALOGIE, analoji.
ANALOGIQUE, analojik.
ANALOGIQUEMENT, analojikma-t.
ANALOGUE, analog.
ANALYSE, analiz.
ANALYSER, analize-r.
ANALYSTE, analist.
ANALYTIQUE, analitik.
ANALYTIQUEMENT, analitikma-t.
ANAMORPHOSE, anamorfôz.
ANANAS, ananâ-z.
ANAPESTE, anapêst.
ANAPESTIQUE, anapestik.
ANAPHORE, anafor.
ANAPHRODITE, anafrodit.
ANARCHIE, anarhi.
ANARCHIQUE, anarhik.
ANARCHISTE, anarhist.
ANASARQUE, anazark.
ANASTOMOSE, anastomôz.
ANASTOMOSER (S'), anastomôze-r.
ANATHEMATISER, anatematize-r.
ANATHÈME, anatêm.
ANATIFE, anatif.
ANATOMIE, anatomi.
ANATOMIQUE, anatomik.
ANATOMIQUEMENT, anatomikma-t.
ANATOMISER, anatomize-r.
ANATOMISTE, anatomist.
ANCÊTRE, asêtr.
ANCÊTRES, asêtr-z.
ANCHE, ah.
ANCHILOPS, akilops.
ANCHOIS, ahûa-z.
ANCIEN, asii.
ANCIENNE, asiên.
ANCIENNEMENT, asienma-t.
ANCIENNETÉ, asiente.
ANCILE, asil.
ANCOLIE, akoli.
ANCRAGE, akraj.
ANCRE, akr.
ANCRER, akre-r.
ANDABATE, adabat.
ANDAIN, adi.
ANDANTE, adate.
ANDELLE, adêl.
ANDOUILLE, adûl.
ANDOUILLER, adûle.
ANDOUILLETTE, adûlêt.
ANDROGYNE, adrojin.
ANDROÏDE, adroid.
ANDROMEDE, adromêd.
ANE, ân.
ANEANTIR, aneatir.
ANÉANTISSEMENT, aneatisma-t.
ANECDOTE, anekdot.
ANECDOTIER, anekdotie.
ANECDOTIQUE, anekdotik.
ANEE, âne.

ANÉMOMÈTRE, anemomêtr.
ANÉMONE, anemon.
ANERIE, ânri.
ANESSE, ânès.
ANETH, anêt.
ANÉVRISMAL, E, anevrismal.
ANÉVRISMAUX, anevrismô-z.
ANÉVRISME, anevrism.
ANFRACTUEUSE, afraktuéz.
ANFRACTUEUX, afraktué-z.
ANFRACTUOSITÉ, afraktuôzite.
ANGAR, agar.
ANGE, aj.
ANGÉLIQUE, ajelik.
ANGÉLIQUEMENT, ajelikma-t.
ANGELOT, ajlô.
ANGÉLUS, ajelus.
ANGINE, ajin.
ANGINEUSE, ajinéz.
ANGINEUX, ajiné-z.
ANGIOGRAPHIE, ajiografi.
ANGIOLOGIE, ajioloji.
ANGIOSPERME, ajiospêrm
ANGIOSPERMIE, ajiospermi.
ANGLAISE, aglêz.
ANGLAISER, agleze-r.
ANGLE, agl.
ANGLET, aglê-t.
ANGLEUSE, agléz.
ANGLEUX, aglé-z.
ANGLICAN, aglika.
ANGLICANE, aglikan.
ANGLICISME, aglisism.
ANGLOMANE, agloman.
ANGLOMANIE, aglomani.
ANGOISSE, agûas.
ANGON, ago.
ANGORA, agora.
ANGUILLADE, agilad.
ANGUILLE, agil.
ANGULAIRE, agulêr.
ANGULEUSE, aguléz.
ANGULEUX, agulé-z.
ANGUSTICLAVE, agustiklav.
ANGUSTIE, E, agustie.

ANICROCHE, anikroh.
ANIER, ânie.
ANIÈRE, ânièr.
ANIL, anil.
ANIMADVERSION, animadversio.
ANIMAL, animal.
ANIMALCULE, animalkul.
ANIMALISATION, animalizâsio.
ANIMALISER (S'), animalize-r.
ANIMALITÉ, animalite.
ANIMATION, animâsio.
ANIMAUX, animô-z.
ANIMER, anime-r.
ANIMOSITÉ, animôzite.
ANIS, âni-z.
ANISER, anize-r.
ANISETTE, anizêt.
ANKYLOSE, akilôz.
ANNAL, E, an'al.
ANNALES, an'al-z.
ANNALISTE, analist.
ANNATE, an'at.
ANNEAU, anô.
ANNÉE, ane.
ANNELET, anlê-t.
ANNÉLIDES, anelid-z.
ANNELURE, anlur.
ANNEXE, an'èks.
ANNEXER, anekse-r.
ANNIHILATION, aniilâsio.
ANNIHILER, aniile-r.
ANNIVERSAIRE, aniversêr.
ANNONCE, anos.
ANNONCER, anose-r.
ANNONCEUR, anosɛr.
ANNONCIADE, anosiad.
ANNONCIATION, anosiâsio.
ANNOTATEUR, anotatɛr.
ANNOTATION, anotâsio.
ANNOTER, anote-r.
ANNUAIRE, anuêr.
ANNUEL, LE, anuêl.
ANNUELLEMENT, anuelma-t.
ANNUITE, anuite.
ANNULAIRE, an'ulêr.

ANNULATION, anulâsio.
ANNULER, anule-r.
ANOBLIR, anoblir.
ANOBLISSEMENT, anoblisma-t.
ANODIN, anodi.
ANODINE, anodin.
ANOMAL, E, anomal.
ANOMALIE, anomali.
ANOMALISTIQUE, anomalistik.
ANOMIE, anomi.
ANON, âno.
ANONNEMENT, ânonma-t.
ANONNER, ânone-r.
ANONYME, anonim.
ANORMAL, E, anormal.
ANSE, as.
ANSEATIQUE, aseatik.
ANSPECT, aspêk.
ANSPESSADE, aspɛsad.
ANTAGONISME, atagonism.
ANTAGONISTE, atagonist.
ANTAN, ata.
ANTANACLASE, atanaklâz.
ANTARCTIQUE, atartik.
ANTECEDEMMENT, atesedama-t.
ANTÉCÉDENT, ateseda-t.
ANTECEDENT, atesedat.
ANTÉCESSEUR, ateses'ɛr.
ANTECHRIST, atekri.
ANTEDILUVIEN, atediluvii.
ANTEDILUVIENNE, atediluviên
ANTENNE, atên.
ANTÉPENULTIEME, atepenultiêm.
ANTERIEUR, E, aterɛr.
ANTERIEUREMENT, aterirma-t.
ANTERIORITE, ateriorite.
ANTHÈRE, atêr.
ANTHOLOGIE, atoloji.
ANTHRAX, atraks.
ANTHROPOLOGIE, atropoloji.
ANTHROPOMORPHISME, atropomorfism.
ANTHROPOMORPHITE, atropomorfit.
ANTHROPOPHAGE, atropofaj
ANTHROPOPHAGIE, atropofaji.
ANTI, ati.
ANTICHAMBRE, atihabr.
ANTICHRÈSE, atikrêz.
ANTICHRETIEN, atikretii.
ANTICHRÉTIENNE, atikretiên.
ANTICIPATION, atisipâsio.
ANTICIPER, atisipe-r.
ANTIDARTREUSE, atidartrɛz.
ANTIDARTREUX, atidartrɛ-z.
ANTIDATE, atidat.
ANTIDATER, atidate-r.
ANTIDOTE, atidot.
ANTIENNE, atiên.
ANTIFÉBRILE, atifebril.
ANTILAITEUSE, atilêtɛz.
ANTILAITEUX, atilêtɛ-z.
ANTILOGIE, atiloji.
ANTILOPE, atilop.
ANTIMOINE, atmûan.
ANTIMONIAL, E, atimonial.
ANTIMONIAUX, atimoniô-z.
ANTIMONIE, E, atimonie.
ANTINOMIE, atinomi.
ANTIPAPE, atipap.
ANTIPATHIE, atipati.
ANTIPATHIQUE, atipatik.
ANTIPÉRISTALTIQUE, atiperistaltik.
ANTIPÉRISTASE, atiperistâz.
ANTIPESTILENTIEL, LE, atipestilasiêl.
ANTIPHILOSOPHIQUE, atifilosofik.
ANTIPHLOGISTIQUE, atiflojistik.
ANTIPHRASE, atifrâz.
ANTIPODE, atipod.
ANTIPSORIQUE, atipsorik.
ANTIPUTRIDE, atiputrid.
ANTIQUAILLE, atikâl.
ANTIQUAIRE, atikêr.
ANTIQUE, atik.
ANTIQUITÉ, atikite.
ANTISCORBUTIQUE, atiskorbutik.
ANTISEPTIQUE, atiseptik.
ANTISOCIAL, E, atisosial.
ANTISOCIAUX, atisosiô-z.

Antispasmodique, atispasmodik.
Antistrophe, atistrof.
Antisyphilitique, atisifilitik.
Antithèse, atitêz.
Antithétique, atitetik.
Antivénérien, ativenerii.
Antivenérienne, ativenerièn.
Antonomase, atonomâz.
Antre, atr.
Antrustions, atrustio-z.
Anuiter (s'), anuite-r.
Anus, ânus.
Anxiété, aksiete.
Aoriste, orist.
Aorte, aort.
Aout, û-t.
Aouter, aûte-r.
Aouteron, ûtro.
Apaiser, apeze-r.
Apalachine, apalahin.
Apanage, apanaj.
Apanager, apanaje-r.
Apanagiste, apanajist.
Aparté, aparte.
Apathie, apati.
Apathique, apatik.
Apepsie, apepsi.
Apercevable, apersevabl.
Apercevance, apersevas.
Apercevoir, apersevûar.
Apéritif, aperitif.
Apéritive, aperitiv.
Apetale, apetal.
Apetissement, apetisma-t.
Apetisser, apetise-r.
Aphélie, afeli.
Aphérèse, aferêz.
Aphonie, afoni.
Aphorisme, aforism.
Aphrodisiaque, afrodiziak.
Aphthe, aft.
Aphylle, afil.
Api, âpi.
Apitoyer, apitûaye-r.
Aplanir, aplanir.
Aplanissement, aplanisma-t.
Aplatir, aplatir.
Aplatissement, aplatisma-t.
Aplomb, aplo.
Apocalypse, apokalips.
Apocalyptique, apokaliptik.
Apocope, apokop.
Apocryphe, apokrif.
Apocyn, aposin.
Apode, apod.
Apodictique, apodiktik.
Apogée, apoje.
Apographe, apograf.
Apollon, apol'o.
Apologétique, apolojetik.
Apologie, apoloji.
Apologiste, apolojist.
Apologue, apolog.
Aponévrose, aponevrôz.
Aponévrotique, aponevrotik
Apophthegme, apoftêgm.
Apophyse, apofiz.
Apoplectique, apoplektik.
Apoplexie, apopleksi.
Apostasie, apostazi.
Apostasier, apostazie-r.
Apostat, aposta-t.
Apostème, apostêm.
Aposter, aposte-r.
Apostille, apostil.
Apostiller, apostile-r.
Apostolat, apostola-t.
Apostolique, apostolik.
Apostoliquement, apostolikma-t.
Apostrophe, apostrof.
Apostropher, apostrofe-r.
Apostume, apostum.
Apostumer, apostume-r.
Apothéose, apoteôz.
Apothicaire, apotikêr.
Apothicairerie, apotikêr'i.
Apôtre, apôtr.
Apozème, apozêm.
Apparaître, aparêtr.
Apparat, apara-t.

APPARAUX, aparô-z.
APPAREIL, aparél̲.
APPAREILLAGE, aparel̲aj.
APPAREILLEMENT, aparel̲ma̲-t.
APPAREILLER, aparel̲e-r.
APPAREILLEUR, aparel̲ɛr.
APPAREILLEUSE, aparel̲ẽz.
APPAREMMENT, aparama̲-t.
APPARENCE, apara̲s.
APPARENT, apara̲-t.
APPARENTE, apara̲t.
APPARENTER, apara̲te-r.
APPARIEMENT, aparima̲-t.
APPARIER, aparie-r.
APPARIMENT, aparima̲-t.
APPARITEUR, aparitɛr.
APPARITION, aparisio̲.
APPAROIR, aparûar.
APPARTEMENT, apartɛma̲-t.
APPARTENANCE, apartɛna̲s.
APPARTENANT, apartɛna̲-t.
APPARTENIR, apartɛnir.
APPAS, apâ-z.
APPAT, apâ.
APPATER, apâte-r.
APPAUMÉ, E, apôme.
APPAUVRIR, apôvrir.
APPAUVRISSEMENT, apôvrisma̲-t.
APPEAU, apô.
APPEL, apél.
APPELANT, apla̲-t.
APPELANTE, apla̲t.
APPELER, aple-r.
APPELLATIF, apel'atif.
APPELLATION, apel'âsio̲.
APPELLATIVE, apel'ativ.
APPENDICE, api̲dis.
APPENDRE, apa̲dr.
APPENTIS, apa̲ti-z.
APPERT (IL), apêr.
APPESANTIR, apɛzatir.
APPESANTISSEMENT, apɛza̲tisma̲-t.
APPETENCE, ap'eta̲s.
APPETER, ap'ete-r.
APPETISSANT, apetisa̲-t.
APPÉTISSANTE, apetisa̲t.
APPETIT, apeti-t.
APPLAUDIR, aplôdir.
APPLAUDISSEMENT, aplôdisma̲-t.
APPLAUDISSEUR, aplôdisɛr.
APPLICABLE, aplikabl.
APPLICATION, aplikâsio̲.
APPLIQUE, aplik.
APPLIQUER, aplike-r.
APPOINT, apûi̲-t.
APPOINTEMENT, apûi̲tma̲-t.
APPOINTER, apûi̲te-r.
APPORT, apor-t.
APPORTER, aporte-r.
APPOSER, apôze-r.
APPOSITION, apôzisio̲.
APPRÉCIABLE, apresiabl.
APPRECIATEUR, apresiatɛr.
APPRECIATIF, apresiatif.
APPRÉCIATION, apresiâsio̲.
APPRECIATIVE, apresiativ.
APPRECIER, apresie-r.
APPRÉHENDER, aprea̲de-r.
APPREHENSIF, apreasif.
APPREHENSION, apreasio̲.
APPRÉHENSIVE, aprea̲siv.
APPRENDRE, apra̲dr.
APPRENTI, E, apra̲ti.
APPRENTISSAGE, apra̲tisaj.
APPRÊT, aprê-t.
APPRÊTER, aprete-r.
APPRÊTEUR, aprêtɛr.
APPRÊTEUSE, aprêtẽz.
APPRIVOISER, aprivûaze-r.
APPROBATEUR, aprobatɛr.
APPROBATIF, aprobatif.
APPROBATION, aprobâsio̲.
APPROBATIVE, aprobativ.
APPROBATRICE, aprobatris.
APPROCHANT, aproha̲-t.
APPROCHE, aproh.
APPROCHER, aprohe-r.
APPROFONDIR, aprofo̲dir.
APPROPRIATION, apropriâsio̲.
APPROPRIER, aproprie-r.

APPROUVER, aprûve-r.
APPROVISIONNEMENT, aprovizionma-t.
APPROVISIONNER, aprovizione-r.
APPROXIMATIF, aproksimatif.
APPROXIMATION, aproksimâsio.
APPROXIMATIVE, aproksimativ.
APPROXIMATIVEMENT, aproksimativma-t.
APPUI, apui.
APPUI-MAIN, apuimi.
APPUYER, apuiye-r.
APRE, âpr.
APREMENT, âprema-t.
APRÈS, aprê-z.
APRÈS-DEMAIN, aprêdmi.
APRÈS-MIDI, aprêmidi.
APRETE, âprete.
A-PROPOS, apropô.
APSIDE, apsid.
APSIDES, apsid-z.
APTE, apt.
APTÈRE, aptêr.
APTITUDE, aptitud.
APUREMENT, apurma-t.
APURER, apure-r.
APYRE, apir.
AQUARELLE, akûarêl.
AQUA-TINTA, akûa tita.
AQUATIQUE, akûatik.
AQUEDUC, akeduk.
AQUEUSE, akêz.
AQUEUX, akê-z.
AQUILIN, akili.
AQUILON, akilo
ARA, ara.
ARABE, arab.
ARABESQUES, arabêsk-z.
ARABIQUE, arabik.
ARABLE, arabl.
ARACHNOÏDE, araknoid.
ARACK, arak.
ARAIGNÉE, arege.
ARASEMENT, arâzma-t.
ARASER, arâze-r.
ARASES, arâz-z.
ARATOIRE, aratûar.
ARBALÈTE, arbalêt.
ARBALETRIER, arbaletrie.
ARBITRAGE, arbitraj.
ARBITRAIRE, arbitrêr.
ARBITRAIREMENT, arbitrêrma-t.
ARBITRAL, E, arbitral.
ARBITRALEMENT, arbitralma-t.
ARBITRATION, arbitrâsio.
ARBITRAUX, arbitrô-z.
ARBITRE, arbitr.
ARBITRER, arbitre-r.
ARBORER, arbore-r.
ARBORISÉ, E, arborize.
ARBOUSE, arbûz.
ARBOUSIER, arbûzie.
ARBRE, arbr.
ARBRISSEAU, arbrisô.
ARBUSTE, arbust.
ARC, ark.
ARCADE, arkad.
ARCANE, arkan.
ARCASSE, arkas.
ARC-BOUTANT, arbûta-t.
ARC-BOUTER, arbûte-r.
ARC-DOUBLEAU, ardûblô.
ARCEAU, arsô.
ARC-EN-CIEL, ark a siêl.
ARCHAÏSME, arkaism.
ARCHAL, arhal.
ARCHANGE, arkaj.
ARCHE, arh.
ARCHÉE, arhe.
ARCHÉOLOGIE, arkeoloji.
ARCHÉOLOGIQUE, arkeolojik.
ARCHÉOLOGUE, arkeolog.
ARCHER, arhe.
ARCHET, arhê-t.
ARCHÉTYPE, arketip.
ARCHEVÊCHE, arh/vehe. e
ARCHEVÊQUE, arh/vêk. e
ARCHI, arhi.
ARCHICHANCELIER, arhihaselie.
ARCHIDIACONAT, arhidiakona-t.

ARCHIDIACRE, arhidiakr.
ARCHIDUC, arhiduk.
ARCHIDUCHÉ, arhiduhe.
ARCHIDUCHESSE, arhiduhês.
ARCHIEPISCOPAL, E, arhiepiskopal.
ARCHIEPISCOPAT, arhiepiskopa-t.
ARCHIÉPISCOPAUX, arhiepiskopô-z.
ARCHIMANDRITE, arhimadrit.
ARCHIPEL, arhipêl.
ARCHIPRÊTRE, arhiprêtr.
ARCHITECTE, arhitêkt.
ARCHITECTONIQUE, arhitektonik.
ARCHITECTURE, arhitektur.
ARCHITRAVE, arhitrav.
ARCHIVES, arhiv-z.
ARCHIVISTE, arhivist.
ARCHIVOLTE, arhivolt.
ARCHONTAT, arkota-t.
ARCHONTE, arkot.
ARÇON, arso.
ARCTIQUE, artik.
ARCTURUS, arturus.
ARDEMMENT, ardama-t.
ARDENT, arda-t.
ARDENTE, ardat.
ARDER, arde-r.
ARDEUR, ardɛr.
ARDILLON, ardilo.
ARDOISE, ardûaz.
ARDOISÉ, E, ardûaze.
ARDOISIÈRE, ardûazièr.
ARDRE, ardr.
ARDU, E, ardu.
ARE, ar.
AREC, arêk.
ARÈNE, arên.
ARÉOLE, areol.
ARÉOMÈTRE, areomêtr.
ARÉOPAGE, areopaj.
ARÉOPAGISTE, areopajist.
ARÉOSTYLE, areostil.
ARÉOTECTONIQUE, areotektonik.
ARÊTE, arêt.
ARÊTIER, aretie.
ARGANEAU, arganô.
ARGÉMONE, arjemon.
ARGENT, arja-t.
ARGENTER, arjate-r.
ARGENTERIE, arjatri.
ARGENTEUR, arjatɛr.
ARGENTEUSE, arjatɛ̂z.
ARGENTEUX, arjatɛ̂-z.
ARGENTIER, arjatie.
ARGENTIN, arjati.
ARGENTINE, arjatin.
ARGENTURE, arjatur.
ARGILE, arjil.
ARGILEUSE, arjilɛ̂z.
ARGILEUX, arjilɛ̂-z.
ARGO, argô.
ARGONAUTES, argonôt-z.
ARGOT, argô-t.
ARGOTER, argote-r.
ARGOULET, argûlê-t.
ARGOUSIN, argûzi.
ARGUE, arg.
ARGUER, argue-r.
ARGUMENT, arguma-t.
ARGUMENTATEUR, argumatatɛr.
ARGUMENTATION, argumatâsio.
ARGUMENTER, argumate-r.
ARGUS, argus.
ARGUTIE, argusi.
ARGYRASPIDES, arjiraspid-z.
ARIANISME, arianism.
ARIDE, arid.
ARIDITÉ, aridite.
ARIEN, arii.
ARIENNE, ariên.
ARIETTE, ariêt.
ARISTARQUE, aristark.
ARISTOCRATE, aristokrat.
ARISTOCRATIE, aristokrasi.
ARISTOCRATIQUE, aristokratik.
ARISTOCRATIQUEMENT, aristokratikma-t.
ARISTOLOCHE, aristoloh.
ARISTOTÉLICIEN, aristotelisii.
ARISTOTÉLICIENNE, aristotelisiên.
ARISTOTÉLISME, aristotelism.

Arithméticien, aritmetisij.
Arithmetique, aritmetik.
Arithmetiquement, aritmetikma-t.
Arlequin, arleki.
Arlequinade, arlekinad.
Armadille, armadil.
Armateur, armater.
Armature, armatur.
Arme, arm.
Armee, arme.
Armeline, armelin.
Armement, armema-t.
Armer, arme-r.
Armet, armê-t.
Armillaire, armil'êr.
Armilles, armil-z.
Armistice, armistis.
Armoire, armûar.
Armoiries, armûari-z.
Armoise, armûaz.
Armoisin, armûazi.
Armon, armo.
Armorial, armorial.
Armoriaux, armoriô-z.
Armorier, armorie-r.
Armoriste, armorist.
Armure, armur.
Armurier, armurie.
Aromate, aromat.
Aromatique, aromatik.
Aromatisation, aromatizâsio.
Aromatiser, aromatize-r.
Arome, arôm.
Aronde, arod.
Arpége, arpej.
Arpéger, arpeje-r.
Arpent, arpa-t.
Arpentage, arpataj.
Arpenter, arpate-r.
Arpenteur, arpater.
Arpenteuse, arpatêz.
Arquebusade, arkebuzad.
Arquebuse, arkebuz.
Arquebuser, arkebuze-r.
Arquebuserie, arkebuzri.
Arquebusier, arkebuzie.
Arquer, arke-r.
Arrachement, arahma-t.
Arracher, arahe-r.
Arracheur, araher.
Arraisonner, arêzone-r.
Arrangement, arajma-t.
Arranger, araje-r.
Arrentement, aratma-t.
Arrenter, arate-r.
Arrérager, areraje-r.
Arrerages, areraj-z.
Arrestation, arestâsio.
Arrêt, arê-t.
Arrêté, arete.
Arrête-bœuf, arêtbef.
Arrêter, arete-r.
Arrêtiste, aretist.
Arrhement, arma-t.
Arrher, are-r.
Arrhes, ar-z.
Arrière, ariêr.
Arrière-ban, ariêrba.
Arrière-boutique, ariêrbûtik.
Arrière-garde, ariêrgard.
Arrière-gout, ariêrgû-t.
Arrière-neveu, ariêrnevê.
Arrière-pensée, ariêrpase.
Arrière-point, ariêrpûi-t.
Arrierer, ariere-r.
Arrière-saison, ariêrsêzo.
Arrimage, arimaj.
Arrimer, arime-r.
Arrimeur, arimer.
Arriser, arize-r.
Arrivage, arivaj.
Arrivee, arive.
Arriver, arive-r.
Arrobe, arob.
Arroche, aroh.
Arrogamment, arogama-t.
Arrogance, arogas.
Arrogant, aroga-t.
Arrogante, arogat.
Arroger (s'), aroje-r.

ARRONDIR, arodir.
ARRONDISSEMENT, arodismа-t.
ARROSAGE, arôzaj.
ARROSEMENT, arôzma-t.
ARROSER, arôze-r.
ARROSOIR, arôzûar.
ARS, ars.
ARSENAL, arsɛnal.
ARSENAUX, arsɛnô-z.
ARSENIATE, arseniat.
ARSENIC, arsɛni+k.
ARSENICAL, E, arsɛnikal.
ARSENICAUX, arsɛnikô-z.
ARSÉNIQUE, arsenik.
ARSENITE, arsenit.
ART, ar.
ARTÈRE, artêr.
ARTERIEL, LE, arteriêl.
ARTÉRIOLE, arteriol.
ARTÉRIOLOGIE, arterioloji.
ARTÉRIOTOMIE, arteriotomi.
ARTESIEN, artezii.
ARTHRITIQUE, artritik.
ARTICHAUT, artihô.
ARTICLE, artikl.
ARTICULAIRE, artikulêr.
ARTICULATION, artikulâsio.
ARTICULER, artikule-r.
ARTIFICE, artifis.
ARTIFICIEL, LE, artifisiêl.
ARTIFICIELLEMENT, artifisielma-t.
ARTIFICIER, artifisie.
ARTIFICIEUSE, artifisiėz.
ARTIFICIEUSEMENT, artifisiėzma-t.
ARTIFICIEUX, artifisié-z.
ARTILLERIE, artilri.
ARTILLEUR, artilɛr.
ARTIMON, artimo.
ARTISAN, artiza.
ARTISTE, artist.
ARTISTEMENT, artistɛma-t.
ARTISTIQUE, artistik.
ARUM, arom.
ARUSPICE, aruspis.
AS, âs.

ASARET, azarê-t.
ASBESTE, azbêst.
ASCENDANT, as'ada-t.
ASCENDANT, E, as'adat.
ASCENSION, as'asio.
ASCENSIONNEL, E, as'asionêl.
ASCÈTE, asêt.
ASCETIQUE, asetik.
ASCLEPIADE, asklepiad.
ASCLEPIAS, asklepiâs.
ASIATIQUE, aziatik.
ASILE, azil.
ASINE, âzin.
ASPECT, aspê+k.
ASPERGE, aspêrj.
ASPERGER, asperje-r.
ASPERGÈS, *aspêrjês*.
ASPERITÉ, asperite
ASPERSION, aspersio.
ASPERSOIR, aspersûar.
ASPHALTE, asfalt.
ASPHODÈLE, asfodêl.
ASPHYXIE, asfiksi.
ASPHYXIER, asfiksie-r.
ASPIC, aspik.
ASPIRANT, aspira-t.
ASPIRANTE, aspirat.
ASPIRATION, aspirâtio.
ASPIRER, aspire-r.
ASPRE, aspr.
ASSA, as'a.
ASSAILLANT, asala-t
ASSAILLIR, asalir.
ASSAINIR, asenir.
ASSAINISSEMENT, asenisma-t.
ASSAISONNEMENT, asêzonma-t.
ASSAISONNER, asêzone-r.
ASSASSIN, asasi.
ASSASSINE, asasin.
ASSASSINAT, asasina-t.
ASSASSINER, asasine-r.
ASSAUT, asô.
ASSEMBLAGE, asablaj.
ASSEMBLÉE, asable.
ASSEMBLER, asable-r.

Assembleur, asablɛr.
Assembleuse, asablɛ̂z.
Assener, as'ene-r.
Assentiment, asatima-t.
Assentir, asatir.
Asseoir, asûar.
Assermenté, e, asêrmate.
Assermenter, asêrmate-r.
Assertion, asêrsio.
Asservir, asêrvir.
Asservissant, asêrvisa-t.
Asservissante, asêrvisat.
Asservissement, asêrvisma-t.
Assesseur, ases'ɛr.
Assez, ase-z.
Assidu, e, asidu.
Assiduité, asiduite.
Assidûment, asiduma-t.
Assiégeant, asieja-t.
Assiégeante, asiejat.
Assiéger, asieje-r.
Assiette, asiêt.
Assiettée, asiete.
Assignable, asiĝabl.
Assignat, asiĝa-t.
Assignation, asiĝâsio.
Assigner, asiĝe-r.
Assimilation, as'imilâsio.
Assimiler, as'imile-r.
Assise, asiz.
Assises, asiz-z (1).
Assistance, asistas.
Assistant, asista-t.
Assistante, asistat.
Assister, asiste-r.
Association, asosiâsio.
Associer, asosie-r.
Assolement, asolma-t.
Assoler, asole-r.
Assombrir, asobrir.
Assommant, asoma-t.
Assommante, asomat.
Assommer, asome-r.
Assommoir, asomûar.
Assomption, asopsio.
Assonance, asonas.
Assonant, asona-t.
Assonante, asonat.
Assortiment, asortima-t.
Assortir, asortir.
Assortissant, asortisa-t.
Assortissante, asortisat.
Assoter, asote-r.
Assoupir, asûpir.
Assoupissant, asûpisa-t.
Assoupissante, asûpisat.
Assoupissement, asûpisma-t.
Assouplir, asûplir.
Assourdir, asûrdir.
Assourdissant, asûrdisa-t.
Assourdissante, asûrdisat.
Assouvir, asûvir.
Assouvissement, asûvisma-t.
Assujettir, asujetir.
Assujettissant, asujetisa-t.
Assujettissante, asujetisat.
Assujettissement, asujetisma-t.
Assumer, as'ume-r.
Assurance, asuras.
Assurément, asurema-t.
Assurer, asure-r.
Assureur, asurɛr.
Aster, astêr.
Astérie, asteri.
Astérisme, asterism.
Astérisque, asterisk.
Asthmatique, asmatik.
Asthme, asm.
Asticoter, astikote-r.
Astragale, astragal.
Astral, e, astral.
Astre, astr.
Astrée, astre.
Astreindre, astridr.

(1) La liaison des mots au pluriel est tellement impérieuse, que, pour ceux qui finissent par z, elle exige dans la prononciation le redoublement de cette articulation

Astriction, astriksio̱.
Astringent, astrija̱-t.
Astringente, astrijat.
Astroïte, astroit.
Astrolabe, astrolab.
Astrologie, astroloji.
Astrologique, astrolojik.
Astrologue, astrolog.
Astronome, astronom.
Astronomie, astronomi.
Astronomique, astronomik.
Astronomiquement, astronomik-ma̱-t.
Astuce, astus.
Astucieuse, astusiêz.
Astucieusement, astusiêzma̱-t.
Astucieux, astusiê-z.
Asyle, azil.
Asymptote, asiptot.
Asymptotique, asiptotik.
Ataraxie, ataraksi.
Ataxie, ataksi.
Ataxique, ataksik.
Atelier, atlie.
Atellanes, atel'an-z.
Atermoiement, atermûama̱-t.
Atermoyer, atermûaye-r.
Athée, ate.
Athéisme, ateism.
Athénée, atene.
Athlète, atlêt.
Athlétique, atletik.
Atlante, atlat.
Atlantique, atlatik.
Atlas, atlâs.
Atmosphère, atmosfêr.
Atmosphérique, atmosferik.
Atome, atôm.
Atonie, atoni.
Atonique, atonik.
Atour, atûr.
Atout, atû.
Atrabilaire, atrabilêr.
Atrabile, atrabil.
Atre, âtr.

Atroce, atros.
Atrocement, atrosma̱-t.
Atrocité, atrosite.
Atrophie, atrofi.
Atrophié, e, atrofie.
Attabler (s'), atable-r.
Attachant, ataha̱-t.
Attachante, atahat.
Attache, atah.
Attachement, atahma̱-t.
Attacher, atahe-r.
Attaquable, atakabl.
Attaquant, ataka̱-t.
Attaque, atak.
Attaquer, atake-r.
Atteindre, atidr.
Attarder, atarde-r.
Atteinte, atit.
Attelage, atlaj.
Atteler, atle-r.
Attelle, atêl.
Attenant, atna̱-t.
Attenante, atnat.
Attendre, atadr.
Attendrir, atadrir.
Attendrissant, atadrisa̱-t.
Attendrissante, atadrisat.
Attendrissement, atadrisma̱-t.
Attentat, atata-t.
Attentatoire, atatatûar.
Attente, atat.
Attenter, atate-r.
Attentif, atatif.
Attention, atasio̱.
Attentive, atativ.
Attentivement, atativma̱-t.
Atténuant, atenua̱-t.
Atténuante, atenuat.
Atténuation, atenuâsio̱.
Atténuer, atenue-r.
Atterrage, ateraj.
Atterrer, atere-r.
Atterrir, aterir.
Atterrissage, aterisaj.
Atterrissement, aterisma̱-t.

ATTESTATION, atestâsio̲.
ATTESTER, ateste-r.
ATTICISME, at'isism.
ATTICISTE, at'isist.
ATTIÉDIR, atiedir.
ATTIÉDISSEMENT, atiedisma̲-t.
ATTIFER, atife-r.
ATTIFET, atifê-t.
ATTIQUE, at'ik.
ATTIQUEMENT, atikma̲-t.
ATTIRAIL, atira̲l.
ATTIRANT, atira̲-t.
ATTIRANTE, atira̲t.
ATTIRER, atire-r.
ATTISER, atize-r.
ATTITRER, atitre-r.
ATTITUDE, atitud.
ATTOUCHEMENT, atûhma̲-t.
ATTRACTIF, atraktif.
ATTRACTION, atraksio̲.
ATTRACTIVE, atraktiv
ATTRAIRE, atrêr.
ATTRAIT, atrê-t.
ATTRAPE, atrap.
ATTRAPER, atrape-r.
ATTRAPEUR, atrapɛr.
ATTRAPEUSE, atrapɛ̂z.
ATTRAPOIRE, atrapûar.
ATTRAYANT, atrêya̲-t.
ATTRAYANTE, atrêya̲t.
ATTRIBUER, atribue-r.
ATTRIBUT, atribu-t.
ATTRIBUTIF, atributif.
ATTRIBUTION, atribusio̲.
ATTRIBUTIVE, atributiv.
ATTRISTANT, atrista̲-t.
ATTRISTANTE, atrista̲t.
ATTRISTER, atriste-r.
ATTRITION, atrisio̲.
ATTROUPEMENT, atrûpma̲-t.
ATTROUPER, atrûpe-r.
AU, ô.
AUBADE, ôbad.
AUBAIN, ôbi̲.
AUBAINE, ôbên.
AUBE, ôb.
AUBÉPINE, ôbepin.
AUBÈRE, ôbêr.
AUBERGE, obêrj.
AUBERGINE, obêrjin.
AUBERGISTE, obêrjist.
AUBIER, ôbie-r.
AUBIFOIN, ôbifûi̲.
AUBIN, ôbi̲.
AUBINER, ôbine-r.
AUCUN, ôku̲-n.
AUCUNE, ôkun.
AUCUNEMENT, ôkunma̲-t.
AUDACE, ôdas.
AUDACIEUSE, ôdasiɛ̂z.
AUDACIEUSEMENT, ôdasiɛ̂zma̲-t.
AUDACIEUX, ôdasiɛ̂-z.
AUDIENCE, ôdia̲s.
AUDIENCIER, ôdia̲sie.
AUDITEUR, ôditɛr.
AUDITIF, ôditif.
AUDITION, ôdisio̲.
AUDITIVE, ôditiv.
AUDITOIRE, ôditûar.
AUGE, ôj.
AUGÉE, ôje.
AUGET, ôjê-t.
AUGMENTATIF, ogma̲tatif.
AUGMENTATION, ogma̲tâsio̲.
AUGMENTATIVE, ogma̲tativ.
AUGMENTER, ogma̲te-r.
AUGURAL, E, ôgural.
AUGURE, ôgur.
AUGURER, ôgure-r.
AUGUSTE, ogust.
AUGUSTIN, ogusti̲.
AUGUSTINE, ogustin.
AUJOURD'HUI, ôjûrdui.
AULIQUE, ôlik.
AULNAIE, ônê.
AULNE, ôn.
AULNÉE, ône.
AUMAILLES, ômâl-z.
AUMÔNE, ômon.
AUMÔNER, ômone-r.

AUMÔNERIE, ômonri.
AUMÔNIER, ômonie.
AUMÔNIÈRE, ômonièr.
AUMUSSE, ômus.
AUNAGE, ônaj.
AUNAIE, ônê.
AUNE, ôn.
AUNÉE, ône.
AUNER, ône-r.
AUPARAVANT, ôparava-t.
AUPRÈS, ôprê-z.
AUQUEL, ôkêl.
AURÉOLE, oreol.
AURICULAIRE, orikulêr.
AURIFÈRE, orifêr.
AURILLARD, orilar.
AURIQUE, orik.
AUROCHS, orok-z.
AURONE, oron.
AURORE, oror.
AUSCULTATION, oskultâsio.
AUSCULTER, oskulte-r.
AUSPICE, ospis.
AUSSI, ôsi.
AUSSITÔT, ôsitô-t.
AUSTER, E, ostêr.
AUSTÈREMENT, ostêrma-t.
AUSTÉRITÉ, osterite.
AUSTRAL, E, ostral.
AUTAN, ôta.
AUTANT, ôta-t.
AUTEL, ôtêl.
AUTEUR, ôtɛr.
AUTHENTICITÉ, otatisite.
AUTHENTIQUE, otatik.
AUTHENTIQUEMENT, otatikma-t.
AUTOCÉPHALE, otosefal.
AUTOCHTHONE, otokton.
AUTOCLAVE, otoklav.
AUTOCRATE, otokrat.
AUTOCRATIE, otokrasi.
AUTOCRATRICE, otokratris.
AUTO-DA-FÉ, oto da fe.
AUTOGRAPHE, otograf.
AUTOGRAPHIE, otografi.
AUTOGRAPHIER, otografie-r.
AUTOGRAPHIQUE, otografik.
AUTOMATE, otomat.
AUTOMATIQUE, otomatik.
AUTOMNAL, E, ôtonal.
AUTOMNE, ôton.
AUTONOME, ôtonom.
AUTONOMIE, ôtonomi.
AUTOPSIE, ôtopsi.
AUTORISATION, otorizâsio.
AUTORISER, otorize-r.
AUTORITÉ, otorite.
AUTOUR, ôtûr.
AUTRE, ôtr.
AUTREFOIS, ôtrɛfûa-z.
AUTREMENT, ôtrɛma-t.
AUTRUCHE, ôtruh.
AUTRUI, ôtrui.
AUVENT, ôva-t.
AUVERNAT, ôverna-t.
AUXILIAIRE, oksiliêr.
AUXQUELS, LES, ôkêl-z.
AVACHIR (s'), avahir.
AVAL, aval.
AVALAISON, avalêzo.
AVALANCHE, avalah.
AVALER, avale-r.
AVALEUR, avalɛr.
AVALEUSE, avalɛ̂z.
AVALOIRE, avalûar.
AVANCE, avas.
AVANCÉE, avase.
AVANCEMENT, avasma-t.
AVANCER, avase-r.
AVANIE, avani.
AVANT, ava-t.
AVANTAGE, avataj.
AVANTAGER, avataje-r.
AVANTAGEUSE, avatajɛ̂z.
AVANTAGEUSEMENT, avatajɛ̂zma-t.
AVANTAGEUX, avatajɛ̂-z.
AVARE, avar.
AVARICE, avaris.
AVARICIEUSE, avarisiɛ̂z.
AVARICIEUSEMENT, avarisiɛ̂zma-t.

Avaricieux, avarisiê-z.
Avarie, avari.
Avarié, e, avarie.
A vau-l'eau, a vô l'ô.
Ave, âve.
Avec, avêk.
Aveindre, avidr.
Aveine, avên.
Avélanède, avelanèd.
Aveline, avlin.
Avelinier, avlinie.
Avénage, avenaj.
Avenant, avna-t.
Avenante, avnat.
Avénement, avenma-t.
Avenir, avnir.
Avent, ava-t.
Aventure, avatur.
Aventurer, avature-r.
Aventureuse, avaturêz.
Aventureusement, avaturêzma-t.
Aventureux, avaturê-z.
Aventurier, avaturie.
Aventurière, avaturiêr.
Aventurine, avaturin.
Avenue, avnu.
Averer, avere-r.
Averse, avêrs.
Aversion, aversio.
Avertin, averti.
Avertir, avertir.
Avertissement, avertisma-t.
Aveu, avê.
Aveuer, avue-r.
Aveugle, avegl.
Aveuglement, aveglema-t.
Aveuglement, aveglema-t.
Aveugler, avegle-r.
Aveuglette (a l'), aveglêt.
Avide, avid.
Avidement, avidma-t.
Avidité, avidite.
Avilir, avilir.
Avilissant, avilisa-t.
Avilissante, avilisat.
Avilissement, avilisma-t.
Aviner, avine-r.
Aviron, aviro.
Avis, avi-z.
Avisé, e, avize.
Aviser, avize-r.
Aviso, avizô.
Avitaillement, avitâlma-t.
Avitailler, avitâle-r.
Aviver, avive-r.
Avives, aviv-z.
Avocasser, avokase-r.
Avocasserie, avokasri.
Avocat, avoka-t.
Avoine, avûan.
Avoir, avûar.
Avoisiner, avûazine-r.
Avortement, avortema-t.
Avorter, avorte-r.
Avorton, avorto.
Avoué, avûe.
Avouer, avûe-r.
Avoyer, avûaye.
Avril, avril.
Avuer, avue-r.
Axe, aks.
Axillaire, aksil'êr.
Axiome, aksiôm.
Axonge, aksoj.
Ayan, aya.
Ayant, êya-t.
Azamoglan, azamogla.
Azédarac, azedarak.
Azerole, azrol.
Azerolier, azrolie.
Azime, azim.
Azimut, azimut.
Azimutal, e, azimutal.
Azote, azot.
Azur, azur.
Azure, e, azure.
Azurer, azure-r.
Azyme, azim.

B

B, be ou bɛ.
Baba, baba.
Babel, babêl.
Babil, babil.
Babillage, babilaj.
Babillard, babilar.
Babillarde, babilard.
Babillement, babilma-t.
Babiller, babile-r.
Babine, babin.
Babiole, babiol.
Bâbord, bâbor.
Babouche, babûh.
Babouin, babûi.
Bac, bak.
Baccalauréat, bakalorea.
Bacchanale, bakanal.
Bacchante, bakat.
Bacha, baha.
Bâche, bâh.
Bachelette, bahlêt.
Bachelier, bahɛlie.
Bâcher, bâhe-r.
Bachique, bahik.
Bachot, bahô.
Bâcler, bâkle-r.
Badaud, badô.
Badaude, badôd.
Badauder, badôde-r.
Badauderie, badôdri.
Badigeon, badijo.
Badigeonnage, badijonaj.
Badigeonner, badijone-r.
Badigeonneur, badijonɛr.
Badin, badi.
Badinage, badinaj.
Badine, badin.
Badiner, badine-r.
Badinerie, badinri.
Bafouer, bafûe-r.
Bâfre, bâfr.
Bâfrer, bâfre-r.
Bâfrerie, bâfrɛri.
Bâfreur, bâfrɛr.
Bâfreuse, bâfrêz.
Bagage, bagaj.
Bagarre, bagâr.
Bagasse, bagas.
Bagatelle, bagatêl.
Bagne, bag.
Bague, bag.
Baguenaude, bagnôd.
Baguenauder, bagnôde-r.
Baguenaudier, bagnôdie.
Baguer, bage-r.
Baguette, bagêt.
Baguier, bagie.
Bah, bâ.
Bahut, bau-t.
Bai, e, bê.
Baie, bê-y.
Baigner, bege-r.
Baigneur, bêgɛr.
Baigneuse, bêgêz.
Baignoire, bêgoar.
Bail, bal.
Bâille, bâl.
Bâillement, bâlma-t.
Bâiller, bâle-r.
Bailler, bale-r.
Bailleresse, balrês.
Bâilleur, bâlɛr.
Bailleur, balɛr.
Bailli, bâli.
Bailliage, balaj.
Bâillon, bâlo.
Bâillonner, bâlone-r.
Bain, bi.
Baïonnette, bayonêt.
Baïoque, bayok.

BAIRAM, bêram.
BAISEMAIN, bêzmi.
BAISEMENT, bêzma-t.
BAISER, beze.
BAISER, beze-r.
BAISEUR, bêzer.
BAISEUSE, bêzéz.
BAISOTTER, bezote-r.
BAISSE, bês.
BAISSER, bese-r.
BAJOUE, bajû.
BAJOYER, bajûaye.
BAL, bal.
BALADIN, baladi.
BALADINAGE, baladinaj.
BALAFRE, balafr.
BALAFRÉ, E, balafre.
BALAFRER, balafre-r.
BALAI, balê.
BALAIS, balê-z.
BALANCE, balas.
BALANCELLE, balasêl.
BALANCEMENT, balasma-t.
BALANCER, balase-r.
BALANCIER, balasie-r.
BALANCINE, balasin.
BALANÇOIRE, balasûar.
BALAST, balast.
BALAYAGE, balêyaj.
BALAYER, baleye-r.
BALAYEUR, balêyer.
BALAYEUSE, balêyéz.
BALAYURES, balêyur-z.
BALBUTIEMENT, balbusima-t.
BALBUTIER, balbusie-r.
BALCON, balko.
BALDAQUIN, baldaki.
BALEINE, balên.
BALEINÉ, E, balene.
BALEINIER, balenie.
BALISAGE, balizaj.
BALISE, baliz.
BALISER, balize-r.
BALISTE, balist.
BALISTIQUE, balistik.
BALIVAGE, balivaj.
BALIVEAU, balivô.
BALIVERNE, balivêrn.
BALLADE, balad.
BALLANT, bala-t.
BALLE, bal.
BALLET, balê-t.
BALLON, balo.
BALLONNÉ, E, balone.
BALLONNEMENT, balonma-t.
BALLOT, balô.
BALLOTTAGE, balotaj.
BALLOTTEMENT, balotma-t.
BALLOTTER, balote-r.
BALOURD, balûr.
BALOURDE, balûrd.
BALOURDISE, balûrdiz.
BALSAMINE, balzamin.
BALSAMIQUE, balzamik.
BALUSTRADE, balustrad.
BALUSTRE, balustr.
BALZAN, balza.
BALZANE, balzan.
BAMBIN, babi.
BAMBOCHADE, babohad.
BAMBOCHE, baboh.
BAMBOCHEUR, baboher.
BAMBOCHEUSE, babohéz.
BAMBOU, babû.
BAN, ba.
BANAL, E, banal.
BANALITE, banalite.
BANANE, banan.
BANANIER, bananie.
BANC, ba.
BANCAL, E, bakal.
BANCO, bakô.
BANCROCHE, bakroh.
BANDAGE, badaj.
BANDAGISTE, badajist.
BANDE, bad.
BANDEAU, badô.
BANDELETTE, badlêt.
BANDER, bade-r.
BANDEREAU, badrô

BANDEROLE, badrol.
BANDIÈRE, badièr.
BANDIT, badi-t.
BANDOULIÈRE, badûlièr.
BANK-NOTES, baknot.
BANLIEUE, balië.
BANNE, ban.
BANNÉ, E, bane.
BANNER, bane-r.
BANNERET, banrê-t.
BANNETON, banto.
BANNETTE, banêt.
BANNI, E, bani.
BANNIÈRE, banièr.
BANNIR, banir.
BANNISSEMENT, banisma-t.
BANQUE, bak.
BANQUEROUTE, bakrût.
BANQUEROUTIER, bakrûtie.
BANQUEROUTIÈRE, bakrûtièr.
BANQUET, bakê-t.
BANQUETER, bakte-r.
BANQUETTE, bakêt.
BANQUIER, bakie.
BANQUISE, bakiz.
BAPTÊME, batêm.
BAPTISER, batize-r.
BAPTISMAL, E, batismal.
BAPTISMAUX, batismô-z.
BAPTISTAIRE, batistêr.
BAPTISTÈRE, batistêr.
BAQUET, bakê-t.
BARAGOUIN, baragûi.
BARAGOUINAGE, baragûinaj.
BARAGOUINER, baragûine-r.
BARAGOUINEUR, baragûinær.
BARAGOUINEUSE, baragûinëz.
BARAQUE, barak.
BARAQUEMENT, barakma-t.
BARAQUER, barake-r.
BARATERIE, baratri.
BARATTE, barat.
BARBACANE, barbakan.
BARBARE, barbar.
BARBAREMENT, barbarma-t.
BARBARESQUE, barbarêsk.
BARBARIE, barbari.
BARBARISME, barbarism.
BARBE, barb.
BARBEAU, barbô.
BARBELÉ, E, barbæle.
BARBET, barbê-t.
BARBETTE, barbêt.
BARBICHE, barbih.
BARBICHON, barbiho.
BARBIER, barbie.
BARBIFIER, barbifie-r.
BARBILLON, barbilo.
BARBON, barbo.
BARBOTE, barbot.
BARBOTER, barbote-r.
BARBOTEUR, barbotær.
BARBOTEUSE, barbotëz.
BARBOUILLAGE, barbûlaj.
BARBOUILLER, barbûle-r.
BARBOUILLEUR, barbûlær.
BARBU, E, barbu.
BARBUE, barbu.
BARCAROLLE, barkarol.
BARCELONNETTE, barsælonêt.
BARD, bar.
BARDANE, bardan.
BARDE, bard.
BARDEAU, bardô.
BARDER, barde-r.
BARDEUR, bardær.
BARDOT, bardô.
BARÈGE, barêj.
BARÊME, barêm.
BARGUIGNAGE, bargiĝaj.
BARGUIGNER, bargiĝe-r.
BARGUIGNEUR, bargiĝær.
BARGUIGNEUSE, bargiĝëz.
BARIL, bari.
BARILLET, barilê-t.
BARIOLAGE, bariolaj.
BARIOLER, bariole-r.
BAROMÈTRE, baromêtr.
BAROMÉTRIQUE, barometrik.
BARON, bâro.

BARONNE, bâron.
BARONNET, bâronê-t.
BARONNIE, bâroni.
BAROQUE, bârok.
BARQUE, bark.
BARQUEROLLE, barkerol.
BARRAGE, bâraj.
BARRE, bâr.
BARREAU, bârô.
BARRER, bâre-r.
BARRETTE, barêt.
BARRICADE, barikad.
BARRICADER, barikade-r.
BARRIÈRE, bârièr.
BARRIQUE, barik.
BARTAVELLE, bartavêl.
BARYTE, barit.
BARYTON, barito.
BAS, bâ-z.
BASSE, bâs.
BASALTE, bazalt.
BASALTIQUE, bazaltik.
BASANE, bazan.
BASANÉ, E, bazane.
BAS-BORD, bâbor.
BASCULE, baskul.
BASE, bâz.
BASER, bâze-r.
BAS-FOND, bâfo.
BASILAIRE, bazilêr.
BASILIC, bazilik.
BASILICON, baziliko.
BASILICUM, bazilikom.
BASILIQUE, bazilik.
BASIN, bâzi.
BASOCHE, bazoh.
BASOCHIEN, bazohii.
BASQUE, bask.
BASQUINE, baskin.
BAS-RELIEF, bârliêf.
BASSE, bâs.
BASSE-CONTRE, bâskotr.
BASSE-COUR, bâskûr.
BASSEMENT, bâsma-t.
BASSESSE, bâsês.
BASSET, bâsê-t.
BASSE-TAILLE, bâstâl.
BASSETTE, bâsêt.
BASSIN, basi.
BASSINE, basin.
BASSINER, basine-r.
BASSINET, basinê-t.
BASSINOIRE, basinûar.
BASSON, bâso.
BASTIDE, bastid.
BASTILLE, bastil.
BASTILLÉ, E, bastile.
BASTINGAGE, bastigaj.
BASTINGUE, bastig.
BASTINGUÉ, E, bastige.
BASTINGUER (SE), bastige-r.
BASTION, bastio.
BASTIONNÉ, E, bastione.
BASTONNADE, bastonad.
BASTRINGUE, bastrig.
BASTUDE, bastud.
BAS-VENTRE, bâvatr.
BÂT, bâ.
BATACLAN, batakla.
BATAILLE, batâl.
BATAILLER, batâle-r.
BATAILLEUR, batâler.
BATAILLEUSE, batâlez.
BATAILLON, batalo.
BÂTARD, bâtar.
BÂTARDE, bâtard.
BATARDEAU, batardô.
BATARDIÈRE, batardièr.
BÂTARDISE, bâtardiz.
BATAVIQUE, batavik.
BATEAU, batô.
BATELAGE, batlaj.
BATELÉE, batle.
BATELET, batlê-t.
BATELEUR, batler.
BATELEUSE, batlez.
BATELIER, batelie.
BATELIÈRE, batelièr.
BATÊME, batêm.
BÂTER, bâte-r.

Bâti, e, bâti.
Batifolage, batifolaj.
Batifoler, batifole-r.
Batifoleur, batifolœr.
Batifoleuse, batifoléz.
Bâtiment, bâtima-t.
Bâtir, bâtir.
Bâtisse, bâtis.
Batiste, batist.
Bâton, bâto.
Bâtonner, bâtone-r.
Bâtonnet, bâtonê-t.
Bâtonnier, bâtonie.
Bâtonniste, bâtonist.
Batraciens, batrasii-z.
Battage, bataj.
Battant, bata-t.
Battante, batat.
Batte, bat.
Battement, batma-t.
Batterie, batri.
Batteur, batœr.
Batteuse, batéz.
Battoir, batûar.
Battologie, batoloji.
Battre, batr.
Battue, batu.
Batture, batur.
Bau, bô.
Baud, bô.
Baudet, bôdê-t.
Baudir, bôdir.
Baudrier, bôdrie.
Baudruche, bôdruh.
Bauge, bôj.
Baugue, bôg.
Baume, bôm.
Baumier, bômie.
Bauque, bôk.
Baux, bô-z.
Bavard, bavar.
Bavardage, bavardaj.
Bavarde, bavard.
Bavarder, bavarde-r.
Bavarderie, bavardri.
Bavaroise, bavarûaz.
Bave, bav.
Baver, bave-r.
Bavette, bavêt.
Baveuse, bavéz.
Baveux, bavé-z.
Bavoché, e, bavohe.
Bavocher, bavohe-r.
Bavochure, bavohur.
Bavolet, bavolê-t.
Bavure, bavur.
Bayadère, bayadêr.
Bayart, bayar.
Bayer, beye-r.
Bayonnette, bayonêt.
Bazar, bâzar.
Bdellium, bdeliom.
Beant, bea-t.
Béante, beat.
Béat, bea-t.
Béate, beat.
Béatification, beatifikâsio.
Béatifier, beatifie-r.
Béatifique, beatifik.
Béatitude, beatitud.
Beau, bô.
Beaucoup, bôku-p.
Beaupré, bôpre.
Beauté, bôte.
Bec, bêk.
Becabunga, bekaboga.
Bécarre, bekar.
Bécasse, bekas.
Becasseau, bekasô.
Becassine, bekasin.
Beccard, bêkar.
Bec-de-lièvre, bêkdœlièvr
Becfigue, bekfig.
Béchamel, behamêl.
Becharu, beharu.
Bêche, bêh.
Bêcher, behe-r.
Béchique, behik.
Becquée, beke.
Becqueter, bekte-r.

BEDAINE, bedên.
BEDEAU, bedô.
BÉDEGAR, bedgar.
BEDON, bedo.
BÉDOUIN, bedûi.
BÉDOUINE, bedûin.
BEELZÉBUTH, bêlzebu-t.
BÉER, bee-r.
BEFFROI, befrûa.
BÉGAYEMENT, begêma-t.
BEGAYER, begeye-r.
BEGU, E, begu.
BÈGUE, bêg.
BÉGUEULE, begel.
BÉGUEULERIE, begelri.
BÉGUIN, begi.
BEGUINAGE, beginaj.
BEGUINE, begin.
BEHEN, beên.
BEIGE, bêj.
BEIGNET, begê-t.
BEIRAM, bêram.
BÉJAUNE, bejôn.
BEL, LE, bêl.
BÉLANDRE, beladr.
BÊLANT, bêla-t.
BÊLANTE, bêlat.
BÊLEMENT, bêlma-t.
BELEMNITE, belêmnit.
BÊLER, bele-r.
BELETTE, belêt.
BÉLIER, belie.
BELIERE, beliêr.
BELÎTRE, belitr.
BELLA-DONA, bêl'ado'n.
BELLADONNE, bêl'adon.
BELLÂTRE, belâtr.
BELLE, bêl.
BELLE-DAME, bêldam.
BELLE-DE-JOUR, bêl de jûr.
BELLE-DE-NUIT, bêl de nui-t.
BELLE-D'UN-JOUR, bêl d'u jûr.
BELLEMENT, bêlma-t.
BELLIGÉRANT, bel'ijera-t.
BELLIGÉRANTE, bel'ijerat.
BELLIQUEUSE, bel'ikéz.
BELLIQUEUX, bel'ikê-z.
BELLISSIME, bel'isim.
BELLOT, belô-t.
BELLOTTE, belot.
BELVÉDÈRE, bêlvedêr.
BÉMOL, bemol.
BEN, bên.
BÉNARDE, benard.
BENÉDICITÉ, benedisite.
BENÉDICTIN, benedikti.
BÉNÉDICTINE, benediktin.
BÉNÉDICTION, benediksio.
BÉNÉFICE, benefis.
BÉNÉFICIAIRE, benefisiêr.
BENÉFICIER, benefisie.
BÉNÉFICIER, benefisie-r.
BENÊT, benê-t.
BENÉVOLE, benevol.
BENÉVOLEMENT, benevolma-t.
BENGALI, bigali.
BENIGNEMENT, benigma-t.
BÉNIGNITÉ, benigite.
BÉNIN, beni.
BÉNIGNE, benig.
BENIR, benir.
BÉNIT, beni-t.
BENITE, benit.
BÉNITIER, benitie.
BENJAMIN, bijami.
BENJOIN, bijûi.
BENOÎTE, benûat.
BENZOÏQUE, bizoik.
BÉQUET, beke.
BEQUETER, bekte-r.
BEQUILLARD, bekilar.
BEQUILLE, bekil.
BEQUILLER, bekile-r.
BER, bêr.
BERCAIL, bêrkal.
BERCE, bêrs.
BERCEAU, bêrsô.
BERCER, bêrse-r.
BERCEUSE, bêrséz.
BERET, berê-t.

BERGAME, bêrgam.
BERGAMOTTE, bêrgamot.
BERGE, bêrj.
BERGER, bêrje.
BERGÈRE, bêrjêr.
BERGERETTE, bêrjərêt.
BERGERIE, bêrjəri.
BERGERONNETTE, bêrjəronêt.
BERIL, beril.
BERLE, bêrl.
BERLINE, bêrlin.
BERLINGOT, bêrligô.
BERLUE, bêrlu.
BERME, bêrm.
BERMUDIENNE, bêrmudiên.
BERNACLE, bêrnakl.
BERNARDIN, bêrnardi.
BERNARDINE, bêrnardin.
BERNER, bêrne-r.
BERNIQUE, bêrnik.
BERRET, berê-t.
BERYL, beril.
BESACE, bezas.
BESACIER, bəzasie.
BESAIGRE, bəzêgr.
BESAIGUË, bezêgu.
BESANT, bəza.
BESET, bəzê-t.
BESI, bəzi.
BESICLES, bəzikl-z.
BESOGNE, bəzog.
BESOGNER, bəzoge-r.
BESOIGNEUSE, bəzûagêz.
BESOIGNEUX, bəzûagê-z.
BESOIN, bəzûi.
BESTIAL, E, bestial.
BESTIALEMENT, bestialma-t.
BESTIALITE, bestialite.
BESTIASSE, bestias.
BESTIAUX, bestiô-z.
BESTIOLE, bestiol.
BÊTA, bêtâ.
BETAIL, betal.
BÊTE, bêt.
BETEL, betêl.
BÊTEMENT, bêtma-t.
BÊTISE, betiz.
BETOINE, betûan.
BÉTON, beto.
BETTE, bêt.
BETTERAVE, bêtrav.
BEUGLEMENT, bəgləma-t.
BEUGLER, bəgle-r.
BEURRE, bər.
BEURRÉ, bəre.
BEURRÉE, bəre.
BEURRER, bəre-r.
BEURRIER, bərie.
BEURRIÈRE, bəriêr.
BÉVUE, bevu.
BEY, bê.
BEZESTAN, bezesta.
BEZET, bəzê-t.
BÉZOARD, bezoar.
BIAIS, biê-z.
BIAISE, biêz.
BIAISEMENT, biêzma-t.
BIAISER, bieze-r.
BIAISEUR, biêzər.
BIAISEUSE, biêzêz.
BIBERON, bibro.
BIBERONNE, bibron.
BIBLE, bibl.
BIBLIOGRAPHE, bibliograf.
BIBLIOGRAPHIE, bibliografi.
BIBLIOGRAPHIQUE, bibliografik.
BIBLIOMANE, biblioman.
BIBLIOMANIE, bibliomani.
BIBLIOPHILE, bibliofil.
BIBLIOTHECAIRE, bibliotekêr.
BIBLIOTHÈQUE, bibliotêk.
BIBLIQUE, biblik.
BIBUS, bibus.
BICEPS, bisêps.
BICHE, bih.
BICHET, bihê-t.
BICHON, biho.
BICHONNE, bihon.
BICHONNÉ, E, bihone,
BICHONNER, bihone-r.

BICOQUE. bikok.
BIDET, bidê-t.
BIDON, bido.
BIEF, bie.
BIELLE, biêl.
BIEN, bii-n (1).
BIEN-AISE, biinêz.
BIEN-ÊTRE, biinêtr.
BIENFAISANCE, biifezas.
BIENFAISANT, biifeza-t.
BIENFAISANTE, biifezat.
BIENFAIT, biifê-t.
BIENFAITEUR, biifêter.
BIENFAITRICE, biifêtris.
BIEN-FONDS, biifo.
BIENHEUREUSE, biinerêz.
BIENHEUREUX, biinerê-z.
BIENNAL, E, bienal.
BIENNAUX, bienô-z.
BIENSÉANCE, biiseas.
BIENSÉANT, biisea-t.
BIENSÉANTE, biiseat.
BIENTÔT, biitô-t.
BIENVEILLANCE, biivêlas.
BIENVEILLANT, biivêla-t.
BIENVEILLANTE, biivêlat.
BIENVENU, E, biivnu.
BIÈRE, biêr.
BIÈVRE, biêvr.
BIEZ, bie.
BIFFER, bife-r.
BIFTECK, biftêk.
BIFURCATION, bifurkâsio.
BIFURQUER (SE), bifurke-r.
BIGAME, bigam.
BIGAMIE, bigami.
BIGARADE, bigarad.
BIGARRÉ, E, bigare.
BIGARREAU, bigarô.
BIGARREAUTIER, bigarotie.
BIGARRER, bigare-r.
BIGARRURE, bigarur.
BIGLE, bigl.
BIGLER, bigle-r.
BIGORNE, bigorn.
BIGOT, bigô-t.
BIGOTE, bigot.
BIGOTERIE, bigotri.
BIGOTISME, bigotism.
BIGUE, big.
BIJOU, bijû.
BIJOUTERIE, bijûtri.
BIJOUTIER, bijûtie.
BIJOUTIÈRE, bijûtiêr.
BILAN, bila.
BILBOQUET, bilbokê-t.
BILE, bil.
BILIAIRE, biliêr.
BILIEUSE, biliêz.
BILIEUX, biliê-z.
BILL, bil.
BILLARD, bilar.
BILLARDER, bilarde-r.
BILLE, bil.
BILLET, bilê-t.
BILLETTE, bilêt.
BILLEVESÉE, bilveze.
BILLION, bilio.
BILLON, bilo.
BILLONNAGE, bilonaj.
BILLOT, bilô.
BIMBELOTERIE, biblotri.
BIMBELOTIER, biblotie.
BINAGE, binaj.
BINAIRE, binêr.
BINARD, binar.
BINER, bine-r.
BINET, binê-t.
BINOCLE, binokl.
BINÔME, binôm.
BIOGRAPHE, biograf.
BIOGRAPHIE, biografi.
BIOGRAPHIQUE, biografik.
BIPÈDE, bipêd.

(1) La liaison ne se fait jamais, quand ce mot est employé comme substantif; mais quand il est employé comme adverbe, elle se fait presque toujours.

BIQUE, bik.
BIQUET, biké-t.
BIRÈME, birêm.
BIRIBI, biribi.
BIS, bis (1).
BIS, bi-z (2).
BISE, biz.
BISAÏEUL, E, bizayɛl.
BISANNUEL, LE, bizanuɛl.
BISBILLE, bisbil.
BISCAÏEN, biskayi.
BISCORNU, E, biskornu.
BISCOTTE, biskot.
BISCUIT, biskui-t.
BISEAU, bizô.
BISET, bizê-t.
BISMUTH, bismut.
BISON, bizo.
BISONNE, bizon.
BISQUAIN, biski.
BISQUE, bisk.
BISSAC, bisak.
BISSECTION, bisêksio.
BISSEXE, bisêks.
BISSEXTE, bisêkst.
BISSEXTIL, E, bisekstil.
BISSEXUEL, LE, bisêksuel.
BISTORTE, bistort.
BISTOURI, bistûri.
BISTOURNÉ, E, bistûrne.
BISTOURNER, bistûrne-r.
BISTRE, bistr.
BITORD, bitor.
BITUME, bitum.
BITUMINÉ, E, bitumine.
BITUMINER, bitumine-r.
BITUMINEUSE, bituminɛ̂z.
BITUMINEUX, bituminɛ̂-z.
BIVALVE, bivalv.
BIVOUAC, bivûak.
BIVOUAQUER, bivûake-r.
BIZARRE, bizar.
BIZARREMENT, bizarma-t.
BIZARRERIE, bizar'i.
BLAFARD, blafar.
BLAFARDE, blafard.
BLAGUE, blag.
BLAIREAU, blérô.
BLÂMABLE, blâmabl.
BLÂME, blâm.
BLÂMER, blâme-r.
BLANC, bla-k (3).
BLANCHÂTRE, blahâtr.
BLANCHE, blah.
BLANCHEMENT, blahma-t.
BLANCHEUR, blahɛr.
BLANCHIMENT, blahima-t.
BLANCHIR, blahir.
BLANCHISSAGE, blahisaj.
BLANCHISSANT, blahisa-t.
BLANCHISSANTE, blahisat.
BLANCHISSERIE, blahisri.
BLANCHISSEUR, blahisɛr.
BLANCHISSEUSE, blahisɛ̂z.
BLANC-MANGER, blamaje.
BLANC-SEING, blasi.
BLANQUETTE, blakêt.
BLASER, blâze-r.
BLASON, blâzo.
BLASONNER, blâzone-r.
BLASPHÉMATEUR, blasfematɛr.
BLASPHÉMATOIRE, blasfematûar.
BLASPHÉMATRICE, blasfematris.
BLASPHÈME, blasfêm.
BLASPHÉMER, blasfeme-r.
BLÉ, ble.
BLÊME, blêm.
BLÊMIR, blemir.
BLESSANT, blesa-t.
BLESSANTE, blesat.
BLESSER, blese-r.
BLESSURE, blesur.
BLÈTE, blêt.
BLETTE, blêt.

(1) Adverbe. — (2) Adjectif. — (3) La liaison de *blanc* substantif ne se fait que dans cette seule locution : *du blanc au noir*. — La liaison de *blanc* adjectif comporte beaucoup d'exceptions.

BLEU, blê.
BLEUÂTRE, blêâtr.
BLEUET, blêê-t.
BLEUETTE, blêêt.
BLEUIR, blêir.
BLINDAGE, blidaj
BLINDER, blide-r.
BLINDES, blid-z.
BLOC, blok.
BLOCAGE, blokaj.
BLOCKHAUS, blokôs.
BLOCUS, blokus.
BLOND, blo.
BLONDE, blod.
BLONDIN, blodi.
BLONDINE, blodin
BLONDISSANT, blodisa-t.
BLONDISSANTE, blodisat.
BLOQUER, bloke-r.
BLOTTIR (SE), blotir.
BLOUSE, blûz.
BLOUSER, blûze-r.
BLUET, bluê-t.
BLUETTE, bluêt.
BLUTAGE, blutaj.
BLUTEAU, blutô.
BLUTER, blute-r.
BLUTERIE, blutri.
BLUTOIR, blutûar.
BOA, boa.
BOBÈCHE, bobêh.
BOBINE, bobin.
BOBINER, bobine-r.
BOBO, bobô.
BOCAGE, bokaj.
BOCAGER, bokaje.
BOCAGÈRE, bokajêr.
BOCAL, bokal.
BOCARD, bokar.
BOCARDER, bokarde-r.
BOCAUX, bokô-z.
ODRUCHE, bôdruh.
BŒUF, bꞓf (1).
BŒUFS, bê-z.
BOGHEI, bogê.
BOHÊME, boêm.
BOHÉMIEN, boemii.
BOHEMIENNE, boemiên.
BOÏARD, bûayar.
BOIRE, bûar.
BOIS, bûâ-z.
BOISAGE, bûazaj.
BOISEMENT, bûazma-t.
BOISER, bûaze-r.
BOISERIE, bûazri.
BOISEUSE, bûazêz.
BOISEUX, bûazê-z.
BOISSEAU, bûasô.
BOISSELEE, bûasle.
BOISSELIER, bûaselie.
BOISSELLERIE, bûaselri.
BOISSON, bûaso.
BOÎTE, bûa't.
BOITEMENT, bûatma-t.
BOITER, bûate-r.
BOITEUSE, bûatêz.
BOITEUX, bûatê-z.
BOÎTIER, bûatie.
BOL, bol.
BOLAIRE, bolêr.
BOLIDES, bolid-z.
BOMBANCE, bobas.
BOMBARDE, bobard.
BOMBARDEMENT, bobardꞓma-t.
BOMBARDER, bobarde-r.
BOMBARDIER, bobardie.
BOMBASIN, bobâzi.
BOMBASINE, bobâzin.
BOMBE, bob.
BOMBEMENT, bobma-t.
BOMBE, E, bobe.
BOMBER, bobe-r.

(1) Quand on parle de l'animal qui figure dans la promenade du bœuf gras, on dit : *Le bê gras ;* si l'on veut designer un bœuf ayant de l'embonpoint, on dit : *Voici un* bꞓf *gras.*

BON, bo-n (1).
BONACE, bonas.
BONASSE, bonas.
BONBON, bobo.
BONBONNIÈRE, boboniêr.
BON-CHRÉTIEN, bokretii.
BOND, bo.
BONDE, bod.
BONDIR, bodir.
BONDISSANT, bodisa-t.
BONDISSANTE, bodisat.
BONDISSEMENT, bodisma-t.
BONDON, bodo.
BONDONNER, bodone-r.
BONHEUR, bonœr.
BONHOMIE, bonomi.
BONHOMME, bonom.
BONI, bôni.
BONIFICATION, bonifikâsio.
BONIFIER, bonifie-r.
BONITE, bonit.
BONJOUR, bojûr.
BONNE, bon.
BONNEMENT, bonma-t.
BONNET, bonê-t.
BONNETADE, bontad.
BONNETERIE, bontri.
BONNETIER, bontie.
BONNETTE, bonêt.
BON-SENS, bosa-z.
BONSOIR, bosûar.
BONTÉ, bote.
BONZE, boz
BORACIQUE, borasik.
BORAX, boraks.
BORBORYGME, borborigm.
BORD, bor.
BORDAGE, bordaj.
BORDAILLER, bordâle-r.
BORDÉE, borde.
BORDER, borde-r.
BORDEREAU, bordrô.
BORDIGUE, bordig.
BORDURE, bordur.
BORE, bor.
BORÉAL, E, boreal.
BORÉE, bore.
BORGNE, borg̃.
BORGNESSE, borg̃ês.
BORIQUE, borik.
BORNAGE, bornaj.
BORNE, born.
BORNER, borne-r.
BOSAN, boza.
BOSPHORE, bosfor.
BOSQUET, boskê-t.
BOSSAGE, bosaj.
BOSSE, bos.
BOSSELAGE, boslaj.
BOSSELER, bosle-r.
BOSSEMAN, bosma.
BOSSER, bose-r.
BOSSETTE, bosêt.
BOSSOIR, bosûar.
BOSSU, E, bosu.
BOSSUER, bosue-r.
BOSTANGI, bostaji.
BOSTON, bosto.
BOT, bô.
BOTANIQUE, botanik.
BOTANISTE, botanist.
BOTARGUE, botarg.
BOTTE, bot.
BOTTELAGE, botlaj.
BOTTELER, botle-r.
BOTTELEUR, botlœr.
BOTTELEUSE, botlœz.
BOTTER, bote-r.
BOTTIER, botie.
BOTTINE, botin.
BOUC, bûk.
BOUCAGE, bûkaj.
BOUCAN, bûka.
BOUCANER, bûkane-r.

(1) Le substantif *bon* ne se lie jamais. On dit : *Le bo et le beau*. Mais *bon*, adjectif, se lie quand il est suivi de son substantif. Au moyen de cette liaison le son nasal est remplacé par celui dont il dérive. On dit : *Un* bon *homme*.

BOUCANIER, bûkanie.
BOUCARO, bûkarô.
BOUCASSIN, bûkasi.
BOUCAUT, bûkô.
BOUCHE, bûh.
BOUCHÉE, bûhé.
BOUCHER, bûhe-r.
BOUCHER, bûhe.
BOUCHÈRE, bûhêr.
BOUCHERIE, bûhri.
BOUCHE-TROU, bûhtrû.
BOUCHOIR, bûhûar.
BOUCHON, bûho.
BOUCHONNER, bûhone-r.
BOUCHONNIER, bûhonie-r.
BOUCLE, bûkl.
BOUCLEMENT, bûklema-t.
BOUCLER, bûkle-r.
BOUCLIER, bûklie.
BOUDDHISME, bûdism.
BOUDDHISTE, bûdist.
BOUDER, bûde-r.
BOUDERIE, bûdri.
BOUDEUR, bûder.
BOUDEUSE, bûdez.
BOUDIN, bûdi.
BOUDINE, bûdin.
BOUDJOU, bûdjû.
BOUDOIR, bûdûar.
BOUE, bû.
BOUÉE, bûe.
BOUEUR, bûer.
BOUEUSE, bûez.
BOUEUX, bûe-z.
BOUFFANT, bûfa-t.
BOUFFANTE, bûfat.
BOUFFE, bûf.
BOUFFÉE, bûfe.
BOUFFER, bûfe-r.
BOUFFETTE, bûfêt.
BOUFFIR, bûfir.
BOUFFISSURE, bûfisur.
BOUFFON, bûfo.
BOUFFONNE, bûfon.
BOUFFONNER, bûfone-r.
BOUFFONNERIE, bûfonri.
BOUGE, bûj.
BOUGEOIR, bûjûar.
BOUGER, bûje-r.
BOUGIE, bûji.
BOUGIER, bûjie-r.
BOUGON, bûgo.
BOUGONNER, bûgone-r.
BOUGONNEUR, bûgoner.
BOUGONNEUSE, bûgonez.
BOUGRAN, bûgra.
BOUILLANT, bûla-t.
BOUILLANTE, bûlat.
BOUILLI, bûli.
BOUILLIE, bûli.
BOUILLIR, bûlir.
BOUILLOIRE, bûlûar.
BOUILLON, bûlo.
BOUILLON-BLANC, bûlobla.
BOUILLONNANT, bûlona-t.
BOUILLONNANTE, bûlonat.
BOUILLONNEMENT, bûlonma-t.
BOUILLONNER, bûlone-r.
BOUILLOTTE, bûlot.
BOUJARON, bûjaro.
BOULAIE, bûlê.
BOULANGER, bûlaje.
BOULANGÈRE, bûlajêr.
BOULANGERIE, bûlajri.
BOULE, bûl.
BOULEAU, bûlô.
BOULEDOGUE, bûldog.
BOULET, bûlê-t.
BOULETÉ, E, bûlte.
BOULETTE, bûlêt.
BOULEVARD, bûlvar.
BOULEVERSEMENT, bûlvérsema-t.
BOULEVERSER, bûlvérse-r.
BOULIER, bûlie-r.
BOULIMIE, bûlimi.
BOULIN, bûli.
BOULINE, bûlin.
BOULINER, bûline-r.
BOULINGRIN, bûlgri.
BOULINIER, bûlinie-r.

Bouloir, bûlûar.
Boulon, bûlo.
Boulonner, bûlone-r.
Bouque, bûk.
Bouquer, bûke-r.
Bouquet, bûkê-t.
Bouquetier, bûktie.
Bouquetière, bûktiêr.
Bouquetin, bûkti.
Bouquin, bûki.
Bouquiner, bûkine-r.
Bouquinerie, bûkinri.
Bouquineur, bûkinėr.
Bouquiniste, bûkinist.
Bouracan, bûraka.
Bourbe, bûrb.
Bourbeuse, bûrbėz.
Bourbeux, bûrbė-z.
Bourbier, bûrbie.
Bourbillon, bûrbilo.
Bourcette, bûrsêt.
Bourdaine, bûrdên.
Bourdalou, bûrdalû.
Bourde, bûrd.
Bourder, bûrde-r.
Bourdeur, bûrdėr.
Bourdillon, bûrdilo.
Bourdon, bûrdo.
Bourdonnement, bûrdonma-t.
Bourdonner, bûrdone-r.
Bourg, bûrk.
Bourgade, bûrgad.
Bourgeois, bûrjûâ-z.
Bourgeoise, bûrjûaz.
Bourgeoisement, bûrjûazma-t.
Bourgeoisie, bûrjûazi.
Bourgeon, bûrjo.
Bourgeonné, e, bûrjone.
Bourgeonner, bûrjone-r.
Bourgmestre, bûrgmêstr.
Bourlet, bûrlê-t.
Bournous, bûrnûs.
Bourrache, bûrah.
Bourrade, bûrad.
Bourrasque, bûrask.

Bourre, bûr.
Bourreau, bûrô.
Bourrée, bûre.
Bourreler, bûrle-r.
Bourrelet, bûrlê-t.
Bourrelier, bûrlie.
Bourrer, bûre-r.
Bourriche, bûrih.
Bourrique, bûrik.
Bourriquet, bûrikê-t.
Bourru, e, bûru.
Bourse, bûrs.
Boursicaut, bûrsikô-t.
Boursier, bûrsie.
Boursiller, bûrsile-r.
Boursouflage, bûrsûflaj.
Boursoufler, bûrsûfle-r.
Boursouflure, bûrsûflur.
Bousculer, bûskule-r.
Bouse, bûz.
Bousillage, bûzilaj.
Bousiller, bûzile-r.
Bousilleur, bûzilėr.
Bousilleuse, bûzilėz.
Bousin, bûzi.
Boussole, bûsol.
Bout, bû-t.
Boutade, bûtad.
Boutant, bûta-t.
Boutargue, bûtarg.
Bouté, e, bûte.
Boute-en-train, bûtatri.
Boute-feu, bûtfė.
Bouteille, bûtêl.
Bouteiller, bûtele.
Bouter, bûte-r.
Bouterolle, bûtrol.
Boute-selle, bûtsêl.
Boutillier, bûtile.
Boutique, bûtik.
Boutiquier, bûtikie.
Boutiquière, bûtikiêr.
Boutis, bûti-s.
Boutisse, bûtis.
Boutoir, bûtûar.

BOUTON, bûto.
BOUTONNER, bûtone-r.
BOUTONNERIE, bûtonri.
BOUTONNIER, bûtonie.
BOUTONNIÈRE, bûtonièr.
BOUTS-RIMES, bûrime-z.
BOUTURE, bûtur.
BOUVERIE, bûvri.
BOUVET, bûvê-t.
BOUVIER, bûvie.
BOUVIÈRE, bûvièr.
BOUVILLON, bûvilo.
BOUVREUIL, bûvrel.
BOVINE, bovin.
BOWL, bol.
BOXER, bokse-r.
BOXEUR, bokser.
BOYARD, bûayar.
BOYAU, bûayô.
BOYAUDERIE, bûayôdri.
BOYAUDIER, bûayôdie.
BRACELET, braslê-t.
BRACHIAL, E, brakial.
BRACHIAUX, brakiô-z.
BRACMANE, brakman.
BRACONNAGE, brakonaj.
BRACONNER, brakone-r.
BRACONNIER, brakonie.
BRACTÉE, brakte.
BRAGUETTE, bragêt.
BRAHMANE, braman.
BRAHMANIQUE, bramanik.
BRAHMANISME, bramanism.
BRAI, brê.
BRAIE, brê (1)
BRAILLARD, brâlar.
BRAILLARDE, brâlard.
BRAILLER, brâle-r.
BRAILLEUR, brâler.
BRAILLEUSE, brâlez.
BRAIMENT, brêma-t.
BRAIRE, brêr.
BRAISE, brêz.
BRAISER, breze-r.
BRAISIER, brêzie.
BRAISIÈRE, brêzièr.
BRAME, bram.
BRAMER, brame-r.
BRAMINE, bramin.
BRAN, bra.
BRANCARD, brakar.
BRANCHAGE, brahaj.
BRANCHE, brah.
BRANCHER, brahe-r.
BRANCHIER, brahie.
BRANCHIES, brahi-z.
BRANCHU, E, brahu.
BRANDADE, bradad.
BRANDE, brad.
BRANDEBOURG, bradbûr-k.
BRANDEVIN, bradvi.
BRANDIR, bradir.
BRANDON, brado.
BRANDONNER, bradone-r.
BRANLANT, brala-t.
BRANLANTE, bralat.
BRANLE, bral.
BRANLE-BAS, bralbâ-z.
BRANLEMENT, bralma-t.
BRANLER, brale-r.
BRAQUE, brak.
BRAQUEMART, brakmar.
BRAQUER, brake-r.
BRAS, bra-z.
BRASER, brâze-r.
BRASIER, brâzie.
BRASILLEMENT, brâzilma-t.
BRASILLER, brâzile-r.
BRASQUE, brask.
BRASQUER, braske-r.
BRASSAGE, brasaj.
BRASSARD, brasar.
BRASSE, bras.
BRASSEE, brase.
BRASSER, brase-r.
BRASSERIE, brasri.

(1) On prononce *brêy* dans cette locution : *Il en est sorti les* brêy*nettes*

BRASSEUR, brasɛr.
BRASSEUSE, brasêz.
BRASSIÈRES, brasiêr-z.
BRASSIN, brasi̲.
BRASURE, brâzur.
BRAVACHE, bravah.
BRAVADE, bravad.
BRAVE, brav.
BRAVEMENT, bravma̲-t.
BRAVER, brave-r.
BRAVERIE, bravri.
BRAVO, bravô.
BRAVOURE, bravûr.
BRAYER, breye-r.
BRAYER, braye-r.
BRAYETTE, brayêt.
BRÉANT, brea̲-t.
BREBIS, brɛbi-z.
BRÈCHE, brêh.
BRÈCHE-DENT, brêhda̲.
BRECHET, brɛchê-t.
BRÉDISSURE, bredisur.
BREDOUILLE, brɛdûl̲.
BREDOUILLEMENT, brɛdûl̲ma̲-t.
BREDOUILLER, brɛdûl̲e-r.
BREDOUILLEUR, brɛdûl̲ɛr.
BREDOUILLEUSE, brɛdûl̲êz.
BREF, brêf.
BRÈVE, brêv.
BREHAIGNE, breêg̃.
BRELAN, brɛla̲.
BRELANDER, brɛlade-r.
BRELANDIER, brɛla̲die.
BRELANDIÈRE, brɛla̲diêr.
BRELLE, brêl.
BRELOQUE, brɛlok.
BRELUCHE, brɛluh.
BRÈME, brêm.
BRÉSIL, Brezil.
BRETAILLER, bretâl̲e-r.
BRÉTAILLEUR, bretâl̲ɛr.
BRETELLE, brɛtêl.
BRETTE, brêt.
BRETTELER, bretle-r.
BRETTEUR, bretɛr.

BREUIL, brɛl̲.
BREUVAGE, brɛvaj.
BREVET, brɛvê-t.
BREVETER, brɛvte-r.
BRÉVIAIRE, breviêr.
BRIBE, brib.
BRIC-A-BRAC, brikabrak.
BRIK, brik.
BRICOLE, brikol.
BRICOLER, brikole-r.
BRIDE, brid.
BRIDER, bride-r.
BRIDON, brido̲.
BRIÈVEMENT, briêvma̲-t.
BRIÈVETÉ, briêvte.
BRIG, brik.
BRIGADE, brigad.
BRIGADIER, brigadie.
BRIGAND, briga̲.
BRIGANDAGE, briga̲daj.
BRIGANDEAU, briga̲dô.
BRIGANDER, briga̲de-r.
BRIGANDINE, briga̲din.
BRIGANTIN, briga̲ti̲.
BRIGANTINE, brigatin.
BRIGNOLE, brig̃ol.
BRIGUE, brig.
BRIGUER, brige-r.
BRILLAMMENT, bril̲ama̲-t.
BRILLANT, bril̲a̲-t.
BRILLANTE, bril̲at.
BRILLANTER, bril̲a̲te-r.
BRILLER, bril̲e-r.
BRIMBALE, bri̲bal.
BRIMBALER, bri̲bale-r.
BRIMBORION, bri̲borio̲.
BRIN, bri̲.
BRINDE, bri̲d.
BRINDILLE, bri̲dil̲.
BRINGUEBALE, bri̲gbal.
BRIOCHE, brioh.
BRION, brio̲.
BRIQUE, brik.
BRIQUET, brikê-t.
BRIQUETAGE, briktaj.

BRIQUETER, brikte-r.
BRIQUETERIE, briktri.
BRIQUETIER, briktie-r.
BRIQUETTE, brikêt.
BRIS, bri-z.
BRISANT, briza-t.
BRISCAMBILLE, briskabil.
BRISE, briz.
BRISÉES, brize-z.
BRISE-GLACE, brizglas.
BRISEMENT, brizma-t.
BRISER, brize-r.
BRISE-RAISON, brizrêzo.
BRISE-TOUT, briztû.
BRISEUR, brizer.
BRISOIR, brizûar.
BRISQUE, brisk.
BRISURE, brizur.
BRITANNIQUE, britanik.
BROC, brô (1).
BROCANTAGE, brokataj.
BROCANTE, brokat.
BROCANTER, brokate-r.
BROCANTEUR, brokater.
BROCANTEUSE, brokatêz.
BROCARD, brokar.
BROCARDER, brokarde-r.
BROCARDEUR, brokarder.
BROCARDEUSE, brokardêz.
BROCART, brokar.
BROCATELLE, brokatêl.
BROCHAGE, brohaj.
BROCHANT, broha-t.
BROCHE, broh.
BROCHÉE, brohe.
BROCHER, brohe-r.
BROCHET, brohê-t.
BROCHETON, brohto.
BROCHETTE, brohêt.
BROCHEUR, broher.
BROCHEUSE, brohêz.
BROCHOIR, brohûar.
BROCHURE, brohur.
BROCOLI, brokoli.
BRODÉ, E, brode.
BRODEQUIN, brodki.
BRODER, brode-r.
BRODERIE, brodri.
BRODEUR, broder.
BRODEUSE, brodêz.
BROIEMENT, brûama-t.
BROÎMENT, brûama-t.
BRONCHE, broh.
BRONCHER, brohe-r.
BRONCHIES, brohi-z.
BRONCHIQUE, brohik.
BRONCHITE, brohit.
BRONCHOTOMIE, brokotomi.
BRONZE, broz.
BRONZÉ, E, broze.
BRONZER, broze-r.
BROQUART, brokar.
BROQUETTE, brokêt.
BROSSAILLES, brosâl-z.
BROSSE, bros.
BROSSER, brose-r.
BROSSERIE, brosri.
BROSSIER, brosie.
BROU, brû.
BROUÉE, brûe.
BROUET, brûê-t.
BROUETTE, brûêt.
BROUETTER, brûete-r.
BROUETTEUR, brûeter.
BROUETTIER, brûetie-r.
BROUHAHA, brûaa.
BROUILLAMINI, brûlamini.
BROUILLARD, brûlar-t.
BROUILLE, brûl.
BROUILLEMENT, brûlma-t.
BROUILLER, brûle-r.
BROUILLERIE, brûlri.
BROUILLON, brûlo.
BROUILLONNE, brûlon.
BROUIR, brûir.
BROUISSURE, brûisur.

(1) On prononce *brok* dans cette locution : *De bric et de broc.*

BROUSSAILLES, brûsâl-z.
BROUSSIN, brûsi.
BROUT, brût.
BROUTANT, brûta-t.
BROUTANTE, brûtat.
BROUTER, brûte-r.
BROUTILLES, brûtil-z.
BROYER, brûaye-r.
BROYEUR, brûayer.
BROYON, brûayo.
BRU, bru.
BRUANT, brua-t.
BRUCELLES, brusêl-z.
BRUGNON, bruĝo.
BRUINE, bruin.
BRUINER, bruine-r.
BRUIRE, bruir.
BRUISSEMENT, bruisma-t.
BRUIT, brui-t.
BRÛLANT, brula-t.
BRÛLANTE, brulat.
BRÛLEMENT, brulma-t.
BRÛLER, brule-r.
BRÛLERIE, brulri.
BRÛLE-TOUT, brultû.
BRÛLEUR, bruler.
BRÛLOT, brulô.
BRÛLURE, brulur.
BRUMAIRE, brumêr.
BRUMAL, E, brumal.
BRUME, brum.
BRUMEUSE, brumêz.
BRUMEUX, brumê-z.
BRUN, bru.
BRUNE, brun.
BRUNELLE, brunêl.
BRUNET, brunê-t.
BRUNETTE, brunêt.
BRUNI, bruni.
BRUNIR, brunir.
BRUNISSAGE, brunisaj.
BRUNISSEUR, bruniser.
BRUNISSEUSE, brunisêz.
BRUNISSOIR, brunisûar.
BRUNISSURE, brunisur.

BRUSQUE, brusk.
BRUSQUEMBILLE, bruskabil.
BRUSQUEMENT, bruskema-t.
BRUSQUER, bruske-r.
BRUSQUERIE, bruskeri.
BRUT, E, brut.
BRUTAL, E, brutal.
BRUTALEMENT, brutalma-t.
BRUTALISER, brutalize-r.
BRUTALITÉ, brutalite.
BRUTAUX, brutô-z.
BRUTE, brut.
BRUYAMMENT, bruiyama-t.
BRUYANT, bruiya-t.
BRUYANTE, bruiyat.
BRUYÈRE, bruyêr.
BRYON, brio.
BRYONE, brion.
BUANDERIE, buadri.
BUANDIER, buadie.
BUANDIÈRE, buadiêr.
BUBALE, bubal.
BUBE, bub.
BUBON, bubo.
BUBONOCÈLE, bubonosêl.
BUCCAL, E, bukal.
BUCCAUX, bukô-z.
BUCCIN, buksi.
BUCCINATEUR, buksinater.
BUCENTAURE, busator.
BUCÉPHALE, busefal.
BÛCHE, buh.
BÛCHER, buhe.
BÛCHERON, buhro.
BÛCHETTE, buhêt.
BUCOLIQUE, bukolik.
BUDGET, budjê-t.
BUÉE, bue.
BUFFET, bufê-t.
BUFFLE, bufl.
BUFFLETERIE, bufleteri.
BUFFLETIN, bufleti.
BUGLE, bugl.
BUGLOSE, buglôz.
BUGRANE, bugran.

Buire, buir.
Buis, bui-z.
Buisson, buiso̲.
Buissonneuse, buisonêz.
Buissonneux, buisonê-z.
Buissonnier, buisonie.
Buissonnière, buisonièr.
Bulbe, bulb.
Bulbeuse, bulbêz.
Bulbeux, bulbê-z.
Bullaire, bulèr.
Bulle, bul.
Bulletin, bulti̲.
Bupreste, buprêst.
Buraliste, buralist.
Burat, bura-t.
Buratine, buratin.
Bure, bur.
Bureau, burô.
Bureaucrate, burokrat.
Bureaucratie, burokrasi.
Bureaucratique, burokratik.
Burette, burêt.
Burgandine, burga̲din.
Burgau, burgô.
Burgrave, burgrav.
Burgraviat, burgravia-t.
Burin, buri̲.
Buriner, burine-r.
Burlesque, burlêsk.
Burlesquement, burlêskəma̲-t.
Bursal, e, bursal.
Bursaux, bursô-z.
Busard, buzar.
Busc, busk.
Buse, buz.
Busquer, buske-r.
Busquière, buskièr.
Bussard, busar.
Buste, bust.
But, but.
Butant, buta̲-t.
Bute, but
Buter, bute-r.
Butière, butièr.
Butin, buti̲.
Butiner, butine-r.
Butor, butor.
Butte, but.
Buttée, bute.
Butter, bute-r.
Butyreuse, butirêz.
Butyreux, butirê-z.
Buvable, buvabl.
Buvant, buva̲-t.
Buvante, buvat.
Buvetier, buvtie.
Buvette, buvêt.
Buveur, buvər.
Buveuse, buvêz.
Buvoter, buvote-r.
Byssus, bis'us.

C

C, se ou sə.
Ça, sa.
Cabale, kabal.
Cabaler, kabale-r.
Cabaleur, kabalər.
Cabaleuse, kabalêz.
Cabaliste, kabalist.
Cabalistique, kabalistik.
Caban, kaba̲.
Cabane, kaban.
Cabanon, kabano̲.
Cabaret, kabarê-t.
Cabaretier, kabartie.
Cabaretière, kabartièr.
Cabas, kaba-z.
Cabestan, kabesta̲.
Cabillaud, kabilô.
Cabine, kabin.

Cabinet, kabinê-t.
Câble, kâbl.
Câblé, kâble.
Câbleau, kâblô.
Câbler, kâble-r.
Caboche, kaboh.
Cabotage, kabotaj.
Caboter, kabote-r.
Caboteur, kaboter.
Cabotier, kabotie.
Cabotin, kaboti.
Cabrer (se), kâbre-r.
Cabri, kabri.
Cabriole, kabriol.
Cabrioler, kabriole-r.
Cabriolet, kabriolê-t.
Cabrioleur, kabrioler.
Cacade, kakad.
Cacao, kakaô.
Cacaotier, kakaotie.
Cacaoyer, kakaoye.
Cacatois, kakatûa-z.
Cachalot, kahalô.
Cache, kah.
Cachectique, kahektik.
Cachemire, kahmir.
Cacher, kahe-r.
Cachet, kahê-t.
Cacheter, kahte-r.
Cachette, kahêt.
Cachexie, kahêksi.
Cachot, kahô.
Cachotterie, kahotri.
Cachou, kahû.
Cacique, kasik.
Cacis, kâsis.
Cacochyme, kakohim.
Cacochymie, kakohimi.
Cacographie, kakografi.
Cacologie, kakoloji.
Cacophonie, kakofoni.
Cactier, kaktie.
Cadastral, e, kadastral.
Cadastraux, kadastrô-z.
Cadastre, kadastr.
Cadastrer, kadastre-r.
Cadavereuse, kadaverëz.
Cadavereux, kadaverë-z.
Cadavérique, kadaverik.
Cadavre, kadâvr.
Cadeau, kadô.
Cadenas, kadnâ-z.
Cadenasser, kadnase-r.
Cadence, kadas.
Cadencer, kadase-r.
Cadène, kadên.
Cadenette, kadnêt.
Cadet, kadê-t.
Cadette, kadêt.
Cadi, kadi.
Cadis, kadi.
Cadogan, kadôga.
Cadole, kadol.
Cadran, kadra.
Cadrature, kadratur.
Cadre, kâdr.
Cadrer, kâdre-r.
Caduc, uque, kaduk.
Caducée, kaduse.
Caducité, kadusite.
Cafard, kafar.
Cafarde, kafard.
Cafarderie, kafarderi.
Cafardise, kafardiz.
Café, kafe.
Caféier, kafeye.
Caféière, kafeyêr.
Cafetan, kafta.
Cafetier, kaftie.
Cafetière, kaftiêr.
Cafier, kafie.
Caftan, kafta.
Cage, kaj.
Cagnard, kañar.
Cagnarde, kañard.
Cagnarder, kañarde-r.
Cagnardise, kañardiz.
Cagneuse, kañëz.
Cagneux, kañë-z.
Cagot, kagô.

Cagote, kagot.
Cagoterie, kagotri.
Cagotisme, kagotism.
Cague, kag.
Cahier, kaye.
Cahin-caha, kâikaa.
Cahot, kaô.
Cahotage, kaotaj.
Cahoter, kaote-r.
Cahute, kaut.
Caïeu, kayê.
Caille, kâl.
Caillebotte, kalbot.
Caillé, e, kâle.
Caillement, kâlma-t.
Cailler, kâle-r.
Cailletage, kaltaj.
Cailleteau, kaltô.
Caillette, kalêt.
Caillot, kalô.
Caillou, kalû.
Cailloutage, kalûtaj.
Caillouteuse, kalûtêz.
Caillouteux, kalûtê-z.
Caïmacan, kaimaka.
Caïman, kaima.
Caimander, kêmade-r.
Caïque, kaik.
Caisse, kês.
Caissier, kesie.
Caisson, kêso.
Cajoler, kajole-r.
Cajolerie, kajolri.
Cajoleur, kajoler.
Cajoleuse, kajolêz.
Cal, kal.
Calade, kalad.
Calaison, kalêzo.
Calambour, kalabûr.
Calaminaire, kalaminêr.
Calamine, kalamin.
Calamite, kalamit
Calamité, kalamite.
Calamiteuse, kalamitêz.
Calamiteux, kalamitê-z.
Calandrage, kaladraj.
Calandre, kaladr.
Calandré, e, kaladre.
Calandrer, kaladre-r.
Calatrava, kalatrava.
Calcaire, kalkêr.
Calcanéum, kalkaneom.
Calcédoine, kalsedûan.
Calcédonieuse, kalsedoniêz.
Calcédonieux, kalsedoniê-z.
Calcination, kalsinâsio.
Calciner, kalsine-r.
Calcul, kalkul.
Calculable, kalkulabl.
Calculateur, kalkulater.
Calculatrice, kalkulatris.
Calculer, kalkule-r.
Calculeuse, kalkulêz.
Calculeux, kalkulê-z.
Cale, kal.
Calebasse, kalbas.
Calebassier, kalbasie.
Calèche, kalêh.
Caleçon, kalso.
Caléfacteur, kalefakter.
Caléfaction, kalefaksio.
Calembour, kalabûr.
Calembredaine, kalabredên.
Calender, kaladêr.
Calendes, kalad-z.
Calendrier, kaladrie.
Calepin, kalpi.
Caler, kale-r.
Calfat, kalfa-t.
Calfatage, kalfataj.
Calfater, kalfate-r.
Calfeutrage, kalfêtraj.
Calfeutrer, kalfêtre-r.
Calibre, kalibr.
Calibrer, kalibre-r.
Calice, kalis.
Calicot, kalikô.
Califat, kalifa-t.
Calife, kalif.
Califourchon (a), kalifûrho

Câlin, kâlį.
Câline, kâlin.
Câliner (se), kâline-r.
Câlinerie, kâlinri.
Calleuse, kalèz.
Calleux, kalé-z.
Calligraphe, kal'igraf.
Calligraphie, kal'igrafi.
Callosité, kalôzite.
Calmant, kalma-t.
Calmante, kalmat.
Calmar, kalmar.
Calme, kalm.
Calmer, kalme-r.
Calomel, kalomêl.
Calomniateur, kalomniater.
Calomniatrice, kalomniatris.
Calomnie, kalomni.
Calomnier, kalomnie-r.
Calomnieuse, kalomnièz.
Calomnieusement, kalomnièzma-t.
Calomnieux, kalomniè-z.
Caloricité, kalorisite.
Calorifère, kalorifèr.
Calorifique, kalorifik.
Calorique, kalorik.
Calotte, kalot.
Caloyer, kaloye.
Calque, kalk.
Calquer, kalke-r.
Calumet, kalumê-t.
Calus, kalus.
Calvaire, kalvêr.
Calville, kalvil.
Calvinisme, kalvinism.
Calviniste, kalvinist.
Calvitie, kalvisi.
Camaïeu, kamayè.
Camail, kamal.
Camaldule, kamaldul.
Camarade, kamarad.
Camaraderie, kamaradri.
Camard, kamar.
Camarde, kamard.
Cambiste, kabist.
Cambouis, kabûi-z.
Cambre, e, kabre.
Cambrer, kabre-r.
Cambrure, kabrur.
Cambuse, kabuz.
Cambusier, kabuzie.
Came, kam.
Camée, kame.
Caméléon, kameleo.
Camélia, kamelia.
Cameline, kamlin.
Camelot, kamlô.
Camelotte, kamlot.
Camérier, kamerie.
Cameriste, kamerist.
Camerlingue, kamerlig.
Camion, kamio.
Camionnage, kamionaj.
Camionneur, kamioner.
Camisade, kamizad.
Camisard, kamizar.
Camisole, kamizol.
Camomille, kamomil.
Camouflet, kamûflê-t.
Camp, ka.
Campagnard, kapagar.
Campagnarde, kapagard.
Campagne, kapag.
Campagnol, kapagol.
Campane, kapan.
Campanile, kapanil.
Campanule, kapanul.
Campanulé, e, kapanule.
Campêche, kapêh.
Campement, kapma-t.
Camper, kape-r.
Camphre, kafr.
Camphré, e, kafre.
Camphrier, kafrie.
Campos, kapô.
Camus, kamu-z.
Camuse, kamuz.
Canaille, kanâl.
Canal, kanal.
Canalisation, kanalizâsio.

Canaliser, kanalize-r.
Canapé, kanape.
Canard, kanar.
Canarder, kanarde-r.
Canardière, kanardiêr.
Canari, kanari.
Cancan, kaka.
Cancaner, kakane-r.
Cancanier, kakanie.
Cancanière, kakaniêr.
Cancer, kasér.
Cancéreuse, kaserêz.
Cancéreux, kaserê-z.
Cancre, kakr.
Candélabre, kadelâbr.
Candeur, kadər.
Candi, kadi.
Candidat, kadida-t.
Candidature, kadidatur.
Candide, kadid.
Candidement, kadidma-t.
Candir (se), kadir.
Cane, kan.
Canéphore, kanefor.
Canepin, kanpi.
Caneton, kanto.
Canette, kanêt.
Canevas, kanvâ-z.
Canezou, kanzû.
Cangrène, kagrên.
Cangue, kag.
Caniche, kanih.
Caniculaire, kanikulêr.
Canicule, kanikul.
Canif, kanif.
Canin, kani.
Canine, kanin.
Caniveau, kanivô.
Canne, kan.
Canneler, kanle-r.
Cannelle, kanêl.
Cannellier, kanelie.
Cannelure, kanlur.
Cannetille, kantil.
Cannette, kanêt.
Cannibale, kanibal.
Canon, kano.
Canonial, e, kanonial.
Canoniaux, kanoniô-z.
Canonicat, kanonika-t.
Canonicité, kanonisite.
Canonique, kanonik.
Canoniquement, kanonikma-t.
Canonisation, kanonizâsio.
Canoniser, kanonize-r.
Canoniste, kanonist.
Canonnade, kanonad.
Canonnage, kanonaj.
Canonner, kanone-r.
Canonnier, kanonie.
Canonnière, kanoniêr.
Canot, kanô.
Canotier, kanotie.
Cantabile, katabile.
Cantaloup, katalû.
Cantate, katat.
Cantatille, katatil.
Cantatrice, katatris.
Cantharide, katarid.
Cantilène, katilên.
Cantine, katin.
Cantinier, katinie.
Cantinière, katiniêr.
Cantique, katik.
Canton, kato.
Cantonade, katonad.
Cantonal, e, katonal.
Cantonaux, katonô-z.
Cantonné, e, katone.
Cantonnement, katonma-t.
Cantonner, katone-r.
Cantonnier, katonie.
Cantonnière, katoniêr.
Canule, kanul.
Caolin, kaoli.
Caoutchouc, kaûthû-k.
Cap, kap.
Capable, kapabl.
Capacité, kapasite.
Caparaçon, kaparaso.

Caparaçonner, kaparasone-r.
Capf, kap.
Capelan, kapla.
Capelet, kaplê-t.
Capeline, kaplin.
Capendu, kapadu.
Caperon, kapro.
Capillaire, kapil'èr.
Capillarité, kapil'arite.
Capilotade, kapilotad.
Capitaine, kapitèn.
Capitainerie, kapitènri.
Capital, e, kapital.
Capitaliser, kapitalise-r.
Capitaliste, kapitalist.
Capitan, kapita.
Capitane, kapitan.
Capitation, kapitâsio.
Capitaux, kapitô-z.
Capiteuse, kapitéz.
Capiteux, kapitê-z.
Capitole, kapitol.
Capitolin, kapitoli.
Capiton, kapito.
Capitoul, kapitûl.
Capitulaire, kapitulêr.
Capitulairement, kapitulêrma-t.
Capitulant, kapitula-t.
Capitulation, kapitulâsio.
Capitule, kapitul.
Capituler, kapitule-r.
Capon, kapo.
Caponner, kapone-r.
Caponnière, kaponiêr.
Caporal, kaporal.
Caporaux, kaporô-z.
Capot, kapô.
Capote, kapot.
Câpre, kâpr.
Caprice, kapris.
Capricieuse, kaprisiêz.
Capricieusement, kaprisiézma-t.
Capricieux, kaprisiê-z.
Capricorne, kaprikorn.
Câprier, kâprie.
Caprisant, kapriza-t.
Capron, kapro.
Capsulaire, kapsulêr.
Capsule, kapsul.
Captateur, kaptater.
Captation, kaptâsio.
Captatoire, kaptatuâr.
Captatrice, kaptatris.
Capter, kapte-r.
Captieuse, kapsiêz.
Captieusement, kapsiêzma-t.
Captieux, kapsiê-z.
Captif, kaptif.
Captive, kaptiv.
Captiver, kaptive-r.
Captivité, kaptivite.
Capture, kaptur.
Capturer, kapture-r.
Capuce, kapus.
Capuchon, kapuho.
Capuchonné, e, kapuhone.
Capucin, kapusi.
Capucinade, kapusinad.
Capucine, kapusin.
Capucinière, kapusinièr.
Caput-mortuum, kaput mortuom.
Caquage, kakaj.
Caque, kak.
Caquer, kake-r.
Caquet, kakê-t.
Caquetage, kaktaj.
Caquète, kakêt.
Caqueter, kakte-r.
Car, kar.
Carabe, karabe.
Carabin, karabi.
Carabinade, karabinad.
Carabine, karabin.
Carabiné, e, karabine.
Carabiner, karabine-r.
Carabinier, karabinie.
Carach, karah.
Caraco, karakô.
Caracole, karakol.
Caracoler, karakole-r.

CARACTÈRE, karaktêr.
CARACTÉRISER, karakterize-r.
CARACTÉRISME, karakterism.
CARACTÉRISTIQUE, karakteristik.
CARAFE, karaf.
CARAFON, karafo̱.
CARAÏTE, karait.
CARAMBOLAGE, karabolaj.
CARAMBOLER, karabole-r.
CARAMEL, karamêl.
CARAPACE, karapas.
CARAQUE, karak.
CARAT, kara.
CARATCH, karatch.
CARAVANE, karavan.
CARAVANIER, karavanie.
CARAVANSÉRAI, karavaserai.
CARAVANSERAIL, karavaseral.
CARAVELLE, karavêl.
CARBATINE, karbatin.
CARBONATE, karbonat
CARBONE, karbon.
CARBONÉ, E, karbone.
CARBONIQUE, karbonik.
CARBONISATION, karbonizâsio̱.
CARBONISER, karbonize-r.
CARBONNADE, karbonad.
CARBURE, karbur.
CARCAN, karka̱.
CARCASSE, karkas.
CARDAMOME, kardamom.
CARDASSE, kardas.
CARDE, kard.
CARDER, karde-r.
CARDEUR, kardɛr.
CARDEUSE, kardɛ̂z.
CARDIALGIE, kardialji.
CARDIAQUE, kardiak.
CARDINAL, E, kardinal.
CARDINALAT, kardinala-t.
CARDINAUX, kardinô-z.
CARDON, kardo̱.
CARDONNETTE, kardonêt.
CARÊME, karêm.
CARÉNAGE, karenaj.
CARENCE, kara̱s.
CARÈNE, karên.
CARÉNÉ, E, karene.
CARÉNER, karene-r.
CARESSANT, karêsa̱-t.
CARESSANTE, karêsat.
CARESSE, karês.
CARESSER, karese-r.
CARET, karê-t.
CARGAISON, kargêzo̱.
CARGUE, karg.
CARGUER, karge-r.
CARIATIDE, kariatid.
CARIBOU, karibû.
CARICATURE, karikatur.
CARICATURISTE, karikaturist
CARIE, kari.
CARIER, karie-r.
CARILLON, kârilo̱.
CARILLONNER, karilone-r.
CARILLONNEUR, karilonɛr.
CARLIN, karli̱.
CARLINGUE, karlig̱.
CARMAGNOLE, karmañol.
CARME, karm.
CARMELINE, karmɛlin.
CARMÉLITE, karmelit.
CARMIN, karmi̱.
CARNAGE, karnaj.
CARNASSIER, karnasie.
CARNASSIÈRE, karnasiêr
CARNATION, karnâsio̱.
CARNAVAL, karnaval.
CARNE, karn.
CARNÉ, E, karne.
CARNET, karnê-t.
CARNIER, karnie.
CARNIFICATION, karnifikâsio̱
CARNIFIER (SE), karnifie-r.
CARNIVORE, karnivor.
CARNOSITÉ, karnôzite.
CAROGNE, kârog̃.
CAROLUS, karolus.
CARONADE, karonad.
CARONCULE, karo̱kul.

CAROTIDE, karotid.
CAROTIDIEN, karotidii.
CAROTIQUE, karotik.
CAROTTE, kârot.
CAROUBE, karûb.
CAROUBIER, karûbie.
CAROUGE, karûj.
CARPE, karp.
CARPEAU, karpô.
CARPILLON, karpilo.
CARQUOIS, karkûâ-z.
CARRARE, karar.
CARRE, kâr.
CARRE, E, kâre.
CARREAU, kârô.
CARREFOUR, karfûr.
CARRELAGE, karlaj.
CARRELER, karle-r.
CARRELET, karlê-t.
CARRELETTE, karlêt.
CARRELEUR, karlɛr.
CARRELURE, karlur.
CARREMENT, kârema-t.
CARRER, kâre-r.
CARRICK, karik.
CARRIER, kârie.
CARRIÈRE, kârièr.
CARRIOLE, kâriol.
CARROSSE, kâros.
CARROSSEE, kârose.
CARROSSIER, kârosie.
CARROUSEL, kârûzêl.
CARRURE, kârur.
CARTAYER, karteye-r.
CARTE, kart.
CARTEL, kartêl.
CARTERON, kartro.
CARTÉSIANISME, kartezianism.
CARTÉSIEN, kartezii.
CARTÉSIENNE, karteziên.
CARTHAME, kartam.
CARTIER, kartie.
CARTILAGE, kartılaj.
CARTILAGINEUSE, kartılajinêz.
CARTILAGINEUX, kartılajinê-z.

CARTISANE, kartizan.
CARTON, karto.
CARTONNAGE, kartonaj.
CARTONNER, kartone-r.
CARTONNIER, kartonie.
CARTOUCHE, kartûh.
CARTULAIRE, kartulêr.
CARYATIDE, kariatid.
CARYOPHYLLÉE, kariofile.
CAS, kâ-z.
CASANIER, kazanie.
CASANIÈRE, kazanièr.
CASAQUE, kazak.
CASAQUIN, kazaki.
CASCADE, kaskad.
CASCATELLE, kaskatèl.
CASE, kâz.
CASEEUSE, kâzeêz.
CASEEUX, kâzeê-z.
CASEMATE, kazmat.
CASEMATE, E, kazmate.
CASER, kâze-r.
CASERNE, kazêrn.
CASERNEMENT, kazêrnema-t.
CASERNER, kazerne-r.
CASIER, kâzie.
CASIMIR, kazimir.
CASOAR, kazoar.
CASQUE, kask.
CASQUETTE, kaskêt.
CASSANT, kâsa-t.
CASSANTE, kâsat.
CASSATION, kâsâsio.
CASSAVE, kasav.
CASSE, kâs.
CASSEAU, kâsô.
CASSE-COU, kâskû.
CASSE-NOISETTE, kâsnûazêt.
CASSER, kâse-r.
CASSEROLE, kasrol.
CASSE-TÊTE, kâstê't.
CASSETIN, kâsti.
CASSETTE, kâsêt.
CASSEUR, kâsɛr.
CASSIER, kâsie.

CASSINI, kasin.
CASSIOPÉE, kasiope.
CASSIS, kâsis.
CASSOLETTE, kasolêt.
CASSON, kâso.
CASSONADE, kasonad.
CASSURE, kâsur.
CASTAGNETTE, kastagêt.
CASTE, kast.
CASTEL, kastêl.
CASTILLE, kastil.
CASTINE, kastin.
CASTOR, kastor.
CASTOREUM, kastoreom.
CASTORINE, kastorin.
CASTRAMÉTATION, kastrametâsio.
CASTRAT, kastra.
CASTRATION, kastrâsio.
CASUALITÉ, kâzualite.
CASUEL, E, kâzuêl.
CASUELLEMENT, kâzuêlma-t.
CASUISTE, kâzuist.
CATACHRÈSE, katakrêz.
CATACLYSME, kataklism.
CATACOIS, katakûa-z.
CATACOMBES, katakob-z.
CATACOUSTIQUE, katakûstik.
CATADIOPTRIQUE, katadioptrik.
CATAFALQUE, katafalk.
CATALECTES, katalêkt-z.
CATALECTIQUE, katalêktik.
CATALEPSIE, katalêpsi.
CATALEPTIQUE, katalêptik.
CATALOGUE, katalog.
CATALPA, katalpa.
CATAPLASME, kataplasm.
CATAPULTE, katapult.
CATARACTE, katarakt.
CATARACTÉ, E, katarakte.
CATARRHAL, E, kataral.
CATARRHE, katar.
CATARRHEUSE, katarêz.
CATARRHEUX, katarê-z.
CATASTROPHE, katastrof.
CATÉCHISER, katehize-r.
CATÉCHISME, katehism.
CATÉCHISTE, katehist.
CATÉCHUMÈNE, katekumên.
CATÉGORIE, kategori.
CATÉGORIQUE, kategorik.
CATÉGORIQUEMENT, kategorikma-t.
CATHÉDRALE, katedral.
CATHOLICISME, katolisism.
CATHOLICITÉ, katolisite.
CATHOLICON, katoliko.
CATHOLIQUE, katolik.
CATHOLIQUEMENT, katolikma-t.
CATI, kati.
CATIMINI (EN), katimini.
CATIN, kati.
CATIR, katir.
CATISSEUR, katiser.
CATOGAN, katôga.
CATON, kato.
CATOPTRIQUE, katoptrik.
CAUCHEMAR, kohmar.
CAUCHOIS, kôhûâ-z.
CAUCHOISE, kohûaz.
CAUDATAIRE, kôdatêr.
CAUDEBEC, kôdbêk.
CAUSAL, E, kôzal.
CAUSALITÉ, kôzalite.
CAUSATIF, kôzatif.
CAUSATIVE, kôzativ.
CAUSE, kôz.
CAUSER, kôze-r.
CAUSERIE, kôzri.
CAUSEUR, kôzer.
CAUSEUSE, kôzêz.
CAUSTICITÉ, kôstisite.
CAUSTIQUE, kôstik.
CAUTELEUSE, kôtlêz.
CAUTELEUSEMENT, kôtlêzma-t.
CAUTELEUX, kôtlê-z.
CAUTÈRE, kotêr.
CAUTÉRÉTIQUE, koteretik.
CAUTÉRISATION, koterizâsio.
CAUTÉRISER, koterize-r.
CAUTION, kôsio.
CAUTIONNEMENT, kôsionma-t.

CAUTIONNER, kôsione-r.
CAVALCADE, kavalkad.
CAVALCADOUR, kavalkadûr.
CAVALE, kaval.
CAVALERIE, kavalri.
CAVALIER, kavalie.
CAVALIÈRE, kavaliêr.
CAVALIÈREMENT, kavalièrma-t.
CAVATINE, kavatin.
CAVE, kav.
CAVEAU, kavô.
CAVECE, E, kavse.
CAVEÇON, kavso.
CAVÉE, kave.
CAVER, kave-r.
CAVERNE, kavêrn.
CAVERNEUSE, kavêrnêz.
CAVERNEUX, kavêrnê-z.
CAVET, kavê-t.
CAVIAR, kaviar.
CAVITE, kavite.
CE, se.
CÉANS, sea.
CECI, sesi.
CÉCITE, sesite.
CEDANT, seda-t.
CÉDANTE, sedat.
CEDER, sede-r.
CEDILLE, sedil.
CÉDRAT, sedra-t.
CÈDRE, sêdr.
CEDRIE, sedri.
CEDULE, sedul.
CEINDRE, sidr.
CEINTRAGE, sitraj.
CEINTRE, sitr.
CEINTRER, sitre-r.
CEINTURE, situr.
CEINTURIER, siturie.
CEINTURON, situro.
CELA, sela.
CELADON, selado.
CELEBRANT, selebra-t.
CELEBRATION, selebrâsio.
CELÈBRE, selêbr.

CELEBRER, selebre-r.
CELEBRITE, selebrite.
CELER, sele-r.
CELERI, selri.
CÉLÉRIFÈRE, selerifêr.
CÉLERITÉ, selerite.
CELESTE, selêst.
CELESTIN, selesti.
CELIAQUE, seliak.
CÉLIBAT, seliba-t.
CÉLIBATAIRE, selibatêr.
CELLE, sêl.
CELLÉRIER, selerie.
CELLÉRIÈRE, selerièr.
CELLIER, selie.
CELLULAIRE, selulêr.
CELLULE, selul.
CELLULEUSE, selulêz.
CELLULEUX, selulê-z.
CELTIQUE, seltik.
CELUI, selui.
CÉMENT, sema-t.
CÉMENTATION, sematâsio.
CEMENTATOIRE, sematatuar.
CÉMENTER, semate-r.
CÉNACLE, senakl.
CENDRE, sadr.
CENDRÉ, E, sadre.
CENDREUSE, sadrêz.
CENDREUX, sadrê-z.
CENDRIER, sadrie.
CÈNE, sên.
CÉNOBITE, senobit.
CENOBITIQUE, senobitik.
CÉNOTAPHE, senotaf.
CENS, sas.
CENSE, sas.
CENSÉ, E, sase.
CENSEUR, saser.
CENSIER, sasie.
CENSIÈRE, sasiêr.
CENSITAIRE, sasitêr.
CENSIVE, sasiv.
CENSORIAL, E, sasorial.
CENSORIAUX, sasoriô-z.

Censuel, le, sasuêl.
Censurable, sasurabl.
Censure, sasur.
Censuré, e, sasure.
Censurer, sasure-r.
Cent, sa-t.
Centaine, satên.
Centaure, sator.
Centaurée, satore.
Centenaire, satenêr.
Centenier, satenie.
Centésimal, e, satezimal.
Centésimaux, satezimô-z.
Centiare, satiar.
Centième, satiêm.
Centigrade, satigrad.
Centigramme, satigram.
Centime, satim.
Centimètre, satimêtr.
Centon, sato.
Central, e, satral.
Centralisation, satralizâsio.
Centraliser, satralize-r.
Centraux, satrô-z.
Centre, satr.
Centrifuge, satrifuj.
Centripète, satripêt.
Centumvir, satomvir.
Centuple, satupl.
Centupler, satuple-r.
Centurie, saturi
Centurion, saturio.
Cep, sêp (1).
Cepée, sepe.
Cependant, sepada-t.
Céphalalgie, sefalalji.
Céphalalgique, sefalaljik.
Céphalique, sefalik.
Céphée, sefe.
Ceps, sê-z.
Céramique, seramik.
Céraste, serast.
Cérat, sera.
Cerbère, sêrbêr.
Cerceau, sêrsô.
Cercelle, sêrsêl.
Cercle, sêrkl.
Cercler, sêrkle-r.
Cercueil, sêrkel.
Céréale, sereal.
Cérébral, e, serebral.
Cérébraux, serebrô-z.
Cérémonial, seremonial.
Cérémoniaux, seremoniô-z.
Cérémonie, seremoni.
Cérémonieuse, seremoniêz.
Cérémonieux, seremoniê-z.
Cérès, serês.
Cerf, sêrf (2).
Cerfeuil, sêrfel.
Cerf-volant, sêrvola-t.
Cerisaie, serizê.
Cerise, sriz.
Cerisier, srizie.
Cerneau, sêrnô.
Cerner, sêrne-r.
Certain, sêrti-n (3).
Certaine, sêrtên.
Certainement, sêrtênma-t.
Certes, sêrt.
Certificat, sêrtifika-t.
Certificateur, sêrtifikater.

(1) En prononçant on élide souvent le *p* lorsque le mot qui suit commence par une consonne. On l'élide toujours au pluriel.

(2) On prononce ser au pluriel.

(3) Le mot *certain*, employé comme substantif, ne se lie jamais. Comme adjectif, il ne se lie qu'avec le substantif auquel il se rapporte. Dans ce cas la prononciation de la finale *ain* est souvent modifiée. Nous croyons pouvoir indiquer comme règle que, lorsque la voyelle initiale du substantif est suivie d'une consonne nasale ou mouillée (m, n, l, g), le son final i

CERTIFICATION, sêrtifikâsio̲.
CERTIFIER, sêrtifie-r.
CERTITUDE, sêrtitud.
CERUMEN, serumên.
CERUSE, seruz.
CERVAISON, sêrvêzo̲.
CERVEAU, sêrvô.
CERVELAS, sêrvla-z.
CERVELET, sêrvelê-t.
CERVELLE, sêrvêl.
CERVICAL, E, sêrvikal.
CERVICAUX, sêrvikô-z.
CERVIER, sêrvie.
CERVOISE, sêrvûaz.
CÉSAR, sezar.
CESARIENNE, sezariên.
CESSANT, sêsa̲-t.
CESSANTE, sêsa̲t.
CESSATION, sêsâsio̲.
CESSE, sês.
CESSER, sese-r.
CESSIBLE, sesibl.
CESSION, sesio̲.
CESSIONNAIRE, sesionêr.
CESTE, sêst.
CESURE, sezur.
CET, TE, sêt.
CETACÉ, E, setase.
CÉTÉRAC, seterak.
CEUX, sê-z.
CHABLIS, hâbli-z.
CHABOT, habô.
CHABRAQUE, habrak.
CHACAL, hakal.
CHACONNE, hakon.
CHACUN, haku̲-n.
CHACUNE, hakun.
CHAFOUIN, hafûi.
CHAFOUINE, hafûin.
CHAGRIN, hagri̲.
CHAGRINE, hagrin.
CHAGRINANT, hagrina̲-t.
CHAGRINANTE, hagrina̲t.
CHAGRINER, hagrine-r.
CHAÎNE, hên.
CHAÎNETTE, hênêt.
CHAÎNON, hêno̲.
CHAIR, hêr.
CHAIRE, hêr.
CHAISE, hêz.
CHAKO, hakô.
CHALAND, hala̲-t.
CHALANDE, hala̲d.
CHALASTIQUE, kalastik.
CHALCOGRAPHE, kalkograf.
CHALCOGRAPHIE, kalkografi.
CHALDAÏQUE, kaldaik.
CHALDÉEN, kaldei̲.
CHALE, hâl.
CHALET, halê-t.
CHALEUR, haler.
CHALEUREUSE, halerêz.
CHALEUREUX, haleré-z.
CHALOUPE, halûp.
CHALUMEAU, halumô.
CHAMADE, hamad.
CHAMAILLER, hamâle̲-r.
CHAMAILLIS, hamâli̲-z.
CHAMARRER, hamare-r.
CHAMARRURE, hamarur.
CHAMBELLAN, ha̲bela̲.
CHAMBOURIN, ha̲bûri̲.
CHAMBRANLE, ha̲bra̲l.
CHAMBRE, ha̲br.
CHAMBRÉE, ha̲bre.
CHAMBRER, ha̲bre-r.
CHAMBRETTE, ha̲brêt.
CHAMBRIER, ha̲brie.

perd sa nasalité et reprend celui de la voyelle primitive. (Ainsi qu'on l'a dit dans le mémoire, i̲ ne dérive pas de i, mais de ê.) On dit : sêrtên *homme*, sêrtên *animal*, sêrtên *agneau*, sêrtên *œillet*. Dans les autres cas, on maintient la nasalité et l'on dit : sêrti̲n *accoutrement*, sêrti̲n *auditeur*, sêrti̲n *utopiste*.

CHAMBRIÈRE, habriêr.
CHAME, kam.
CHAMEAU, hamô.
CHAMELIER, hamɛlie.
CHAMOIS, hamûâ-z.
CHAMOISERIE, hamûazri.
CHAMOISEUR, hamûazɛr.
CHAMP, ha.
CHAMPART, hapar.
CHAMPEAUX, hapô-z.
CHAMPÊTRE, hapêtr.
CHAMPIGNON, hapigo.
CHAMPION, hapio.
CHANCE, has.
CHANCEL, hasêl.
CHANCELANT, hasla-t.
CHANCELANTE, haslat.
CHANCELER, hasle-r.
CHANCELIER, hasɛlie.
CHANCELIÈRE, hasɛliêr.
CHANCELLEMENT, hasêlma-t.
CHANCELLERIE, hasêlri.
CHANCEUSE, hasêz.
CHANCEUX, hasê-z.
CHANCIR, hasir.
CHANCISSURE, hasisur.
CHANCRE, hakr.
CHANCREUSE, hakrêz.[1]
CHANCREUX, hakrê-z.
CHANDELEUR, hadlɛr.
CHANDELIER, hadɛlie.
CHANDELLE, hadêl.
CHANFREIN, hafri.
CHANFREINER, hafrɛne-r.
CHANGE, haj.
CHANGEANT, haja-t.
CHANGEANTE, hajat.
CHANGEMENT, hajmat.
CHANGER, haje-r.
CHANGEUR, hajɛr.
CHANOINE, hanûan.
CHANOINESSE, hanûanês.
CHANSON, haso.
CHANSONNER, hasone-r.
CHANSONNETTE, hasonêt.
CHANSONNIER, hasonie.
CHANSONNIÈRE, hasoniêr.
CHANT, ha.
CHANTAGE, hataj.
CHANTANT, hata-t.
CHANTANTE, hatat.
CHANTEAU, hatô.
CHANTEPLEURE, hatplɛr.
CHANTER, hate-r.
CHANTERELLE, hatrêl.
CHANTEUR, hatɛr.
CHANTEUSE, hatêz.
CHANTIER, hatie.
CHANTIGNOLE, hatigol.
CHANTONNER, hatone-r.
CHANTOURNE, hatûrne.
CHANTOURNER, hatûrne-r.
CHANTRE, hatr.
CHANVRE, havr.
CHAOS, kaô-z.
CHAPE, hap.
CHAPEAU, hapô.
CHAPELAIN, hapli.
CHAPELÉ, E, haple.
CHAPELER, haple-r.
CHAPELET, haplé-t.
CHAPELIER, hapɛlie.
CHAPELIÈRE, hapɛliêr.
CHAPELLE, hapêl.
CHAPELLERIE, hapelri.
CHAPELURE, haplur.
CHAPERON, hapro.
CHAPERONNER, haprone-r.
CHAPITEAU, hapitô.
CHAPITRE, hapitr.
CHAPITRER, hapitre-r.
CHAPON, hapo.
CHAPONNEAU, haponô.
CHAPONNER, hapone-r.
CHAPONNIÈRE, haponiêr.
CHAQUE, hak.
CHAR, har.
CHARADE, harad.
CHARANÇON, haraso.
CHARANÇONNÉ, E, harasone.

CHARBON, harbo.
CHARBONNÉE, harbone.
CHARBONNER, harbone-r.
CHARBONNEUSE, harbonêz.
CHARBONNEUX, harbonê-z.
CHARBONNIER, harbonie.
CHARBONNIÈRE, harboniêr.
CHARBOUILLER, harbûle-r.
CHARCUTER, harkute-r.
CHARCUTERIE, harkutri.
CHARCUTIER, harkutie.
CHARCUTIÈRE, harkutiêr.
CHARDON, hardo.
CHARDONNERET, hardonrê-t.
CHARDONNETTE, hardonêt.
CHARGE, harj.
CHARGEMENT, harjɛma-t.
CHARGER, harje-r.
CHARGEUR, harjɛr.
CHARIOT, hâriô.
CHARITABLE, haritabl.
CHARITABLEMENT, haritablɛma-t.
CHARITÉ, harite.
CHARIVARI, harivari.
CHARIVARISER, harivarize-r.
CHARLATAN, harlata.
CHARLATANER, harlatane-r.
CHARLATANERIE, harlatanri.
CHARLATANISME, harlatan'sm.
CHARLOTTE, harlot.
CHARMANT, harma-t.
CHARMANTE, harmat.
CHARME, harm.
CHARMER, harme-r.
CHARMILLE, harmil.
CHARMOIE, harmûa.
CHARNEL, LE, harnêl.
CHARNELLEMENT, harnêlma-t.
CHARNEUSE, harnêz.
CHARNEUX, harnê-z.
CHARNIER, harnie.
CHARNIÈRE, harniêr.
CHARNU, E, harnu.
CHARNURE, harnur.
CHAROGNE, hâroñ.
CHARPENTE, harpat.
CHARPENTER, harpate-r.
CHARPENTERIE, harpatri.
CHARPENTIER, harpatie.
CHARPIE, harpi.
CHARRETÉE, harte.
CHARRETIER, hartie
CHARRETIÈRE, hartiêr.
CHARRETTE, hârêt.
CHARRIAGE, hariaj.
CHARRIER, harie-r.
CHARROI, harûâ.
CHARRON, hâro.
CHARRONNAGE, hâronaj.
CHARROYER, harûaye-r.
CHARRUE, hâru.
CHARTE, hart.
CHARTRE, hartr.
CHARTREUSE, hartrêz.
CHARTREUX, hartrê-z.
CHARTRIER, hartrie.
CHARYBDE, karibd.
CHAS, châ-z.
CHÂSSE, hâs.
CHASSE, has.
CHASSÉ, hase.
CHASSELAS, haslâ-z.
CHASSE-MARÉE, hasmare.
CHASSE-MOUCHE, hasmûh.
CHASSER, hase-r.
CHASSERESSE, hasrês.
CHASSEUR, hasɛr.
CHASSEUSE, hasêz.
CHASSIE, hasi.
CHASSIEUSE, hasiêz.
CHASSIEUX, hasiê-z.
CHÂSSIS, hâsi-z.
CHASTE, hast.
CHASTEMENT, hastɛma-t.
CHASTETÉ, hastete.
CHASUBLE, hazubl.
CHASUBLIER, hazublie.
CHAT, ha-t.
CHATTE, hat.
CHÂTAIGNE, hâtêñ.

Châtaigneraie, hâtègrè.
Châtaignier, hâtege.
Châtain, hâti.
Château, hâtô.
Châtelain, hâtli.
Châtelaine, hâtlên.
Châtelé, e, hâtle.
Châtelet, hâtlê-t.
Chat-huant, haua.
Chatier, hâtie-r.
Chatière, hatièr.
Châtiment, hâtima-t.
Chaton, hato.
Chatoiement, hatûama-t.
Chatouillement, hatûlma-t.
Chatouiller, hatûle-r.
Chatouilleuse, hatûlêz.
Chatouilleux, hatûlê-z.
Chatoyant, hatûaya-t.
Chatoyante, hatûayat.
Chatoyer, hatûaye-r.
Châtrer, hâtre-r.
Chattemite, hatmit.
Chaterie, hatri.
Chaud, hô.
Chaude, hôd.
Chaudeau, hôdô.
Chaudement, hôdma-t.
Chaudière, hôdièr.
Chaudron, hôdro.
Chaudronnée, hôdrone.
Chaudronnerie, hôdronri.
Chaudronnier, hôdronie.
Chaudronnière, hôdronièr.
Chauffage, hôfaj.
Chauffe, hôf.
Chauffer, hôfe-r.
Chaufferette, hôfrêt.
Chaufferie, hôfri.
Chauffeur, hôfêr.
Chauffoir, hôfûar.
Chaufour, hôfûr.
Chaufournier, hôfûrnie.
Chaulage, hôlaj.
Chauler, hôle-r.
Chaumage, hômaj.
Chaume, hôm.
Chaumer, hôme-r.
Chaumière, hômièr.
Chaumine, hômin.
Chausse, hôs.
Chaussee, hôse.
Chausse-pied, hôspie.
Chausser, hôse-r.
Chausses, hôs-z.
Chaussetier, hôstie.
Chausse-trape, hôstrap.
Chaussette, hôsêt.
Chausson, hôso.
Chaussure, hôsur.
Chauve, hôv.
Chauve-souris, hôvsûri-z.
Chauveté, hôvte.
Chaux, hô.
Chavirer, havire-r.
Chebec, hebêk.
Chef, hêf.
Chef-d'œuvre, hêdêvr.
Chefecier, hêfsie.
Chef-lieu, hêflié.
Cheik, hêk.
Chélidoine, kelidûan.
Chemin, hemi.
Cheminée, hemine.
Cheminer, hemine-r.
Chemise, hemiz.
Chemisette, hemizêt.
Chemisier, hemisie.
Chemisière, hemizièr.
Chenal, henal.
Chenapan, hnapa.
Chêne, hên.
Chêneau, hênô.
Chéneau, henô.
Chenet, henê-t.
Chènevière, hênvièr.
Chènevis, hênvi-s.
Chènevotte, hênvot.
Chènevotter, hênvote-r.
Chenil, hni.

CHENILLE, hɛnil.
CHENILLETTE, hɛnilêt.
CHENU, E, hɛnu.
CHEPTEL, hêptêl.
CHER, E, hêr.
CHERCHER, hêrhe-r.
CHERCHEUR, hêrhɛr.
CHERCHEUSE, hêrhêz.
CHERE, hêr.
CHEREMENT, hêrma-t.
CHERIF, herif.
CHERIR, herir.
CHERISSABLE, herisabl.
CHERSONÈSE, kêrsonêz.
CHERTÉ, hêrte.
CHERUBIN, herubi.
CHÉTIF, hetif.
CHETIVE, hetiv.
CHÉTIVEMENT, hetivma-t.
CHEVAL, hɛval.
CHEVALEMENT, hɛvalma-t.
CHEVALERESQUE, hɛvalrêsk.
CHEVALERIE, hɛvalri.
CHEVALET, hɛvalê-t.
CHEVALIER, hɛvalie.
CHEVALINE, hɛvalin.
CHEVANCE, hɛvas.
CHEVAUCHEE, hɛvôhe.
CHEVAUCHER, hɛvôhe-r.
CHEVAUX, hɛvô-z.
CHEVELU, E, hɛvlu.
CHEVELURE, hɛvlur.
CHEVET, hɛvê-t.
CHEVEU, hɛvɛ.
CHEVILLE, hɛvil.
CHEVILLER, hɛvile-r.
CHEVRE, hêvr.
CHEVREAU, hɛvrô.
CHÈVREFEUILLE, hêvrɛfɛl.
CHEVRETTE, hɛvrêt.
CHEVREUIL, hɛvrɛl.
CHEVRIER, hɛvrie.
CHEVRILLARD, hɛvrilar.
CHEVRON, hɛvro.
CHEVRONNÉ, E, hɛvrone.

CHEVROTANT, hɛvrota-t.
CHEVROTANTE, hɛvrotat.
CHEVROTEMENT, hɛvrotma-t.
CHEVROTER, hɛvrote-r.
CHEVROTIN, hɛvroti.
CHEVROTINE, hɛvrotin.
CHEZ, he-z.
CHIAOUX, hiaû-z.
CHIASSE, hias.
CHICANE, hikan.
CHICANER, hikane-r.
CHICANERIE, hikanri.
CHICANEUR, hikanɛr.
CHICANEUSE, hikanêz.
CHICANIER, hikanie.
CHICANIÈRE, hikaniêr.
CHICHE, hih.
CHICHEMENT, hihma-t.
CHICON, hiko.
CHICORACEES, hikorase-z.
CHICORÉE, hikore.
CHICOT, hikô.
CHICOTER, hikote-r.
CHICOTIN, hikoti.
CHIEN, hii.
CHIENDENT, hiida.
CHIENNE, hiên.
CHIENNER, hiêne-r.
CHIFFE, hif.
CHIFFON, hifo.
CHIFFONNER, hifone-r.
CHIFFONNIER, hifonie.
CHIFFONNIÈRE, hifoniêr.
CHIFFRE, hifr.
CHIFFRER, hifre-r.
CHIFFREUR, hifrɛr.
CHIGNON, higo.
CHIMÈRE, himêr.
CHIMERIQUE, himerik.
CHIMIE, himi.
CHIMIQUE, himik.
CHIMISTE, himist.
CHINCHILLA, hihil'a.
CHINCILLA, hisil'a.
CHINER, hine-r.

Chinois, hinûa-z.
Chinoise, hinûaz.
Chiourme, hiûrm.
Chipoter, hipote-r.
Chipotier, hipotie.
Chipotière, hipotiêr.
Chique, hik.
Chiquenaude, hiknôd.
Chiquer, hike-r.
Chiquet, hikê-t.
Chiragre, kiragr.
Chirographaire, kirografêr.
Chirologie, kiroloji.
Chiromancie, kiromasi.
Chiromancien, kiromasii.
Chirurgical, e, hirurjikal.
Chirurgicaux, hirurjikô-z.
Chirurgie, hirurji.
Chirurgien, hirurjii.
Chirurgique, hirurjik.
Chlamyde, klamid.
Chlorate, klorat.
Chlore, klor.
Chlorique, klorik.
Chlorose, klorôz.
Chlorotique, klorotik.
Chlorure, klorur.
Choc, hok.
Chocolat, hokolâ.
Chocolatier, hokolatie.
Chocolatière, hokolatiêr.
Chœur, ker.
Choir, hûar.
Choisir, hûazir.
Choix, hûâ-z.
Choléra-morbus, kolera morbus.
Cholérine, kolerin.
Cholérique, kolerik.
Chômable, hômabl.
Chômage, hômaj.
Chômer, hôme-r.
Chondrologie, kodroloji.
Chopine, hopin.
Chopiner, hopine-r.
Chopper, hope-r.
Choquant, hoka-t.
Choquante, hokat.
Choquer, hoke-r.
Choraïque, koraik.
Chorée, kore.
Chorégraphe, koregraf.
Chorégraphie, koregrafi.
Chorégraphique, koregrafik.
Choriambe, koriab.
Chorion, korio.
Choriste, korist.
Chorographie, korografi.
Chorographique, korografik.
Choroïde, koroid.
Chorus, korus.
Chose, hôz.
Chou, hû.
Choucas, hûka-z.
Choucroute, hûkrût.
Chouette, hûêt.
Chou-fleur, hûfler.
Chouquet, hûkê-t.
Choyer, hûaye-r.
Chrême, krêm.
Chrémeau, kremô.
Chretien, kretii.
Chrétienne, kretiên.
Chretiennement, kretiênma-t.
Chrétienté, kretiite.
Christ, krist (1).
Christe-marine, kristemarin.
Christianisme, kristianism.
Chromate, kromat.
Chromatique, kromatik.
Chrome, krôm.
Chromique, krômik.
Chronicité, kronisite.
Chronique, kronik.
Chroniqueur, kroniker.

(1) Quand ce mot est joint au mot *Jésus*, on ne fait sentir ni le *s* ni *t*. On prononce : Jezu Kri.

Chronogramme, kronogram.
Chronologie, kronoloji.
Chronologique, kronolojik.
Chronologiste, kronolojist.
Chronomètre, kronomêtr.
Chrysalide, krizalid.
Chrysanthème, krizatêm.
Chrysocale, krizokal.
Chrysocolle, krizokol.
Chrysocome, krizokôm.
Chrysolithe, krizolit.
Chrysoprase, krizoprâz.
Chuchotement, huhotma-t.
Chuchoter, huhote-r.
Chuchoterie, huhotri.
Chuchoteur, huhotєr.
Chuchoteuse, huhotêz.
Chut, hut.
Chute, but.
Chyle, hil.
Chylifère, hilifêr.
Chylification, hilifikâsio.
Ci, si.
Cible, sibl.
Ciboire, sibûar.
Ciboule, sibûl.
Ciboulette, sibûlêt.
Cicatrice, sikatris.
Cicatriser, sikatrize-r.
Cicero, siserô.
Cicérole, siserol.
Cicérone, thitheron (1).
Cicéronien, siseronii.
Cicéronienne, siseroniên.
Cicisbée, sijisbe.
Cid, sid.
Cidre, sidr.
Ciel, siêl.
Cierge, siêrj.
Cieux, siê-z.
Cigale, sigal.
Cigare, sigar.
Cigogne, sigog.
Ciguë, sigu.
Cil, sil (2).
Cilice, silis.
Cilié, e, silie.
Cillement, silma-t.
Ciller, sile-r.
Cimaise, simêz.
Cimbalaire, sibalêr.
Cime, sim.
Ciment, sima-t.
Cimenter, simate-r.
Cimeterre, simtêr.
Cimetière, simtiêr.
Cimier, simie.
Cimolée, simole.
Cinabre, sinabr.
Cinéraire, sinerêr.
Cinglage, siglaj.
Cingler, sigle-r.
Cinq, sik (3).
Cinquantaine, sikatên.
Cinquante, sikat.
Cinquantième, sikatiêm.
Cinquième, sikiêm.
Cinquièmement, sikiêm'a-t.
Cintre, sitr.
Cintrer, sitre-r.

(1) Conformément au principe que nous avons posé, nous donnons ici la prononciation originaire de ce mot tiré de la langue italienne, quoique beaucoup de personnes soient dans l'usage de prononcer siseron.

(2) En donnant à l'*l* du mot *cil* l'articulation mouillée, nous nous conformons à une prescription du Dictionnaire de l'Académie; mais nous devons dire que l'usage presque général est de prononcer sil.

(3) Devant un substantif commençant par une consonne on ne prononce pas le *q*. Ex. : si *chevaux;* excepté quand cinq signifie cinquième. Alors il faut dire, dans tous les cas, sik; ex. : *Philippe* sik. *Cinq*, substantif, se prononce toujours sik. *Le* sik *de ce mois.*

Cipaye, sipay.
Cippe, sip.
Cirage, siraj.
Circé, sirse.
Circoncire, sirkosir.
Circoncision, sirkosizio.
Circonférence, sirkoferas.
Circonflexe, sirkoflèks.
Circonlocution, sirkolokusio.
Circonscription, sirkoskripsio.
Circonscrire, sirkoskrir.
Circonspect, e, sirkospèkt.
Circonspection, sirkospèksio.
Circonstance, sirkostas.
Circonstancier, sirkostasie-r.
Circonvallation, sirkovalâsio.
Circonvenir, sirkovnir.
Circonvoisin, sirkovûazi.
Circonvoisine, sirkovûazin.
Circonvolution, sirkovolusio.
Circuit, sirkui-t.
Circulaire, sirkulêr.
Circulairement, sirkulêrma-t.
Circulant, sirkula-t.
Circulante, sirkulat.
Circulation, sirkulâsio.
Circulatoire, sirkulatûar
Circuler, sirkule-r.
Cire, sir.
Cirer, sire-r.
Cirier, sirie.
Ciron, siro.
Cirque, sirk.
Cirre, sir.
Cisaille, sizâl.
Cisailler, sizâle-r.
Cisalpin, sizalpi.
Cisalpine, sizalpin.
Ciseau, sizô.
Ciseaux, sizô-z.
Ciseler, sizle-r.
Ciselet, sizlê-t.
Ciseleur, sizler.
Ciselure, sizlur.
Ciste, sist.

Citadelle, sitadêl.
Citadin, sitadi.
Citadine, sitadin.
Citateur, sitater.
Citation, sitâsio.
Cite, site.
Citer, site-r.
Citérieur, e, siterier.
Citerne, sitêrn.
Citoyen, sitûayi.
Citoyenne, sitûayên.
Citrate, sitrat.
Citrin, sitri.
Citrine, sitrin.
Citrique, sitrik.
Citron, sitro.
Citronné, e, sitrone.
Citronnelle, sitronêl.
Citronnier, sitronie.
Citrouille, sitrûl.
Civadière, sivadiêr.
Cive, siv.
Civet, sivê-t.
Civette, sivêt.
Civière, siviêr.
Civil, e, sivil.
Civilement, sivilma-t.
Civilisateur, sivilizater.
Civilisation, sivilizâsio.
Civilisatrice, sivilizatris.
Civiliser, sivilize-r.
Civilité, sivilite.
Civique, sivik.
Civisme, sivism
Clabaud, klabô.
Clabaudage, klabôdaj.
Clabauder, klabôde-r.
Clabauderie, klabôdri.
Clabaudeur, klabôder.
Clabaudeuse, klabôdêz.
Claie, klê.
Clair, e, klêr.
Clairement, klêrma-t.
Clairet, klêrê-t.
Clairière, klêriêr.

Clairon, klêro.
Clair-semé, e, klêrsɛme.
Clairvoyance, klêrvûayas.
Clairvoyant, klêrvûaya-t.
Clairvoyante, klêrvûayat.
Clameur, klamɛr.
Clan, kla.
Clandestin, kladêsti.
Clandestine, kladêstin.
Clandestinement, kladêstinmat.
Clandestinité, kladêstinite.
Clapet, klapê-t.
Clapier, klapie.
Clapir (se), klapir.
Clapotage, klapotaj.
Clapoter, klapote-r.
Clapoteuse, klapotêz.
Clapoteux, klapotê-z.
Clapotis, klapoti-z.
Claque, klak.
Claquement, klakma-t.
Claquemurer, klakmure-r.
Claquer, klake-r.
Claquet, klakê-t.
Claqueur, klakɛr.
Clarification, klarifikâsio.
Clarifier, klarifie-r.
Clarinette, klarinêt.
Clarté, klarte.
Classe, klâs.
Classement, klâsma-t.
Classer, klâse-r.
Classification, klasifikâsio.
Classique, klas'ik.
Clatir, klatir.
Claude, klôd.
Claudication, klôdikâsio.
Clause, klôz.
Claustral, e, klostral.
Claveau, klavô.
Clavecin, klavsi.
Clavelée, klavle.
Clavette, klavêt.
Clavicule, klavikul.
Claviculé, e, klavikule.
Clavier, klavie.
Clayon, klêyo.
Clayonnage, klêyonaj.
Clef, kle.
Clématite, klematit.
Clémence, klemas.
Clément, klema-t.
Clémente, klemat.
Clephte, klêft.
Clepsydre, klepsidr.
Clerc, klêr (1).
Clergé, klêrje.
Clérical, e, klerikal.
Cléricalement, klerikalma-t.
Cléricature, klerikatur.
Clichage, klihaj.
Cliché, klihe.
Clicher, klihe-r.
Clicheur, klihɛr.
Client, klia-t.
Cliente, kliat.
Clientèle, kliatêl.
Clifoire, klifûar.
Clignement, kligma-t.
Cligne-musette, kligmuzêt.
Cligner, klige-r.
Clignotant, kligota-t.
Clignotante, kligotat.
Clignotement, kligotma-t.
Clignoter, kligote-r.
Climat, klimâ.
Climatérique, klimaterik.
Clin, kli.
Clincaille, klikâl.
Clincaillerie, klikâlri.
Clincaillier, klikâlie.
Clinique, klinik.

(1) Cependant on fait entendre le *c* dans la phrase proverbiale : *Compter de clerc a maître*, que l'on prononce : dɛ klêrk a mêtr. C'est l'unique exception.

CLINQUANT, klika.
CLIQUART, klikar.
CLIQUE, klik.
CLIQUETER, klikte-r.
CLIQUETIS, klikti-z.
CLIQUETTE, klikêt.
CLISSÉ, E, klise.
CLITORIS, klitoris.
CLIVER, klive-r.
CLOAQUE, kloak.
CLOCHE, kloh.
CLOCHEMENT, klohma-t.
CLOCHE-PIED, klohpie.
CLOCHER, klohe.
CLOCHER, klohe-r.
CLOCHETTE, klohêt.
CLOISON, klûazo.
CLOISONNAGE, klûazonaj.
CLOISONNÉ, E, klûazoné.
CLOÎTRE, klûa'tr.
CLOÎTRER, klûatre-r.
CLOPINER, klopine-r.
CLOPORTE, kloport.
CLORE, klor.
CLOS, klô-z.
CLOSE, klôz.
CLOSEAU, klôzô.
CLÔTURE, klôtur.
CLOU, klû.
CLOUER, klûe-r.
CLOUTER, klûte-r.
CLOUTERIE, klûtri.
CLOUTIER, klûtie.
CLOYÈRE, kloyêr.
CLUB, klub.
CLUBISTE, klubist.
CLYSOIR, klisûar.
CLYSTÈRE, klistêr.
COACCUSÉ, E, koakuze.
COACTIF, koaktif.
COACTION, koaksio.
COACTIVE, koaktiv.
COADJUTEUR, koadjutɛr.
COADJUTRICE, koadjutris.
COAGULATION, koagulâsio.
COAGULER, koagule-r.
COAGULUM, koagulom.
COALISER (SE), koalize-r.
COALITION, koalisio.
COASSEMENT, koasma-t.
COASSER, koase-r.
COASSOCIÉ, koasosie.
COATI, koati.
COBÆA, kobea.
COBALT, kobalt.
COCAGNE, kokag̃.
COCARDE, kokard.
COCASSE, kokas.
COCCYX, koksis-z.
COCHE, koh.
COCHENILLE, kohnil.
COCHER, kohe.
COCHÈRE, kohêr.
COCHET, kohê-t.
COCHEVIS, kohvi-s.
COCHLÉARIA, koklearia.
COCHON, koho.
COCHONNER, kohone-r.
COCHONNERIE, kohonri.
COCHONNET, kohonê-t.
COCO, kokô.
COCON, koko.
COCOTIER, kokotie.
COCTION, koksio.
COCU, koku.
COCUAGE, kokuaj.
CODE, kod.
CODÉBITEUR, kodebitɛr.
CODÉBITRICE, kodebitris.
CODETENTEUR, kodetatɛr.
CODEX, kodêks.
CODICILLE, kodisil.
CODONATAIRE, kodonatêr.
CŒCUM, sekom.
COEFFICIENT, koefisia-t.
COEMPTION, koapsio.
COERCIBLE, koêrsibl.
COERCITIF, koêrsitif.
COERCITION, koêrsisio.
COERCITIVE, koêrsitiv.

Cœur, kɛr.
Coexistant, koegzista-t.
Coexistante, koegzistat.
Coexistence, koegzistas.
Coexister, koegziste-r.
Coffre, kofr.
Coffre-fort, kofrɛfor.
Coffrer, kofre-r.
Coffret, kofrê-t.
Coffretier, kofrɛtie.
Cognasse, kogas.
Cognassier, kogasie.
Cognat, kogna-t.
Cognation, kognâsio.
Cognée, koge.
Cogner, koge-r.
Cohabitation, koabitâsio.
Cohabiter, koabite-r.
Cohérence, koeras.
Cohérent, koera-t.
Cohérente, koerat.
Cohéritier, koeritie.
Cohéritière, koeritiêr.
Cohésion, koezio.
Cohobation, koobâsio.
Cohober, koobe-r.
Cohorte, koort.
Cohue, kou.
Coi, kûa.
Coiffe, kûa'f.
Coiffer, kûafe-r.
Coiffeur, kûafɛr.
Coiffeuse, kûafêz.
Coiffure, kûafur.
Coin, kûi.
Coincidence, koisidas.
Coïncident, koisida-t.
Coïncidente, koisidat.
Coïncider, koiside-r.
Coing, kûi.
Cointéressé, e, koiterese.
Coït, koit.
Coke, kok.
Col, kol.
Colao, kolaó.
Colarin, kolari.
Colature, kolatur.
Colback, kolbak.
Colchique, kolhik.
Colcotar, kolkotar.
Coléoptère, koleoptêr.
Colera-morbus, kolera morbus.
Colère, kolêr.
Colérique, kolerik.
Coli, koli.
Coliart, koliar.
Colibri, kolibri.
Colicitant, kolisita-t.
Colifichet, kolifiihé-t.
Colimaçon, kolimâso.
Colin-maillard, kolimâlar.
Colique, kolik.
Colis, koli-z.
Colisée, kolize.
Collaborateur, kol'aboratɛr.
Collaboration, kol'aborâsio.
Collaboratrice, kol'aboratris.
Collage, kolaj.
Collant, kola-t.
Collante, kolat.
Collataire, kol'atêr.
Collatéral, e, kol'ateral.
Collatéraux, kol'aterô-z.
Collateur, kol'atɛr.
Collatif, kol'atif.
Collation, kol'âsio.
Collative, kol'ativ.
Collationner, kolâsione-r.
Colle, kol.
Collecte, kol'êkt.
Collecteur, kol'êktɛr.
Collectif, kol'êktif.
Collection, kol'êksio.
Collective, kol'êcktiv.
Collectivement, kol'êktivma-t.
Collége, kolej.
Collégial, e, kolejial.
Collégien, kolejii.
Collègue, kol'êg.
Coller, kole-r.

Collerette, kolrêt.
Collet, kolê-t.
Colleter, kolte-r.
Colleur, koler.
Collier, kolie.
Colliger, kol'ije-r.
Colline, kolin.
Collision, kol'izio.
Collocation, kol'okâsio.
Colloque, kol'ok.
Colloquer, kol'oke-r.
Colluder, kol'ude-r.
Collusion, kol'uzio.
Collusoire, kol'uzûar.
Collusoirement, kol'uzûarma-t.
Collyre, kolir.
Colombage, kolobaj.
Colombe, kolob.
Colombier, kolobie.
Colombine, kolobin.
Colon, kolo.
Côlon, kôlo.
Colonel, le, kolonêl.
Colonial, e, kolonial.
Coloniaux, koloniô-z.
Colonie, koloni.
Colonisation, kolonizâsio.
Coloniser, kolonize-r.
Colonnade, kolonad.
Colonne, kolon.
Colophane, kolofan.
Coloquinte, kolokit.
Colorant, kolora-t.
Colorante, kolorat.
Coloration, kolorâsio.
Colorer, kôlore-r.
Colorier, kolorie-r.
Coloris, kolori-z.
Coloriste, kolorist.
Colossal, e, kolosal.
Colosse, kolos.
Colostrum, kolostrom.
Colportage, kolportaj.
Colporter, kolporte-r.
Colporteur, kolporter.

Colure, kolur.
Colza, kolza.
Coma, koma.
Comateuse, komatêz.
Comateux, komatê-z.
Combat, koba-t.
Combattant, kobata-t.
Combattre, kobatr.
Combien, kobii.
Combinaison, kobinêzo.
Combiner, kobine-r.
Comble, kobl.
Comblement, koblema-t.
Combler, koble-r.
Combustible, kobustibl.
Combustion, kobustio.
Comédie, komedi.
Comédien, komedii.
Comédienne, komediên.
Comestible, komestibl.
Comète, komêt.
Comice, komis.
Comique, komik.
Comiquement, komikma-t.
Comité, komite.
Command, koma.
Commandant, komada-t.
Commande, komad.
Commandement, komadma-t.
Commander, komade-r.
Commanderie, komadri.
Commandeur, komader.
Commanditaire, komaditêr.
Commandite, komadit.
Comme, kom.
Commémoraison, komemorêzo.
Commémoratif, komemoratif.
Commémoration, komemorâsio.
Commémorative, komemorativ.
Commençant, komasa-t.
Commençante, komasat.
Commencement, komasma-t.
Commencer, komase-r.
Commendataire, komadatêr.
Commende, komad.

Commensal, e, koma̲sal.
Commensalité, koma̲salite.
Commensaux, koma̲sô-z.
Commensurabilité, koma̲surabilite.
Commensurable, koma̲surabl.
Comment, koma̲-t.
Commentaire, koma̲têr.
Commentateur, koma̲tatær.
Commenter, koma̲te-r.
Commérage, komeraj.
Commerçable, komêrsabl.
Commerçant, komêrsa̲-t.
Commerçante, komêrsa̲t.
Commerce, komêrs.
Commercer, komêrse-r.
Commercial, e, komêrsial.
Commerciaux, komêrsiô-z.
Commère, komêr.
Commettant, kometa̲-t.
Commettre, komêtr.
Comminatoire, kominatûar.
Commis, komi.
Commisération, komizerâsio̲.
Commissaire, komisêr.
Commissariat, komisaria-t.
Commission, komisio̲.
Commissionnaire, komisionêr.
Commissionner, komisione-r.
Commissoire, komisûar.
Commissure, komis'ur.
Commodat, komoda-t.
Commode, komod.
Commodément, komodema̲-t.
Commodite, komodite.
Commotion, komôsio̲.
Commuable, komuabl.
Commuer, komue-r.
Commun, komu̲.
Communal, e, komunal.
Communaute, komunôte.
Communaux, komunô-z.
Commune, komun.
Communement, komunema̲-t.
Communiant, komunia̲-t.
Communiante, komunia̲t.
Communicable, komunikabl.
Communicatif, komunikatif.
Communication, komunikâsio̲.
Communicative, komunikativ.
Communier, komunie-r.
Communion, komunio̲.
Communiquer, komunike-r.
Communiste, komunist.
Commutatif, kom'utatif.
Commutation, kom'utâsio̲.
Commutative, kom'utativ.
Compacité, ko̲pasite.
Compacte, ko̲pakt.
Compagne, ko̲pag̃.
Compagnie, ko̲pag̃i.
Compagnon, ko̲pag̃o̲.
Compagnonnage, ko̲pag̃onaj.
Comparable, ko̲parabl.
Comparaison, ko̲parêzo̲.
Comparaître, ko̲parêtr.
Comparant, ko̲para̲-t.
Comparante, ko̲para̲t.
Comparatif, ko̲paratif.
Comparative, ko̲parativ.
Comparativement, ko̲parativma̲t.
Comparer, ko̲pare-r.
Comparoir, ko̲parûar.
Comparse, ko̲pars.
Compartiment, ko̲partima̲-t.
Compartiteur, ko̲partitær.
Comparution, ko̲parusio̲.
Compas, ko̲pâ-z.
Compassement, ko̲pâsma̲-t.
Compasser, ko̲pâse-r.
Compassion, ko̲pâsio̲.
Compatibilité, ko̲patibilite.
Compatible, ko̲patibl.
Compatir, ko̲pâtir.
Compatissant, ko̲pâtisa̲-t.
Compatissante, ko̲pâtisa̲t.
Compatriote, ko̲patriot.
Compendium, ko̲pidiom.
Compensateur, ko̲pa̲satær.
Compensation, ko̲pa̲sâsio̲.

Compenser, kopase-r.
Compérage, koperaj.
Compère, kopêr.
Compétemment, kopetama-t.
Compétence, kopetas.
Compétent, kopeta-t.
Compétente, kopetat.
Compéter, kopete-r.
Compétiteur, kopetitɛr.
Compilateur, kopilatɛr.
Compilation, kopilâsio.
Compiler, kopile-r.
Complainte, koplit.
Complaire, koplêr.
Complaisamment, koplêzama-t.
Complaisance, koplêzas.
Complaisant, koplêza-t.
Complaisante, koplêzat.
Complément, koplema-t.
Complémentaire, koplematêr.
Complet, koplê-t.
Complète, koplêt.
Complétement, kopletma-t.
Compléter, koplete-r.
Complétif, kopletif.
Complétive, kopletiv.
Complexe, koplêks.
Complexion, koplêksio.
Complexité, koplêksite.
Complication, koplikâsio.
Complice, koplis.
Complicité, koplisite.
Complies, kopli-z.
Compliment, koplima-t.
Complimenter, koplimate-r.
Complimenteur, koplimatɛr.
Complimenteuse, koplimatɛz.
Compliquer, koplike-r.
Complot, koplô.
Comploter, koplote-r.
Componction, kopoksio.
Comporter, koporte-r.
Composé, e, kopôze.
Composer, kopôze-r.
Composite, kopôzit.
Compositeur, kopôzitɛr.
Composition, kopôzisio.
Composteur, kopostɛr.
Compote, kopot.
Compotier, kopotie.
Compréhensible, kopreasibl.
Compréhension, kopreasio.
Comprendre, kopradr.
Compresse, koprês.
Compressibilité, kopres'ibilite.
Compressible, kopres'ibl.
Compressif, kopres'if.
Compression, kopres'io.
Compressive, kopres'iv.
Comprimer, koprime-r.
Compromettre, kopromêtr.
Compromis, kopromi-z.
Comptabilité, kotabilite.
Comptable, kotabl.
Comptant, kota-t.
Compte, kot.
Compter, kote-r.
Comptoir, kotûar.
Compulser, kopulse-r.
Compulsoire, kopulsûar.
Comput, koput.
Comtat, kota.
Comte, kot.
Comté, kote.
Comtesse, kotês.
Concasser, kokâse-r.
Concave, kokav.
Concavité, kokavite.
Conceder, kosede-r.
Concentration, kosatrâsio.
Concentrer, kosatre-r.
Concentrique, kosatrik.
Concept, kosêpt.
Conception, kosêpsio.
Concernant, kosêrna-t.
Concerner, kosêrne-r.
Concert, kosêr-t.
Concertant, kosêrta-t.
Concertante, kosêrtat.
Concerter, kosêrte-r.

Concerto, kosêrtô.
Concession, kosêsio.
Concessionnaire, kosêsionêr.
Concetti, kothet'i (1).
Concevable, kosevabl.
Concevoir, kosevûar.
Conchoïde, kokoid.
Conchyliologie, kokiliologi.
Conchyliologiste, kokiliolojist.
Conchyte, kokit.
Concierge, kosiêrj.
Conciergerie, kosiêrjeri.
Concile, kosil.
Conciliable, kosiliabl.
Conciliabule, kosiliabul.
Conciliant, kosilia-t.
Conciliante, kosiliat.
Conciliateur, kosiliater.
Conciliation, kosiliâsio.
Conciliatrice, kosiliatris.
Concilier, kosilie-r.
Concis, kosi-z.
Concise, kosiz.
Concision, kosizio.
Concitoyen, kositûayi.
Concitoyenne, kositûayên.
Conclave, koklav.
Conclaviste, koklavist.
Concluant, koklua-t.
Concluante, kokluat.
Conclure, koklur.
Conclusif, kokluzif.
Conclusion, kokluzio.
Conclusive, kokluziv.
Concoction, kokoksio.
Concombre, kokobr.
Concomitance, kokomitas.
Concomitant, kokomita-t.
Concomitante, kokomitat.
Concordance, kokordas.
Concordant, kokorda-t.
Concordat, kokorda-t.
Concorde, kokord.
Concorder, kokorde-r.
Concourir, kokûrir.
Concours, kokûr-z.
Concret, kokrê-t.
Concrète, kokrêt.
Concrétion, kokresio.
Concubinage, kokubinaj.
Concubinaire, kokubinêr.
Concubine, kokubin.
Concupiscence, kokupis'as.
Concupiscible, kokupis'ibl.
Concurremment, kokur'ama-t.
Concurrence, kokur'as.
Concurrent, kokur'a-t.
Concurrente, kokur'at.
Concussion, kokusio.
Concussionnaire, kokusionêr.
Condamnable, kodanabl.
Condamnation, kodanâsio.
Condamner, kodane-r.
Condensateur, kodasater.
Condensation, kodasâsio.
Condenser, kodase-r.
Condescendance, kodes'adas.
Condescendant, kodes'ada-t.
Condescendante, kodes'adat.
Condescendre, kodes'adr.
Condiment, kodima-t.
Condisciple, kodisipl.
Condition, kodisio.
Conditionnel, le, kodisionêl.
Conditionnellement, kodisionêl-ma-t.
Conditionner, kodisione-r.
Condoléance, kodoleas.
Condor, kodor.
Condouloir (se), kodûlûar.
Conducteur, kodukter.
Conduction, koduksio.
Conductrice, koduktris.
Conduire, koduir.

(1) Beaucoup de personnes disent kosêt'i sans avoir égard à la prononciation italienne.

Conduit, kodui-t.
Conduite, koduit.
Condyle, kodil.
Condylome, kodilôm.
Cône, kôn.
Confabulation, kofabulâsio.
Confabuler, kofabule-r.
Confection, kofeksio.
Confectionner, kofeksione-r.
Confédératif, kofederatif.
Confédération, kofederâsio.
Confédérative, kofederativ.
Confédérer (se), kofedere-r.
Conférence, koferas.
Conférer, kofere-r.
Conferve, kofêrv.
Confesse, kofês.
Confesser, kofêse-r.
Confesseur, kofêser.
Confession, kofêsio.
Confessionnal, kofêsional.
Confessionnaux, kofêsionô-z.
Confiance, kofias.
Confiant, kofia-t.
Confiante, kofiat.
Confidemment, kofidama-t.
Confidence, kofidas.
Confident, kofida-t.
Confidente, kofidat.
Confidentiaire, kofidasiêr.
Confidentiel, le, kofidasiêl.
Confidentiellement, kofidasiêl-ma-t.
Confier, kofie-r.
Configuration, kofigurâsio.
Configurer, kofigure-r.
Confiner, kofine-r.
Confins, kofi-z.
Confire, kofir.
Confirmatif, kofirmatif.
Confirmation, kofirmâsio.
Confirmative, kofirmativ.
Confirmer, kofirme-r.
Confiscable, kofiskabl.
Confiscation, kofiskâsio.
Confiseur, kofizer.
Confiseuse, kofizêz.
Confisquer, kofiske-r.
Confit, kofi-t.
Confite, kofit.
Confiteor, kofiteor.
Confiture, kofitur.
Confiturier, kofiturie.
Confiturière, kofituriêr.
Conflagration, koflagrâsio.
Conflit, kofli-t.
Confluent, kofluа-t.
Confluente, kofluat.
Confluer, koflue-r.
Confondre, kofodr.
Conformation, koformâsio.
Conforme, koform.
Conformément, koformema-t.
Conformer, koforme-r.
Conformiste, koformist.
Conformité, koformite.
Confort, kofor-t.
Confortable, kofortabl.
Confortant, koforta-t.
Confortante, kofortat.
Confortatif, kofortatif.
Confortation, kofortâsio.
Confortative, kofortativ.
Conforter, koforte-r.
Confraternité, kofraternite.
Confrère, kofrêr.
Confrérie, kofreri.
Confrontation, kofrotâsio.
Confronter, kofrote-r.
Confus, kofu-z.
Confuse, kofuz.
Confusément, kofuzema-t.
Confusion, kofuzio.
Congé, koje.
Congéable, kojeabl
Congédier, kojedie-r.
Congélation, kojelâsio.
Congeler, kojle-r.
Congénère, kojenêr.
Congénial, e, kojenial.

CONGÉNITAL, E, kojenital.
CONGESTION, kojestio.
CONGLOBÉ, E, koglobe.
CONGLOMÉRER, koglomere-r.
CONGLUTINATION, koglutinâsio.
CONGLUTINER, koglutine-r.
CONGRATULATION, kogratulâsio.
CONGRATULER, kogratule-r.
CONGRE, kogr.
CONGRÉGANISTE, kogreganist.
CONGRÉGATION, kogregâsio.
CONGRÈS, kogrê-z.
CONGRU, E, kogru.
CONGRUITÉ, kogruite.
CONGRÛMENT, kogruma-t.
CONIFÈRE, kônifêr.
CONIQUE, kônik.
CONJECTURAL, E, kojektural.
CONJECTURALEMENT, kojektural-mat.
CONJECTURAUX, kojekturô-z.
CONJECTURE, kojektur.
CONJECTURER, kojekture-r.
CONJOINDRE, kojûidr.
CONJOINTEMENT, kojûitma-t.
CONJONCTIF, kojoktif.
CONJONCTION, kojoksio.
CONJONCTIVE, kojoktiv.
CONJONCTURE, kojoktur.
CONJOUIR (SE), kojûir.
CONJOUISSANCE, kojûisas.
CONJUGAISON, kojugêzo.
CONJUGAL, E, kojugal.
CONJUGALEMENT, kojugalma-t.
CONJUGAUX, kojugô-z.
CONJUGUER, kojuge-r.
CONJURATEUR, kojuratɛr.
CONJURATION, kojurâsio.
CONJURER, kojure-r.
CONNAISSANCE, konêsas.
CONNAISSEMENT, konêsma-t.
CONNAISSEUR, konêsɛr.
CONNAISSEUSE, konêsêz.
CONNAÎTRE, konêtr.
CONNE, E, kon'e.

CONNÉTABLE, konetabl.
CONNÉTABLIE, konetabli.
CONNEXE, kon'êks.
CONNEXION, kon'êksio.
CONNEXITÉ, kon'êksite.
CONNIVENCE, kon'ivas.
CONNIVENT, kon'iva-t.
CONNIVENTE, ko'nivat.
CONOÏDE, konoid.
CONQUE, kok.
CONQUÉRANT, kokera-t.
CONQUÉRIR, kokerir.
CONQUÊT, kokê-t.
CONQUÊTE, kokêt.
CONSACRANT, kosakra-t.
CONSACRER, kosakre-r.
CONSANGUIN, kosagi.
CONSANGUINE, kosagin.
CONSANGUINITÉ, kosaguinite.
CONSCIENCE, kosias.
CONSCIENCIEUSE, kosiasiêz.
CONSCIENCIEUSEMENT, kosiasiêz-ma-t.
CONSCIENCIEUX, kosiasiê-z.
CONSCRIPTION, koskripsio.
CONSCRIT, koskri-t.
CONSÉCRATEUR, kosekratɛr.
CONSÉCRATION, kosekrâsio.
CONSÉCUTIF, kosekutif.
CONSÉCUTIVE, kosekutiv.
CONSÉCUTIVEMENT, kosekutivma-t.
CONSEIL, kosêl.
CONSEILLER, kosele-r.
CONSEILLÈRE, koselêr.
CONSEILLEUR, kosêlɛr.
CONSENTANT, kosata-t.
CONSENTANTE, kosatat.
CONSENTEMENT, kosatma-t.
CONSENTIR, kosatir.
CONSÉQUEMMENT, kosekama-t.
CONSÉQUENCE, kosekas.
CONSÉQUENT, koseka-t.
CONSERVATEUR, kosêrvatɛr.
CONSERVATION, kosêrvâsio.
CONSERVATRICE, kosêrvatris.

Conservatoire, kosêrvatûar.
Conserve, kosêrv.
Conserver, kosêrve-r.
Considérable, kosiderabl.
Considérablement, kosiderablœma-t.
Considérant, kosidera-t.
Considération, kosiderâsio.
Considérer, kosidere-r.
Consignataire, kosigatêr.
Consignation, kosigâsio.
Consigne, kosig.
Consigner, kosige-r.
Consistance, kosistas.
Consistant, kosista-t.
Consistante, kosistat.
Consister, kosiste-r.
Consistoire, kosistûar.
Consistorial, e, kosistorial.
Consistorialement, kosistorialma-t.
Consistoriaux, kosistoriô-z.
Consolable, kosolabl.
Consolant, kosola-t.
Consolante, kosolat.
Consolateur, kosolatœr.
Consolatif, kosolatif.
Consolation, kosolâsio.
Consolative, kosolativ.
Consolatrice, kosolatris.
Console, kosol.
Consoler, kosole-r.
Consolidant, kosolida-t.
Consolidation, kosolidâsio.
Consolider, kosolide-r.
Consommateur, kosomatœr.
Consommation, kosomâsio.
Consommé, kosome.
Consommer, kosome-r.
Consomptif, kosoptif.
Consomption, kosopsio.
Consomptive, kosoptiv.
Consonnance, kosonas.
Consonnant, kosona-t.
Consonnante, kosonat.
Consonne, koson.
Consorts, kosor-z.
Consoude, kosûd.
Conspirant, kospira-t.
Conspirante, kospirat.
Conspirateur, kospiratœr.
Conspiration, kospirâsio.
Conspirer, kospire-r.
Conspuer, kospue-r.
Constable, kostabl.
Constamment, kostama-t.
Constance, kostas.
Constant, kosta-t.
Constante, kostat.
Constater, kostate-r.
Constellation, kostêl'âsiô.
Constellé, e, kostêl'e.
Consternation, kostêrnâsio.
Consterner, kostêrne-r.
Constipation, kostipâsio.
Constiper, kostipe-r.
Constituant, kostitua-t.
Constituante, kostituat.
Constituer, kostitue-r.
Constitutif, kostitutif.
Constitution, kostitusio.
Constitutionnalité, kostitutionalite.
Constitutionnel, le, kostitusionêl.
Constitutionnellement, kostitusionêlma-t.
Constitutive, kostitutiv.
Constricteur, kostriktœr.
Constriction, kostriksio.
Constringent, kostrija-t.
Constringente, kostrijat.
Constructeur, kostruktœr.
Construction, kostruksio.
Construire, kostruir.
Consubstantialité, kosubstasialite.
Consubstantiel, e, kosubstasiêl.
Consubstantiellement, kosubstasiêlma-t.

CONSUL, kosul.
CONSULAIRE, kosulêr.
CONSULAIREMENT, kosulêrma-t.
CONSULAT, kosula-t.
CONSULTANT, kosulta-t.
CONSULTATIF, kosultatif.
CONSULTATION, kosultâsio.
CONSULTATIVE, kosultativ.
CONSULTER, kosulte-r.
CONSULTEUR, kosultɛr.
CONSUMANT, kosuma-t.
CONSUMANTE, kosumat.
CONSUMER, kosume-r.
CONTACT, kotakt.
CONTAGIEUSE, kotajiéz.
CONTAGIEUX, kotajié-z.
CONTAGION, kotajio.
CONTAMINATION, kotaminâsio.
CONTAMINER, kotamine-r.
CONTE, kot.
CONTEMPLATEUR, kotaplatɛr.
CONTEMPLATIF, kotaplatif.
CONTEMPLATION, kotaplâsio.
CONTEMPLATIVE, kotaplativ.
CONTEMPLATRICE, kotaplatris.
CONTEMPLER, kotaple-r.
CONTEMPORAIN, kotapori.
CONTEMPORAINE, kotaporên.
CONTEMPORANÉITÉ, kotaporaneite.
CONTEMPTEUR, kotaptɛr.
CONTENANCE, kotnas.
CONTENANT, kotna-t.
CONTENANTE, kotnat.
CONTENDANT, kotada-t.
CONTENDANTE, kotadat
CONTENIR, kotnir.
CONTENT, kota-t.
CONTENTE, kotat.
CONTENTEMENT, kotatma-t.
CONTENTER, kotate-r.
CONTENTIEUSE, kotasiéz.
CONTENTIEUSEMENT, kotasiêzma-t.
CONTENTIEUX, kotasiê-z.
CONTENTIF, kotatif.
CONTENTION, kotasio.
CONTENU, kotnu.
CONTER, kote-r.
CONTESTABLE, kotêstabl.
CONTESTATION, kotêstâsio.
CONTESTE, kotêst.
CONTESTER, kotêste-r.
CONTEUR, kotɛr.
CONTEUSE, kotêz.
CONTEXTE, kotékst.
CONTEXTURE, kotêkstur.
CONTIGU, UË, kotigu.
CONTIGUÏTÉ, kotiguite.
CONTINENCE, kotinas.
CONTINENT, kotina-t.
CONTINENTE, kotinat.
CONTINENTAL, E, kotinatal.
CONTINENTAUX, kotinatô-z.
CONTINGENT, kotija-t.
CONTINGENTE, kotijat.
CONTINU, E, kotinu.
CONTINUATEUR, kotinuatɛr.
CONTINUATION, kotinuâsio.
CONTINUEL, LE, kotinuél.
CONTINUELLEMENT, kotinuélma-t.
CONTINUER, kotinue-r.
CONTINUITÉ, kotinuite.
CONTINÛMENT, kotinuma-t.
CONTONDANT, kotoda-t.
CONTONDANTE, kotodat.
CONTORSION, kotorsio.
CONTOUR, kotûr.
CONTOURNER, kotûrne-r.
CONTRACTANT, kotrakta-t.
CONTRACTANTE, kotraktat.
CONTRACTER, kotrakte-r.
CONTRACTILE, kotraktil.
CONTRACTILITÉ, kotraktilite.
CONTRACTION, kotraksio.
CONTRACTUEL, LE, kotraktuél.
CONTRADICTEUR, kotradiktɛr.
CONTRADICTION, kotradiksio.
CONTRADICTOIRE, kotradiktûar.
CONTRADICTOIREMENT, kotradic-tûarma-t.
CONTRAIGNABLE, kotreĝable.

CONTRAINDRE, kotridr.
CONTRAINT, kotri-t.
CONTRAINTE, kotrit.
CONTRAIRE, kotrêr.
CONTRAIREMENT, kotrêrma-t.
CONTRALTO, kotralto.
CONTRARIANT, kotraria-t.
CONTRARIANTE, kotrariat.
CONTRARIER, kotrarie-r.
CONTRARIÉTÉ, kotrariete.
CONTRASTE, kotrast.
CONTRASTER, kotraste-r.
CONTRAT, kotra-t.
CONTRAVENTION, kotravasio.
CONTRE, kotr.
CONTRE-ALLÉE, kotrale.
CONTRE-AMIRAL, kotramiral.
CONTRE-BALANCER, kotrɛbalase-r.
CONTREBANDE, kotrɛbad.
CONTREBANDIER, kotrɛbadie.
CONTREBANDIÈRE, kotrɛbadiêr.
CONTRE-BAS (EN), kotrɛbâ-z.
CONTRE-BASSE, kotrɛbâs.
CONTRE-BOUTER, kotrɛbûte-r.
CONTRECARRER, kotrɛkâre-r.
CONTRE-CŒUR (A), kotrɛkɛr.
CONTRE-COUP, kotrɛkû.
CONTREDANSE, kotrɛdas.
CONTREDIRE, kotrɛdir.
CONTREDISANT, kotrɛdiza-t.
CONTREDISANTE, kotrɛdizat.
CONTREDIT, kotrɛdi-t.
CONTRÉE, kotre.
CONTREFAÇON, kotrɛfaso.
CONTREFACTEUR, kotrɛfaktɛr.
CONTREFACTION, kotrɛfaksio.
CONTREFAIRE, kotrɛfêr.
CONTRE-FORT, kotrɛfor-t.
CONTRE-LETTRE, kotrɛlêtr.
CONTRE-MAÎTRE, kotrɛmêtr.
CONTREMANDER, kotrɛmade-r.
CONTRE-MARCHE, kotrɛmarh.
CONTRE-MARQUE, kotrɛmark.
CONTRE-MINE, kotrɛmin.
CONTRE-MINER, kotrɛmine-r.
CONTRE-ORDRE, kotrordr.
CONTRE-PARTIE, kotrɛparti.
CONTRE-POIDS, kotrɛpûâ-z.
CONTRE-POINT, kotrɛpûi-t.
CONTRE-POISON, kotrɛpûazo.
CONTRE-SANGLON, kotrɛsaglo.
CONTRESCARPE, kotrêskarp.
CONTRE-SEING, kotrɛsi.
CONTRE-SENS, kotrɛsa-z.
CONTRE-SIGNER, kotrɛsiĝe-r.
CONTRE-TEMPS, kotrɛta-z.
CONTREVENANT, kotrɛvɛna-t.
CONTREVENANTE, kotrɛvɛnat.
CONTREVENIR, kotrɛvɛnir.
CONTREVENT, kotrɛva-t.
CONTRE-VÉRITÉ, kotrɛverite.
CONTRIBUABLE, kotribuabl.
CONTRIBUER, kotribue-r.
CONTRIBUTIF, kotributif.
CONTRIBUTION, kotribusio.
CONTRIBUTIVE, kotributiv.
CONTRIBUTOIRE, kotributûar.
CONTRIBUTOIREMENT, kotributûar-ma-t.
CONTRISTER, kotriste-r.
CONTRIT, kotri-t.
CONTRITE, kotrit.
CONTRITION, kotrisio.
CONTRÔLE, kotrôl.
CONTRÔLER, kotrôle-r.
CONTRÔLEUR, kotrôlɛr.
CONTROUVER, kotrûve-r.
CONTROVERSE, kotrovêrs.
CONTROVERSÉ, E, kotrovêrse.
CONTROVERSISTE, kotrovêrsist.
CONTUMACE, kotumas.
CONTUMAX, kotumas.
CONTUS, kotu-z.
CONTUSE, kotuz.
CONTUSION, kotuzio.
CONTUSIONNÉ, E, kotuzione.
CONVAINCANT, kovika-t.
CONVAINCANTE, kovikat.
CONVAINCRE, kovikr.
CONVALESCENCE, kovalêsas.

CONVALESCENT, kovalêsa-t.
CONVALESCENTE, kovalêsat.
CONVENABLE, kovnabl.
CONVENABLEMENT, kovnablema-t.
CONVENANCE, kovnas.
CONVENANT, kovna-t.
CONVENANTE, kovnat.
CONVENIR, kovnir.
CONVENTICULE, kovatikul.
CONVENTION, kovasio.
CONVENTIONNEL, LE, kovasionêl.
CONVENTIONNELLEMENT, kovasionêlma-t.
CONVENTUALITE, kovatualite.
CONVENTUEL, E, kovatuêl.
CONVENTUELLEMENT, kovatuêlma-t.
CONVERGENCE, kovêrjas.
CONVERGENT, kovêrja-t.
CONVERGENTE, koverjat.
CONVERGER, koverje-r.
CONVERS, kovêr-s.
CONVERSATION, kovêrsâsio.
CONVERSE, kovêrs.
CONVERSER, kovêrse-r.
CONVERSION, kovêrsio.
CONVERTIBLE, kovêrtibl.
CONVERTIR, kovêrtir.
CONVERTISSEMENT, kovêrtisma-t.
CONVERTISSEUR, kovêrtiser.
CONVERTISSEUSE, kovêrtisêz.
CONVEXE, kovêks.
CONVEXITE, kovêksite.
CONVICTION, koviksio.
CONVIER, kovie-r.
CONVIVE, koviv.
CONVOCATION, kovokâsio.
CONVOI, kovûâ.
CONVOITABLE, kovûatabl.
CONVOITER, kovûate-r.
CONVOITEUSE, kovûatéz.
CONVOITEUX, kovûaté-z.
CONVOITISE, kovûatiz.
CONVOLER, kovole-r.
CONVOLUTE, E, kovolute.
CONVOLVULUS, kovolvulus.
CONVOQUER, kovoke-r.
CONVOYER, kovûaye-r.
CONVOYEUR, kovûayer.
CONVULSIF, kovulsif.
CONVULSION, kovulsio.
CONVULSIONNAIRE, kovulsionêr.
CONVULSIVE, kovulsiv.
COOBLIGÉ, kooblije.
COOPÉRATEUR, kooperater.
COOPÉRATION, kooperâsio.
COOPÉRATRICE, kooperatris.
COOPÉRER, koopere-r.
COOPTATION, kooptâsio.
COOPTER, koopte-r.
COORDINATION, koordinâsio.
COORDONNER, koordone-r.
COPAHU, kopau.
COPAL, kopal.
COPARTAGEANT, kopartaja-t.
COPARTAGEANTE, kopartajat.
COPEAU, kopô.
COPECK, kopêk.
COPERMUTANT, kopermuta-t.
COPHTE, koft.
COPIE, kopi.
COPIER, kopie-r.
COPIEUSE, kopiéz.
COPIEUSEMENT, kopiêzma-t.
COPIEUX, kopiê-z.
COPISTE, kopíst.
COPROPRIÊTAIRE, koproprietêr.
COPULATIF, kopulatif.
COPULATION, kopulâsio.
COPULATIVE, kopulativ.
COPULE, kopul.
COQ, kok (1).
COQ-A-L'ÂNE, kokalâu.
COQUE, kok.

(1) Dans le mot composé *coq d'Inde*, on ne prononce pas le *q*. On dit ko d'id.

Coquecigrue, koksigru.
Coquelicot, koklikô.
Coqueluche, kokluh.
Coqueluchon, kokluho.
Coquemar, kokmar.
Coqueret, kokrê-t.
Coquet, kokê-t.
Coqueter, kokte-r.
Coquetier, koktie.
Coquette, kokêt.
Coquetterie, koketri.
Coquillage, kokilaj.
Coquille, kokil.
Coquin, koki.
Coquine, kokin.
Coquinerie, kokinri.
Cor, kor.
Corail, koral.
Corailleur, koralɛr.
Coran, kora.
Corbeau, korbô.
Corbeille, korbêl.
Corbillard, korbilar.
Corbillon, korbilo.
Corcelet, korsɛlê-t.
Cordage, kordaj.
Corde, kord.
Cordeau, kordô.
Cordeler, kordɛle-r.
Cordelette, kordɛlêt.
Cordelier, kordɛlie.
Cordelière, kordɛliêr.
Cordelle, kordêl.
Corder, korde-r.
Corderie, kordri.
Cordial, e, kordial.
Cordialement, kordialma-t.
Cordialité, kordialite.
Cordiaux, kordiô-z.
Cordier, kordie.
Cordiforme, kordiform.
Cordon, kordo.
Cordonner, kordone-r.
Cordonnerie, kordonri.
Cordonnet, kordonê-t.
Cordonnier, kordonie.
Coreligionnaire, korɛlijionêr.
Coriace, korias.
Coriacé, e, koriase.
Coriambe, koriab.
Coriandre, koriadr.
Corinthien, koritii.
Corinthienne, koritiên.
Coris, koris.
Corme, korm.
Cormier, kormie.
Cormoran, kormora.
Cornac, kornak.
Cornage, kornaj.
Cornaline, kornalin.
Cornard, kornar.
Corne, korn.
Corne, e, korne.
Corneille, kornêl.
Cornemuse, kornɛmuz.
Corner, korne-r.
Cornet, kornê-t.
Cornette, kornêt.
Corneur, kornɛr.
Corniche, kornih.
Cornichon, korniho.
Cornier, kornie.
Cornière, korniêr.
Cornillas, kornila.
Cornouille, kornûl.
Cornouiller, kornûle.
Cornu, e, kornu.
Corollaire, korolêr.
Corolle, korol.
Coronaire, koronêr.
Coronal, e, koronal.
Coronaux, koronô-z.
Coroner, koronêr.
Coronille, koronil.
Coronoïde, koronoid.
Corporal, korporal.
Corporation, korporâsio.
Corporel, le, korporêl.
Corporellement, korporêlma-t
Corporifier, korporifie-r.

CORPS, kor.
CORPULENCE, korpulas.
CORPULENT, korpula-t.
CORPULENTE, korpulat.
CORPUSCULAIRE, korpuskulêr.
CORPUSCULE, korpuskul.
CORRECT, E, korêkt.
CORRECTEMENT, korêktema-t.
CORRECTEUR, korêkter.
CORRECTIF, korêktif.
CORRECTION, korêksio.
CORRECTIONNEL, LE, korêksionêl.
CORRECTIONNELLEMENT, korêksionêlma-t.
CORRECTIVE, korêktiv.
CORRÉGIDOR, korejidor.
CORRÉLATIF, korelatif.
CORRELATION, korelâsio.
CORRÉLATIVE, korelativ.
CORRESPONDANCE, korêspodas.
CORRESPONDANT, korêspoda-t.
CORRESPONDANTE, korêspodat.
CORRESPONDRE, korêspodr.
CORRIDOR, koridor.
CORRIGER, korije-r.
CORRIGIBLE, korijibl.
CORROBORANT, kor'obora-t.
CORROBORANTE, kor'oborat.
CORROBORATIF, kor'oboratif.
CORROBORATION, kor'oborâsio.
CORROBORATIVE, kor'oborativ.
CORROBORER, kor'obore-r.
CORRODANT, kor'oda-t.
CORRODANTE, kor'odat.
CORRODER, kor'ode-r.
CORROI, korûa.
CORROIERIE, korûari.
CORROMPRE, koropr.
CORROMPU, E, koropu.
CORROSIF, kor'ozif.
CORROSION, kor'ozio.
CORROSIVE, kor'oziv.
CORROYER, korûaye-r.
CORROYEUR, korûayer.
CORRUPTEUR, korupter.
CORRUPTIBILITÉ, koruptibilite.
CORRUPTIBLE, koruptibl.
CORRUPTION, korupsio.
CORRUPTIVE, koruptiv.
CORRUPTRICE, koruptris.
CORS, kor-z.
CORSAGE, korsaj.
CORSAIRE, korsêr.
CORSELET, korselê-t.
CORSET, korsê-t.
CORTÉGE, kortej.
CORTÈS, kortês.
CORTICAL, E, kortikal.
CORTICAUX, kortikô-z.
CORUSCATION, koruskâsio.
CORVÉABLE, korveabl.
CORVÉE, korve.
CORVETTE, korvêt.
CORYBANTE, koribat.
CORYMBE, korib.
CORYMBIFÈRE, koribifêr.
CORYPHÉE, korife.
CORYZA, koriza.
COSÉCANTE, kosekat.
COSINUS, kosinus.
COSMÉTIQUE, kosmetik.
COSMOGONIE, kosmogoni.
COSMOGONIQUE, kosmogonik.
COSMOGRAPHE, kosmograf.
COSMOGRAPHIE, kosmografi.
COSMOGRAPHIQUE, kosmografik.
COSMOLOGIE, kosmoloji,
COSMOLOGIQUE, kosmolojik.
COSMOPOLITE, kosmopolit.
COSMORAMA, kosmorama.
COSSE, kos.
COSSER, kose-r.
COSSON, koso.
COSSU, E, kosu.
COSTAL, E, kostal.
COSTUME, kostum.
COSTUMER, kostume-r.
COSTUMIER, kostumie.
COTANGENTE, kotajat
COTE, kot.

Côte, kôt.
Côté, kôte.
Coteau, kôtô.
Côtelette, kôtlêt
Coter, kote-r.
Coterie, kotri.
Cothurne, koturn.
Côtier, kôtie.
Côtière, kôtiêr.
Cotignac, kotiꞡa.
Cotillon, kotilo̱.
Cotisation, kotizâsio̱
Cotiser, kotize-r.
Cotissure, kotisur.
Coton, koto̱.
Cotonnade, kotonad.
Cotonner (se), kotone-r.
Cotonneuse, kotonêz.
Cotonneux, kotonê-z.
Cotonnier, kotonie.
Cotonnine, kotonin.
Côtoyer, kôtûaye-r.
Cotre, kotr.
Cotret, kotrê.
Cotte, kot.
Cotteron, kotro̱.
Cotuteur, kôtutɛr.
Cotyle, kotil.
Cotylédon, kotiledo̱.
Cotyloïde, kotiloid.
Cou, kû.
Couard, kûar.
Couardise, kûardiz.
Couchant, kûha̱-t
Couche, kûh.
Couchée, kûhe.
Coucher, kûhe.
Coucher, kûhe-r.
Couchette, kûhêt.
Coucheur, kûhɛr.
Coucheuse, kûhêz.
Couchis, kuhi-z.
Coucou, kûkû.
Coude, kûd.
Coudée, kûde.
Cou-de-pied, kûdpie.
Couder, kûde-r.
Coudoyer, kûdûaye-r.
Coudraie, kûdrê.
Coudre, kûdr.
Coudrette, kûdrêt.
Coudrier, kûdrie.
Couenne, kûên.
Couenneuse, kûênêz.
Couenneux, kûênê-z.
Couette, kûêt.
Coulage, kûlaj.
Coulamment, kûlama̱-t.
Coulant, kûla̱-t.
Coulante, kûla̱t.
Coulé, e, kûle.
Couler, kûle-r.
Couleur, kûlɛr.
Couleuvre, kûlɛvr.
Couleuvrine, kûlɛvrin.
Coulis, kûli-z.
Coulisse, kûlis.
Couloir, kûlûar.
Couloire, kûlûar.
Coulure, kûlur.
Coup, kû-p.
Coupable, kûpabl.
Coupant, kûpa̱-t.
Coupante, kûpa̱t.
Coupe, kûp.
Coupé, kûpe.
Coupe-gorge, kûpgorj.
Coupe-jarret, kûpjarê-t.
Coupellation, kûpel'âsio̱.
Coupelle, kûpêl.
Coupeller, kûpel'e-r.
Couper, kûpe-r.
Couperet, kûprê-t.
Couperose, kûprôz.
Couperosé, e, kûprôze.
Coupe-tête, kûptê't.
Coupeur, kûpɛr.
Coupeuse, kûpêz.
Couple, kûpl.
Couplet, kûplê-t.

Coupoir, kûpûar.
Coupole, kûpol.
Coupon, kûpo̱.
Coupure, kûpur.
Cour, kûr.
Courage, kûraj.
Courageuse, kûrajêz.
Courageusement, kûrajêzma̱-t.
Courageux, kûrajê-z.
Courailler, kurâle̱-r.
Couramment, kûrama̱-t.
Courant, kûra̱-t.
Courante, kûra̱t.
Courbatu, e, kûrbatu.
Courbature, kûrbatur.
Courbaturé, e, kûrbature.
Courbe, kûrb.
Courber, kûrbe-r.
Courbette, kûrbêt.
Courbure, kûrbur.
Courée, kûre.
Coureur, kûrɛr.
Coureuse, kûrêz.
Courge, kûrj.
Courir, kûrir.
Courlis, kûrli-z.
Courlieu, kûrliê.
Couronne, kûron.
Couronnement, kûronma̱-t.
Couronner, kûrone-r.
Courre, kûr.
Courrier, kûrie.
Courrière, kûriêr.
Courroie, kûrûa.
Courroucer, kûrûse-r.
Courroux, kûrû-z.
Cours, kûr-z.
Course, kûrs.
Coursier, kûrsie.
Coursive, kûrsiv.
Courson, kûrso̱.
Court, kûr-t.
Courtage, kûrtaj.
Courtaud, kûrtô.
Courtaude, kûrtôd.
Court-bouillon, kûrbûlo̱.
Courte, kûrt.
Courte-pointe, kurtɛpûi̱t.
Courtier, kûrtie.
Courtilière, kûrtiliêr.
Courtine, kûrtin.
Courtisan, kûrtiza̱.
Courtisane, kûrtizan.
Courtisanerie, kûrtizanri.
Courtisanesque, kûrtizanêsk
Courtiser, kûrtize-r.
Courtois, kûrtûâ-z.
Courtoise, kûrtûaz.
Courtoisement, kûrtûazma̱-t.
Courtoisie, kûrtûazi.
Couscoussou, kûskûsû.
Couseuse, kûzêz.
Cousin, kûzi̱.
Cousinage, kûzinaj.
Cousine, kûzin.
Cousiner, kûzine-r.
Coussin, kûsi̱.
Coussinet, kûsinê-t.
Coût, kû-t.
Coûtant, kûta̱-t.
Couteau, kûtô.
Coutelas, kûtlâ-z.
Coutelier, kûtɛlie.
Coutelière, kûtɛliêr.
Coutellerie, kûtelri.
Coûter, kûte-r.
Coûteuse, kûtêz.
Coûteux, kûtê-z.
Coutil, kûti.
Coutre, kûtr.
Coutume, kûtum.
Coutumier, kûtumie.
Coutumière, kûtumiêr.
Couture, kûtur.
Couturé, e, kûture.
Couturier, kûturie.
Couturière, kûturiêr.
Couvain, kûvi̱.
Couvaison, kûvêzo̱.
Couvée, kûve.

COUVENT, kûva-t.
COUVER, kûve-r.
COUVERCLE, kûvêrkl.
COUVERT, kûvêr-t.
COUVERTE, kûvêrt.
COUVERTURE, kûvêrtur.
COUVERTURIER, kûvêrturie.
COUVET, kûvê-t.
COUVEUSE, kûvêz.
COUVRE-CHEF, kûvrehêf.
COUVRE-FEU, kûvrefê.
COUVRE-PIED, kûvrepie.
COUVREUR, kûvrer.
COUVRIR, kûvrir.
COVENANT, kovna-t.
COVENANTAIRE, kovnatêr.
COVENDEUR, kovader.
CRABE, krâb.
CRABIER, krâbie.
CRAC, krak.
CRACHAT, kraha-t.
CRACHEMENT, krahma-t.
CRACHER, krahe-r.
CRACHEUR, kraher.
CRACHEUSE, krahêz.
CRACHOIR, krahûar.
CRACHOTEMENT, krahotma-t.
CRACHOTER, krahote-r.
CRAIE, krê.
CRAINDRE, kridr.
CRAINTE, krit.
CRAINTIF, kritif.
CRAINTIVE, kritiv.
CRAINTIVEMENT, kritivma-t.
CRAMOISI, E, kramûazi.
CRAMPE, krap.
CRAMPON, krapo.
CRAMPONNER, krapone-r.
CRAMPONNET, kraponê-t.
CRAN, kra.
CRÂNE, krân.
CRÂNERIE, krânri.
CRÂNOLOGIE, krânoloji.
CRAPAUD, krapô.
CRAPAUDAILLE, krapôdâl.
CRAPAUDIÈRE, krapôdiêr.
CRAPAUDINE, krapôdin.
CRAPOUSSIN, krapûsi.
CRAPOUSSINE, krapûsin.
CRAPULE, krapul.
CRAPULER, krapule-r.
CRAPULEUSE, krapulêz.
CRAPULEUSEMENT, krapulêzma-t.
CRAPULEUX, krapulê-z.
CRAQUE, krak.
CRAQUELIN, krakli.
CRAQUEMENT, krakma-t.
CRAQUER, krake-r.
CRAQUERIE, krakri.
CRAQUÈTEMENT, krakêtma-t.
CRAQUETER, krakte-r.
CRAQUEUR, kraker.
CRAQUEUSE, krakêz.
CRASSANE, krasan.
CRASSE, kras.
CRASSEMENT, krasma-t.
CRASSEUSE, krasêz.
CRASSEUX, krasê-z.
CRATÈRE, kratêr.
CRATICULER, kratikule-r.
CRAVACHE, kravah.
CRAVAN, krava.
CRAVATE, kravat.
CRAVATÉ, kravate.
CRAYEUSE, krêyêz.
CRAYEUX, krêyê-z.
CRAYON, krêyo.
CRAYONNER, krêyone-r.
CRAYONNEUR, krêyoner.
CRAYONNEUSE, krêyonêz.
CRAYONNEUX, krêyonê-z.
CRÉANCE, kreas.
CRÉANCIER, kreasie.
CRÉANCIÈRE, kreasiêr.
CRÉATEUR, kreater.
CRÉATION, kreâsio.
CRÉATRICE, kreatris.
CRÉATURE, kreatur.
CRÉCELLE, kresêl.
CRECERELLE, kresrêl.

CRÈCHE, krêh.
CRÉDENCE, kreda̲s.
CRÉDENCIER, kreda̲sie.
CRÉDIBILITÉ, kredibilite.
CRÉDIT, kredi-t.
CRÉDITER, kredite-r.
CRÉDITEUR, krediter.
CREDO, kredô.
CRÉDULE, kredul.
CRÉDULITÉ, kredulite.
CRÉER, kree-r.
CRÉMAILLÈRE, kremâlêr.
CRÉMAILLON, kremâlo̲.
CRÈME, krêm.
CRÉMENT, krema̲-t.
CRÉMER, kreme-r.
CRÉMIER, kremie.
CRÉMIÈRE, kremiêr.
CRÉNAGE, krenaj.
CRÉNEAU, krenô.
CRÉNELAGE, krenlaj.
CRÉNELÉ, E, krenle.
CRÉNELER, krenle-r.
CRÉNELURE, krenlur.
CRÉNER, krene-r.
CRÉOLE, kreol.
CRÊPE, krêp.
CRÊPER, krepe-r.
CRÉPI, krepi.
CRÉPINE, krepin.
CRÉPIR, krepir.
CRÉPISSURE, krepisur.
CRÉPITATION, krepitâsio̲.
CRÉPON, krepo̲.
CREPS, krêps.
CRÉPU, E, krepu.
CRÉPUSCULAIRE, krepuskulêr.
CRÉPUSCULE, krepuskul.
CRÉQUIER, krekie.
CRÉSANE, krezan.
CRESCENDO, krêhidô.
CRESSON, kreso̲.
CRESSONNIÈRE, kresoniêr.
CRÉSUS, krezus.
CRÉTACÉ, E, kretase.
CRÊTE, krêt.
CRÊTÉ, E, krete.
CRÉTIN, kreti̲.
CRÉTINISME, kretinism.
CRETONNE, kreton.
CRÉTONS, kreto̲-z.
CREUSE, krêz.
CREUSEMENT, krêzma̲-t.
CREUSER, krêze-r.
CREUSET, krêzê-t.
CREUX, krê-z.
CREVASSE, krevas.
CREVASSER, krevase-r.
CRÈVE-CŒUR, krêvker.
CREVER, kreve-r.
CREVETTE, krevêt.
CRI, kri.
CRIAILLER, kriyâle-r.
CRIAILLERIE, kriyâlri.
CRIAILLEUR, kriyâler.
CRIAILLEUSE, kriyâlêz.
CRIANT, kriya̲-t.
CRIANTE, kriya̲t.
CRIARD, kriyar.
CRIARDE, kriyard.
CRIBLE, kribl.
CRIBLER, krible-r.
CRIBLEUR, kribler.
CRIBLEUSE, kriblêz.
CRIBLURE, kriblur.
CRIBRATION, kribrâsio̲.
CRIC, kri.
CRID, kri.
CRIÉE, kriye.
CRIER, kriye-r.
CRIERIE, kriri.
CRIEUR, kriyer.
CRIEUSE, kriyêz.
CRIME, krim.
CRIMINALISER, kriminalize-r.
CRIMINALISTE, kriminalist.
CRIMINALITÉ, kriminalite.
CRIMINEL, LE, kriminêl.
CRIMINELLEMENT, kriminêlma̲-t.
CRIN, kri̲.

CRINCHIN, krikri.
CRINIER, krinie.
CRINIÈRE, krinièr.
CRINOLINE, krinolin.
CRIQUE, krik.
CRIQUET, krikê-t.
CRISE, kriz.
CRISPATION, krispâsio.
CRISPER, krispe-r.
CRISSER, krise-r.
CRISTAL, kristal.
CRISTALLERIE, kristalri.
CRISTALLIN, kristali.
CRISTALLINE, kristalin.
CRISTALLISATION, kristalizâsio.
CRISTALLISER, kristalize-r.
CRISTALLOGRAPHIE, kristal'ografi.
CRITERIUM, kriteriom.
CRITIQUABLE, kritikabl.
CRITIQUE, kritik.
CRITIQUER, kritike-r.
CROASSEMENT, kroasma-t.
CROASSER, kroase-r.
CROATE, kroat.
CROC, krô.
CROC-EN-JAMBE, krokajab.
CROCHE, kroh.
CROCHET, krohê-t.
CROCHETER, krohte-r.
CROCHETEUR, krohter.
CROCHU, E, krohu.
CROCODILE, krokodil.
CROIRE, krûar.
CROISADE, krûazad.
CROISÉE, krûaze.
CROISEMENT, krûazma-t.
CROISER, krûaze-r.
CROISEUR, krûazer.
CROISIÈRE, krûazièr.
CROISILLON, krûazilo.
CROISSANCE, krûasas.
CROISSANT, krûasa-t.
CROISSANTE, krûasat.
CROISURE, krûazur.
CROÎT, krûa-t.
CROÎTRE, krûatr.
CROIX, krûâ-z.
CROMORNE, kromorn.
CROQUANT, kroka-t.
CROQUANTE, krokat.
CROQUE-MORT, krokmor-t.
CROQUE-NOTE, kroknot.
CROQUER, kroke-r.
CROQUET, krokê-t.
CROQUETTE, krokêt.
CROQUIGNOLE, krokigol.
CROQUIS, kroki-z.
CROSSE, kros.
CROSSÉ, E, krose.
CROSSER, krose-r.
CROSSETTE, krosêt.
CROSSEUR, kroser.
CROTTE, krot.
CROTTER, krote-r.
CROTTIN, kroti.
CROULANT, krûla-t.
CROULANTE, krûlat.
CROULEMENT, krûlma-t.
CROULER, krûle-r.
CROUP, krûp.
CROUPADE, krûpad.
CROUPE, krûp.
CROUPIER, krûpie.
CROUPIÈRE, krûpièr.
CROUPION, krûpio.
CROUPIR, krûpir.
CROUPISSANT, krûpisa-t.
CROUPISSANTE, krûpisat.
CROUSTILLE, krûstil.
CROUSTILLER, krûstile-r.
CROUSTILLEUSE, krûstilêz.
CROUSTILLEUX, krûztilê-z
CROÛTE, krût.
CROÛTON, krûto.
CROYABLE, krûayabl.
CROYANCE, krûayas.
CROYANT, krûaya-t.
CROYANTE, krûayat.
CRÛ, kru.
CRU, E, kru.

Cruauté, kruôte.
Cruche, kruh.
Cruchée, kruhe.
Cruchon, kruho.
Crucial, e, krusial.
Crucifère, krusifêr.
Crucifîment, krusifima-t.
Crucifiement, krusifima-t.
Crucifier, krusifie-r.
Crucifix, krusifi-z.
Crudité, krudite.
Crue, kru.
Cruel, le, kruêl.
Cruellement, kruêlma-t.
Crûment, kruma-t.
Crural, e, krural.
Crustacé, e, krustase.
Cruzade, kruzad.
Crypte, kript.
Cryptogame, kriptogam.
Cryptogamie, kriptogami.
Cryptographie, kriptografi.
Crystal, kristal.
Crystaux, kristô-z.
Cubage, kubaj.
Cubature, kubatur.
Cube, kub.
Cuber, kube-r.
Cubique, kubik.
Cubital, e, kubital.
Cubitaux, kubitô-z.
Cubitus, kubitus.
Cucubale, kukubal.
Cucurbitacée, kukurbitase.
Cucurbite, kukurbit.
Cueillette, kelêt.
Cueillir, kelir.
Cueilloir, kelûar.
Cuiller, kuilêr.
Cuillerée, kuilre.
Cuilleron, kuilro.
Cuir, kuir.
Cuirasse, kuiras.
Cuirasser, kuirase-r.
Cuirassier, kuirasie.
Cuire, kuir.
Cuisant, kuiza-t.
Cuisante, kuizat.
Cuisine, kuizin.
Cuisiner, kuizine-r.
Cuisinier, kuizinie.
Cuisinière, kuizinier.
Cuissard, kuisar.
Cuisse, kuis.
Cuisson, kuiso.
Cuissot, kuisô-t.
Cuistre, kuistr.
Cuite, kuit.
Cuivre, kuivr.
Cuivré, e, kuivre.
Cuivreuse, kuivrêz.
Cuivreux, kuivrê-z.
Cul, ku.
Culasse, kulas.
Culbute, kulbut.
Culbuter, kulbute-r.
Culbutis, kulbuti-z.
Culée, kule.
Culer, kule-r.
Culière, kulièr.
Culinaire, kulinêr.
Culminant, kulmina-t.
Culminante, kulminat.
Culmination, kulminâsio.
Culminer, kulmine-r.
Culot, kulô.
Culotte, kulot.
Culotter, kulote-r.
Culottier, kulotie.
Culottière, kulotièr.
Culpabilité, kulpabilite.
Culte, kult.
Cultivable, kultivabl.
Cultivateur, kultivater.
Cultiver, kultive-r.
Culture, kultur.
Cumin, kumi.
Cumul, kumul.
Cumulatif, kumulatif.
Cumulative, kumulativ.

Cumulativement, kumulativma̲-t.
Cumuler, kumule-r.
Cunéiforme, kuneiform.
Cupide, kupid.
Cupidité, kupidite.
Cupule, kupul.
Curable, kurabl.
Curaçao, kurasô.
Curage, kuraj.
Curatelle, kuratêl.
Curateur, kuratɛr.
Curatif, kuratif.
Curation, kurâsio̲
Curative, kurativ.
Curatrice, kuratris.
Curcuma, kurkuma.
Cure, kur.
Curé, kure.
Cure-dent, kurda̲.
Curée, kure.
Cure-oreille, kurorêl̲.
Curer, kure-r.
Cureur, kurɛr.
Curial, e, kurial.
Curiaux, kuriô-z.
Curie, kuri.
Curieuse, kuriɛ̂z.
Curieusement, kuriɛ̂zma̲-t.
Curieux, kuriɛ̂-z.
Curion, kurio̲.
Curiosité, kuriozite.
Cursif, kursif.
Cursive, kursiv.
Curule, kurul.
Curviligne, kurvilig̃.
Cuscute, kuskut.
Cutané, e, kutane.
Cuticule, kutikul.
Cutter, kutɛr.
Cuve, kuv.
Cuveau, kuvô.
Cuvée, kuve.
Cuvelage, kuvlaj.
Cuveler, kuvle-r.
Cuver, kuve-r.
Cuvette, kuvêt.
Cuvier, kuvie.
Cyathe, siat.
Cyclamen, siklamên.
Cycle, sikl.
Cyclique, siklik.
Cycloïde, sikloid.
Cyclope, siklop.
Cyclopéen, siklopei̲.
Cyclopéenne, siklopeên.
Cygne, sig̃.
Cylindre, sili̲dr.
Cylindré, e, sili̲dre.
Cylindrer, sili̲dre-r.
Cylindrique, sili̲drik.
Cymaise, simêz.
Cymbalaire, si̲balêr.
Cymbale, si̲bal.
Cymbalier, si̲balie.
Cyme, si'm.
Cynancie, sina̲si.
Cynique, sinik.
Cynisme, sinism.
Cynocéphale, sinosefal.
Cynoglosse, sinoglos.
Cypres, siprê-z.
Cystique, sistik.
Cystite, sistit.
Cystotome, sistotôm.
Cystotomie, sistotomi.
Cytise, sitiz.
Czar, gzar.
Czarienne, gzariên.
Czarine, gzarin.
Czarowitz, gzarowith.

D

D, de ou dɛ.
D'ABORD, dabor.
DACTYLE, daktil.
DADA, dada.
DADAIS, dadê-z.
DAGUE, dag.
DAGUER, dage-r.
DAGUERREOTYPE, dagereotip.
DAGUES, dag-z.
DAGUET, dagê-t.
DAHLIA, dalia.
DAIGNER, dege-r.
D'AILLEURS, dalɛr-z.
DAIM, di.
DAINE, dên.
DAIS, dê-z.
DALLE, dal.
DALLER, dale-r.
DALMATIQUE, dalmatik.
DALOT, dalô.
DAMAS, damâ-z.
DAMASQUINER, damaskine-r.
DAMASQUINERIE, damaskinri.
DAMASQUINEUR, damaskinɛr.
DAMASQUINURE, damaskinur.
DAMASSÉ, E, damaso.
DAMASSER, damase-r.
DAMASSURE, damasur.
DAME, dam.
DAME-JEANNE, damjân.
DAMER, dame-r.
DAMERET, damrê-t.
DAMIER, damie.
DAMNABLE, dânabl.
DAMNABLEMENT, dânablɛma-t.
DAMNATION, danâsio.
DAMNER, dâne-r.
DAMOISEAU, damûazô.
DAMOISEL, LE, damûazél.
DANDIN, dadi.
DANDINEMENT, dadinma-t.
DANDINER, dadine-r.
DANDY, dadi.
DANGER, daje.
DANGEREUSE, dajréz.
DANGEREUSEMENT, dajrézma-t.
DANGEREUX, dajré-z.
DANOIS, danûa-z.
DANS, da-z.
DANSE, das.
DANSER, dase-r.
DANSEUR, dasɛr.
DANSEUSE, daséz.
DAPHNE, dafne.
DARCE, dars.
DARD, dar.
DARDER, darde-r.
DARIOLE, dariol.
DARIQUE, darik.
DARNE, darn.
DARSE, dars.
DARTRE, dartr.
DARTREUSE, dartréz.
DARTREUX, dartré-z.
DATE, dat.
DATER, date-r.
DATERIE, datri.
DATIF, datif.
DATIVE, dativ.
DATION, dâsio.
DATISME, datism.
DATTE, dat.
DATTIER, datie
DATURA, datura.
DAUBE, dôb.
DAUBER, dôbe-r.
DAUBIÈRE, dôbiêr.
DAUPHIN, dôfi.
DAURADE, dorad.
DAVANTAGE, davataj.

Davier, davie.
De, dɛ.
Dé, de.
Débâclage, debâklaj.
Débâcle, debâkl.
Debâclement, debâklɛma-t.
Debâcler, debâkle-r.
Déballage, debalaj.
Deballer, debale-r.
Debandade, debadad.
Débander, debade-r.
Débaptiser, debatize-r.
Débarbouiller, debarbûle-r.
Débarcadère, debarkadêr.
Débardage, debardaj.
Débarder, debarde-r.
Débardeur, debardɛr.
Débarquement, debarkɛma-t.
Débarquer, debarke-r.
Débarras, debarâ-z.
Débarrasser, debarase-r.
Débarrer, debâre-r.
Debat, deba-t.
Débâter, debâte-r.
Debattre, debatr.
Débauche, debôh.
Débauché, e, debôhe.
Debaucher, debôhe-r.
Débaucheur, debôhɛr.
Débaucheuse, debôhéz.
Debet, debê-t.
Debile, debil.
Débilement, debilma-t.
Débilitant, debilita-t.
Débilitante, debilitat.
Débilitation, debilitâsio.
Debilité, debilite.
Debiliter, debilite-r.
Débit, debi-t.
Débitant, debita-t.
Debitante, debitat.
Débiter, debite-r.
Débiteur, debitɛr.
Débiteuse, debitêz
Debitrice, debitris.
Déblai, deblê.
Deblatérer, deblatere-r.
Déblayer, debleye-r.
Déblocage, deblokaj.
Débloquer, debloke-r.
Déboire, debûar.
Deboîtement, debûatma-t.
Déboîter, debûate-r.
Débonder, debode-r.
Débondonner, debodone-r.
Débonnaire, debonêr.
Débonnairement, debonêrma-t.
Débonnairete, debonêrte.
Débord, debor.
Debordement, debordɛma-t.
Deborder, deborde-r.
Debotter, debote-r.
Débouché, debûhe-r.
Debouchement, debûhma-t.
Deboucher, debûhe-r.
Déboucler, debûkle-r.
Débouilli, debûli.
Débouillir, debûlir.
Débouquement, debûkma-t.
Débouquer, debûke-r.
Débourber, debûrbe-r.
Débourrer, debûre-r.
Débours, debûr-z.
Débourser, debûrse-r.
Debout, dɛbû-t.
Debouter, debûte-r.
Déboutonner, debûtone-r.
Débrailler (se), debrâle-r.
Débrider, debride-r.
Débris, debri-z.
Débrouillement, debrûlma-t.
Débrouiller, debrûle-r.
Débucher, debuhe-r.
Débusquement, debuskɛma-t.
Débusquer, debuske-r.
Début, debu-t.
Débutant, debuta-t.
Débutante, debutat.
Débuter, debute-r.
Deçà, dɛsa.

Decacheter, dekahte-r.
Décade, dekad.
Decadence, dekadas.
Decadi, dekadi.
Decagone, dekagôn.
Decagramme, dekagram.
Décaisser, dekese-r.
Décalitre, dekalitr.
Decalogue, dekalog.
Décalquer, dekalke-r.
Decaméron, dekamero.
Décamètre, dekamêtr.
Decampement, dekapma-t.
Decamper, dekape-r.
Decandrie, dekadri.
Decantation, dekatâsio.
Decanter, dekate-r.
Décaper, dekope-r.
Décapitation, dekapitâsio.
Decapiter, dekapite-r.
Décarreler, dekarle-r.
Décatir, dekatir.
Decatissage, dekatisaj.
Decatisseur, dekatisɛr.
Decaver, dekave-r.
Decéder, desede-r.
Décelement, desêlma-t.
Deceler, desele-r.
Decembre, desabr.
Decemment, desama-t.
Décemvir, desemvir.
Decemviral, e, desemviral.
Décence, desas.
Décennal, e, desên'al.
Decennaux, desên'o-z.
Decent, desa-t.
Decente, desat.
Decentralisation, desatralizâsio.
Decentraliser, desatralize-r.
Déception, desêpsio.
Decerner, desêrne-r.
Decès, desê-z.
Décevant, desɛva-t.
Decevante, desɛvat.
Decevoir, desɛvûar.

Dechaînement, dehênma-t.
Dechaîner, dehene-r.
Dechanter, dehate-r.
Déchaperonné, e, dehaprone.
Déchaperonner, dehaprone-r.
Décharge, deharj.
Dechargement, deharjɛma-t.
Décharger, deharje-r.
Déchargeur, deharjɛr.
Decharner, deharne-r.
Déchasser, dehase-r.
Dechaumer, dehôme-r.
Déchaussement, dehôsma-t.
Dechausser, dehôse-r.
Déchaussoir, dehôsûar.
Déchéance, deheas.
Déchet, dehê-t.
Décheveler, dehɛvle-r.
Dechiffrable, dehifrabl.
Déchiffrement, dehifrɛma-t.
Dechiffrer, dehifre-r.
Déchiffreur, dehifrɛr.
Dechiqueter, dehikte-r.
Dechiqueture, dehiktur.
Dechirage, dehiraj.
Déchirant, dehira-t.
Dechirante, dehirat.
Déchirement, dehirma-t.
Déchirer, dehire-r.
Dechirure, dehirur.
Déchoir, dehûar.
Dechouer, dehûe-r.
Decidément, desidema-t.
Decider, deside-r.
Décigramme, desigram.
Décilitre, desilitr.
Déciller, desile-r.
Décimable, desimabl.
Décimal, e, desimal.
Décimaux, desimô-z.
Décimation, desimâsio.
Decime, desim.
Décimer, desime-r.
Décimètre, desimêtr.
Décintrement, desitrɛma-t.

Décintrer, desi̲tre-r.
Décisif, desizif.
Décision, desizio̲.
Décisive, desiziv.
Décisivement, desizivma-t.
Déclamateur, deklamatɛr.
Déclamation, deklamâsio̲.
Déclamatoire, deklamatûar.
Déclamer, deklâme-r.
Déclaratif, deklaratif.
Déclaration, deklarâsio̲.
Déclarative, deklarativ.
Déclaratoire, deklaratûar.
Déclarer, deklare-r.
Déclasser, deklâse-r.
Déclin, dekli̲.
Déclinable, deklinabl.
Déclinaison, deklinêzo̲.
Déclinatoire, deklinatûar.
Décliner, dekline-r.
Déclive, dekliv.
Déclivité, declivite.
Déclore, deklor.
Déclouer, deklûe-r.
Décochement, dekohma̲-t.
Décocher, dekohe-r.
Décoction, dekoksio̲.
Décoiffer, dekûafe-r.
Décollation, dekolâsio̲.
Décollement, dekolma̲-t.
Décoller, dekole-r.
Décolleter, dekolte-r.
Décoloration, dekolorâsio̲.
Décolorer, dekolore-r.
Décombres, deko̲br-z.
Décommander, dekoma̲de-r.
Décomposer, deko̲pôze-r.
Décomposition, deko̲pôzisio̲.
Décompte, deko̲t.
Décompter, deko̲te-r.
Déconcerter, deko̲sêrte-r.
Déconfire, deko̲fir.
Déconfiture, deko̲fitur.
Déconfort, deko̲for.
Déconforter, deko̲forte-r.

Déconseiller, deko̲sel̲e-r.
Déconsidéré, e, deko̲sidere.
Décontenancer, deko̲tna̲se-r.
Déconvenue, deko̲vnu.
Décor, dekor.
Décorateur, dekoratɛr.
Décoration, dekorâsio̲.
Décorder, dekorde-r.
Décorer, dekore-r.
Décortication, dekortikâsio̲.
Décortiquer, dekortike-r.
Décorum, dekorom.
Découcher, dekûhe-r.
Découdre, dekûdr.
Découler, dekûle-r.
Découper, dekûpe-r.
Découpeur, dekûpɛr.
Découpeuse, dekûpêz.
Découple, dekûpl.
Découpler, dekûple-r.
Découpure, dekûpur.
Décourageant, dekûraja̲-t.
Décourageante, dekûrajat.
Découragement, dekûrajma̲-t.
Décourager, dekûraje-r.
Décours, dekûr.
Décousure, dekûzur.
Découverte, dekûvêrt.
Découvrir, dekûvrir.
Décrasser, dekrase-r.
Décréditement, dekreditma̲-t.
Décréditer, dekredite-r.
Décrépit, dekrepi-t.
Décrépite, dekrepit.
Décrépitation, dekrepitâsio̲.
Décrépiter, dekrepite-r.
Décrépitude, dekrepitud.
Décret, dekrê-t.
Décrétale, dekretal.
Décréter, dekrete-r.
Décri, dekri.
Décrier, dekrie-r.
Décrire, dekrir.
Décrocher, dekrohe-r.
Décroire, dekrûar.

DÉCROISSEMENT, dekrûasma-t.
DÉCROÎTRE, dekrûatr.
DÉCROTTER, dekrote-r.
DÉCROTTEUR, dekrotɛr.
DÉCROTTOIR, dekrotûar.
DÉCROTTOIRE, dekrotûar.
DÉCRUE, dekru.
DÉCRUER, dekrue-r.
DÉCRÛMENT, dekruma-t.
DÉCRUSEMENT, dekruzma-t.
DÉCRUSER, dekruze-r.
DÉCUIRE, dekuir.
DÉCUPLE, dekupl.
DÉCUPLER, dekuple-r.
DÉCURIE, dekuri.
DÉCURION, dekurio.
DÉDAIGNER, dedeğe-r.
DÉDAIGNEUSE, dedeğêz.
DÉDAIGNEUSEMENT, dedeğêzma-t.
DÉDAIGNEUX, dedeğê-z.
DÉDAIN, dedi.
DÉDALE, dedal.
DÉDAMER, dedame-r.
DEDANS, dɛda-z.
DÉDICACE, dedikas.
DÉDICATOIRE, dedikatûar.
DÉDIER, dedie-r.
DÉDIRE, dedir.
DÉDIT, dedi-t.
DÉDOMMAGEMENT, dedomajma-t.
DÉDOMMAGER, dedomaje-r.
DÉDORER, dedore-r.
DÉDOUBLER, dedûble-r.
DÉDUCTION, deduksio.
DÉDUIRE, deduir.
DÉDUIT, dedui-t.
DÉESSE, deês.
DÉFÂCHER (SE), defâhe-r.
DÉFAILLANCE, defalas.
DÉFAILLANT, defala-t.
DÉFAILLANTE, defalat.
DÉFAILLIR, defalir.
DÉFAIRE, defêr.
DÉFAITE, defêt.
DÉFALCATION, defalkâsio.
DÉFALQUER, defalke-r.
DÉFAUT, defô-t.
DÉFAVEUR, defavɛr.
DÉFAVORABLE, defavorabl.
DÉFAVORABLEMENT, defavorablɛma-t.
DÉFÉCATION, defekâsio.
DÉFECTIF, defektif.
DÉFECTION, defeksio.
DÉFECTUEUSE, defectuêz.
DÉFECTUEUSEMENT, defektuêzma-t.
DÉFECTUEUX, defektuê-z.
DÉFECTUOSITÉ, defektuôzite.
DÉFENDABLE, defadabl.
DÉFENDEUR, defadɛr.
DÉFENDERESSE, defadrês.
DÉFENDRE, defadr.
DÉFENS, defa-z.
DÉFENSE, defas.
DÉFENSEUR, defasɛr.
DÉFENSIF, defasif.
DÉFENSIVE, defasiv.
DÉFÉQUER, defeke-r.
DÉFÉRANT, defera-t.
DÉFÉRANTE, deferat.
DÉFÉRENCE, deferas.
DÉFÉRER, defere-r.
DÉFERLER, defêrle-r.
DÉFERRER, defêre-r.
DÉFET, defê-t.
DÉFI, defi.
DÉFIANCE, defias.
DÉFIANT, defia-t.
DÉFIANTE, defiat.
DÉFICIT, defisit.
DÉFIER, defie-r.
DÉFIGURER, defigure-r.
DÉFILÉ, defile.
DÉFILEMENT, defilma-t.
DÉFILER, defile-r.
DÉFINIR, definir.
DÉFINITIF, definitif.
DÉFINITION, definisio.
DÉFINITIVE, definitiv.
DÉFINITIVEMENT, definitivma-t.

Déflagration, deflagrâsio.
Deflegmation, deflegmâsio.
Deflegmer, deflegme-r.
Défleurir, deflerir.
Defloration, deflorâsio.
Déflorer, deflore-r.
Defoncement, defosma-t.
Defoncer, defose-r.
Deformation, deformâsio.
Deformer, deforme-r.
Defourner, defûrne-r
Défrayer, defreye-r.
Defrichement, defrihma-t.
Défricher, defrihe-r.
Défricheur, defriher.
Defriser, defrize-r.
Defroncer, defrose-r.
Défroque, defrok.
Defroquer, defroke-r.
Defunt, defu-t.
Défunte, defut.
Dégagement, degajma-t.
Dégager, degaje-r.
Dégaine, degên.
Degainer, degene-r.
Deganter, degate-r.
Dégarnir, degarnir.
Degât, degâ.
Degauchir, degôhir.
Degauchissement, degôhisma-t.
Degel, dejêl
Degeler, dejle-r.
Dégénération, dejenerâsio.
Degénerer, dejenere-r.
Degenerescence, dejeneres'as.
Degingandé, e, dejigade.
Déglutition, deglutisio.
Degobiller, degobile-r.
Degoiser, degûaze-r.
Degonflement, degoflema-t.
Degonfler, degofle-r.
Degorgement, degorjema-t.
Dégorger, degorje-r.
Dégoter, degote-r.
Degourdir, degûrdir.
Dégourdissement, degûrdisma-t
Degoût, degû-t.
Dégoûtant, degûta-t.
Dégoûtante, degûtat.
Dégoûter, degûte-r.
Dégouttant, degûta-t.
Dégouttante, degûtat.
Dégoutter, degûte-r.
Degradation, degradâsio.
Dégrader, degrade-r.
Degrafer, degrafe-r.
Dégraissage, degrêsaj.
Degraissement, degrêsma-t.
Dégraisser, degrese-r.
Degraisseur, degrêser.
Dégravoyer, degravûaye-r.
Degré, degre.
Dégréer, degree-r.
Dégrèvement, degrêvma-t.
Degrever, degreve-r.
Dégringolade, degrigolad.
Degringoler, degrigole-r.
Degriser, degrize-r.
Dégrossir, degrôsir.
Deguenillé, e, deguile.
Deguerpir, degêrpir.
Déguerpissement, degêrpisma-t.
Dégueuler, degele-r.
Deguignonner, degigone-r.
Deguisement, degizma-t.
Deguiser, degize-r.
Degustateur, degustater.
Degustation, degustâsio.
Déguster, deguste-r.
Dehanché, e, deahe.
Deharnachement, dearnahma-t.
Déharnacher, dearnahe-r.
Dehonté, e, deote.
Dehors, deor-z.
Déicide, deisid.
Deification, deifikâsio.
Déifier, deifie-r.
Deisme, deism.
Déiste, deist.
Deité, deite.

DÉJA, deja.
DÉJECTION, dejêksio.
DEJETER, dejte-r.
DÉJEUNER, dejɛne-r.
DÉJOINDRE, dejûidr.
DEJOUER, dejûe-r.
DEJUCHER, dejuhe-r.
DELA, dɛla.
DÉLABREMENT, delâbrɛma-t.
DELABRER, delâbre-r.
DÉLACER, delâse-r.
DÉLAI, delê.
DELAISSEMENT, delêsma-t.
DÉLAISSER, delese-r.
DELARDER, delarde-r.
DELASSEMENT, delâsma-t.
DELASSER, delâse-r.
DELATEUR, delatɛr.
DELATION, delâsio.
DELATRICE, delatris.
DELATTER, delate-r.
DÉLAVÉ, E, delave.
DÉLAYANT, delêya-t.
DÉLAYEMENT, delêyma-t.
DÉLAYER, deleye-r.
DELEATUR, deleatur.
DELECTABLE, delêktabl.
DÉLECTATION, delêktâsio.
DELECTER, delêkte-r.
DELÉGATION, delegâsio.
DELÉGUER, delege-r.
DELESTAGE, delêstaj.
DELESTER, delêste-r.
DELESTEUR, delêstɛr.
DELÉTÈRE, deletêr.
DÉLIBÉRANT, delibera-t.
DÉLIBÉRANTE, deliberat.
DÉLIBÉRATIF, deliberatif.
DÉLIBÉRATION, deliberâsio.
DÉLIBÉRATIVE, deliberativ.
DÉLIBEREMENT, deliberema-t.
DÉLIBÉRER, delibere-r.
DELICAT, delika-t.
DÉLICATE, delikat.
DELICATEMENT, delikatma-t.
DÉLICATESSE, delikatês.
DÉLICE, delis.
DÉLICIEUSE, delisiêz.
DÉLICIEUSEMENT, delisiêzma-t.
DÉLICIEUX, delisiê-z.
DÉLICOTER (SE), delikote-r.
DÉLIÉ, E, delie.
DÉLIER, delie-r.
DÉLIMITATION, delimitâsio.
DÉLIMITER, delimite-r.
DÉLINÉATION, delineâsio.
DÉLINQUANT, delika-t.
DÉLINQUANTE, delikat.
DÉLINQUER, delike-r.
DÉLIQUESCENCE, delikuês'as.
DÉLIQUESCENT, delikuês'a-t.
DELIQUESCENTE, delikuês'at.
DELIQUIUM, delikuiom.
DÉLIRANT, delira-t.
DÉLIRANTE, delirat.
DÉLIRE, delir.
DELIRER, delire-r.
DÉLIT, deli-t.
DÉLITER, delite-r.
DÉLITESCENCE, delitês'as.
DÉLIVRANCE, delivras.
DÉLIVRE, delivr.
DÉLIVRER, delivre-r.
DÉLOGEMENT, delojma-t.
DÉLOGER, deloje-r.
DÉLOYAL, E, delûayal.
DÉLOYALEMENT, delûayalma-t.
DELOYAUTÉ, delûayôte.
DÉLOYAUX, delûayô-z.
DÉLUGE, deluj.
DÉLUSTRER, delustre-r.
DÉLUTER, delute-r.
DÉMAGOGIE, demagoji.
DÉMAGOGIQUE, demagojik.
DÉMAGOGUE, demagog.
DÉMAIGRIR, demegrir.
DÉMAILLOTER, demalote-r.
DEMAIN, dɛmi.
DÉMANCHEMENT, demahma-t.
DÉMANCHER, demahe-r.

Demande, demad.
Demander, demade-r.
Demanderesse, demadrês.
Demandeur, demander.
Demandeuse, demadêz.
Démangeaison, demajêzo.
Démanger, demaje-r.
Démantèlement, dematêlma-t.
Démanteler, dematle-r.
Démantibuler, dematibule-r.
Démarcation, demarhâsio.
Démarche, demarh.
Démarier, demarie-r.
Démarquer, demarhe-r.
Démarrage, demaraj.
Démarrer, demare-r.
Démasquer, demashe-r.
Démâtage, demâtaj.
Démâter, demâte-r.
Démêlé, demele.
Demêler, demele-r.
Demêloir, demêlûar.
Démembrement, demabrema-t.
Démembrer, demabre-r.
Déménagement, demenajma-t.
Déménager, demenaje-r.
Démence, demas.
Démener (se), demne-r.
Dementi, demati.
Dementir, ḍematir.
Démérite, demerit.
Démériter, demerite-r.
Démesure, e, demzure.
Démesurément, demzurema-t.
Démettre, demêtr.
Démeublement, demeblema-t.
Démeubler, demeble-r.
Demeurant, demera-t.
Demeurante, demerat.
Demeure, demer.
Demeurer, demere-r.
Demi, e, demi.
Démission, demisio.
Démissionnaire, demisionêr.
Démocrate, demokrat.

Democratie, demokrasi.
Démocratique, demokratik.
Démocratiquement, demokratik-ma-t.
Demoiselle, demûazêl.
Démolir, demolir.
Démolition, demolisio.
Démon, demo.
Demonétisation, demonetizâsio.
Démonétiser, demonetize-r.
Démoniaque, demoniak.
Démonographe, demonograf.
Démonomanie, demonomani.
Démonstrateur, demostrater.
Démonstratif, demostratif.
Demonstration, demostrâsio.
Démonstrative, demostrativ.
Démonstrativement, demostrativma-t.
Démonter, demote-r.
Démontrable, demotrabl.
Démontrer, demotre-r.
Démoralisation, demoralizâsio.
Démoraliser, demoralize-r.
Démordre, demordr.
Démunir, demunir.
Demurer, demure-r.
Dénantir (se), denatir.
Dénatter, denate-r.
Dénaturer, denature-r.
Dendrite, dadrit.
Dénégation, denegâsio.
Déni, deni.
Déniaiser, denieze-r.
Dénicher, denihe-r.
Dénicheur, deniher.
Dénicheuse, denihêz.
Dénier, denie-r.
Denier, denie.
Dénigrement, denigrema-t.
Dénigrer, denigre-r.
Dénombrement, denobrema-t.
Dénombrer, denobre-r.
Dénominateur, denominater.
Dénominatif, denominatif.

DÉNOMINATION, denominâsio.
DÉNOMINATIVE, denominativ.
DÉNOMMER, denome-r.
DÉNONCER, denose-r.
DÉNONCIATEUR, denosiatœr.
DÉNONCIATION, denosiâsio.
DÉNONCIATRICE, denosiatris.
DÉNOTER, denote-r.
DÉNOUER, denûe-r.
DÉNOÛMENT, denûma-t.
DENRÉE, dare.
DENSE, das.
DENSITÉ, dasite.
DENT, da.
DENTAIRE, datêr.
DENTAL, E, datal.
DENTÉ, E, date.
DENTELAIRE, datlêr.
DENTELÉ, E, datle.
DENTELLE, datêl.
DENTELURE, datlur.
DENTICULES, datikul-z.
DENTIER, datie.
DENTIFRICE, datifris.
DENTISTE, datist.
DENTITION, datisio.
DENTURE, datur.
DÉNUDATION, denudâsio.
DÉNUDÉ, E, denude.
DÉNUER, denue-r.
DÉNÛMENT, denuma-t.
DÉPAQUETER, depakte-r.
DÉPAREILLER, depareIe-r.
DÉPARER, depare-r.
DÉPARIER, deparie-r.
DÉPARLER, deparle-r.
DÉPART, depar.
DÉPARTAGER, departaje-r.
DÉPARTEMENT, departœma-t.
DÉPARTEMENTAL, E, departœmatal.
DÉPARTEMENTAUX, departœmatô-z.
DÉPARTIE, departi.
DÉPARTIR, departir.
DÉPASSER, depâse-r.
DÉPAVER, depave-r.
DÉPAYSER, depeize-r.
DÉPÈCEMENT, depêsma-t.
DÉPECER, depse-r.
DÉPÊCHE, depêh.
DÉPÊCHER, depehe-r.
DÉPEINDRE, depidr.
DÉPENAILLÉ, E, depnâle.
DÉPENAILLEMENT, depnâlma-t.
DÉPENDANCE, depadas.
DÉPENDANT, depada-t.
DÉPENDANTE, depadat.
DÉPENDRE, depadr.
DÉPENS, depa-z.
DÉPENSE, depas.
DÉPENSER, depase-r.
DÉPENSIER, depasie.
DÉPENSIÈRE, depasiêr.
DÉPERDITION, depêrdisio.
DÉPÉRIR, deperir.
DÉPÉRISSEMENT, deperisma-t.
DÉPÊTRER, depetre-r.
DÉPEUPLEMENT, depœplœma-t.
DÉPEUPLER, depœple-r.
DÉPIÉCER, depiese-r.
DÉPILATIF, depilatif.
DÉPILATION, depilâsio.
DÉPILATIVE, depilativ.
DÉPILATOIRE, depilatûar.
DÉPILER (SE), depile-r.
DÉPIQUER, depike-r.
DÉPISTER, depiste-r.
DÉPIT, depi-t.
DÉPITER, depite-r.
DÉPLACEMENT, deplasma-t.
DÉPLACER, deplase-r.
DÉPLAIRE, deplêr.
DÉPLAISANCE, deplêzas.
DÉPLAISANT, deplêza-t
DÉPLAISANTE, deplêzat.
DÉPLAISIR, deplezir.
DÉPLANTER, deplate-r.
DÉPLANTOIR, deplatûar.
DÉPLIER, deplie-r.
DÉPLISSER, deplise-r.
DÉPLOIEMENT, depldama-t.

Déplorable, deplorabl.
Déplorablement, deplorablema-t.
Déplorer, deplore-r.
Déployer, déplûaye-r.
Déplumer, deplume-r.
Depolir, depolir.
Déponent, depona-t.
Depopulariser, depopularize-r.
Depopulation, depopulâsio.
Déportation, deportâsio.
Déportement, deportema-t.
Deporté, e, deporte.
Déporter, deporte-r.
Déposant, depôza-t.
Déposante, depôzat.
Déposer, depôze-r.
Dépositaire, depôzitêr.
Déposition, dépôzisio.
Déposséder, deposede-r.
Depossession, deposêsio.
Deposter, deposte-r.
Dépôt, dépô.
Dépoter, depote-r.
Dépoudrer, depûdre-r.
Dépouille, depûl.
Dépouillement, depûlma-t.
Dépouiller, depûle-r.
Dépourvoir, depûrvûar.
Dépourvu, e, depûrvu.
Dépravation, depravâsio.
Dépraver, deprave-r.
Dépréciateur, depresiater.
Depréciation, depresiâsio.
Dépreciatrice, depresiatris.
Déprécier, depresie-r.
Dépredateur, depredater.
Deprédation, depredâsio.
Deprendre, depradr.
Dépression, depresio.
Déprier, deprie-r.
Déprimer, deprime-r.
Dépriser, deprize-r.
De profundis, de profodis.
Dépuceler, depusle-r.

Depuis, depui-z.
Dépuratif, depuratif.
Dépuration, depurâsio.
Dépurative, depurativ.
Dépuratoire, depuratûar.
Dépurer, depure-r.
Députation, deputâsio.
Député, depute.
Députer, depute-r.
Déracinement, derasinma-t.
Déraciner, derasine-r.
Déraison, dérêzô.
Déraisonnable, derêzonabl.
Déraisonnablement, derêzonablema-t.
Déraisonner, derêzone-r.
Dérangement, derajma-t.
Déranger, deraje-r.
Dérapé, e, derape.
Dérater, derate-r.
Derechef, derehêf.
Dérèglement, derêglema-t.
Deréglément, dereglema-t.
Dérégler, deregle-r.
Dérider, deride-r.
Dérision, derizio.
Dérisoire, derizûar.
Dérivatif, derivatif.
Derivation, derivâsiô.
Dérivative, derivativ.
Dérive, deriv.
Dérivé, e, derive.
Dériver, derive-r.
Derme, dêrm.
Dernier, dêrnie-r.
Dernière, dêrniêr.
Dernièrement, dêrniêrma-t.
Dérobée (à la), derobe.
Dérober, derobe-r.
Dérogation, derogâsio.
Dérogatoire, derogatûar.
Dérogeance, derojas.
Dérogeant, deroja-t.
Dérogeante, derojat.
Déroger, deroje-r.

Déroidir, derêdir (1).
Dérougir, derûjir.
Dérouiller, derûle-r.
Déroulement, derûlma-t.
Dérouler, derûle-r.
Déroute, derût.
Dérouter, derûte-r.
Derrière, dêriêr.
Derviche, dêrvih.
Dervis, dêrvis.
Des, dê-z.
Dès, dê-z.
Désabuser, desabuze-r.
Désaccord, dezakor.
Désaccorder, dezakorde-r.
Désaccoupler, dezakûple-r.
Désaccoutumance, dezakûtumas.
Désaccoutumer, dezakûtume-r.
Désachalander, dezahalade-r.
Désaffectionner, dezafêksione-r.
Désaffourcher, dezafûrhe-r.
Désagréable, dezagreabl.
Désagréablement, dezagreablɛma-t.
Désagréer, dezagree-r.
Désagréger, dezagreje-r.
Désagrément, dezagrema-t.
Désajuster, dezajuste-r.
Désaltérer, dezaltere-r.
Désancrer, dezakre-r.
Désappareiller, dezaparele-r.
Désapparier, dezaparie-r.
Désappointement, dezapûitma-t.
Désappointer, dezapûite-r.
Désapprendre, dezapradr.
Désapprobateur, dezaprobatɛr.
Désapprobation, dezaprobâsio.
Désapprobatrice, dezaprobatris.
Désapprouver, dezaprûve-r.
Désarçonner, dezarsone-r.
Désargenter, dezarjate-r.
Désarmement, dezarmɛma-t.
Désarmer, dezarme-r.
Désarroi, dezarûâ.
Désassembler, dezasable-r.
Désassortir, dezasortir.
Désastre, dezastr.
Désastreuse, dezastrêz.
Désastreusement, dezastrêzma-t.
Désastreux, dezastrê-z.
Désavantage, dezavataj.
Désavantageuse, dezavatajêz.
Désavantageusement, dezavatajêzma-t.
Désavantageux, dezavatajê-z.
Désaveu, dezavê.
Désaveugler, dezavɛgle-r.
Désavouer, dezavûe-r.
Desceller, desele-r.
Descendance, desadas.
Descendant, desada-t.
Descendante, desadat.
Descendre, desadr.
Descente, desat.
Descriptif, dêskriptif.
Description, dêskripsio.
Descriptive, dêskriptiv.
Désemballage, dezabalaj.
Désemballer, dezabale-r.
Désemparer, dezapare-r.
Désempeser, dezapeze-r.
Désemplir, dezaplir.
Désenchantement, dezahatma-t.
Désenchanter, dezahate-r.
Désenclouer, dezaklûer.
Désenfiler, dezafile-r.
Désenfler, dezafle-r.
Désenflure, dezaflur.
Désenivrer, dezanivre-r.
Désennuyer, dezanuiye-r.
Désenrayer, dezareye-r.
Désenrhumer, desarume-r.
Désenrouer, dezarûe-r.
Désensorceler, dezasorsɛle-r.
Désert, dezêr-t.
Déserte, dezêrt.

(1) Dans le discours oratoire, on prononce Derûadir.

DÉSERTER, dezêrte-r.
DÉSERTEUR, dezêrtɛr.
DÉSERTION, dezêrsio.
DÉSESPÉRANT, dezêspera-t.
DÉSESPÉRANTE, dezêsperat.
DÉSESPÉRÉMENT, dezêsperema-t.
DÉSESPÉRER, dezêspere-r.
DÉSESPOIR, dezêspûar.
DÉSHABILLÉ, dezabile.
DÉSHABILLER, dezabile-r.
DÉSHABITUER, dezabitue-r.
DÉSHÉRENCE, dezeras.
DÉSHÉRITER, dezerite-r.
DÉSHEURER, dezɛre-r.
DESHONNÊTE, dezonêt.
DÉSHONNÊTEMENT, dezonêtma-t.
DÉSHONNEUR, dezonɛr.
DÉSHONORABLE, dezonorabl.
DÉSHONORANT, dezonora-t.
DÉSHONORANTE, dezonorat.
DÉSHONORER, dezonore-r.
DÉSIGNATIF, dezigatif.
DESIGNATION, dezigâsio.
DÉSIGNATIVE, dezigativ.
DÉSIGNER, dezige-r.
DÉSINCORPORER, dezikorpore-r.
DÉSINENCE, dezinas.
DÉSINFATUER, dezifatue-r.
DESINFECTER, dezifèkte-r.
DÉSINFECTION, dezifèksio.
DÉSINTÉRESSEMENT, deziterêsma-t.
DÉSINTÉRESSER, deziterese-r.
DÉSIR, dezir.
DÉSIRABLE, dezirabl.
DÉSIRER, dezire-r.
DÉSIREUSE, dezirɛz.
DESIREUX, dezirê-z.
DESISTEMENT, dezistɛma-t.
DÉSISTER (SE), deziste-r.
DÈS LORS, dêlor-z.
DESOBÉIR, dezobeir.
DESOBÉISSANCE, dezobeisas.
DESOBÉISSANT, dezobeisa-t.
DESOBÉISSANTE, dezobeisat.
DESOBLIGEAMMENT, dezoblijama-t.
DÉSOBLIGEANCE, dezoblijas.
DÉSOBLIGEANT, dezoblija-t.
DÉSOBLIGEANTE, dezoblijat.
DÉSOBLIGER, dezoblije-r.
DESOBSTRUANT, dezobstrua-t.
DÉSOBSTRUANTE, dezobstruat.
DESOBSTRUCTIF, dezobstruktif.
DÉSOBSTRUCTION, dezobstruksio.
DESOBSTRUCTIVE, dezobstruktiv.
DÉSOBSTRUER, dezobstrue-r.
DÉSOCCUPATION, dezokupâsio.
DESOCCUPÉ, E, dezokupe.
DÉSŒUVRÉ, E, dezɛvre.
DÉSŒUVREMENT, dezɛvrɛma-t.
DESOLANT, dezola-t.
DÉSOLANTE, dezolat.
DÉSOLATION, dezolâsio.
DÉSOLER, dezole-r.
DÉSOPILATIF, dezopilatif.
DÉSOPILATION, dezopilâsio.
DÉSOPILATIVE, dezopilativ.
DÉSOPILER, dezopile-r.
DÉSORDONNÉ, E, dezordone.
DESORDONNÉMENT, dezordonema-t.
DESORDRE, dezordr.
DESORGANISATEUR, dezorganizatɛr
DÉSORGANISATION, dezorganizâsio.
DÉSORGANISER, dezorganize-r.
DESORIENTER, dezoriate-r.
DESORMAIS, dezormê-z.
DÉSOSSEMENT, dezôsma-t.
DESOSSER, dezôse-r.
DÉSOXYDATION, dezoksidâsio.
DÉSOXYDER, dezokside-r.
DESPOTE, dêspot.
DESPOTIQUE, dêspotik.
DESPOTIQUEMENT, dêspotikma-t.
DESPOTISME, dêspotism.
DESQUAMATION, dêskûamâsio.
DESQUELS, ELLES, dêkêl-z.
DESSAISIR (SE), desezir.
DESSAISISSEMENT, desezisma-t.
DESSALER, desale-r.
DESSANGLER, desagle-r.
DESSECHANT, deseha-t.

DESSECHANTE, desehat.
DESSÉCHEMENT, desehma-t.
DESSECHER, desehe-r.
DESSELLER, desele-r.
DESSEIN, desi.
DESSERRE, desêr.
DESSERRER, desere-r.
DESSERT, desêr-t.
DESSERTE, desêrt.
DESSERTIR, desêrtir
DESSERVANT, desêrva-t.
DESSERVIR, desêrvir.
DESSICCATIF, desikatif.
DESSICCATION, desikâsio.
DESSICCATIVE, desikativ.
DESSILLER, desile-r.
DESSIN, desi.
DESSINATEUR, desinater.
DESSINER, desine-r.
DESSOLER, desole-r.
DESSOUDER, desûde-r.
DESSOULER, desûle-r.
DESSOUS, desû-z.
DESSUS, desu-z.
DESTIN, dêsti.
DESTINATAIRE, dêstinatêr.
DESTINATEUR, dêstinater.
DESTINATION, dêstinâsio.
DESTINÉE, dêstine.
DESTINER, dêstine-r.
DESTITUABLE, dêstituabl.
DESTITUER, dêstitue-r.
DESTITUTION, dêstitusio.
DESTRIER, dêstrie.
DESTRUCTEUR, dêstrukter.
DESTRUCTIBILITÉ, dêstruktibilite.
DESTRUCTIF, dêstruktif.
DESTRUCTION, dêstruksio.
DESTRUCTIVE, dêstruktiv.
DESUÉTUDE, desuetud.
DÉSUNION, dezunion.
DÉSUNIR, dezunir.
DETACHEMENT, detahma-t.
DÉTACHER, detahe-r.
DÉTAIL, detal.
DÉTAILLANT, detala-t.
DÉTAILLANTE, detalat.
DETAILLER, detale-r.
DÉTALAGE, detalaj.
DETALER, detale-r.
DÉTALINGUER, detalige-r.
DÉTEINDRE, detidr.
DÉTELER, detler.
DÉTENDRE, detadr.
DÉTENIR, detnir.
DETENTE, detat.
DÉTENTEUR, detater.
DÉTENTION, detasio.
DETENTRICE, detatris.
DÉTERGENT, detêrja-t.
DÉTERGENTE, detêrjat.
DETERGER, detêrje-r.
DETÉRIORATION, deteriorâsio.
DÉTÉRIORER, deteriore-r.
DÉTERMINANT, detêrmina-t.
DÉTERMINANTE, detêrminat.
DÉTERMINATIF, detêrminatif.
DETERMINATION, detêrminâsio.
DÉTERMINATIVE, detêrminativ.
DÉTERMINÉMENT, detêrminema-t.
DÉTERMINER, detêrmine-r.
DETERRER, detere-r.
DÉTERSIF, detêrsif.
DÉTERSIVE, detêrsiv.
DETESTABLE, detêstabl.
DÉTESTABLEMENT, detêstablema-t.
DÉTESTATION, detêstâsio.
DÉTESTER, detêste-r.
DETIRER, detirer.
DÉTISER, detize-r.
DÉTISSER, detise-r.
DÉTONATION, detonâsio.
DÉTONER, detone-r.
DÉTONNER, detone-r.
DÉTORDRE, detordr.
DÉTORQUER, detorke-r.
DETORS, detor-z.
DÉTORSE, detors.
DÉTORTILLER, detortile-r.
DÉTOUR, detûr.

Détournement, detûrnɛma-t.
Détourner, detûrne-r.
Detracter, detrakte-r.
Détracteur, detraktɛr.
Détraction, detraksio.
Détraquer, detrake-r.
Détrempe, detrap.
Détremper, detrape-r.
Détresse, detrês.
Détriment, detrima-t.
Détritus, detritus.
Détroit, detrûa-t.
Détromper, detrope-r.
Détrôner, detrône-r.
Détrousser, detrûse-r.
Détrousseur, detrûsɛr.
Détruire, detruir.
Dette, dêt.
Deuil, dɛl.
Deutéronome, dêteronom.
Deux, dê-z.
Deuxième, dêziêm.
Deuxièmement, dêziêm'a-t.
Dévaler, devale-r.
Dévaliser, devalize-r.
Devancer, dɛvase-r.
Devancier, dɛvasie.
Devancière, dɛvasiêr.
Devant, dɛva-t.
Devantier, dvatie.
Devanture, dɛvatur.
Dévastateur, devastatɛr.
Dévastation, devastâsio.
Dévastatrice, devastatris.
Dévaster, devaste-r.
Développée, devlope.
Développement, devlopma-t.
Développer, devlope-r.
Devenir, dɛvnir.
Dévergondage, devêrgodaj.
Dévergondé, e, devêrgode.
Devers, dɛvêr-z.
Dévers, devêr-z.
Déverse, devêrs.
Déverser, devêrse-r.
Déversoir, devêrsûar.
Dévêtir, devetir.
Dévêtissement, devetisma-t.
Déviation, deviâsio.
Dévider, devide-r.
Dévideur, devidɛr.
Dévideuse, devidêz.
Dévidoir, devidûar.
Dévier, devie-r.
Devin, dɛvi.
Devineresse, dɛvinrês.
Deviner, dɛvine-r.
Devineur, dɛvinɛr.
Devineuse, dɛvinêz.
Devis, dɛvi-z.
Dévisager, devizaje-r.
Devise, dɛviz.
Deviser, dɛvizer.
Dévisser, devise-r.
Dévoiement, devûama-t.
Dévoilement, devûalma-t.
Dévoiler, devûale-r.
Devoir, dɛvûar.
Dévole, devol.
Dévoler, devole-r.
Dévolu, e, devolu.
Dévolutaire, devolutêr.
Dévolutif, devolutif.
Dévolution, devolusio.
Dévolutive, devolutiv.
Dévorant, devora-t.
Dévorante, devorat.
Dévorer, devore-r.
Dévot, devô-t.
Dévote, devot.
Dévotement, devotma-t.
Dévotion, devôsio.
Dévouement, devûma-t.
Dévouer, devûe-r.
Dévoyer, devûaye-r.
Dextérité, dêksterite.
Dextre, dêkstr.
Dextrement, dêkstrɛma-t.
Dey, de.
Diabète, diabêt.

DIABÉTIQUE, diabetik.
DIABLE, diâbl.
DIABLEMENT, diâblema-t.
DIABLERIE, diâbleri.
DIABLESSE, diâblês.
DIABLOTIN, diâbloti.
DIABOLIQUE, diâbolik.
DIABOLIQUEMENT, diâbolikma-t.
DIACHYLUM, diahilom.
DIACODE, diakod.
DIACONAL, E, diakonal.
DIACONAT, diakona-t.
DIACONESSE, diakonês.
DIACRE, diakr.
DIADELPHIE, diadelfi.
DIADÈME, diadêm.
DIAGNOSTIC, diagnostik.
DIAGNOSTIQUE, diagnostik.
DIAGONAL, E, diagonal.
DIAGONALEMENT, diagonalma-t.
DIALECTE, dialêkt.
DIALECTICIEN, dialêktisii.
DIALECTIQUE, dialêktik.
DIALECTIQUEMENT, dialêktikma-t.
DIALOGUE, dialog.
DIALOGUER, dialoge-r.
DIAMANT, diama-t.
DIAMANTAIRE, diamatêr.
DIAMANTÉ, E, diamate.
DIAMÉTRAL, E, diametral.
DIAMÉTRALEMENT, diametralma-t.
DIAMÈTRE, diamêtr.
DIANDRIE, diadri.
DIANE, dian.
DIANTRE, diatr.
DIAPASON, diapâzo.
DIAPÉDÈSE, diapedêz.
DIAPHANE, diafan.
DIAPHANÉITÉ, diafaneite.
DIAPHORÈSE, diaforêz.
DIAPHORÉTIQUE, diaforetik.
DIAPHRAGMATIQUE, diafragmatik.
DIAPHRAGME, diafragm.
DIAPRER, diapre-r.
DIAPRUN, diapru.
DIAPRURE, diaprur.
DIARRHÉE, diâré.
DIASCORDIUM, diaskordiom.
DIASTASE, diastâz.
DIASTOLE, diastol.
DIASTYLE, diastil.
DIATHÈSE, diatêz.
DIATONIQUE, diatonik.
DIATONIQUEMENT, diatonikma-t.
DIATRIBE, diatrib.
DICOTYLÉDONE, dikotiledon.
DICTAME, diktam.
DICTAMEN, diktamên.
DICTATEUR, diktater.
DICTATORIAL, E, diktatorial.
DICTATORIAUX, diktatoriô-z.
DICTATURE, diktatur.
DICTÉE, dikte.
DICTER, dikte-r.
DICTION, diksio.
DICTIONNAIRE, diksionêr.
DICTON, dikto.
DIDACTIQUE, didaktik.
DIDACTIQUEMENT, didaktikma-t.
DIDYME, didim.
DIDYNAMIE, didinami.
DIÉRÈSE, dierêz.
DIÈSE, diêz.
DIESER, dieze-r.
DIÈTE, diêt.
DIÉTÉTIQUE, dietetik.
DIÉTINE, dietin.
DIEU, diê.
DIEUDONNÉ, diêdone.
DIFFAMANT, difama-t.
DIFFAMANTE, difamat.
DIFFAMATEUR, difamater.
DIFFAMATION, difamâsio.
DIFFAMATOIRE, difamatûar.
DIFFAMATRICE, difamatris.
DIFFAMER, difame-r.
DIFFÉREMMENT, diferama-t.
DIFFÉRENCE, diferas.
DIFFÉRENCIER, diferasie.
DIFFÉREND, difera.

Différent, difera-t.
Différente, diferat.
Différentiel, le, diferasiêl.
Différentier, diferasie-r.
Différer, difere-r.
Difficile, difisil.
Difficilement, difisilma-t.
Difficulté, difikulte.
Difficultueuse, difikultuêz.
Difficultueux, difikultuê-z.
Difforme, diform.
Difformer, diforme-r.
Difformité, diformite.
Diffraction, difraksio.
Diffus, difu-z.
Diffuse, difuz.
Diffusément, difuzema-t.
Diffusion, difuzio.
Digastrique, digastrik.
Digérer, dijere-r.
Digeste, dijêst.
Digesteur, dijêster.
Digestif, dijêstif.
Digestion, dijêstio.
Digestive, dijêstiv.
Digital, e, dijital.
Digité, e, dijite.
Digne, dig̃.
Dignement, dig̃ma-t.
Dignitaire, dig̃itêr.
Dignité, dig̃ite.
Digression, digrêsio.
Digue, dig.
Dilacération, dilaserâsio.
Dilacérer, dilasere-r.
Dilapidateur, dilapidater.
Dilapidation, dilapidâsio.
Dilapidatrice, dilapidatris.
Dilapider, dilapide-r.
Dilatabilité, dilatabilite.
Dilatable, dilatabl.
Dilatant, dilata-t.
Dilatateur, dilatater.
Dilatation, dilatâsio.
Dilatatoire, dilatatûar.
Dilater, dilate-r.
Dilatoire, dilatûar.
Dilemme, dilêm.
Diligemment, dilijama-t.
Diligence, dilijas.
Diligent, dilija-t.
Diligente, dilijat.
Diligenter, dilijate-r.
Diluvien, diluvii.
Diluvienne, diluviên.
Dimanche, dimah.
Dîme, dim.
Dimension, dimasio.
Dîmer, dime-r.
Dîmeur, dimer.
Diminuer, diminue-r.
Diminutif, diminutif.
Diminution, diminusio.
Diminutive, diminutiv.
Dimissoire, dimisûar.
Dimissorial, e, dimisorial.
Dinanderie, dinadri.
Dinde, did.
Dindon, dido.
Dindonneau, didonô.
Dindonnier, didonie.
Dindonnière, didonièr.
Dînée, dine.
Dîner, dine-r (1).
Dîner, dine (2).
Dinette, dinêt.
Dîneur, diner.
Diocésain, diosezi.
Diocésaine, diosezên.
Diocèse, diosêz.
Diœcie, diesi.
Dioique, dioik.
Dionée, dione.
Dioptrique, dioptrik.

(1) Verbe.
(2) Substantif.

Diphthongue, diftog̲.
Diplomate, diplomat.
Diplomatie, diplomasi.
Diplomatique, diplomatik.
Diplôme, diplôm.
Dire, dir.
Direct, e, dirèkt.
Directement, dirèktəma̲-t.
Directeur, dirèktər.
Direction, dirèksio̲.
Directrice, dirèktris.
Directoire, dirèktûar.
Directorial, e, dirèktorial.
Directoriaux, dirèktoriô-z.
Dirigeant, dirija̲-t.
Dirigeante, dirija̲t.
Diriger, dirije-r.
Dirimant, dirima̲-t.
Dirimante, dirima̲t.
Discernement, disèrnəma̲-t.
Discerner, disèrne-r.
Disciple, disipl.
Disciplinable, disiplinabl.
Disciplinaire, disiplinèr.
Discipline, disiplin.
Discipliner, disipline-r.
Discobole, diskobol.
Discontinuation, disko̲tinuâsio̲.
Discontinuer, disko̲tinue-r.
Disconvenance, disko̲vna̲s.
Disconvenir, disko̲vnir.
Discord, diskor.
Discordance, diskorda̲s.
Discordant, diskorda̲-t.
Discordante, diskorda̲t.
Discorde, diskord.
Discorder, diskorde-r.
Discoureur, diskûrər.
Discoureuse, diskûrəz.
Discourir, diskûrir.
Discours, diskûr-z (1).
Discourtois, diskûrtûa-z.
Discourtoise, diskûrtûaz.
Discourtoisie, diskûrtûazi.
Discrédit, diskredi-t.
Discréditer, diskredite-r.
Discret, diskrè-t.
Discrète, diskrèt.
Discrètement, diskrètma̲-t.
Discrétion, diskresio̲.
Discrétionnaire, diskresionèr.
Disculper, diskulpe-r.
Discursif, diskursif.
Discursive, diskursiv.
Discussion, diskusio̲.
Discuter, diskute-r.
Disert, dizèr-t.
Diserte, dizèrt.
Disertement, dizèrtəma̲-t.
Disette, dizèt.
Diseur, dizər.
Diseuse, dizəz.
Disgrâce, disgrâs.
Disgracier, disgrasie-r.
Disgracieuse, disgrasiəz.
Disgracieusement, disgrasiəz-ma̲-t.
Disgracieux, disgrasiə-z.
Disjoindre, disjûi̲dr (2).
Disjonctif, disjo̲ktif.
Disjonction, disjo̲ksio̲.
Disjonctive, disjo̲ktiv.
Dislocation, dislokâsio̲.
Disloquer, disloke-r.
Disparaître, disparètr.
Disparate, disparat.
Disparité, disparite.
Disparition, disparisio̲.

(1) La liaison au singulier peut se faire, mais on s'en abstient le plus souvent.

(2) Le *s* du verbe Disjoindre doit être prononcé très-faiblement. Il faut le faire sentir moins que celui des mots *disjonctif, disjonction* et *disjonctive*.

DISPENDIEUSE, dispadiêz.
DISPENDIEUSEMENT, dispadiêz-ma-t.
DISPENDIEUX, dispadiê-z.
DISPENSAIRE, dispasêr.
DISPENSATEUR, dispasater.
DISPENSATION, dispasâsio.
DISPENSATRICE, dispasatris.
DISPENSE, dispas.
DISPENSER, dispase-r.
DISPERSER, dispêrse-r.
DISPERSION, dispêrsio.
DISPONDÉE, dispode.
DISPONIBILITÉ, disponibilite.
DISPONIBLE, disponibl.
DISPOS, dispô-z.
DISPOSER, dispôze-r.
DISPOSITIF, dispôzitif.
DISPOSITION, dispôzisio.
DISPROPORTION, disproporsio.
DISPROPORTIONNÉ, E, disproporsione.
DISPUTABLE, disputabl.
DISPUTE, disput.
DISPUTER, dispute-r.
DISPUTEUR, disputer.
DISQUE, disk.
DISQUISITION, diskuizisio.
DISSECTION, diseksio.
DISSEMBLABLE, dis'ablabl.
DISSEMBLANCE, dis'ablas.
DISSÉMINATION, dis'eminâsio.
DISSÉMINER, dis'emine-r.
DISSENSION, dis'asio.
DISSENTIMENT, dis'atima-t.
DISSÉQUER, dis'eke-r.
DISSÉQUEUR, dis'eker.
DISSERTATEUR, disêrtater.
DISSERTATION, disêrtâsio.
DISSERTER, disêrte-r.
DISSIDENCE, dis'idas.
DISSIDENT, dis'ida-t.
DISSIDENTE, dis'idat.
DISSIMILAIRE, disimilêr.
DISSIMULATEUR, disimulater.
DISSIMULATION, disimulâsio.
DISSIMULÉ, E, disimule.
DISSIMULER, disimule-r.
DISSIPATEUR, disipater.
DISSIPATION, disipâsio.
DISSIPATRICE, disipatris.
DISSIPER, disipe-r.
DISSOLU, E, dis'olu.
DISSOLUBLE, disolubl.
DISSOLUMENT, disoluma-t.
DISSOLUTIF, disolutif.
DISSOLUTION, disolusio.
DISSOLUTIVE, disolutiv.
DISSOLVANT, disolva-t.
DISSOLVANTE, disolvat.
DISSONANCE, dis'onas.
DISSONANT, dis'ona-t.
DISSONANTE, dis'onat.
DISSONER, dis'one-r.
DISSOUDRE, disûdr.
DISSUADER, disuade-r.
DISSUASION, disuâzio.
DISSYLLABE, disil'ab.
DISSYLLABIQUE, disil'abik.
DISTANCE, distas.
DISTANT, dista-t.
DISTANTE, distat.
DISTENDRE, distadr.
DISTENSION, distasio.
DISTILLATEUR, distilater.
DISTILLATION, distilâsio.
DISTILLATOIRE, distilatûar.
DISTILLER, distile-r.
DISTILLERIE, distilri.
DISTINCT, E, distikt.
DISTINCTEMENT, distiktema-t.
DISTINCTIF, distiktif.
DISTINCTION, distiksio.
DISTINCTIVE, distiktiv.
DISTINGUER, distige-r.
DISTIQUE, distik.
DISTORSION, distorsio.
DISTRACTION, distraksio.
DISTRAIT, distrê-t.
DISTRAITE, distrêt

Distraire, distrêr.
Distribuer, distribue-r.
Distributeur, distributer.
Distributif, distributif.
Distribution, distribusio.
Distributive, distributiv.
Distributivement, distributiv-ma-t.
Distributrice, distributris.
District, distrik.
Dit, di-t.
Dithyrambe, ditirab.
Dithyrambique, ditirabik.
Dito, ditô.
Diton, dito.
Diurétique, diuretik.
Diurnal, diurnal.
Diurne, diurn.
Divagation, divagâsio.
Divaguer, divage-r.
Divan, diva.
Dive, div.
Divergence, divêrjas.
Divergent, divêrja-t.
Divergente, divêrjat.
Diverger, divêrje-r.
Divers, divêr-z.
Diverse, divêrs.
Diversement, divêrsema-t.
Diversifier, divêrsifie-r.
Diversion, divêrsio.
Diversité, divêrsite.
Divertir, divêrtir.
Divertissant, divêrtisa-t.
Divertissante, divêrtisat.
Divertissement, divêrtisma-t.
Dividende, dividad.
Divin, divi-n (1).
Divination, divinâsio.
Divinatoire, divinatûar.
Divine, divin.
Divinement, divinma-t.
Diviniser, divinize-r.
Divinité, divinite.
Diviser, divize-r.
Diviseur, divizer.
Divisibilité, divizibilite.
Divisible, divizibl.
Division, divizio.
Divisionnaire, divizionêr.
Divorce, divors.
Divorcer, divorse-r.
Divulgation, divulgâsio.
Divulguer, divulge-r.
Dix, dis (2).
Dixième, diziêm.
Dixièmement, diziêma-t.
Dixme, dim.
Dizain, dizi.
Dizaine, dizên.
Dizeau, dizô.
Dizenier, dizenie.
Docile, dosil.
Docilement, dosilma-t.
Docilité, dosilite.
Docimasie, dosimazi.
Docimastique, dosimastik.
Dock, dok.

(1) Cette liaison se rencontre rarement, parce que les bons écrivains placent ordinairement l'adjectif Divin après son substantif, quand celui-ci commence par une voyelle.

(2) On ne fait entendre le *s* que lorsque ce mot termine une phrase ou un membre de phrase. Au commencement ou dans le cours d'une phrase, on prononce Di devant une consonne : di *chevaux*, et Diz devant une voyelle : diz *animaux*.

Par exception, les noms de nombre *dix-sept* et *dix-neuf* se prononcent Dis sêt, diz nef.

Quand le mot Dix est employé substantivement, on prononce toujours Dis : *Le* dis *du mois*.

Docte, dokt.
Doctement, doktɛma-t.
Docteur, doktɛr.
Doctoral, e, doktoral.
Doctorat, doktora-t.
Doctrinaire, doktrinêr.
Doctrinal, e, doktrinal.
Doctrine, doktrin.
Document, dokuma-t.
Dodécaèdre, dodekaêdr.
Dodécagone, dodekagôn.
Dodécandrie, dodekadri.
Dodiner (se), dodine-r.
Dodu, e, dodu.
Dogaresse, dogarês.
Dogat, doga-t.
Doge, doj.
Dogmatique, dogmatik.
Dogmatiquement, dogmatikma-t.
Dogmatiser, dogmatize-r.
Dogmatiseur, dogmatizɛr.
Dogmatiste, dogmatist.
Dogme, dogm.
Dogre, dogr.
Dogue, dog.
Doguin, dogi.
Doguine, dogin.
Doigt, dûa-t.
Doigté, dûate.
Doigter, dûate-r.
Doigtier, dûatie.
Doit, dûa-t.
Dol, dol.
Doléance, doleas.
Dolemment, dolama-t.
Dolent, dola-t.
Dolente, dolat.
Doler, dole-r.
Doliman, dolima.
Dollar, dolar.
Dolman, dolma.
Doloire, dolûar.
Dom, do.
Domaine, domên.
Domanial, e, domanial.
Domaniaux, domaniô-z.
Dôme, dôm.
Domesticité, domêstisite.
Domestique, domêstik.
Domestiquement, domêstikma-t.
Domicile, domisil.
Domiciliaire, domisiliêr.
Domicilier (se), domisilie-r.
Dominant, domina-t.
Dominante, dominat.
Dominateur, dominatɛr.
Domination, dominâsio.
Dominatrice, dominatris.
Dominer, domine-r.
Dominicain, dominiki.
Dominicaine, dominikên.
Dominical, e, dominikal.
Dominicaux, dominikô-z.
Domino, dominô.
Dominoterie, dominotri.
Dommage, domaj.
Dommageable, domajabl.
Domptable, dotabl (1).
Dompter, dote-r.
Dompteur, dotɛr.
Dompte-venin, dotvɛni.
Don, do.
Donataire, donatêr.
Donateur, donatɛr.
Donation, donâsio.
Donatrice, donatris.
Donc, dok (2).
Dondon, dodo.
Donjon, dojo.
Donnant, dona-t.

(1) En ne faisant pas sentir le *p*, nous nous conformons à regret aux prescriptions du Dictionnaire de l'Académie. Il nous semble qu'élider certaines consonnes, c'est enlever à la langue son énergie, c'est l'affadir.

(2) Souvent, au milieu des phrases, on ne fait pas sentir le *k*.

DONNANTE, donat.
DONNER, done-r.
DONNEUR, donεr.
DONNEUSE, donêz.
DONT, do-t.
DONZELLE, dozêl.
DORADE, dorad.
DORADILLE, doradil.
DORÉ, E, dore.
DORENAVANT, dorenava-t.
DORER, dore-r.
DOREUR, dorεr.
DOREUSE, dorêz.
DORIEN, dorii.
DORIQUE, dorik.
DORLOTER, dorlote-r.
DORMANT, dorma-t.
DORMANTE, dormat.
DORMEUR, dormεr.
DORMEUSE, dormêz.
DORMIR, dormir.
DORMITIF, dormitif.
DORMITIVE, dormitiv.
DORONIC, doronik.
DORSAL, E, dorsal.
DORSAUX, dorsô-z.
DORTOIR, dortûar.
DORURE, dorur.
DOS, dô-z.
DOSE, dôz.
DOSER, dôze-r.
DOSSIER, dôsie.
DOT, dot.
DOTAL, E, dotal.
DOTAUX, dotô-z.
DOTATION, dotâsio.
DOTER, dote-r.
DOUAIRE, dûêr.
DOUAIRIÈRE, dûêriêr.
DOUANE, dûan.
DOUANIER, dûanie.
DOUBLAGE, dûblaj.
DOUBLE, dûbl.
DOUBLEAU, dûblô.
DOUBLE-CROCHE, dûblεkroh.
DOUBLEMENT, dûblεma-t.
DOUBLE-EMPLOI, dûblaplûa.
DOUBLER, dûble-r.
DOUBLET, dûblê-t.
DOUBLETTE, dûblêt.
DOUBLON, dûblo.
DOUBLURE, dûblur.
DOUCE, dûs.
DOUCE-AMÈRE, dûsamêr.
DOUCEÂTRE, dûsâtr.
DOUCEMENT, dûsma-t.
DOUCEREUSE, dûsrêz.
DOUCEREUX, dûsrê-z.
DOUCET, dûsê-t.
DOUCETTE, dûsêt.
DOUCETTEMENT, dûsêtma-t.
DOUCEUR, dûsεr.
DOUCHE, dûh.
DOUCHER, dûhe-r.
DOUCINE, dûsin.
DOUCIR, dûsir.
DOUELLE, dûêl.
DOUER, dûe-r.
DOUILLE, dûl.
DOUILLET, dûlê-t.
DOUILLETTE, dûlêt.
DOUILLETTEMENT, dûlêtma-t.
DOULEUR, dûlεr.
DOULOIR (SE), dûlûar.
DOULOUREUSE. dûlûrêz.
DOULOUREUSEMENT, dûlûrêzma-t.
DOULOUREUX, dûlûrê-z.
DOUTE, dût.
DOUTER, dûte-r.
DOUTEUSE, dûtêz.
DOUTEUSEMENT, dûtêzma-t.
DOUTEUX, dûtê-z.
DOUVAIN, dûvi.
DOUVE, dûv.
DOUX, dû-z.
DOUZAINE, dûzên.
DOUZE, dûz.
DOUZIÈME, dûziêm.
DOUZIÈMEMENT, dûziêmεa-t.
DOYEN, dûayi.

DOYENNE, dûayên.
DRACHME, dragm.
DRAGÉE, draje.
DRAGEOIR, drajûâr.
DRAGEON, drajo.
DRAGEONNER, drajone-r.
DRAGON, drago.
DRAGONNADE, dragonad.
DRAGONNE, dragon.
DRAGONNIER, dragonie.
DRAGUE, drag.
DRAGUER, drage-r.
DRAGUEUR, drager.
DRAMATIQUE, dramatik.
DRAMATIQUEMENT, dramatikma-t.
DRAMATISTE, dramatist.
DRAMATURGE, dramaturj.
DRAME, dram.
DRAP, dra.
DRAPEAU, drapô.
DRAPER, drape-r.
DRAPERIE, drapri.
DRAPIER, drapie.
DRASTIQUE, drastik.
DRÈCHE, drêh.
DRESSER, drese-r.
DRESSOIR, drêsûâr.
DRILLE, dril.
DRISSE, dris.
DROGMAN, drogma.
DROGUE, drog.
DROGUER, droge-r.
DROGUERIE, drogri.
DROGUET, drogê-t.
DROGUIER, drogie.
DROGUISTE, drogist.
DROIT, drûa-t.
DROITE, drûat.
DROITEMENT, drûatma-t.
DROITIER, drûatie.
DROITIÈRE, drûatiêr.
DROITURE, drûatur.
DROLATIQUE, drolatik.
DRÔLE, drôl.
DRÔLEMENT, drôlma-t.
DRÔLERIE, drôlri.
DRÔLESSE, drôlês.
DROMADAIRE, dromadêr.
DROME, drom.
DRU, E, dru.
DRUIDE, druid.
DRUIDESSE, druidês.
DRUIDIQUE, druidik.
DRUIDISME, druidism.
DRYADE, driad.
DU, du.
DÛ, du.
DUBITATIF, dubitatif.
DUBITATION, dubitâsio.
DUBITATIVE, dubitativ.
DUC, duk.
DUCAL, E, dukal.
DUCAT, dukâ.
DUCATON, dukato.
DUCHÉ, duhe.
DUCHESSE, duhês.
DUCTILE, duktil.
DUCTILITÉ, duktilite.
DUÈGNE, duêg.
DUEL, duêl.
DUELLISTE, duelist.
DUIRE, duir.
DULCIFICATION, dulsifikâsio.
DULCIFIER, dulsifier.
DULCINÉE, dulsine.
DÛMENT, duma-t.
DUNE, dun.
DUNETTE, dunêt.
DUO, duô.
DUODENUM, duodenom.
DUODI, duodi.
DUPE, dup.
DUPER, dupe-r.
DUPERIE, dupri.
DUPEUR, duper.
DUPLUSE, dupêz.
DUPLICATA, duplikata.
DUPLICATION, duplikâsio.
DUPLICITÉ, duplisite.
DUPONDIUS, dupodius.

DUQUEL, dukêl.
DUR, E, dur.
DURABLE, durabl.
DURACINE, durasin.
DURANT, dura-t.
DURCIR, dursir.
DURCISSEMENT, dursisma-t.
DURÉE, dure.
DUREMENT, durma-t.
DURE-MÈRE, durmêr.
DURER, dure-r.
DURET, durê-t.
DURETTE, durêt.
DURETÉ, durte.
DURILLON, durilo.
DURIUSCULE, duriuskul.
DUUMVIR, duomvir.
DUUMVIRAT, duomvira-t.
DUVET, duvê-t.
DUVETEUSE, duvtêz.
DUVETEUX, duvtê-z.
DYNAMIQUE, dinamik.
DYNAMOMÈTRE, dinamomêtr.
DYNASTIE, dinasti.
DYNASTIQUE, dinastik.
DYSCOLE, diskol.
DYSPEPSIE, dispepsi.
DYSPNÉE, dispne.
DYSSENTERIE, disatri.
DYSSENTÉRIQUE, disaterik.
DYSURIE, dizuri.

E

E, e.
EAU, ô.
ÉBAHIR (S'), ebair.
ÉBAHISSEMENT, ebaisma-t.
ÉBARBER, ebarbe-r.
ÉBARBOIR, ebarbûar.
ÉBARDOIR, ebardûar.
ÉBAT, eba.
ÉBATTEMENT, ebatma-t.
ÉBATTRE (S'), ebatr.
ÉBAUBI, E, ebôbi.
ÉBAUCHE, ebôh.
ÉBAUCHER, ebôhe-r.
ÉBAUCHOIR, ebôhûar.
ÉBAUDIR (S'), ebôdir.
ÉBAUDISSEMENT, ebôdisma-t.
ÉBÈNE, ebên.
ÉBENER, ebene-r.
ÉBENIER, ebenie.
ÉBÉNISTE, ebenist.
ÉBENISTERIE, ebenistri.
ÉBLOUIR, eblûir.
ÉBLOUISSANT, eblûisa-t.
ÉBLOUISSANTE, eblûisat.
ÉBLOUISSEMENT, eblûisma-t.
ÉBORGNER, eborge-r.
ÉBOULEMENT, ebûlma-t.
ÉBOULER, ebûle-r.
ÉBOULIS, ebûli-z.
ÉBOURGEONNEMENT, ebûrjonma-t.
ÉBOURGEONNER, ebûrjone-r.
ÉBOURIFFÉ, E, ebûrife.
ÉBOUSINER, ebûzine-r.
ÉBRANCHEMENT, ebrahma-t.
ÉBRANCHER, ebrahe-r.
ÉBRANLEMENT, ebralma-t.
ÉBRANLER, ebrale-r.
ÉBRASEMENT, ebrâzma-t.
ÉBRASER, ebrâze-r.
ÉBRÉCHER, ebrehe-r.
ÉBRUITER, ebruite-r.
ÉBULLITION, ebulisio.
ÉCAILLE, ekâl.
ÉCAILLER, ekâle-r.
ÉCAILLERE, ekâlêr.
ÉCAILLEUSE, ekâlêz.

ÉCAILLEUX, ekâlê-z.
ÉCALE, ekal.
ÉCALER, ekale-r.
ÉCARBOUILLER, ekarbûle-r.
ÉCARLATE, ekarlat.
ÉCARLATINE, ekarlatin.
ÉCARQUILLEMENT, ekarkilma-t.
ÉCARQUILLER, ekarkile-r.
ÉCART, ekar-t.
ÉCARTÉ, ekarte.
ÉCARTÈLEMENT, ekartêlma-t.
ÉCARTELER, ekartele-r.
ÉCARTELURE, ekartelur.
ÉCARTEMENT, ekartema-t.
ÉCARTER, ekarte-r.
ECCE HOMO, ekse ômô.
ECCHYMOSE, ekimôz.
ECCLÉSIASTE, ekleziast.
ECCLÉSIASTIQUE, ekleziastik.
ECCLÉSIASTIQUEMENT, ekleziastik-ma-t.
ECCRINOLOGIE, ekrinoloji.
ÉCERVELÉ, E, esêrvele.
ÉCHAFAUD, ehafô.
ÉCHAFAUDAGE, ehafôdaj.
ÉCHAFAUDER, ehafôde-r.
ÉCHALAS, ehalâ.
ÉCHALASSEMENT, ehalâsma-t.
ÉCHALASSER, ehalâse-r.
ÉCHALIER, ehalie.
ÉCHALOTE, ehalot.
ÉCHAMPIR, ehapir.
ÉCHANCRER, ehakre-r.
ÉCHANCRURE, ehakrur.
ÉCHANGE, ehaj.
ÉCHANGEABLE, ehajabl.
ÉCHANGER, ehaje-r.
ÉCHANSON, ehaso.
ÉCHANTILLON, ehatulo.
ÉCHANTILLONNER, ehatulone-r.
ÉCHAPPADE, ehapad.
ÉCHAPPATOIRE, ehapatûar.
ÉCHAPPÉE, ehape.
ÉCHAPPEMENT, ehapma-t
ÉCHAPPER, ehape-r.
ÉCHARDE, ehard.
ÉCHARDONNER, ehardone-r.
ÉCHARNER, eharne-r.
ÉCHARNOIR, eharnûar.
ÉCHARNURE, eharnur.
ÉCHARPE, eharp.
ÉCHARPER, eharpe-r.
ÉCHASSE, ehâs.
ÉCHASSIER, ehasie.
ÉCHAUBOULÉ, E, ehôbûle.
ÉCHAUBOULURE, ehôbûlur.
ÉCHAUDÉ, ehôde.
ÉCHAUDER, ehôde-r.
ÉCHAUDOIR, ehôdûar.
ÉCHAUFFAISON, ehôfêzo.
ÉCHAUFFANT, ehôfa-t.
ÉCHAUFFANTE, ehôfat.
ÉCHAUFFEMENT, ehôfma-t.
ÉCHAUFFER, ehôfe-r.
ÉCHAUFFOURÉE, ehôfûre.
ÉCHAUFFURE, ehôfur.
ÉCHAULER, ehôle-r.
ÉCHÉANCE, eheas.
ÉCHEC, ehêk (1).
ÉCHELETTE, ehlêt.
ÉCHELLE, ehêl.
ÉCHELON, ehlo.
ÉCHELONNER, ehlone-r.
ÉCHENILLAGE, ehnilaj.
ÉCHENILLER, ehnile-r.
ÉCHENILLOIR, ehnilûar.
ÉCHEOIR, ehûar.
ÉCHEVEAU, ehvô.
ÉCHEVELÉ, E, ehevle.
ÉCHEVIN, ehvi.
ÉCHIMOSE, ekimôz.
ÉCHINE, ehin.
ÉCHINÉE, ehine.
ÉCHINER, ehine-r.
ÉCHIQUETÉ, E, ehikte.
ÉCHIQUIER, ehikie.

(1) Le *k* final ne se prononce pas au pluriel. On dit *des* ehê, *le jeu* d'ehê.

ÉCHO, ekô.
ÉCHOIR, ehûar.
ÉCHOPPE, ehop.
ÉCHOPPER, ehope-r.
ÉCHOUAGE, ehûaj.
ÉCHOUEMENT, ehûma-t.
ÉCHOUER, ehûe-r.
ÉCLABOUSSER, eklabûse-r.
ÉCLABOUSSURE, eklabûsur.
ÉCLAIR, eklêr.
ÉCLAIRAGE, eklêraj.
ÉCLAIRCIE, eklêrsi.
ÉCLAIRCIR, eklêrsir.
ÉCLAIRCISSEMENT, eklêrsisma-t.
ÉCLAIRE, eklêr.
ÉCLAIRER, eklere-r.
ÉCLAIREUR, eklêrer.
ÉCLANCHE, eklah.
ÉCLAT, ekla-t.
ÉCLATANT, eklata-t.
ÉCLATANTE, eklatat.
ÉCLATER, eklate-r.
ÉCLECTIQUE, eklêktik.
ÉCLECTISME, eklêktism.
ÉCLIPSE, eklips.
ÉCLIPSER, eklipse-r.
ÉCLIPTIQUE, ekliptik.
ÉCLISSE, eklis.
ÉCLISSER, eklise-r.
ÉCLOGUE, eglog.
ÉCLOPPÉ, E, eklope.
ÉCLORE, eklor.
ÉCLOSION, eklôzio.
ÉCLUSE, ekluz.
ÉCLUSÉE, ekluze.
ÉCLUSIER, ekluzie.
ÉCOINÇON, ekûiso.
ÉCOLÂTRE, ekolâtr.
ÉCOLE, ekol.
ÉCOLIER, ekolie.
ÉCOLIÈRE, ekoliêr.
ÉCONDUIRE, ekoduir.
ÉCONOMAT, ekonoma-t.
ÉCONOME, ekonom.
ÉCONOMIE, ekonomi.
ÉCONOMIQUE, ekonomik.
ÉCONOMIQUEMENT, ekonomikma-t.
ÉCONOMISER, ekonomize-r.
ÉCONOMISTE, ekonomist.
ÉCOPE, ekop.
ÉCOPER, ekope-r.
ÉCORCE, ekors.
ÉCORCER, ekorse-r.
ÉCORCHÉE, ekorhe.
ÉCORCHER, ekorhe-r.
ÉCORCHEUR, ekorher.
ÉCORCHURE, ekorhur.
ÉCORNER, ekorne-r.
ÉCORNIFLER, ekornifle-r.
ÉCORNIFLERIE, ekornifleri.
ÉCORNIFLEUR, ekornifler.
ÉCORNIFLEUSE, ekorniflêz.
ÉCORNURE, ekornur.
ÉCOSSER, ekose-r.
ÉCOSSEUR, ekoser.
ÉCOSSEUSE, ekosêz.
ÉCOT, ekô.
ÉCOULEMENT, ekûlma-t.
ÉCOULER (S'), ekûle-r.
ÉCOURGEON, ekûrjo.
ÉCOURTER, ekûrte-r.
ÉCOUTE, ekût.
ÉCOUTER, ekûte-r.
ÉCOUTEUR, ekûter.
ÉCOUTEUSE, ekûtêz.
ÉCOUTILLE, ekûtil.
ÉCOUVILLON, ekûvilo.
ÉCOUVILLONNER, ekûvilone-r.
ÉCRAN, ekra.
ÉCRASER, ekrâze-r.
ÉCRÉMER, ekreme-r.
ÉCRÊTER, ekrete-r.
ÉCREVISSE, ekrevis.
ÉCRIER (S'), ekrie-r.
ÉCRILLE, ekril.
ÉCRIN, ekri.
ÉCRIRE, ekrir.
ÉCRIT, ekri-t.
ÉCRITEAU, ekritô.
ÉCRITOIRE, ekritûar.

ÉCRITURE, ekritur.
ÉCRIVAILLEUR, ekrivâlɛr.
ÉCRIVAIN, ekrivi.
ÉCRIVASSIER, ekrivasie.
ÉCROU, ekrû.
ÉCROUELLES, ekrûêl-z.
ÉCROUER, ekrûe-r.
ÉCROUES, ekrû-z.
ÉCROUIR, ekrûir.
ÉCROUISSEMENT, ekrûisma-t.
ÉCROULEMENT, ekrûlma-t.
ÉCROULER (s'), ekrûle-r.
ÉCROÛTER, ekrûte-r.
ÉCRU, E, ekru.
ECTYPE, êktip.
ÉCU, eku.
ÉCUBIER, ekubie.
ÉCUEIL, ekɛl.
ÉCUELLE, ekuêl.
ÉCUELLÉE, ekuele.
ÉCULER, ekule-r.
ÉCUMANT, ekuma-t.
ÉCUMANTE, ekumat.
ÉCUME, ekum.
ÉCUMENIQUE, ekumenik.
ÉCUMER, ekume-r.
ÉCUMEUR, ekumɛr.
ÉCUMEUSE, ekumêz.
ÉCUMEUX, ekumê-z.
ÉCUMOIRE, ekumûar.
ÉCURER, ekure-r.
ÉCUREUIL, ekurɛl.
ÉCUREUR, ekurɛr.
ÉCUREUSE, ekurêz.
ÉCURIE, ekuri.
ÉCUSSON, ekuso.
ÉCUSSONNER, ekusone-r.
ÉCUSSONNOIR, ekusonûar.
ÉCUYER, ekuiye.
EDDA, ed'a.
ÉDEN, edên.
ÉDENTER, edate-r.
ÉDIFIANT, edifia-t.
ÉDIFIANTE, edifiat.
ÉDIFICATEUR, edifikatɛr.
ÉDIFICATION, edifikâsio.
ÉDIFICE, edifis.
ÉDIFIER, edifie-r.
ÉDILE, edil.
ÉDILITÉ, edilite.
ÉDIT, edi-t.
ÉDITER, edite-r.
ÉDITEUR, editɛr.
ÉDITION, edisio.
ÉDREDON, edrɛdo.
ÉDUCATION, edukâsio.
ÉDULCORATION, edulkorâsio.
ÉDULCORER, edulkore-r.
ÉFAUFILER, efôfile-r.
EFENDI, efidi.
EFFAÇABLE, efasabl.
EFFACER, efase-r.
EFFAÇURE, efasur.
EFFANER, efane-r.
EFFARER, efare-r.
EFFAROUCHER, efarûhe-r.
EFFECTIF, efêktif.
EFFECTIVE, efêktiv.
EFFECTIVEMENT, efêktivma-t.
EFFECTUER, efêktue-r.
EFFÉMINER, efemine-r.
EFFENDI, efidi.
EFFERVESCENCE, efêrvês'as.
EFFERVESCENT, efêrvês'a-t.
EFFERVESCENTE, efêrvês'at.
EFFET, efê-t.
EFFEUILLAISON, efɛlêzo.
EFFEUILLER, efɛle-r.
EFFICACE, efikas.
EFFICACEMENT, efikasma-t.
EFFICACITÉ, efikasite.
EFFICIENT, efisia-t.
EFFICIENTE, efisiat.
EFFIGIE, efiji.
EFFILÉ, E, efile.
EFFILER, efile-r.
EFFILOQUER, efiloke-r.
EFFLANQUER, eflake-r.
EFFLEURER, eflɛre-r.
EFFLEURIR (s'), eflɛrir.

EFFLORESCENCE, eflorẽs'as.
EFFLORESCENT, eflorẽs'a-t.
EFFLORESCENTE, eflorẽs'at.
EFFLUENCE, efluas.
EFFLUENT, eflua-t.
EFFLUENTE, efluat.
EFFONDREMENT, efodrema-t.
EFFONDRER, efodre-r.
EFFONDRILLES, efodril-z.
EFFORCER (S'), eforse-r.
EFFORT, efor.
EFFRACTION, efraksio.
EFFRAIE, efrê.
EFFRAYANT, efrêya-t.
EFFRAYANTE, efrêyat.
EFFRAYER, efreye-r.
EFFRENÉ, E, efrene.
EFFRITER, efrite-r.
EFFROI, efrûa.
EFFRONTÉ, E, efrote.
EFFRONTÉMENT, efrotema-t.
EFFRONTERIE, efrotri.
EFFROYABLE, efrûayabl.
EFFROYABLEMENT, efrûayablema-t.
EFFUSION, efuzio.
ÉFOURCEAU, efûrsô.
ÉGAL, E, egal.
ÉGALEMENT, egalma-t.
ÉGALER, egale-r.
ÉGALISATION, egalizâsio.
ÉGALISER, egalize-r.
ÉGALITÉ, egalite.
ÉGARD, egar.
ÉGAREMENT, egarma-t.
ÉGARER, egare-r.
ÉGAYER, egeye-r.
ÉGIDE, ejid.
ÉGLANTIER, eglatie.
ÉGLANTINE, eglatin.
ÉGLISE, egliz.
ÉGLOGUE, eglog.
ÉGOÏSME, egoism.
ÉGOISTE, egoist.
ÉGORGER, egorje-r.
ÉGOSILLER (S'), egôzile-r.
ÉGOUT, egû.
ÉGOUTTER, egûte-r.
ÉGOUTTOIR, egûtûar.
ÉGOUTTURE, egûtur.
ÉGRAINER, egrene-r.
ÉGRAPPER, egrape-r.
ÉGRATIGNER, egratiĝe-r.
ÉGRATIGNURE, egratiĝur.
ÉGRÉNER, egrene-r.
ÉGRILLARD, egrilar.
ÉGRILLARDE, egrilard.
ÉGRISER, egrize-r.
ÉGRUGEOIR, egrujûar.
ÉGRUGER, egruje-r.
ÉGUEULER, egele-r.
ÉGYPTIEN, ejipsii.
ÉGYPTIENNE, ejipsiên.
EH, e.
ÉHANCHÉ, E, eahe.
ÉHONTÉ, E, eote.
ÉJACULATEUR, ejakulater.
ÉJACULATION, ejakulâsio.
ÉJACULER, ejakule-r.
ÉLABORATION, elaborâsio.
ÉLABORER, elabore-r.
ÉLAGAGE, elagaj.
ÉLAGUER, elage-r.
ÉLAGUEUR, elager.
ÉLAN, ela.
ÉLANCEMENT, elasma-t.
ÉLANCER, elase-r.
ÉLARGIR, elarjir.
ÉLARGISSEMENT, elarjisma-t.
ÉLARGISSURE, elarjisur.
ÉLASTICITÉ, elastisite.
ÉLASTIQUE, elastik.
ELBEUF, êlbef.
ÉLECTEUR, elêkter.
ÉLECTIF, elêktif.
ÉLECTION, elêksio.
ÉLECTIVE, elêktiv.
ÉLECTORAL, E, elêktoral.
ÉLECTORAT, elêktora-t.
ÉLECTORAUX, elêktorô-z.
ÉLECTRICITÉ, elêktrisite.

ÉLECTRIQUE, elêktrik.
ÉLECTRISATION, elêktrizâsio.
ÉLECTRISER, elêktrize-r.
ÉLECTROMÈTRE, elêktromêtr.
ÉLECTROPHORE, elêktrofor.
ÉLECTUAIRE, elêktuêr.
ÉLÉGAMMENT, elegama-t.
ÉLÉGANCE, elegas.
ÉLÉGANT, elega-t.
ÉLÉGANTE, elegat.
ÉLÉGIAQUE, elejiak.
ÉLÉGIE, eleji.
ÉLÉMENT, elema-t.
ÉLÉMENTAIRE, elematêr.
ÉLÉPHANT, elefa-t.
ÉLÉPHANTIASIS, elefatiazis.
ÉLÉVATEUR, elevater.
ÉLÉVATION, elevâsio.
ÉLÈVE, elêv.
ÉLEVER, elve-r.
ÉLEVEUR, elver.
ÉLEVURE, elvur.
ÉLIDER, elide-r.
ÉLIGIBILITÉ, elijibilite.
ÉLIGIBLE, elijibl.
ÉLIMER, elime-r.
ÉLIMINATION, eliminâsio.
ÉLIMINER, elimine-r.
ÉLIRE, elir.
ÉLISION, elizio.
ÉLITE, elit.
ÉLIXIR, eliksir.
ELLE, êl.
ELLÉBORE, êl'ebor.
ELLIPSE, elips.
ELLIPSOÏDE, elipsoid.
ELLIPTIQUE, eliptik.
ÉLOCUTION, elokusio.
ÉLOGE, eloj.
ÉLOGIEUSE, elojiêz.
ÉLOGIEUX, elojiê-z.
ÉLOIGNEMENT, elûagma-t.
ÉLOIGNER, elûage-r.
ÉLOQUEMMENT, elokama-t.
ÉLOQUENCE, elokas.
ÉLOQUENT, eloka-t.
ÉLOQUENTE, elokat.
ÉLU, E, elu.
ÉLUCIDER, eluside-r.
ÉLUCUBRATION, elukubrâsio.
ÉLUDER, elude-r.
ÉLYSÉE, elize.
ÉLYSÉEN, elizei.
ÉLYSÉENNE, elizeên.
ÉLYSIENS, elizii-z.
ÉMAIL, emal.
ÉMAILLER, emale-r.
ÉMAILLEUR, emaler.
ÉMAILLURE, emalur.
ÉMANATION, emanâsio.
ÉMANCIPATION, emasipâsio.
ÉMANCIPER, emasipe-r.
ÉMANER, emane-r.
ÉMARGEMENT, emarjema-t.
ÉMARGER, emarje-r.
EMBABOUINER, ababûine-r.
EMBALLAGE, abalaj.
EMBALLER, abale-r.
EMBALLEUR, abaler.
EMBARCADÈRE, abarkadêr.
EMBARCATION, abarkâsio.
EMBARGO, abargô.
EMBARQUEMENT, abarkema-t.
EMBARQUER, abarke-r.
EMBARRAS, abara-z.
EMBARRASSANT, abarasa-t.
EMBARRASSANTE, abarasat
EMBARRASSER, abarase-r.
EMBÂSE, abâz.
EMBASEMENT, abâzma-t.
EMBATAGE, abataj.
EMBÂTER, abâte-r.
EMBATRE, abatr.
EMBAUCHAGE, abôhaj.
EMBAUCHER, abôhe-r.
EMBAUCHEUR, abôher.
EMBAUCHOIR, abôhûar.
EMBAUMEMENT, abôm'a-t.
EMBAUMER, abôme-r.
EMBEGUINER, abegine-r.

EMBELLIE, abeli.
EMBELLIR, abelir.
EMBELLISSEMENT, abelisma-t.
EMBESOGNÉ, E, abezoĝe
EMBLAVER, ablave-r.
EMBLAVURE, ablavur.
EMBLE, abl.
EMBLÉE (D'), able.
EMBLÉMATIQUE, ablematik.
EMBLÈME, ablêm.
EMBOIRE, abûar.
EMBOISER, abûaze-r.
EMBOISEUR, abûazer.
EMBOISEUSE, abûazêz.
EMBOÎTEMENT, abûatma-t.
EMBOÎTER, abûate-r.
EMBOÎTURE, abûatur.
EMBONPOINT, abopûi-t.
EMBORDURER, abordure-r.
EMBOSSAGE, abosaj.
EMBOSSER, abose-r.
EMBOUCHER, abûhe-r.
EMBOUCHOIR, abûhûar.
EMBOUCHURE, abûhur.
EMBOUER, abûe-r.
EMBOUQUEMENT, abûkma-t.
EMBOUQUER, abûke-r.
EMBOURBER, abûrbe-r.
EMBOURRER, abûre-r.
EMBOURSER, abûrse-r.
EMBRANCHEMENT, abrahma-t.
EMBRASEMENT, abrâzma-t.
EMBRASER, abrâze-r.
EMBRASSADE, abrasad.
EMBRASSEMENT, abrasma-t.
EMBRASSER, abrase-r.
EMBRASURE, abrâzur.
EMBROCATION, abrokâsio.
EMBROCHER, abrohe-r.
EMBROUILLEMENT, abrûlma-t.
EMBROUILLER, abrûle-r.
EMBRYON, abriyo.
EMBÛCHE, abuh.
EMBUSCADE, abuskad.
EMBUSQUER, abuske-r.

ÉMENDER, emade-r.
ÉMERAUDE, emrôd.
ÉMERGENT, emêrja-t.
ÉMERI, emri.
ÉMERILLON, emerilo.
ÉMERILLONNÉ, E, emerilone.
ÉMÉRITE, emerit.
ÉMÉRUS, emerus.
ÉMERVEILLER, emêrvele-r.
ÉMÉTIQUE, emetik.
ÉMÉTISER, emetize-r.
ÉMETTRE, emêtr.
ÉMEUTE, emêt.
ÉMIER, emie-r.
ÉMIETTER, emiete-r.
ÉMIGRANT, emigra-t.
ÉMIGRATION, emigrâsio.
ÉMIGRÉ, E, emigre.
ÉMIGRER, emigre-r.
ÉMINCÉE, emise.
ÉMINCER, emise-r.
ÉMINEMMENT, eminama-t.
ÉMINENCE, eminas.
ÉMINENT, emina-t.
ÉMINENTE, eminat.
ÉMINENTISSIME, eminatis'im.
ÉMIR, emir.
ÉMISSAIRE, emisêr.
ÉMISSION, emisio.
EMMAGASINAGE, amagazinaj.
EMMAGASINER, amagazine-r.
EMMAIGRIR, amegrir.
EMMAILLOTTER, amalote-r.
EMMANCHEMENT, amahma-t.
EMMANCHER, amahe-r.
EMMANCHURE, amahur.
EMMÉNAGEMENT, amenajma-t.
EMMÉNAGER, amenaje-r.
EMMENER, amne-r.
EMMIELLER, amiele-r.
EMMIELLURE, amielur.
EMMITOUFLER, amitûfle-r.
ÉMOI, emûa.
ÉMOLLIENT, emolia-t.
ÉMOLLIENTE, emoliat.

Émolument, emoluma-t.
Émolumenter, emolumate-r.
Émonctoire, emoktûar.
Émonder, emode-r.
Émondes, emod-z.
Émotion, emôsio.
Émoucher, emûhe-r.
Émouchet, emûhê-t.
Émouchette, emûhêt.
Émouchoir, emûhûar.
Émoudre, emûdr.
Émouleur, emûlɛr.
Émousser, emûse-r.
Émoustiller, emûstile-r.
Émouvoir, emûvûar.
Empaillage, apâlaj.
Empailler, apâle-r.
Empailleur, apâlɛr.
Empailleuse, apâlêz.
Empalement, apalma-t.
Empaler, apale-r.
Empanacher, apanahe-r.
Empaqueter, apakte-r.
Emparer (s'), apare-r.
Empatement, apatma-t.
Empâtement, apâtma-t.
Empâter, apâte-r.
Empaumer, apôme-r.
Empaumure, apômur.'
Empêchement, apêhma-t.
Empêcher, apehe-r.
Empeigne, apêg̃.
Empenner, apen'e-r.
Empereur, aprɛr.
Empeser, apɛze-r.
Empester, apêste-r.
Empêtrer, apetre-r.
Emphase, afâz.
Emphatique, afatik.
Emphatiquement, afatikma-t.
Emphysème, afizêm.
Emphytéose, afiteôz.
Emphytéote, afiteot.
Emphytéotique, afiteotik.
Empiétement, apietma-t.
Empiéter, apiete-r.
Empiffrer, apifre-r.
Empilement, apilma-t.
Empiler, apile-r.
Empire, apir.
Empirée, apire.
Empirer, apire-r.
Empirique, apirik.
Empirisme, apirism.
Emplacement, aplasma-t.
Emplâtre, aplâtr.
Emplette, aplêt.
Emplir, aplir.
Emploi, aplûâ.
Employé, aplûaye.
Employer, aplûaye-r.
Emplumer, aplume-r.
Empocher, apohe-r.
Empoigner, apûag̃e-r.
Empois, apûâ.
Empoisonnement, apûazonma-t.
Empoisonner, apûazone-r.
Empoisonneur, apûazonɛr.
Empoisonneuse, apûazonêz.
Empoisser, apûase-r.
Empoissonnement, apûasonma-t.
Empoissonner, apûasone-r.
Emporté, e, aporte.
Emportement, aportɛma-t.
Emporter, aporte-r.
Empoter, apote-r.
Empourprer, apûrpre-r.
Empreindre, apridr.
Empreinte, aprit.
Empressement, aprêsma-t.
Empresser (s'), aprese-r.
Emprisonnement, aprizonma-t.
Emprisonner, aprizone-r.
Emprunt, apru-t.
Emprunter, aprute-r.
Emprunteur, aprutɛr.
Emprunteuse, aprutêz.
Empuantir, apuatir.
Empuantissement, apuatisma-t.
Empyrée, apire.

EMPYREUMATIQUE, apirêmatık.
EMPYREUME, apirêm.
ÉMULATION, emulâsio.
ÉMULE, emul.
EMULGENT, emulja-t.
ÉMULGENTE, emuljat.
ÉMULSIF, emulsif.
ÉMULSION, emulsio.
ÉMULSIONNER, emulsione-r.
ÉMULSIVE, emulsiv.
EN, a-n.
ENCABLURE, akâblur.
ENCADREMENT, akâdrɛma-t.
ENCADRER, akâdre-r.
ENCAGER, akaje-r.
ENCAISSE, akês.
ENCAISSEMENT, akêsma-t.
ENCAISSER, akese-r.
ENCAN, aka.
ENCANAILLER, akanâle-r.
ENCAPUCHONNER (s'), akapuhone-r.
ENCAQUER, akake-r.
ENCASTELER (s'), akastɛle-r.
ENCASTELURE, akastɛlur.
ENCASTREMENT, akastrɛma-t.
ENCASTRER, akastre-r.
ENCAUSTIQUE, akostik.
ENCAVEMENT, akavma-t.
ENCAVER, akave-r.
ENCEINDRE, asidr.
ENCEINTE, asit.
ENCENS, asa-z.
ENCENSEMENT, asasma-t.
ENCENSER, asase-r.
ENCENSEUR, asasɛr.
ENCENSOIR, asasûar.
ENCÉPHALE, asefal.
ENCÉPHALIQUE, asefalik.
ENCHAÎNEMENT, ahênma-t.
ENCHAÎNER, ahene-r.
ENCHAÎNURE, ahenur.
ENCHANTEMENT, ahatma-t.
ENCHANTER, ahate-r.
ENCHANTERESSE, ahatrês.
ENCHANTEUR, ahatɛr.
ENCHAPERONNER, ahaprone-r.
ENCHÂSSER, ahâse-r.
ENCHÂSSURE, ahâsur.
ENCHÈRE, ahêr.
ENCHÉRIR, aherir.
ENCHÉRISSEMENT, aherisma-t.
ENCHÉRISSEUR, ahérisɛr.
ENCHEVÊTRER, ahɛvetre-r.
ENCHEVÊTRURE, ahɛvetrur.
ENCHIFRÈNEMENT, ahıfrênma-t.
ENCHIFRENER, ahifrɛne-r.
ENCHYMOSE, akimôz.
ENCLAVE, aklav.
ENCLAVEMENT, aklavma-t.
ENCLAVER, aklave-r.
ENCLIN, akli.
ENCLINE, aklin.
ENCLORE, aklor.
ENCLOS, aklô-z.
ENCLOUER, aklûe-r.
ENCLOUURE, aklûur.
ENCLUME, aklum.
ENCLUMEAU, aklumô.
ENCOCHE, akoh.
ENCOCHER, akohe-r.
ENCOFFRER, akofre-r.
ENCOGNURE, akoğur.
ENCOIGNURE, akoğur.
ENCOLLAGE, akolaj.
ENCOLLER, akole-r.
ENCOLURE, akolur.
ENCOMBRE, akobr.
ENCOMBREMENT, akobrɛma-t.
ENCOMBRER, akobre-r.
ENCONTRE (A L'), akotr.
ENCORBELLEMENT, akorbêlma-t.
ENCORE, akor.
ENCORNE, akorne.
ENCOURAGEANT, akûraja-t.
ENCOURAGEANTE, akûrajat.
ENCOURAGEMENT, akûrajma-t.
ENCOURAGER, akûraje-r.
ENCOURIR, akûrir.
ENCRASSER, akrase-r.
ENCRE, akr.

Encrer, akre-r.
Encrier, akriye.
Encroûter, akrûte-r
Encuirasser (s'), akuirase-r.
Encuver, akuve-r.
Encyclique, asiklik.
Encyclopédie, asiklopedi.
Encyclopédique, asiklopedik.
Encyclopédiste, asiklopedist.
Endécagone, adekagôn.
Endémique, ademik.
Endenter, adate-r.
Endetter, adete-r.
Endêver, adeve-r.
Endiablé, e, adiâble.
Endiabler, adiâble-r.
Endimancher (s'), adimahe-r.
Endive, adiv.
Endoctriner, adoktrine-r.
Endolori, e, adolori.
Endommager, adomaje-r.
Endormeur, adormɛr.
Endormeuse, adormɛ́z.
Endormir, adormir.
Endosse, adôs.
Endossement, adôsma-t.
Endosser, adôse-r.
Endosseur, adôsɛr.
Endroit, adrûa-t.
Enduire, aduir.
Enduit, adui-t.
Endurant, adura-t.
Endurante, adurat.
Endurcir, adursir.
Endurcissement, adursisma-t.
Endurer, adure-r.
Énergie, enêrji.
Énergique, enêrjik.
Énergiquement, enêrjikma-t.
Énergumène, enêrgumên.
Énerver, enêrve-r.
Enfaîteau, afêtô.
Enfaîtement, afêtma-t.
Enfaîter, afête-r.
Enfance, afas.
Enfant, afa-t.
Enfantement, afatma-t.
Enfanter, afate-r.
Enfantillage, afatilaj.
Enfantin, afati.
Enfantine, afatin.
Enfariner, afarine-r.
Enfer, afêr.
Enfermer, afêrme-r.
Enferrer, afere.
Enfilade, afilad.
Enfiler, afile-r.
Enfin, afi.
Enflammer, aflâme-r.
Enfler, afle-r.
Enflure, aflur.
Enfoncement, afosma-t.
Enfoncer, afose-r.
Enfonceur, afosɛr.
Enfonçure, afosur.
Enforcir, aforsir.
Enfouir, afûir.
Enfouissement, afûisma-t.
Enfourcher, afûrhe-r.
Enfourner, afûrne-r.
Enfreindre, afridr.
Enfroquer, afroke-r.
Enfuir (s'), afuir.
Enfumer, afume-r.
Engageant, agaja-t.
Engageante, agajat.
Engagement, agajma-t.
Engager, agaje-r.
Engagiste, agajist.
Engaîner, agene-r.
Engeance, ajas.
Engelure, ajlur.
Engendrer, ajadre-r.
Engeôler, ajôle-r.
Engeôleur, ajôlɛr.
Engeôleuse, ajôlɛz.
Engin, aji.
Englober, aglobe-r.
Engloutir, aglûtir.
Engluer, aglue-r.

Engoncer, agose-r.
Engorgement, agorjɛma-t.
Engorger, agorje-r.
Engouement, agûma-t.
Engouer, agûe-r.
Engouffrer (s'), agûfre-r.
Engouler, agûle-r.
Engourdir, agûrdir.
Engourdissement, agûrdisma-t.
Engrais, agrê-z.
Engraissement, agrêsma-t.
Engraisser, agrese-r.
Engranger, agraje-r.
Engravement, agravmâ-t.
Engraver, agrave-r.
Engrenage, agrɛnaj.
Engrener, agrɛne-r.
Engrenure, agrɛnur.
Engri, agri.
Engrosser, agrôse-r.
Enhardir, aardir.
Enharmonique, anarmonik.
Enharnacher, aarnahe-r.
Enherber, anêrbe-r.
Énigmatique, enigmatik.
Énigmatiquement, enigmatikma-t.
Énigme, enigm.
Enivrant, anivra-t.
Enivrante, anivrat.
Enivrement, anivrɛma-t.
Enivrer, anivre-r.
Enjambée, ajabe.
Enjambement, ajabma-t.
Enjamber, ajabe-r.
Enjeu, ajê.
Enjoindre, ajûidr.
Enjôler, ajôle-r.
Enjôleur, ajôlɛr.
Enjôleuse, ajôlêz.
Enjolivement, ajolivma-t.
Enjoliver, ajolive-r.
Enjolivure, ajolivur.
Enjoué, e, ajûe.
Enjouement, ajûma-t.
Enkysté, e, akiste.

Enlacement, alâsma-t.
Enlacer, alâse-r.
Enlaidir, alêdir.
Enlaidissement, alêdisma-t.
Enlèvement, alêvma-t.
Enlever, alve-r.
Enligner, alige-r.
Enluminer, alumine-r.
Enlumineur, aluminɛr.
Enlumineuse, aluminêz.
Enluminure, aluminur.
Ennéagone, eneagôn.
Ennemi, e, ênmi.
Ennoblir, anoblir.
Ennui, anui.
Ennuyant, anuiya-t.
Ennuyante, anuiyat.
Ennuyer, anuiye-r.
Ennuyeuse, anuiyɛz.
Ennuyeusement, anuiyêzma-t.
Ennuyeux, anuiyê-z.
Énoncer, enose-r.
Énonciatif, enosiatif.
Énonciation, enosiâsio.
Énonciative, enosiativ.
Enorgueillir, anorgɛlir.
Énorme, enorm.
Énormément, enormema-t.
Énormité, enormite.
Enquérir (s'), akerir.
Enquête, akêt.
Enquêter (s'), akete-r.
Enquêteur, akêtɛr.
Enraciner (s'), arasine-r.
Enrageant, araja-t.
Enrageante, arajat.
Enrager, araje-r.
Enrayer, areye-r.
Enrayure, areyur.
Enrégimenter, arejimate-r.
Enregistrement, arɛjistrɛma-t.
Enregistrer, arɛjistre-r.
Enrhumer, arume-r.
Enrichir, arihir.
Enrichissement, arihisma-t.

ENROCHEMENT, arohma-t.
ENRÔLEMENT, arôlma-t.
ENRÔLER, arôle-r.
ENROUEMENT, arûma-t.
ENROUER, arûe-r.
ENROUILLER, arûle-r.
ENROULEMENT, arûlma-t.
ENROULER, arûle-r.
ENSABLEMENT, asâblema-t.
ENSABLER, asâble-r.
ENSACHER, asahe-r.
ENSANGLANTER, asaglate-r.
ENSEIGNE, asêg.
ENSEIGNEMENT, asêgma-t.
ENSEIGNER, asege-r.
ENSELLÉ, E, asele.
ENSEMBLE, asabl.
ENSEMENCEMENT, asemasma-t.
ENSEMENCER, asemase-r.
ENSERRER, asere-r.
ENSEVELIR, asevlir.
ENSEVELISSEMENT, asevlisma-t.
ENSORCELER, asorsele-r.
ENSORCELEUR, asorseler.
ENSORCELEUSE, asorselez.
ENSORCELLEMENT, asorsêlma-t.
ENSUITE, asuit.
ENSUIVRE (S'), asuivr.
ENTABLEMENT, atablema-t.
ENTACHER, atahe-r.
ENTAILLE, atâl.
ENTAILLER, atâle-r.
ENTAILLURE, atâlur.
ENTAME, atam.
ENTAMER, atame-r.
ENTAMURE, atamur.
ENTASSEMENT, atâsma-t.
ENTASSER, atâse-r.
ENTE, at.
ENTENDEMENT, atadma-t.
ENTENDEUR, atader.
ENTENDRE, atadr.
ENTENTE, atat.
ENTER, ate-r.
ENTÉRINEMENT, aterinma-t.
ENTÉRINER, aterine-r.
ENTERREMENT, atêrma-t.
ENTERRER, atere-r.
ENTÊTEMENT, atêtma-t.
ENTÊTER, atete-r.
ENTHOUSIASME, atûziasm.
ENTHOUSIASMER, atûziasme-r.
ENTHOUSIASTE, atûziast.
ENTHYMÈME, atimêm.
ENTICHER, atihe-r.
ENTIER, atie.
ENTIÈRE, atiêr.
ENTIÈREMENT, atiêrma-t.
ENTITÉ, atite.
ENTOILAGE, atûalaj.
ENTOILER, atûale-r.
ENTOMOLOGIE, atomoloji.
ENTOMOLOGIQUE, atomolojik.
ENTOMOLOGISTE, atomolojist.
ENTONNER, atone-r.
ENTONNOIR, atonûar.
ENTORSE, ators.
ENTORTILLEMENT, atortilma-t.
ENTORTILLER, atortile-r.
ENTOUR, atûr.
ENTOURAGE, atûraj.
ENTOURER, atûre-r.
ENTOURNURE, atûrnur.
ENTR'ACTE, atrakt.
ENTRAILLES, atrâl-z.
ENTRAÎNANT, atrêna-t.
ENTRAÎNANTE, atrênat.
ENTRAÎNEMENT, atrênma-t.
ENTRAÎNER, atrene-r.
ENTRAIT, atré-t.
ENTRANT, atra-t.
ENTRANTE, atrat.
ENTRAVE, atrav.
ENTRAVER, atrave-r.
ENTRE, atr.
ENTRE-BÂILLER, atrebâle-r
ENTRECHAT, atreha.
ENTRECOUPER, atrekûpe-r.
ENTRÉE, atre.
ENTREFAITES, atrefêt-z.

Entregent, atrɛja-t.
Entr'égorger (s'), atregorje-r.
Entrelacement, atrɛlâsma-t.
Entrelacer, atrɛlâse-r.
Entrelacs, atrɛlâ-z.
Entrelarder, atrɛlarde-r.
Entremêler, atrɛmele-r.
Entremets, atrɛmê.
Entremetteur, atrɛmetɛr.
Entremetteuse, atrɛmetêz.
Entremettre (s'), atrɛmêtr.
Entremise, atrɛmiz.
Entre-pont, atrɛpo-t.
Entreposer atrɛpôze-r.
Entreposeur, atrepôzɛr.
Entrepôt, atrɛpô-t.
Entreprenant, atrɛprɛna-t.
Entreprenante, atrɛprɛnat.
Entreprendre, atrɛpradr.
Entrepreneur, atrɛprɛnɛr.
Entrepreneuse, atrɛprɛnêz.
Entreprise, atrɛpriz.
Entrer, atre-r.
Entre-sol, atrɛsol.
Entretaille, atrɛtâl.
Entretenir, atrɛtɛnir.
Entretien, atrɛtii.
Entretoile, atrɛtûal.
Entretoise, atrɛtûaz.
Entrevoir, atrɛvûar.
Entrevous, atrɛvû-z.
Entrevue, atrɛvu.
Entr'ouvrir, atrûvrir.
Enture, atur.
Énumérateur, enumeratɛr.
Énumératif, enumeratif.
Énumération, enumerâsio.
Énumérative, enumerativ.
Énumérer, enumere-r.
Envahir, avair.
Envahissement, avaisma-t.
Envahisseur, avaisɛr.
Enveloppe, avlop.
Envelopper, avlope-r.
Envenimer, avnime-r.
Enverger, avêrje-r.
Enverguer, avêrge-r.
Envergure, avêrgur.
Envers, avêr.
Envi (à l'), avi.
Envie, avi.
Envieillir, avielir.
Envier, avie-r.
Envieuse, aviêz.
Envieux, aviê-z.
Enviné, e, avine.
Environ, aviro.
Environner, avirone-r.
Envisager, avizaje-r.
Envoi, avûa.
Envoiler (s'), avûale-r.
Envoisiné, avûazine.
Envoler (s'), avole-r.
Envoûter, avûte-r.
Envoyer, avûaye-r.
Éolien, eolii.
Éolienne, eoliên.
Éolipyle, eolipil.
Éolique, eolik.
Épacte, epakt.
Épagneul, e, epagɛl.
Épais, epê-z.
Épaisse, epês.
Épaisseur, epêsɛr.
Épaissir, epêsir.
Épaississement, epêsisma-t.
Épamprement, epaprɛma-t.
Épamprer, epapre-r.
Épanchement, epahma-t.
Épancher, epahe-r.
Épandre, epadr.
Épanouir (s'), epanûir.
Épanouissement, epanûisma-t.
Éparcet, eparsê-t.
Éparer (s'), epare-r.
Épargnant, eparga-t.
Épargnante, epargat.
Épargne, eparg.
Épargner, eparge-r.
Éparpillement, eparpilma-t.

ÉPARPILLER, eparpile-r.
ÉPARS, epar-z.
ÉPARSE, epars.
ÉPARVIN, eparvi.
ÉPATER, epate-r.
ÉPAULE, epôl.
ÉPAULÉE, epôle.
ÉPAULEMENT, epôlma-t.
ÉPAULER, epôle-r.
ÉPAULETTE, epôlêt.
ÉPAVE, epav.
ÉPÉE, epe.
ÉPELER, eple-r.
ÉPELLATION, epêl'âsio.
ÉPERDU, E, epêrdu.
ÉPERDUMENT, epêrduma-t.
ÉPERLAN, epêrla.
ÉPERON, epro.
ÉPERONNÉ, E, eprone.
ÉPERONNIER, epronie.
ÉPERVIER, epêrvie.
ÉPERVIÈRE, epêrviêr.
ÉPHÉLIDE, efelid.
ÉPHÉMÈRE, efemêr.
ÉPHÉMÉRIDES, efemerid.
ÉPHORES, efor-z.
ÉPI, epi.
ÉPICE, epis.
ÉPICÈNE, episên.
ÉPICER, epise-r.
ÉPICERIE, episri.
ÉPICHÉRÈME, epikerêm.
ÉPICIER, episie.
ÉPICIÈRE, episiêr.
ÉPICRÂNE, epikrân.
ÉPICURIEN, epikurii.
ÉPICURIENNE, epikuriên.
ÉPICURISME, epikurism.
ÉPICYCLE, episikl.
ÉPICYCLOÏDE, episikloid
ÉPIDÉMIE, epidemi.
ÉPIDÉMIQUE, epidemik.
ÉPIDERME, epidêrm.
ÉPIER, epie-r.
ÉPIERRER, epiere-r.
ÉPIEU, epiê.
ÉPIGASTRE, epigastr.
ÉPIGASTRIQUE, epigastrik.
ÉPIGLOTTE, epiglot.
ÉPIGRAMMATIQUE, epigramatik.
ÉPIGRAMMATISTE, epigramatist.
ÉPIGRAMME, epigram.
ÉPIGRAPHE, epigraf.
ÉPILATOIRE, epilatûar.
ÉPILEPSIE, epilepsi.
ÉPILEPTIQUE, epileptik.
ÉPILER, epile-r.
ÉPILLET, epilê-t.
ÉPILOGUE, epilog.
ÉPILOGUER, epiloge-r.
ÉPILOGUEUR, epiloger.
ÉPILOGUEUSE, epilogêz.
ÉPINARD, epinar.
ÉPINE, epin.
ÉPINETTE, epinêt.
ÉPINEUSE, epinêz.
ÉPINEUX, epinê-z.
ÉPINE-VINETTE, epinvinêt.
ÉPINGARE, epigar.
ÉPINGLE, epigl.
ÉPINGLETTE, epiglêt.
ÉPINGLIER, epiglie.
ÉPINGLIÈRE, epigliêr.
ÉPINIÈRE, epiniêr.
ÉPINIERS, epinie-z.
ÉPIPHANIE, epifani.
ÉPIPLOON, epiploon.
ÉPIQUE, epik.
ÉPISCOPAL, E, episkopal.
ÉPISCOPAT, episkopa-t.
ÉPISCOPAUX, episkopô-z.
ÉPISODE, epizod.
ÉPISODIQUE, epizodik.
ÉPISPASTIQUE, epispastik.
ÉPISSER, epise-r.
ÉPISSOIR, episûar.
ÉPISSURE, episur.
ÉPISTOLAIRE, epistolêr.
ÉPISTYLE, epistil.
ÉPITAPHE, epitaf.

ÉPITHALAME, epitalam.
ÉPITHÈME, epitêm.
ÉPITHÈTE, epitêt.
ÉPITOGE, epitoj.
ÉPITOME, epitôme.
ÉPÎTRE, epitr.
ÉPITROPE, epitrop.
ÉPIZOOTIE, epizooti.
ÉPIZOOTIQUE, epizootik
ÉPLORÉ, E, eplore.
ÉPLOYÉ, E, eplûaye.
ÉPLUCHAGE, epluhaj.
ÉPLUCHER, epluhe-r.
ÉPLUCHEUR, epluhεr.
ÉPLUCHEUSE, epluhêz.
ÉPLUCHOIR, epluhûar.
ÉPLUCHURE, epluhur.
ÉPOINTÉ, E, epûite.
ÉPOINTER, epûite-r.
ÉPOIS, epûâ-z.
ÉPONGE, epoj.
ÉPONGER, epoje-r.
ÉPOPÉE, epope.
ÉPOQUE, epok.
ÉPOUDRER, epûdre-r.
ÉPOUMONER, epûmone-r.
ÉPOUSAILLES, epûzâl-z.
ÉPOUSE, epûz.
ÉPOUSÉE, epûze.
ÉPOUSER, epuze-r.
ÉPOUSEUR, epûzεr.
ÉPOUSSETER, epûste-r.
ÉPOUSSETTE, epûsêt.
ÉPOUVANTABLE, epûvatabl.
ÉPOUVANTABLEMENT, epûvatablεma-t.
ÉPOUVANTAIL, epûvatal.
ÉPOUVANTE, epûvat.
ÉPOUVANTER, epûvate-r.
ÉPOUX, epû-z.
ÉPREINDRE, epridr.
ÉPREINTE, eprit.
ÉPRENDRE (S'), epradr.
ÉPREUVE, eprεv.
ÉPROUVER, eprûve-r.
ÉPROUVETTE, eprûvêt.
EPTACORDE, êptakord.
EPTAGONE, êptagon.
ÉPUCER, epuse-r.
ÉPUISABLE, epuizabl.
ÉPUISEMENT, epuizma-t.
ÉPUISER, epuize-r.
ÉPULIDE, epulid.
ÉPULOTIQUE, epulotik.
ÉPURATION, epurâsio.
ÉPURE, epur.
ÉPURER, epure-r.
ÉPURGE, epurj.
ÉQUARRIR, ekarir.
ÉQUARRISSAGE, ekarisaj.
ÉQUARRISSEMENT, ekarisma-t.
ÉQUARRISSEUR, ekarisεr.
ÉQUATEUR, ekûatεr.
ÉQUATION, ekûâsio.
ÉQUERRE, ekêr.
ÉQUESTRE, ekuêstr.
ÉQUIANGLE, ekuiagl.
ÉQUIDISTANT, ekuidista-t.
ÉQUIDISTANTE, ekuidistat.
ÉQUILATÉRAL, E, ekuilateral.
ÉQUILATÈRE, ekuilatêr.
ÉQUILIBRE, ekilibr.
ÉQUINOXE, ekinoks.
ÉQUINOXIAL, E, ekinoksial.
ÉQUINOXIAUX, ekinoksiô-z.
ÉQUIPAGE, ekipaj.
ÉQUIPÉE, ekipe.
ÉQUIPEMENT, ekipma-t.
ÉQUIPER, ekipe-r.
ÉQUIPOLLENCE, ekipol'as.
ÉQUIPOLLENT, ekipol'a-t.
ÉQUIPOLLENTE, ekipol'at.
ÉQUITABLE, ekitabl.
ÉQUITABLEMENT, ekitablεma-t.
ÉQUITATION, ekuitâsio.
ÉQUITÉ, ekite.
ÉQUIVALENT, ekivala-t.
ÉQUIVALENTE, ekivalat.
ÉQUIVALOIR, ekivalûar.
ÉQUIVOQUE, ekivok.

Équivoquer, ekivoke-r.
Érable, erabl.
Érafler, erâfle-r.
Éraflure, erâflure.
Éraillement, erâlma-t.
Érailler, erâle-r.
Éraillure, erâlur.
Ère, êr.
Érèbe, erêb.
Érecteur, erêktɛr.
Érection, erêksio.
Éreinter, erite-r.
Érésipélateuse, erezipelatêz.
Érésipélateux, erezipelatê-z.
Érésipèle, erezipêl.
Éréthisme, eretism.
Ergot, êrgô-t.
Ergoté, e, êrgote.
Ergoter, êrgote-r.
Ergoteur, êrgotɛr.
Ergoteuse, êrgotêz.
Éridan, erida.
Ériger, erije-r.
Érigne, erign.
Érine, erin.
Erminette, êrminêt.
Ermitage, êrmitaj.
Ermite, êrmit.
Érosion, erôzio.
Érotique, erotik.
Érotomanie, erotomani.
Errant, êr'a-t.
Errante, êr'at.
Errata, êr'ata.
Erratique, êr'atik.
Erratum, êr'atom.
Erre, êr.
Errements, êrma-z.
Errer, êr'e-r.
Erreur, êr'ɛr.
Erroné, e, êr'one.
Erse, êrs.
Érucago, erukago.
Éructation, eruktâsio.
Érudit, erudi-t.
Érudite, erudit.
Érudition, erudisio.
Érugineuse, erujinêz.
Érugineux, erujinê-z.
Éruptif, eruptif.
Éruption, erupsio.
Éruptive, eruptiv.
Érysipélateuse, erizipelatêz.
Érysipélateux, erizipelatê-z.
Érysipèle, erizipêl.
Ès, ês.
Escabeau, êskabô.
Escabelle, êskabêl.
Escache, êskah.
Escadre, êskadr.
Escadrille, êskadril.
Escadron, êskadro.
Escadronner, êskadrone-r.
Escalade, êskalad.
Escalader, êskalade-r.
Escale, êskal.
Escalier, êskalie.
Escalin, êskali.
Escamotage, êskamotaj.
Escamoter, êskamote-r.
Escamoteur, êskamotɛr.
Escamoteuse, êskamotêz.
Escamper, êskape-r.
Escampette, êskapêt.
Escapade, êskapad.
Escape, êskap.
Escarbot, êskarbô.
Escarboucle, êskarbûkl.
Escarcelle, êskarsêl.
Escargot, êskargô.
Escarmouche, êskarmûh.
Escarmoucher, êskarmûhe-r.
Escarmoucheur, êskarmûhɛr.
Escarole, êskarol.
Escarotique, êskarotik.
Escarpe, êskarp.
Escarpement, êskarpɛma-t.
Escarper, êskarpe-r.
Escarpin, êskarpi.
Escarpolette, êskarpolêt.

Escarre, êskar.
Escient, esia-t.
Esclandre, êskladr.
Esclavage, êsklavaj.
Esclave, êsklâv.
Escobard, êskobar.
Escobarder, êskobarde-r.
Escobarderie, êskobardri.
Escogriffe, êskogrif.
Escompte, êskot.
Escompter, êskote-r.
Escope, êskop.
Escopette, êskopêt.
Escorte, êskort.
Escorter, êskorte-r.
Escot, êskô.
Escouade, êskûad.
Escourgée, êskûrje.
Escourgeon, êskûrjo.
Escousse, êskûs.
Escrime, êskrim.
Escrimer, êskrime-r.
Escrimeur, êskrimɛr.
Escroc, êskrô.
Escroquer, êskroke-r.
Escroquerie, êskrokri.
Escroqueur, êskrokɛr.
Escroqueuse, êskrokêz.
Espace, êspâs.
Espacement, êspâsma-t.
Espacer, êspâse-r.
Espadon, êspado.
Espadonner, êspadone-r.
Espagnolette, êspagolêt.
Espalier, êspalie-r.
Espalmer, êspalme-r.
Esparcette, êsparsêt.
Espars, êspar-z.
Espèce, êspês.
Espérance, êsperas.
Esperer, êspere-r.
Espiègle, êspiêgl.
Espièglerie, êspiêglɛri.
Espingole, êspigol.
Espion, êspio.
Espionnage, êspionaj.
Espionner, êspione-r.
Esplanade, êsplanad.
Espoir, êspûar.
Esponton, êspoto.
Espringale, êsprigal.
Esprit, êspri-t.
Esquicher, êskihe-r.
Esquif, êskif.
Esquille, êskil.
Esquinancie, êskinasi.
Esquipot, êskipô.
Esquisse, êskis.
Esquisser, êskise-r.
Esquiver, êskive-r.
Essai, esê.
Essaim, esi.
Essaimer, eseme-r.
Essanger, esaje-r.
Essartement, esartɛma-t.
Essarter, esarte-r.
Essayer, eseye-r.
Essayeur, esêyɛr.
Esse, ês.
Essence, ês'as.
Essentiel, le, ês'asiêl.
Essentiellement, ês'asiêlma-t.
Essette, esêt.
Esseulé, e, esɛle.
Essieu, esiɛ.
Essor, esor.
Essorer, esore-r.
Essoriller, esorile-r.
Essoufflement, esûflɛma-t.
Essouffler, esûfle-r.
Essui, esui.
Essuyer, esuiyer.
Est, êst.
Estacade, êstakad.
Estafette, êstafêt.
Estafier, êstafie.
Estafilade, êstafilad.
Estafilader, êstafilade-r.
Estame, êstam.
Estamet, êstamê-t.

ESTAMINET, êstaminê-t.
ESTAMPE, êstap.
ESTAMPER, êstape-r.
ESTAMPILLE, êstapil.
ESTAMPILLER, êstapile-r.
ESTER, êste-r.
ESTÈRE, êstêr.
ESTERLIN, êstêrli.
ESTEUBLE, êstêbl.
ESTHÉTIQUE, êstetik.
ESTIMABLE, êstimabl.
ESTIMATEUR, êstimatɛr.
ESTIMATIF, êstimatif.
ESTIMATION, êstimâsio.
ESTIMATIVE, êstimativ.
ESTIME, êstim.
ESTIMER, êstime-r.
ESTIVAL, E, êstival.
ESTOC, êstok.
ESTOCADE, êstokad.
ESTOCADER, êstokade-r.
ESTOMAC, êstoma-k.
ESTOMAQUER (s'), êstomake-r.
ESTOMPE, êstop.
ESTOMPER, êstope-r.
ESTOUFFADE, êstûfad.
ESTRADE, êstrad.
ESTRAGON, êstrago.
ESTRAMAÇON, êstramâso.
ESTRAMAÇONNER, êstramâsone-r.
ESTRAPADE, êstrapad.
ESTROPIER, êstropie-r.
ESTURGEON, êsturjo.
ÉSULE, ezul.
ET, e.
ÉTABLAGE, etablaj.
ÉTABLE, etabl.
ÉTABLI, etabli.
ÉTABLIR, etablir.
ÉTABLISSEMENT, etablisma-t.
ÉTAGE, etaj.
ÉTAGER, etaje-r.
ÉTAGÈRE, etajêr.
ÉTAI, etê.
ÉTAIM, eti.
ÉTAIN, eti.
ÉTAL, etal.
ÉTALAGE, etalaj.
ÉTALAGISTE, etalagist.
ÉTALER, etale-r.
ÉTALIER, etalie.
ÉTALINGUER, etalige-r.
ÉTALON, etalo.
ÉTALONNAGE, etalonaj.
ÉTALONNER, etalone-r.
ÉTALONNEUR, etalonɛr.
ÉTAMAGE, etamaj.
ÉTAMBOT, etabô.
ÉTAMER, etame-r.
ÉTAMEUR, etamɛr.
ÉTAMINE, etamin.
ÉTAMPER, etape-r.
ÉTAMURE, etamur.
ÉTANCHEMENT, etahma-t.
ÉTANCHER, etahe-r.
ÉTANÇON, etaso.
ÉTANÇONNER, etasone-r.
ÉTANFICHE, etafih.
ÉTANG, eta.
ÉTAPE, etap.
ÉTAT, eta-t.
ÉTAU, etô.
ÉTAYEMENT, etê'ma-t.
ÉTAYER, eteye-r.
ÉTÉ, ete.
ÉTEIGNOIR, etêğûar.
ÉTEINDRE, etidr.
ÉTENDAGE, etadaj.
ÉTENDARD, etadar.
ÉTENDOIR, etadûâr.
ÉTENDRE, etadr.
ÉTENDUE, etadu.
ÉTERNEL, LE, etêrnêl.
ÉTERNELLEMENT, etêrnêlma-t.
ÉTERNISER, etêrnize-r.
ÉTERNITÉ, etêrnite.
ÉTERNUER, etêrnue-r.
ÉTERNUMENT, etêrnuma-t.
ÉTÉSIEN, etezii.
ÉTÊTEMENT, etêtma-t.

ÉTÊTER, etete-r.
ÉTEUF, etê-f.
ÉTEULE, etêl.
ÉTHER, etêr.
ÉTHÉRÉ, E, etere.
ÉTHIOPS, etiops.
ÉTHIQUE, etik.
ETHMOÏDAL, êtmoidal.
ETHMOÏDE, êtmoid.
ETHNOGRAPHE, êtnograf.
ETHNOGRAPHIE, êtnografi.
ETHNOGRAPHIQUE, êtnografik.
ÉTHOLOGIE, etoloji.
ÉTIAGE, etiaj.
ÉTINCELANT, etisla-t.
ÉTINCELANTE, etislat.
ÉTINCELER, etisle-r.
ÉTINCELLE, etisêl.
ÉTINCELLEMENT, etisêlma-t.
ÉTIOLEMENT, etiolma-t.
ÉTIOLER, etiole-r.
ÉTIOLOGIE, etioloji.
ETIQUE, etik.
ETIQUETER, etikte-r.
ÉTIQUETTE, etikêt.
ÉTIRER, etire-r.
ÉTISIE, etizi.
ÉTOFFE, etof.
ÉTOFFÉ, E, etofe.
ÉTOILE, etûal.
ÉTOILÉ, E, etûale.
ÉTOILER (s'), etûale-r.
ÉTOLE, etol.
ÉTONNAMMENT, etonama-t.
ÉTONNANT, etona-t.
ÉTONNANTE, etonat.
ÉTONNEMENT, etonma-t.
ÉTONNER, etone-r.
ÉTOUFFADE, etûfad.
ÉTOUFFANT, etûfa-t.
ÉTOUFFANTE, etûfat.
ÉTOUFFEMENT, etûfma-t.
ÉTOUFFER, etûfe-r.
ÉTOUFFOIR, etûfûar.
ÉTOUPE, etûp.
ÉTOUPER, etûpe-r.
ÉTOUPILLE, etûpil.
ÉTOUPILLON, etûpilo.
ÉTOURDERIE, etûrdœri.
ÉTOURDI, E, etûrdi.
ÉTOURDIMENT, etûrdima-t.
ÉTOURDIR, etûrdir.
ÉTOURDISSANT, etûrdisa-t.
ÉTOURDISSANTE, etûrdisat.
ÉTOURDISSEMENT, etûrdisma-t.
ÉTOURNEAU, etûrnô.
ÉTRANGE, etraj.
ÉTRANGEMENT, etrajma-t.
ÉTRANGER, etraje-r.
ÉTRANGÈRE, etrajêr.
ÉTRANGETÉ, etrajte.
ÉTRANGLEMENT, etraglœma-t.
ÉTRANGLER, etragle-r.
ÉTRANGUILLON, etragilo.
ÉTRAVE, etrav.
ÊTRE, êt'r.
ÉTRÉCIR, etresir.
ÉTRÉCISSEMENT, etresisma-t.
ÉTREINDRE, etridr.
ÉTREINTE, etrit.
ÉTRENNE, etrên.
ÉTRENNER, etrene-r.
ÉTRÉSILLON, etrezilo.
ÉTRÉSILLONNER, etrezilone-r.
ÉTRIER, etrie.
ÉTRILLE, etril.
ÉTRILLER, etrile-r.
ÉTRIPER, etripe-r.
ÉTRIQUÉ, E, etrike.
ÉTRIVIÈRE, etrivièr.
ÉTROIT, etrûa-t.
ÉTROITE, etrûat.
ÉTROITEMENT, etrûatma-t.
ÉTUDE, etud.
ÉTUDIANT, etudia-t.
ÉTUDIER, etudie-r.
ÉTUI, etui.
ÉTUVE, etuv.
ÉTUVÉE, etuve.
ÉTUVEMENT, etuvma-t.

ÉTUVER, etuve-r.
ÉTUVISTE, etuvist.
ÉTYMOLOGIE, etimoloji.
ÉTYMOLOGIQUE, etimolojik.
ÉTYMOLOGISTE, etimolojist.
EUCHARISTIE, êkaristi.
EUCHARISTIQUE, êkaristik.
EUCOLOGE, êkoloj.
EUFRAISE, êfrêz.
EUMÉNIDE, êmenid.
EUNUQUE, énuk.
EUPATOIRE, êpatûar.
EUPHÉMISME, êfemism.
EUPHONIE, êfoni.
EUPHONIQUE, êfonik.
EUPHORBE, éforb.
EUROPÉEN, ɛropei.
EUROPÉENNE, ɛropeên.
EURYTHMIE, éritmi.
EUSTACHE, êstah.
EUX, ê-z.
ÉVACUATIF, evakuatif.
ÉVACUATION, evakuâsio.
ÉVACUATIVE, evakuativ.
ÉVACUER, evakue-r.
ÉVADER (s'), evade-r.
ÉVAGATION, evagâsio.
ÉVALUATION, evaluâsio.
ÉVALUER, evalue-r.
ÉVANGÉLIQUE, evajelik.
ÉVANGÉLIQUEMENT, evajelikma-t.
ÉVANGÉLISER, evajelize-r.
ÉVANGÉLISTE, evajelist.
ÉVANGILE, evajil.
ÉVANOUIR (s'), evanûir.
ÉVANOUISSEMENT, evanûisma-t.
ÉVAPORATION, evaporâsio.
ÉVAPORER, evapore-r.
ÉVASEMENT, evâzma-t.
ÉVASER, evâze-r.
ÉVASIF, evâzif.
ÉVASION, evâzio.
ÉVASIVE, evâziv.
ÉVÊCHÉ, evehe.
ÉVEIL, evêl.
ÉVEILLER, evele-r.
ÉVÉNEMENT, evenma-t.
ÉVENT, eva-t.
ÉVENTAIL, evatal.
ÉVENTAILLISTE, evatalist.
ÉVENTAIRE, evatêr.
ÉVENTER, evate-r.
ÉVENTOIR, evatûar.
ÉVENTRER, evatre-r.
ÉVENTUALITÉ, evatualite.
ÉVENTUEL, LE, evatuêl.
ÉVENTUELLEMENT, evatuêlma-t.
ÉVÊQUE, evêk.
ÉVERSION, evêrsio.
ÉVERTUER (s'), evêrtue-r.
ÉVICTION, eviksio.
ÉVIDEMMENT, evidama-t.
ÉVIDENCE, evidas.
ÉVIDENT, evida-t.
ÉVIDENTE, evidat.
ÉVIDER, evide-r.
ÉVIDOIR, evidûar.
ÉVIER, evie.
ÉVINCER, evise-r.
ÉVITABLE, évitabl.
ÉVITER, evite-r.
ÉVOCABLE, evokabl.
ÉVOCATION, evokâsio
ÉVOCATOIRE, evokatûar.
ÉVOLUTION, evolusio.
ÉVOQUER, evoke-r.
EX, êks.
EXACERBATION, egzasêrbâsio.
EXACT, E, egzakt.
EXACTEMENT, egzaktɛma-t.
EXACTEUR, egzaktɛr.
EXACTION, egzaksio.
EXACTITUDE, egzaktitud.
EXAÈDRE, egzaêdr.
EXAGÉRATEUR, egzajeratɛr.
EXAGÉRATIF, egzajeratif.
EXAGÉRATION, egzajerâsio.
EXAGÉRATIVE, egzajerativ.
EXAGÉRATRICE, egzajeratris.
EXAGÉRER, egzajere-r.

Exagone, egzagôn.
Exaltation, egzaltâsio.
Exalter, egzalte-r.
Examen, egzami.
Examinateur, egzaminatɛr.
Examinatrice, egzaminatris.
Examiner, egzamine-r.
Exanthème, egzatêm.
Exarque, egzark.
Exaspération, egzasperâsio.
Exaspérer, egzaspere-r.
Exaucer, egzôse-r.
Excavation, èkskavâsio.
Excaver, èkskave-r.
Excédant, èkseda-t.
Excédante, èksedat.
Excéder, èksede-r.
Excellemment, èkselama-t.
Excellence, èkselas.
Excellent, èksela-t.
Excellente, èkselat.
Excellentissime, èkselatissim.
Exceller, èksele-r.
Excentricité, èksatrisite.
Excentrique, èksatrik.
Excepté, èksèpte.
Excepter, èksèpte-r.
Exception, èksèpsio.
Exceptionnel, le, èksèpsionèl.
Excès, èksè-z.
Excessif, èksès'if.
Excessive, èksès'iv.
Excessivement, èksesivma-t.
Exciper, èksipe-r.
Excipient, èksipia-t.
Excise, èksiz.
Excision, èksizio.
Excitant, èksita-t.
Excitante, èksitat.
Excitatif, èksitatif.
Excitation, èksitâsio.
Excitative, èksitativ.
Exciter, èksite-r.
Exclamation, èksklamâsio.
Exclure, èksklur.
Exclusif, èkskluzif.
Exclusion, èkskluzio.
Exclusive, èkskluziv.
Exclusivement, èksklusivma-t.
Excommunication, èkskomunikâ-sio.
Excommunier, èkskomunie-r.
Excoriation, èkskoriâsio.
Excorier, èkskorie-r.
Excrement, èkskrema-t.
Excrémenteuse, èkskrematéz.
Excrémenteux, èkskrematé-z.
Excrémentiel, le, èkskremasièl.
Excréteur, èkskretɛr.
Excrétion, èkskresio.
Excrétoire, èkskretûar.
Excroissance, èkskrûasas.
Excursion, èkskursio.
Excusable, èkskuzabl.
Excusation, èkskuzâsio.
Excuse, èkskuz.
Excuser, èkskuze-r.
Exeat, egzeat.
Exécrable, egzekrabl.
Exécrablement, egzekrablɛma-t.
Exécration, egzekrâsio.
Exécrer, egzekre-r.
Exécutable, egzekutabl.
Exécutant, egzekuta-t.
Exécuter, egzekute-r.
Exécuteur, egzekutɛr.
Exécutif, egzekutif.
Exécution, egzekusio.
Exécutive, egzekutiv.
Exécutrice, egzekutris.
Exécutoire, egzekutûar.
Exemplaire, egzaplêr.
Exemple, egzapl.
Exempt, egza-t.
Exempte, egzat.
Exempter, egzate-r.
Exemption, egzapsio.
Exequatur, egzekûatur.
Exercer, egzèrse-r.
Exercice, egzèrsis.

Exergue, egzêrg.
Exfoliation, êksfoliâsio.
Exfolier (s'), êksfolie-r.
Exhalaison, egzalêzo.
Exhalant, egzala-t.
Exhalation, egzalâsio.
Exhaler, egzale-r.
Exhaussement, egzôsma-t.
Exhausser, egzôse-r.
Exhérédation, egzeredâsio.
Exhéréder, egzerede-r.
Exhiber, egzibe-r.
Exhibition, egzibisio.
Exhortation, egzortâsio.
Exhorter, egzorte-r.
Exhumation, egzumâsio.
Exhumer, egzume-r.
Exigeant, egzija-t.
Exigeante, egzijat.
Exigence, egzijas.
Exiger, egzije-r.
Exigible, egzijibl.
Exigibilité, egzijibilite.
Exigu, e, egzigu.
Exiguïté, egziguite.
Exil, egzil.
Exilé, e, egzile.
Exiler, egzile-r.
Existant, egzista-t.
Existante, egzistat.
Existence, egzistas.
Exister, egziste-r.
Exode, egzod.
Exophthalmie, egzoftalmi.
Exorable, egzorabl.
Exorbitamment, egzorbitama-t.
Exorbitant, egzorbita-t.
Exorbitante, egzorbitat.
Exorciser, egzorsize-r.
Exorcisme, egzorsism.
Exorciste, egzorsist.
Exorde, egzord.
Exostose, egzostôz.
Exotique, egzotik.
Expansibilité, êkspasibilite.
Expansible, êkspasibl.
Expansif, êkspasif.
Expansion, êkspasio.
Expansive, êkspasiv.
Expatriation, êkspatriâsio.
Expatrier, êkspatrie-r.
Expectant, êkspêkta-t.
Expectante, êkspêktat.
Expectatif, êkspêktatif.
Expectative, êkspêktativ.
Expectorant, êkspêktora-t.
Expectorante, êkspêktorat.
Expectoration, êkspêktorâsio.
Expectorer, êkspêktore-r.
Expédient, êkspedia-t.
Expédier, êkspedie-r.
Expéditeur, êkspeditœr.
Expéditif, êkspeditif.
Expédition, êkspedisio.
Expéditionnaire, êkspedisionêr.
Expéditive, êkspeditiv.
Expérience, êksperias.
Expérimental, e, êksperimatal.
Expérimentateur, êksperimatatœr.
Expérimenter, êksperimate-r.
Expert, êkspêr-t.
Experte, êkspêrt.
Expertise, êkspêrtiz.
Expertiser, êkspêrtize-r.
Expiation, êkspiâsio.
Expiatoire, êkspiatûar.
Expier, êkspie-r.
Expirant, êkspira-t.
Expirante, êkspirat.
Expirateur, êkspiratœr.
Expiration, êkspirâsio.
Expirer, êkspire-r.
Explétif, êkspletif.
Explétive, êkspletiv.
Explicable, êksplikabl.
Explicateur, êksplikatœr.
Explicatif, êksplikatif.
Explication, êksplikâsio.
Explicative, êksplikativ.

EXPLICITE, éksplisit.
EXPLICITEMENT, éksplisitma-t.
EXPLIQUER, éksplike-r.
EXPLOIT, éksplûâ-t.
EXPLOITABLE, éksplûatabl.
EXPLOITANT, éksplûata-t.
EXPLOITATION, éksplûatâsio.
EXPLOITER, éksplûate-r.
EXPLORATEUR, éksplorater.
EXPLORATION, éksplorâsio.
EXPLORER, éksplore-r.
EXPLOSION, éksplôzio.
EXPORTATION, éksportâsio.
EXPORTER, éksporte-r.
EXPOSANT, ékspôza-t.
EXPOSANTE, ékspôzat.
EXPOSÉ, ékspôze.
EXPOSER, ékspôze-r.
EXPOSITION, ékspôzisio.
EXPRÈS, éksprê-z.
EXPRESSE, éksprês.
EXPRESSÉMENT, ékspresema-t.
EXPRESSIF, éksprêsif.
EXPRESSION, éksprêsio.
EXPRESSIVE, éksprêsiv.
EXPRIMABLE, éksprimabl.
EXPRIMER, éksprime-r.
EX PROFESSO, éks profeso.
EXPROPRIATION, éksproprîâsio.
EXPROPRIER, éksproprie-r.
EXPULSER, ékspulse-r.
EXPULSIF, ékspulsif.
EXPULSION, ékspulsio.
EXPULSIVE, ékspulsiv.
EXPURGATOIRE, ékspurgatûar.
EXQUIS, ékski-z.
EXQUISE, ékskiz.
EXSUCCION, éksuksio.
EXSUDATION, éksudâsio.
EXSUDER, éksude-r.
EXTASE, ékstâz.
EXTASIER (s'), ékstâzie-r.
EXTATIQUE, ékstatik.
EXTENSEUR, ékstaser.
EXTENSIBILITÉ, ékstasibilite.
EXTENSIBLE, ékstasibl.
EXTENSIF, ékstasif.
EXTENSION, ékstasio.
EXTENSIVE, ékstasiv.
EXTÉNUATION, ékstenuâsio.
EXTÉNUER, ékstenue-r.
EXTERIEUR, E, éksterier.
EXTÉRIEUREMENT, éksterierma-t.
EXTERMINATEUR, ékstérminater.
EXTERMINATION, ékstêrminâsio.
EXTERMINER, ékstêrmine-r.
EXTERNAT, ékstêrna-t.
EXTERNE, ékstêrn.
EXTINCTION, ékstiksio.
EXTIRPATEUR, ékstirpater.
EXTIRPATION, ékstirpâsio.
EXTIRPER, ékstirpe-r.
EXTORQUER, ékstorke-r.
EXTORSION, ékstorsio.
EXTRACTIF, ékstraktif.
EXTRACTION, ékstraksio.
EXTRACTIVE, ékstraktiv.
EXTRADITION, ékstradisio.
EXTRADOS, ékstradô-z.
EXTRAIRE, ékstrêr.
EXTRAIT, ékstrê-t.
EXTRAJUDICIAIRE, ékstrajudisiêr.
EXTRAJUDICIAIREMENT, ékstrajudisiêrma-t.
EXTRAORDINAIRE, ékstraordinêr.
EXTRAORDINAIREMENT, ékstraordinêrma-t.
EXTRAPASSER, ékstrapâse-r.
EXTRAVAGAMMENT, ékstravagama-t.
EXTRAVAGANCE, ékstravagas.
EXTRAVAGANT, ékstravaga-t.
EXTRAVAGANTE, ékstravagat.
EXTRAVAGUER, ékstravage-r.
EXTRAVASATION, ékstravazâsio.
EXTRAVASER (s'), ékstravâze-r.
EXTRAVASION, ékstravâzio.
EXTRÊME, ékstrêm.
EXTRÊMEMENT, ékstrêm'a t.
EXTREMIS (IN), ékstremis (in).

Extrémité, êkstremite.
Extrinsèque, êkstrisêk.
Exubérance, egzuberas.
Exubérant, egzubera-t.
Exubérante, egzuberat.
Exulcération, egzulserâsio.
Exulcérer, egzulsere-r.
Exutoire, egzutûar.
Ex-voto, êks-votô.

F

F, êf ou fε.
Fa, fâ.
Fabago, fabagô.
Fable, fâbl.
Fabliau, fâbliô.
Fabricant, fabrika-t.
Fabricateur, fabrikatεr.
Fabrication, fabrikâsio.
Fabrique, fabrik.
Fabriquer, fabrike-r.
Fabuleuse, fabulêz.
Fabuleusement, fabulêzma-t.
Fabuleux, fabulê-z.
Fabuliste, fabulist.
Façade, fasad.
Face, fas.
Facétie, fasesi.
Facétieuse, fasesiêz.
Facétieusement, fasesiêzma-t.
Facetieux, fasesiê-z.
Facette, fasêt.
Fâcher, fâhe-r.
Fâcherie, fâhri.
Fâcheuse, fâhêz.
Fâcheux, fâhê-z.
Facial, e, fasial.
Faciaux, fasiô-z.
Facile, fasil.
Facilement, fasilma-t.
Facilité, fasilite.
Faciliter, fasilite-r.
Façon, faso.
Faconde, fakod.
Façonner, fasone-r.
Façonnier, fasonie.
Façonnière, fasoniér.
Fac-simile, fak-simile.
Facteur, faktεr.
Factice, faktis.
Factieuse, faksiêz.
Factieux, faksiê-z.
Faction, faksio.
Factionnaire, faksionêr.
Factorerie, faktorri.
Factotum, faktôtom.
Factrice, faktris.
Factum, faktom.
Facture, faktur.
Facultatif, fakultatif.
Facultative, fakultativ.
Faculté, fakulte.
Fadaise, fadêz.
Fade, fad.
Fadeur, fadεr.
Fagot, fagô-t.
Fagotage, fagotaj.
Fagoté, e, fagote.
Fagoter, fagote-r.
Fagotin, fagoti.
Fagoue, fagû.
Faible, fêbl.
Faiblement, fêblεma-t.
Faiblesse, fêblês.
Faiblir, fêblir.
Faïence, fayas.
Faïencerie, fayasri.
Faïencier, fayasie.
Faïencière, fayasiêr.
Failli, e, fali.
Faillibilité, falibilite.

Faillible, falibl.
Faillir, falir.
Faillite, falit.
Faim, fi.
Faîne, fên.
Fainéant, fenea-t.
Fainéante, feneat.
Fainéanter, feneate-r.
Fainéantise, feneatiz.
Faire, fêr.
Faisable, fɛzabl.
Faisan, fɛza.
Faisances, fɛzas.
Faisandé, e, fɛzade.
Faisandeau, fɛzadô.
Faisander (se), fɛzade-r (sɛ).
Faisanderie, fɛzadri.
Faisceau, fêsô.
Faiseur, fɛzɛr.
Faiseuse, fɛzɛ̂z.
Fait, fêt (1).
Faîtage, fêtaj.
Faitardise, fêtardiz.
Faîte, fêt.
Faîtière, fêtiêr.
Faix, fê.
Fakir, fakir.
Falaise, falêz.
Falbala, falbala.
Fallacieuse, fal'asiɛ̂z.
Fallacieusement, fal'asiɛ̂zma-t.
Fallacieux, fal'asiɛ̂-z.
Falloir, falûar.
Falourde, falûrd.
Falsifiable, falsifiabl.
Falsificateur, falsifikatɛr.
Falsification, falsifikâsio.
Falsifier, falsifie-r.
Falun, falu.
Famé, e, fame.
Famélique, famelik.
Fameuse, famɛ̂z.
Fameusement, famɛ̂zma-t.
Fameux, famɛ̂-z.
Familiariser, familiarize-r.
Familiarité, familiarite.
Familier, familie.
Familière, familiêr.
Familièrement, familiêrma-t.
Famille, famil.
Famine, famin.
Fanage, fanaj.
Fanaison, fanêzo.
Fanal, fanal.
Fanatique, fanatik.
Fanatiser, fanatize-r.
Fanatisme, fanatism.
Fandango, fadagô.
Fane, fan.
Fané, e, fane.
Faner, fane-r.
Faneur, fanɛr.
Faneuse, fanɛ̂z.
Fanfare, fafar.
Fanfaron, fafaro.
Fanfaronnade, fafaronad.
Fanfaronnerie, fafaronri.
Fanfreluche, fanfrɛluh.
Fange, faj.
Fangeuse, fajɛ̂z.
Fangeux, fajɛ̂-z.
Fanon, fano.
Fantaisie, fatezi.
Fantasmagorie, fatasmagori.
Fantasmagorique, fatasmagorik.
Fantasque, fatask.
Fantasquement, fataskɛma-t.
Fantassin, fatasi.

(1) On prononce *fê* lorsque ce mot est suivi d'une consonne. On ne fait pas non plus sentir le *t* dans le pluriel *faits*, et dans la locution *tout à fait*, si ce n'est pour former la liaison avec le mot suivant s'il commence par une voyelle : tût a fê *juste;* tût a fêt *équitable.*

FANTASTIQUE, fatastik.
FANTOCCINI, fatothini.
FANTÔME, fatôm.
FAON, fa.
FAONNER, fane-r.
FAQUIN, faki.
FAQUINERIE, fakinri.
FAQUIR, fakir.
FARANDOLE, faradol.
FARCE, fars.
FARCEUR, farser.
FARCEUSE, farsêz.
FARCI, E, farsi.
FARCIN, farsi.
FARCINEUSE, farsinêz.
FARCINEUX, farsinê-z.
FARCIR, farsir.
FARD, far.
FARDEAU, fardô.
FARDER, farde-r.
FARDIER, fardie.
FARFADET, farfadê-t.
FARFOUILLER, farfûle-r.
FARIBOLE, faribol.
FARINE, farin.
FARINEUSE, farinêz.
FARINEUX, farinê-z.
FARINIER, farinie.
FAR-NIENTE, farniite.
FAROUCHE, farûh.
FASCE, fas.
FASCE, E, fase.
FASCIÉ, E, fasie.
FASCINAGE, fasinaj.
FASCINATION, fasinâsio.
FASCINE, fasin.
FASCINER, fasine-r.
FASHIONABLE, fahionabl.
FASTE, fast.
FASTIDIEUSE, fastidiêz.
FASTIDIEUSEMENT, fastidiêzma-t.
FASTIDIEUX, fastidié-z.
FASTUEUSE, fastuêz.
FASTUEUSEMENT, fastuêzma-t.
FASTUEUX, fastuê-z.

FAT, fat.
FATAL, E, fatal.
FATALEMENT, fatalma-t.
FATALISME, fatalism.
FATALISTE, fatalist.
FATALITÉ, fatalite.
FATIDIQUE, fatidik.
FATIGANT, fatiga-t.
FATIGANTE, fatigat.
FATIGUE, fatig.
FATIGUER, fatige-r.
FATRAS, fatrâ-z.
FATUITÉ, fatuite.
FAUBOURG, fôbûr.
FAUCHAGE, fôhaj.
FAUCHAISON, fôhêzo.
FAUCHE, fôh.
FAUCHÉE, fôhe.
FAUCHER, fôhe-r.
FAUCHET, fôhê-t.
FAUCHEUR, fôher.
FAUCHEUX, fôhê-z.
FAUCILLE, fôsil.
FAUCILLON, fôsilo.
FAUCON, fôko.
FAUCONNEAU, fôkonô.
FAUCONNERIE, fôkonri.
FAUCONNIER, fôkonie.
FAUCONNIÈRE, fôkoniêr.
FAUFILER, fôfile-r.
FAULX, fô-z.
FAUNE, fôn.
FAUSSAIRE, fôsêr.
FAUSSE, fôs.
FAUSSEMENT, fôsma-t.
FAUSSER, fôse-r.
FAUSSET, fôsê-t.
FAUSSETÉ, fôste.
FAUTE, fôt.
FAUTEUIL, fôtel.
FAUTEUR, fôter.
FAUTIF, fôtif.
FAUTIVE, fôtiv.
FAUVE, fôv.
FAUVETTE, fôvêt.

FAUX, fô-z.
FAVEUR, faver.
FAVORABLE, favorabl.
FAVORABLEMENT, favorablema-t.
FAVORI, favori.
FAVORISER, favorize-r.
FAVORITE, favorit.
FAVORITISME, favoritism.
FAYENCE, fayas.
FAYENCERIE, fayasri.
FAYENCIER, fayasie.
FEAGE, feaj.
FÉAL, E, feal.
FEBRIFUGE, febrifuj.
FEBRILE, febril.
FÉCALE, fekal.
FÉCOND, feko.
FÉCONDANT, fekoda-t.
FECONDANTE, fekodat.
FÉCONDATION, fekodâsio.
FECONDE, fekod.
FÉCONDER, fekode-r.
FECONDITÉ, fekodite.
FÉCULE, fekul.
FECULERIE, fekulri.
FEDERAL, E, federal.
FÉDÉRALISME, federalism.
FEDÉRALISTE, federalist.
FÉDÉRATIF, federatif.
FEDERATION, federâsio.
FÉDÉRATIVE, federativ.
FÉDERAUX, federô-z.
FEDÉRÉ, E, federe.
FÉE, fe.
FÉERIE, feri.
FEINDRE, fidr.
FEINT, fi-t.
FEINTE, fit.
FEINTISE, fitiz.
FELDSPATH, fêldspat.
FÊLER, fele-r.
FÉLICITATION, felisitâsio.
FÉLICITÉ, felisite.
FELICITER, felisite-r.
FÉLON, felo.
FÉLONIE, feloni.
FÉLONNE, felon.
FELOUQUE, felûk.
FÊLURE, felur.
FEMELLE, femêl.
FÉMININ, femini.
FÉMININE, feminin.
FÉMINISER, feminize-r.
FEMME, fam.
FEMMELETTE, famlêt.
FÉMUR, femur.
FENAISON, fenêzo.
FENDANT, fada-t.
FENDERIE, fadri.
FENDEUR, fader.
FENDILLER (SE), fadile-r.
FENDOIR, fadûar.
FENDRE, fadr.
FENDU, E, fadu.
FÊNE, fê'n.
FENESTRÉ, E, fenestre.
FENÊTRE, fenêtr.
FENIL, fenil.
FENOUIL, fenûl.
FENOUILLET, fenûlê-t.
FENOUILLETTE, fenûlêt.
FENTE, fat.
FÉODAL, E, feodal.
FÉODALEMENT, feodalma-t.
FÉODALITÉ, feodalite.
FÉODAUX, feodô-z.
FER, fêr.
FER-BLANC, fêrbla.
FERBLANTERIE, fêrblatri.
FERBLANTIER, fêrblatie.
FÉRET, ferê-t.
FÉRIAL, E, ferial.
FÉRIÉ, E, ferie.
FÉRIR, ferir.
FERLER, fêrle-r.
FERMAGE, fêrmaj.
FERMANT, fêrma-t.
FERMANTE, fêrmat.
FERME, fêrm.
FERMEMENT, fêrmema-t.

Ferment, fêrma-t.
Fermentatif, fêrmatatif.
Fermentation, fêrmatâsio.
Fermentative, fêrmatativ.
Fermenter, fêrmate-r.
Fermer, fêrme-r.
Fermeté, fêrmete.
Fermeture, fêrmetur.
Fermier, fêrmie.
Fermière, fêrmiêr.
Fermoir, fêrmûar.
Féroce, feros.
Férocité, ferosite.
Ferraille, fêrâl.
Ferrailler, fêrâle-r.
Ferrailleur, fêrâler.
Ferrandinier, fêradinie.
Ferrant, fêra-t.
Ferrement, fêrma-t.
Ferrer, fere-r.
Ferret, fêrê-t.
Ferreur, fêrer.
Ferrière, fêriêr.
Ferronnerie, fêronri.
Ferronnier, fêronie.
Ferronnière, fêroniêr.
Ferrugineuse, fêrujinêz.
Ferrugineux, fêrujinê-z.
Ferrure, fêrur.
Fertile, fêrtil.
Fertilement, fêrtilma-t.
Fertiliser, fêrtilize-r.
Fertilité, fêrtilite.
Féru, e, feru.
Férule, ferul.
Fervemment, fêrvama-t.
Fervent, fêrva-t.
Fervente, fêrvat.
Ferveur, fêrver.
Fesse, fês.
Fessée, fese.
Fesser, fese-r.
Fesseur, fêser.
Fesseuse, fêsêz.
Fessier, fêsie.
Fessière, fêsiêr.
Fessu, e, fêsu.
Festin, fêsti.
Festiner, fêstine-r.
Feston, fêsto.
Festonner, fêstone-r.
Festoyer, fêstûaye-r.
Fête, fêt.
Fêter, fete-r.
Fetfa, fêtfa.
Fétiche, fetih.
Fétichisme, fetihism.
Fétide, fetid.
Fétidité, fetidite.
Fétoyer, fetûaye-r.
Fétu, fetu.
Feu, e, fê.
Feudataire, fêdatêr.
Feuillage, fêlaj.
Feuillaison, fêlêzo.
Feuillant, fêla-t.
Feuillantine, fêlatin.
Feuillard, fêlar.
Feuille, fêl.
Feuillé, e, fêle.
Feuiller, fêle-r.
Feuillet, fêlê-t.
Feuilletage, fêltaj.
Feuilleter, fêlte-r.
Feuilleton, fêlto.
Feuillette, fêlêt.
Feuillu, e, fêlu.
Feuillure, fêlur.
Feutrage, fêtraj.
Feutre, fêtr.
Feutrer, fêtre-r.
Feutrier, fêtrie.
Fève, fêv.
Féverole, fevrol.
Fevrier, fevrie.
Fi, fi.
Fiacre, fiakr.
Fiançailles, fiasâl-z.
Fiancé, e, fiase.
Fiancer, fiase-r.

Fibre, fibr.
Fibreuse, fibrɛz.
Fibreux, fibrɛ̂-z.
Fibrille, fibril.
Fibrine, fibrin.
Ficeler, fisle-r.
Ficelle, fisêl.
Ficellier, fisêlye.
Fiche, fih.
Ficher, fihe-r.
Fichet, fihê-t.
Fichu, fihu.
Ficoïde, fikoid.
Fictif, fiktif.
Fiction, fiksio̲.
Fictive, fiktiv.
Fictivement, fiktivma̲-t.
Fidéicommis, fideikomi-z.
Fidéicommissaire, fideikomisêr.
Fidèle, fidêl.
Fidèlement, fidêlma̲-t.
Fidélité, fidelite.
Fief, fiêf.
Fieffé, e, fiefe.
Fiel, fiêl.
Fiente, fia̲t.
Fienter, fia̲te-r.
Fier, fie-r.
Fier, e, fiêr.
Fièrement, fiêrma̲-t.
Fierté, fiêrte.
Fièvre, fiêvr.
Fiévreuse, fievrêz.
Fiévreux, fievrê-z.
Fifre, fifr.
Figement, fijma̲-t.
Figer, fije-r.
Figue, fig.
Figuerie, figri.
Figuier, figie.
Figurant, figura̲-t.
Figurante, figura̲t.
Figuratif, figuratif.
Figurative, figurativ.
Figurativement, figurativma̲-t.
Figure, figur.
Figuré, e, figure.
Figurément, figurema̲-t.
Figurer, figure-r.
Figurine, figurin.
Figuriste, figurist.
Fil, fil.
Filage, filaj.
Filagramme, filagram.
Filament, filama̲-t.
Filamenteuse, filama̲têz.
Filamenteux, filama̲tɛ̂-z.
Filandière, fila̲diêr.
Filandre, fila̲dr.
Filandreuse, fila̲drɛz.
Filandreux, fila̲drɛ̂-z.
Filant, fila̲-t.
Filante, fila̲t.
Filasse, filas.
Filateur, filatɛr.
Filature, filatur.
File, fil.
Filé, e, file.
Filer, file-r.
Filerie, filri.
Filet, filê-t.
Fileur, filɛr.
Fileuse, filêz.
Filial, e, filial.
Filialement, filialma̲-t.
Filiation, filiâsio̲.
Filiaux, filiô-z.
Filicule, filikul.
Filière, filiêr.
Filiforme, filiform.
Filigrane, filigran.
Filin, fili̲.
Fille, fil̲.
Fillette, fil̲êt.
Filleul, e, fil̲ɛl.
Filoche, filoh.
Filon, filo̲.
Filoselle, filozêl.
Filou, filû.
Filouter, filûte-r.

FILOUTERIE, filûtri.
FILS, fis.
FILTRANT, filtra-t.
FILTRANTE, filtrat.
FILTRATION, filtrâsio.
FILTRE, filtr.
FILTRÉ, E, filtre.
FILTRER, filtre-r.
FILURE, filur.
FIN, fi.
FINAGE, finaj.
FINAL, E, final.
FINALEMENT, finalma-t.
FINANCE, finas.
FINANCER, finase-r.
FINANCIER, finasie.
FINANCIÈREMENT, finasiêrma-t.
FINASSER, finase-r.
FINASSERIE, finasri.
FINASSEUR, finaser.
FINASSEUSE, finasêz.
FINAUD, finô.
FINAUDE, finôd.
FINE, fin.
FINEMENT, finma-t.
FINESSE, finês.
FINET, finê-t.
FINETTE, finêt.
FINIR, finir.
FIOLE, fiol.
FIORITURES, fioritur-z.
FIRMAMENT, firmama-t.
FIRMAN, firma.
FISC, fisk.
FISCAL, E, fiskal.
FISCALEMENT, fiskalma-t.
FISCALITÉ, fiskalite.
FISCAUX, fiskô-z.
FISSIPÈDE, fisipêd.
FISSURE, fisur.
FISTULE, fistul.
FISTULEUSE, fistulêz.
FISTULEUX, fistulê-z.
FIXATION, fiksâsio.
FIXE, fiks.
FIXEMENT, fiksema-t.
FIXER, fikse-r.
FIXITÉ, fiksite.
FLACCIDITÉ, flaksidite.
FLACON, flako.
FLAGELLANT, flajel'a-t.
FLAGELLATEUR, flajel'ater.
FLAGELLATION, flajel'âsio.
FLAGELLATRICE, flajel'atris.
FLAGELLER, flajel'e-r.
FLAGEOLER, flajole-r.
FLAGEOLET, flajolê-t.
FLAGORNER, flagorne-r.
FLAGORNERIE, flagorneri.
FLAGORNEUR, flagorner.
FLAGORNEUSE, flagornêz.
FLAGRANT, flagra-t.
FLAGRANTE, flagrat.
FLAIR, flêr.
FLAIRER, flere-r.
FLAIREUR, flêrer.
FLAMANT, flama-t.
FLAMBANT, flaba-t.
FLAMBANTE, flabat.
FLAMBE, flab.
FLAMBEAU, flabô.
FLAMBER, flabe-r.
FLAMBERGE, flabêrj.
FLAMBOYANT, flabûaya-t.
FLAMBOYANTE, flabûayat.
FLAMBOYER, flabûaye-r.
FLAMME, flâm.
FLAMMÈCHE, flamêh.
FLAN, fla.
FLANC, fla-k.
FLANCONADE, flaconad.
FLANDRIN, fladri.
FLANELLE, flanêl.
FLÂNER, flâne-r.
FLÂNERIE, flânri.
FLÂNEUR, flâner.
FLÂNEUSE, flânêz.
FLANQUANT, flaka-t.
FLANQUANTE, flakat.
FLANQUEMENT, flakma-t.

FLANQUER, flake-r.
FLAQUE, flak.
FLAQUER, flake-r.
FLASQUE, flask.
FLATTER, flate-r.
FLATTERIE, flatri.
FLATTEUR, flater.
FLATTEUSE, flatêz.
FLATTEUSEMENT, flatézma-t.
FLATUEUSE, flatuêz.
FLATUEUX, flatué-z.
FLATUOSITÉ, flatuôzite.
FLÉAU, fleô.
FLÈCHE, flêh.
FLÉCHIR, flehir.
FLÉCHISSEMENT, flehisma-t.
FLECHISSEUR, flehiser.
FLEGMASIE, flegmazi.
FLEGMATIQUE, flegmatik.
FLEGME, flêgm.
FLEGMON, flegmo.
FLEGMONEUSE, flegmonéz.
FLEGMONEUX, flegmonê-z.
FLETRIR, fletrir.
FLÉTRISSANT, fletrisa-t.
FLÉTRISSANTE, fletrisat.
FLÉTRISSURE, fletrisur.
FLEUR, fler.
FLEURAISON, flerêzo.
FLEURDELISER, flerdelize-r.
FLEURER, flere-r.
FLEURET, flerê-t.
FLEURETTE, flerêt.
FLEURIR, flerir.
FLEURISSANT, flerisa-t.
FLEURISSANTE, flerisat.
FLEURISTE, flerist.
FLEURON, flero.
FLEUVE, flev.
FLEXIBILITÉ, fleksibilite.
FLEXIBLE, fleksibl.
FLEXION, fleksio.
FLEXUEUSE, fleksuêz.
FLEXUEUX, fleksué-z.
FLEXUOSITÉ, fleksuôzite.

FLIBUSTERIE, flibustri.
FLIBUSTIER, flibustie.
FLINT-GLASS, flitglas.
FLOCON, floko.
FLOCONNEUSE, flokonéz.
FLOCONNEUX, flokonê-z.
FLONFLON, floflo.
FLORAISON, florêzo.
FLORAL, E, floral.
FLORAUX, florô-z.
FLORE, flor.
FLORÉAL, floreal.
FLORENCE, floras.
FLORÈS, florês.
FLORIN, flori.
FLORISSANT, florisa-t
FLORISSANTE, florisat.
FLOSCULEUSE, floskuléz.
FLOT, flô-t.
FLOTTABLE, flotabl.
FLOTTAGE, flotaj.
FLOTTAISON, flotêzo.
FLOTTANT, flota t.
FLOTTANTE, flotat.
FLOTTE, flot.
FLOTTEMENT, flotma-t.
FLOTTER, flote-r.
FLOTTEUR, floter.
FLOTTILLE, flotil.
FLOU, flû.
FLUCTUATION, fluktuâsio.
FLUCTUEUSE, fluktuêz.
FLUCTUEUX, fluktuê-z.
FLUER, flue-r.
FLUET, fluê-t.
FLUETTE, fluêt.
FLUEURS, fluer-z.
FLUIDE, fluid.
FLUIDITÉ, fluidite.
FLUOR, fluor.
FLÛTE, flut.
FLÛTÉ, E, flute.
FLÛTEAU, flutô.
FLÛTER, flute-r.
FLÛTEUR, fluter.

Flûteuse, flutêz.
Fluvial, e, fluvial.
Fluviatile, fluviatil.
Fluviaux, fluviô-z.
Flux, flu-z.
Fluxion, fluksio̲.
Foarre, fûar.
Foc, fok.
Fœtus, fetus.
Foi, fûa.
Foible, fêbl.
Foie, fûa.
Foin, fûi̲.
Foire, fûar.
Foirer, fûare-r.
Foireuse, fûarêz.
Foireux, fûarê-z.
Fois, fûa-z.
Foison, fûazo̲.
Foisonner, fûazone-r.
Fol, fol.
Folâtre, folâtr.
Folâtrer, folâtre-r.
Folâtrerie, folâtreri.
Foliacé, e, foliase.
Folichon, foliho̲.
Folichonne, folihon.
Folie, foli.
Folié, e, folie.
Folio, foliô.
Foliole, foliol.
Folle, fol.
Follement, folma̲-t.
Follet, folê-t.
Follette, folêt.
Folliculaire, fol'ikulêr.
Follicule, fol'ikul.
Fomentateur, foma̲tater.
Fomentation, foma̲tâsio̲.
Fomenter, foma̲te-r.
Foncer, fo̲se-r.
Foncier, fo̲sie.
Foncière, fo̲siêr.
Foncièrement, fo̲siêrma̲-t.
Fonction, fo̲ksio̲.
Fonctionnaire, fo̲ksionêr.
Fonctionner, fo̲ksione-r.
Fond, fo̲-t (1).
Fondamental, e, fo̲dama̲tal.
Fondamentalement, fo̲dama̲talma̲-t.
Fondamentaux, fo̲dama̲tô-z.
Fondant, fo̲da̲-t.
Fondante, fo̲da̲t.
Fondateur, fo̲dater.
Fondation, fo̲dâsio̲.
Fondatrice, fo̲datris.
Fondement, fo̲dma̲-t.
Fonder, fo̲de-r.
Fonderie, fo̲dri.
Fondeur, fo̲der.
Fondoir, fo̲dûar.
Fondre, fo̲dr.
Fondrière, fo̲driêr.
Fonds, fo̲-z.
Fondu, e, fo̲du.
Fongible, fo̲jibl.
Fongosité, fo̲gôzite.
Fongueuse, fo̲gêz.
Fongueux, fo̲gê-z.
Fongus, fo̲gus.
Fontaine, fo̲tên.
Fontainier, fo̲tenie.
Fontanelle, fo̲tanêl.
Fontange, fo̲ta̲j.
Fonte, fo̲t.
Fontenier, fo̲tenie.
Fonticule, fo̲tikul.
Fonts, fo̲-z.
For, for.
Forage, foraj.
Forain, fori̲.
Foraine, forên.
Forban, forba̲.
Forçage, forsaj.
Forçat, forsa-t.

(1) On ne fait la liaison que dans la locution : *de fond en comble.*

FORCE, fors.
FORCÉMENT, forsema-t.
FORCENÉ, E, forsene.
FORCEPS, forsêps.
FORCER, forse-r.
FORCES, fors-z.
FORCLORE, forklor.
FORCLUSION, forkluzio.
FORÉ, E, fore.
FORER, fore-r.
FORESTIER, forêstie.
FORESTIÈRE, forêstiêr.
FORET, forê-t.
FORÊT, forê-t.
FORFAIRE, forfêr.
FORFAIT, forfê-t.
FORFAITURE, forfêtur.
FORFANTERIE, forfatri.
FORGE, forj.
FORGER, forje-r.
FORGEABLE, forjabl.
FORGERON, forjero.
FORMALISER (SE), formalize-r.
FORMALISTE, formalist.
FORMALITÉ, formalite.
FORMAT, forma-t.
FORMATION, formâsio.
FORME, form.
FORMEL, E, formêl.
FORMELLEMENT, formêlma-t.
FORMER, forme-r.
FORMICA-LEO, formikaleô.
FORMIDABLE, formidabl.
FORMIER, formie.
FORMULAIRE, formulêr.
FORMULE, formul.
FORMULER, formule-r.
FORNICATEUR, fornikater.
FORNICATION, fornikâsio.
FORNICATRICE, fornikatris.
FORNIQUER, fornike-r.
FORS, for-z.
FORT, for-t.
FORTE, fort.
FORTÉ, forte.
FORTEMENT, fortema-t.
FORTE-PIANO, fortepiano.
FORTERESSE, forterês.
FORTIFIANT, fortifia-t.
FORTIFIANTE, fortifiat.
FORTIFICATION, fortifikâsio.
FORTIFIER, fortifie-r.
FORTIN, forti.
FORTIORI (A), forsiori.
FORTUIT, E, fortuit (1).
FORTUITEMENT, fortuitma-t.
FORTUNE, fortun.
FORTUNÉ, E, fortune.
FORUM, forom.
FORURE, forur.
FOSSE, fôs.
FOSSÉ, fose.
FOSSETTE, fosêt.
FOSSILE, fosil.
FOSSOYAGE, fosûayaj.
FOSSOYER, fosûaye-r.
FOSSOYEUR, fosûayer.
FOU, fû.
FOUACE, fûas.
FOUAGE, fûaj.
FOUAILLE, fûâl.
FOUAILLER, fûâle-r.
FOUDRE, fûdr.
FOUDROIEMENT, fûdrûama-t.
FOUDROYANT, fûdrûaya-t.
FOUDROYANTE, fûdrûayat.
FOUDROYER, fûdrûaye-r.
FOUET, fûat.
FOUETTER, fûate-r.
FOUETTEUR, fûater.

(1) La plupart des grammairiens pensent que l'on doit dire, Fortui au masculin Mais comme beaucoup de personnes disent, *un cas* fortuit, et que nous conservons autant que possible les consonnes finales, nous avons cru devoir mettre, Fortuit.

Fouetteuse, füatêz.
Fougasse, fügas.
Fougère, füjêr.
Fougue, füg.
Fougueuse, fügêz.
Fougueux, fügê-z.
Fouille, fül.
Fouiller, füle-r.
Fouillis, füli-z.
Fouine, füin.
Foulage, fülaj.
Foulant, füla-t.
Foulante, fülat.
Foulard, fülar.
Foule, fül.
Foulée, füle.
Fouler, füle-r.
Foulerie, fülri.
Fouleur, füler.
Fouloir, fülüar.
Foulon, fülo.
Foulure, fülur.
Four, für.
Fourbe, fürb.
Fourber, fürbe-r.
Fourberie, fürberi.
Fourbir, fürbir.
Fourbisseur, fürbiser.
Fourbissure, fürbisur.
Fourbu, e, fürbu.
Fourbure, fürbur.
Fourche, fürh.
Fourcher, fürhe-r.
Fourchette, fürhêt.
Fourchon, fürho.
Fourchu, e, fürhu.
Fourchure, fürhur.
Fourgon, fürgo.
Fourgonner, fürgone-r.
Fourmi, fürmi.
Fourmilier, fürmilie.
Fourmilière, fürmilièr.
Fourmi-lion, fürmilio.
Fourmillement, fürmilma-t.
Fourmiller, fürmile-r.
Fournaise, fürnêz.
Fourneau, fürnô.
Fournée, fürne.
Fournier, fürnie.
Fournière, fürnièr.
Fournil, fürni.
Fournimennt, fürnima-t.
Fournir, fürnir.
Fournisseur, fürniser.
Fourniture, fürnitur.
Fourrage, füraj.
Fourrager, füraje-r.
Fourragère, fürajêr.
Fourrageur, fürajer.
Fourré, füre.
Fourreau, fürô.
Fourrer, füre-r.
Fourreur, fürer.
Fourrier, fürie.
Fourrière, fürièr.
Fourrure, fürur.
Fourvoiement, fürvüama-t.
Fourvoyer, fürvüaye-r.
Foyer, füaye.
Frac, frak.
Fracas, frakâ-z.
Fracasser, frakase-r.
Fraction, fraksio.
Fractionnaire, fraksionêr.
Fractionner, fraksione-r.
Fracture, fraktur.
Fracturé, e, frakture.
Fracturer, frakture-r.
Fragile, frajil.
Fragilité, frajilite.
Fragment, fragma-t.
Frai, frê.
Fraîche, frêh.
Fraîchement, frêhma-t.
Fraîcheur, frêher.
Fraîchir, frêhir.
Fbairie, freri.
Frais, frê-z.
Fraise, frêz.
Fraiser, freze-r.

Fraisier, frezie.
Framboise, frabûaz.
Framboiser, frabûaze-r.
Framboisé, e, frabûaze.
Framboisier, frabûazie.
Framée, frame.
Franc, fra-k (1).
Français, frasê-z.
Franc-alleu, frakalê.
Francatu, frakatu.
Franc-bord, frabor.
Franche, frah.
Franchement, frahma-t.
Franchir, frahir.
Franchise, frahiz.
Franciscain, frasiski.
Franciser, frasize-r.
Francisque, frasisk.
Franco, frakô.
Frange, fraj.
Franger, fraje-r.
Frangier, frajie-r.
Frangipane, frajipan.
Frangipanier, frajipanie.
Franque, frak.
Frappant, frapa-t.
Frappante, frapat.
Frappe, frap.
Frappement, frapma-t.
Frapper, frape-r.
Frappeur, fraper.
Frappeuse, frapêz.
Frasque, frask.
Frater, fratêr.
Fraternel, le, fratêrnêl.
Fraternellement, fratêrnêlma-t.
Fraterniser, fratêrnize-r.
Fraternité, fratêrnite.
Fratricide, fratrisid.
Fraude, frô'd.
Frauder, frôde-r.
Fraudeur, frôder.
Fraudeuse, frôdêz.
Frauduleuse, frôdulêz.
Frauduleusement, frôdulêzma-t.
Frauduleux, frôdulê-z.
Fraxinelle, fraksinêl.
Frayer, freye-r.
Frayeur, frêjer.
Frayoir, frêyûar.
Fredaine, fredên.
Fredonnement, fredonma-t.
Fredonner, fredone-r.
Frégate, fregat.
Frein, fri.
Frelatage, frelataj.
Frelater, frelate-r.
Frelateur, frelater.
Frêle, frêl.
Frelon, frelo.
Freluche, freluh.
Freluquet, frelukê-t.
Frémir, fremir.
Frémissant, fremisa-t.
Frémissante, fremisat.
Frémissement, fremismat.
Frêne, frên.
Frénésie, frenezi.
Frénétique, frenetik.
Fréquemment, frekama-t.
Fréquence, frekas.
Fréquent, freka-t.
Fréquentatif, frekatatif
Fréquentation, frekatâsio.
Fréquentative, frekatativ.
Fréquente, frekat.
Fréquenter, frekate-r.
Frère, frêr.
Fresaie, frezê.
Fresque, frêsk.
Fressure, fresur.
Fret, frêt.
Freter, frete-r.
Fréteur, freter.

(1) Quand ce mot signifie une pièce de monnaie ou un nombre monétaire, la liaison ne se fait pas.

Frétillant, fretila-t.
Frétillante, fretilat.
Frétillement, fretilma-t.
Frétiller, fretile-r.
Fretin, freti.
Frette, frêt.
Fretté, e, frete.
Fretter, frete-r.
Friabilité, friabilite.
Friable, friabl.
Friand, fria-t.
Friande, friad.
Friandise, friadiz.
Fricandeau, frikadô.
Fricassée, frikase.
Fricasser, frikase-r.
Fricasseur, frikaser.
Friche, frih.
Friction, friksio.
Frictionner, friksione-r.
Frigidité, frijidite.
Frigorifique, frigorifik.
Frileuse, frilêz.
Frileux, frilê-z.
Frimaire, frimêr.
Frimas, frimâ-z.
Frime, frim.
Fringale, frigal.
Fringant, friga-t.
Fringante, frigat.
Fripé, e, fripe.
Friper, fripe-r.
Friperie, fripri.
Fripier, fripie.
Fripière, fripiêr.
Fripon, fripo.
Friponne, fripon.
Friponneau, friponô.
Friponner, fripone-r.
Friponnerie, friponri.
Friquet, frikè-t.
Frire, frir.
Frise, friz.
Frisé, e, frize.
Friser, frize-r.
Frisotter, frizote-r.
Frisquette, friskêt.
Frisson, friso.
Frissonnement, frisonma-t.
Frissonner, frisone-r.
Frisure, frizur.
Fritte, frit.
Friture, fritur.
Frivole, frivol.
Frivolité, frivolite.
Froc, frok.
Frocard, frokar.
Froid, frûa-t.
Froide, frûad.
Froidement, frûadma-t.
Froideur, frûader.
Froidir, frûadir.
Froidure, frûadur.
Froissé, e, frûase.
Froissement, frûasma-t.
Froisser, frûase-r.
Froissure, frûasur.
Frôlement, frôlma-t.
Frôler, frôle-r.
Fromage, fromaj.
Fromager, fromaje.
Fromagère, fromajêr.
Fromagerie, fromajri.
Froment, froma-t.
Fromentacée, fromatase.
Froncé, e, frose.
Froncement, frosma-t.
Froncer, frose-r.
Fronde, frod.
Fronder, frode-r.
Frondeur, froder.
Front, fro-t (1).
Frontal, e, frotal.
Frontaux, frotô-z.

(1) La liaison ne se fait que lorsque ce mot est suivi d'un adjectif : *Un frot élevé.*

FRONTEAU, frotô.
FRONTIÈRE, frotiêr.
FRONTISPICE, frotispis.
FRONTON, froto.
FROTTAGE, frotaj.
FROTTEMENT, frotma-t.
FROTTER, frote-r.
FROTTEUR, froter.
FROTTOIR, frotûar.
FRUCTIDOR, fruktidor.
FRUCTIFICATION, fruktifikâsio.
FRUCTIFIER, fruktifie-r.
FRUCTUEUSE, fruktuêz.
FRUCTUEUSEMENT, fruktuêzma-t.
FRUCTUEUX, fruktuê-z.
FRUGAL, E, frugal.
FRUGALEMENT, frugalma-t.
FRUGALITE, frugalite.
FRUGIVORE, frujivor.
FRUIT, frui-t.
FRUITERIE, fruitri.
FRUITIER, fruitie.
FRUITIÈRE, fruitiêr.
FRUSTE, frust.
FRUSTRATOIRE, frustratûar.
FRUSTRER, frustre-r.
FUCUS, fukus.
FUGACE, fugas.
FUGITIF, fujitif.
FUGITIVE, fujitiv.
FUGUE, fug.
FUIR, fuir.
FUITE, fuit.
FULGURATION, fulgurâsio.
FULIGINEUSE, fulijinêz.
FULIGINEUX, fulijinê-z.
FULMINANT, fulmina-t.
FULMINANTE, fulminat.
FULMINATION, fulminâsio.
FULMINER, fulmine-r.
FUMAGE, fumaj.
FUMANT, fuma-t.
FUMANTE, fumat.
FUMEE, fume.
FUMER, fume-r.
FUMERON, fumro.
FUMET, fumê-t.
FUMETERRE, fumtêr.
FUMEUR, fumer.
FUMEUSE, fumêz.
FUMEUX, fumê-z.
FUMIER, fumie.
FUMIGATION, fumigâsio.
FUMIGATOIRE, fumigatûar.
FUMISTE, fumist.
FUMIVORE, fumivor.
FUMURE, fumur.
FUNAMBULE, funabul.
FUNÈBRE, funêbr.
FUNÉRAILLES, funerâl-z.
FUNÉRAIRE, funerêr.
FUNESTE, funêst.
FUNESTEMENT, funêstema-t.
FUNGUS, fogus.
FUNIN, funi.
FUR, fur.
FURET, furê-t.
FURETER, furte-r.
FURETEUR, furter.
FUREUR, furer.
FURIBOND, furibo.
FURIBONDE, furibod.
FURIE, furi.
FURIEUSE, furiêz.
FURIEUSEMENT, furiêzma-t.
FURIEUX, furiê-z.
FUROLLES, furol-z.
FURONCLE, furokl.
FURTIF, furtif.
FURTIVE, furtiv.
FURTIVEMENT, furtivma-t.
FUSAIN, fuzi.
FUSAROLLE, fuzarol.
FUSEAU, fuzô.
FUSEE, fuze.
FUSELE, E, fuzle.
FUSER, fuze-r.
FUSIBILITÉ, fuzibilite.
FUSIBLE, fuzibl.
FUSIFORME, fuziform.

FUSIL, fuzi.
FUSILIER, fuzilie.
FUSILLADE, fuzilad.
FUSILLER, fuzile-r.
FUSION, fuzio.
FUSTIGATION, fustigâsio.
FUSTIGER, fustije-r.
FÛT, fu-t.
FUTAIE, futê.
FUTAILLE, futâl.
FUTAINE, futên.
FUTÉ, E, fute.
FUTILE, futil.
FUTILITÉ, futilite.
FUTUR, E, futur.
FUTURITION, futurisio.
FUYANT, fuya-t.
FUYANTE, fuyat.
FUYARD, fuiyar.
FUYARDE, fuyard.

G

G, je ou je.
GABARE, gabar.
GABARIT, gabari.
GABELLE, gabêl.
GABIER, gabie.
GABION, gabio.
GABIONNER, gabione-r.
GÂCHE, gâh.
GÂCHER, gâhe-r.
GÂCHETTE, gâhêt.
GÂCHEUR, gâher.
GÂCHEUSE, gâhêz.
GÂCHEUX, gâhê-z.
GÂCHIS, gâhi-z.
GADOUE, gadû.
GAFFE, gaf.
GAGE, gaj.
GAGER, gaje-r.
GAGERIE, gajri.
GAGEUR, gajer.
GAGEURE, gajur.
GAGEUSE, gajêz.
GAGISTE, gajist.
GAGNABLE, gâgabl.
GAGNANT, gâga-t.
GAGNANTE, gâgat.
GAGNER, gâge-r.
GAI, E, ge.
GAÏAC, gayak.
GAIEMENT, gêma-t.
GAIETÉ, gete.
GAILLARD, galar.
GAILLARDE, galard.
GAILLARDEMENT, galardema-t.
GAILLARDISE, galardiz.
GAIN, gi.
GAÎNE, gê'n.
GAÎNIER, genie.
GAÎTÉ, gete.
GALA, galâ.
GALAMMENT, galama-t.
GALANT, gala-t.
GALANTE, galat.
GALANTERIE, galatri.
GALANTIN, galati.
GALANTINE, galatin.
GALAXIF, galaksi.
GALBANUM, galbanom.
GALBE, galb.
GALE, gal.
GALÉGA, galega.
GALÈNE, galên.
GALÉNIQUE, galenik.
GALÉNISME, galenism.
GALÉOPSIS, galeopsis.
GALÈRE, galêr.
GALERIE, galri.
GALÉRIEN, galerii.

Galerne, galêrn.
Galet, galê-t.
Galetas, galtâ-z.
Galette, galêt.
Galeuse, galêz.
Galeux, galê-z.
Galimafrée, galimafre.
Galimatias, galimatiâ-z.
Galion, galio.
Galiote, galiot.
Galipot, galipô.
Galle, gal.
Gallican, gal'ika.
Gallicane, gal'ikan.
Gallicisme, gal'isism.
Gallinacés, gal'inase-z.
Gallique, gal'ik.
Gallon, galo.
Galoche, galoh.
Galon, galo.
Galonné, e, galone.
Galonner, galone-r.
Galop, galô.
Galopade, galopad.
Galoper, galope-r.
Galopin, galopi.
Galoubet, galûbê-t.
Galuchat, galuha-t.
Galvanique, galvanik.
Galvanisme, galvanism.
Galvauder, galvôde-r.
Gambade, gabad.
Gambader, gabade-r.
Gambiller, gabile-r.
Gambit, gabi-t.
Gamelle, gamêl.
Gamin, gami.
Gamme, gam.
Ganache, ganah.
Ganglion, gaglio.
Gangrène, gagrên.
Gangrener (se), gagrene-r.
Gangreneuse, gagrenéz.
Gangreneux, gagrené-z.
Gangue, gag.
Ganse, gas.
Gant, ga.
Gantelee, gatle.
Gantelet, gatlê-t.
Ganter, gate-r.
Ganterie, gatri.
Gantier, gatie.
Gantière, gatiêr.
Garance, garas.
Garancer, garase-r.
Garant, gara-t.
Garante, garat.
Garantie, garati.
Garantir, garatir.
Garce, gars.
Garcette, garsêt.
Garçon, garso.
Garçonnière, garsonièr.
Garde, gard.
Garde-feu, gardefê.
Garder, garde-r.
Gardeur, garder.
Gardeuse, gardêz.
Garde-vue, gardevu.
Gardien, gardii.
Gardienne, gardiên.
Gardon, gardo.
Gare, gâr.
Garenne, garên.
Garer, gâre-r.
Gargariser, gargarize-r.
Gargarisme, gargarism.
Gargote, gargot.
Gargoter, gargote-r.
Gargotier, gargotie.
Gargotière, gargotièr.
Gargouillade, gargûlad.
Gargouille, gargûl.
Gargouillement, gargûlma-t
Gargouiller, gargûle-r.
Gargousse, gargûs.
Garigue, garig.
Garnement, garnema-t.
Garnir, garnir
Garnisaire, garnizêr.

GARNISON, garnizo̲.
GARNITURE, garnitur.
GAROU, garû.
GARROT, gârô.
GARROTTER, gârote-r.
GARS, gar ou gâ (1).
GASCON, gasko̲.
GASCONISME, gaskonism.
GASCONNADE, gaskonad.
GASCONNER, gaskone-r.
GASPILLAGE, gaspil̲aj.
GASPILLER, gaspil̲e-r.
GASPILLEUR, gaspil̲ɛr.
GASPILLEUSE, gaspil̲ɛ̂z.
GASTER, gastêr.
GASTRALGIE, gastralji.
GASTRIQUE, gastrik.
GASTRITE, gastrit.
GASTRONOME, gastronom.
GASTRONOMIE, gastronomi.
GASTRONOMIQUE, gastronomik.
GÂTEAU, gâtô.
GÂTER, gâte-r.
GAUCHE, gô'h.
GAUCHEMENT, gôhma̲-t.
GAUCHER, gôhe.
GAUCHÈRE, gôhêr.
GAUCHERIE, gôhri.
GAUCHIR, gôhir.
GAUCHISSEMENT, gôhisma̲-t.
GAUDE, gô'd.
GAUDIR (SE), gôdir.
GAUDRIOLE, gôdriol.
GAUFRE, gôfr.
GAUFRER, gôfre-r.
GAULE, gô'l.
GAULER, gôle-r.
GAULOIS, gôlûâ-z.
GAULOISE, gôlûaz.
GAUSSER (SE), gôse-r.
GAUSSEUR, gôsɛr.
GAVOTTE, gavot.
GAYAC, gayak.
GAZ, gâz.
GAZE, gâz.
GAZÉIFIER, gâzeifie-r.
GAZÉIFORME, gâzeiform.
GAZELLE, gâzêl.
GAZER, gâze-r.
GAZETIER, gâztie.
GAZETTE, gâzêt.
GAZEUSE, gâzɛ̂z.
GAZEUX, gâzɛ̂-z.
GAZIER, gâzie.
GAZOGÈNE, gâzojên.
GAZOMÈTRE, gâzomêtr.
GAZON, gâzo̲.
GAZONNEMENT, gâzonma̲-t.
GAZONNER, gâzone-r.
GAZOUILLEMENT, gazûl̲ma̲-t.
GAZOUILLER, gazûl̲e-r.
GEAI, jê.
GÉANT, jea̲-t.
GÉANTE, jea̲t.
GÉHENNE, jeên.
GEINDRE, ji̲dr.
GELATINE, jelatin.
GELATINEUSE, jelatinɛ̂z.
GELATINEUX, jelatinɛ̂-z.
GELÉE, jɛle.
GELER, jɛle-r.
GELINOTTE, jɛlinot.
GÉMEAUX, jemô-z.
GÉMINÉ, E, jemine.
GÉMIR, jemir.
GÉMISSANT, jemisa̲-t.
GÉMISSANTE, jemisa̲t.
GÉMISSEMENT, jemisma̲-t.
GEMME, jêm.
GÉMONIES, jemoni-z.
GÊNANT, jêna̲-t.
GÊNANTE, jêna̲t.
GENCIVE, ja̲siv.
GENDARME, ja̲darm.
GENDARMER (SE), ja̲darme-r.
GENDARMERIE, ja̲darmɛri.

(1) Gar est un mot du vieux français; Gâ est populaire et usité dans plusieurs provinces.

GENDRE, jadr.
GÊNE, jé'n.
GÉNÉALOGIE, jenealoji.
GÉNÉALOGIQUE, jenealojik.
GÉNÉALOGISTE, jenealojist.
GÊNER, jene-r.
GÉNÉRAL, E, jeneral.
GÉNÉRALAT, jenerala.
GÉNÉRALEMENT, jeneralma-t.
GÉNÉRALISATION, jeneralizâsio.
GÉNÉRALISER, jeneralize-r.
GÉNÉRALISSIME, jeneralis'im.
GÉNÉRALITÉ, jeneralite.
GÉNÉRATEUR, jeneratœr.
GÉNÉRATIF, jeneratif.
GÉNÉRATION, jenerâsio.
GÉNÉRATIVE, jenerativ.
GÉNÉRATRICE, jeneratris.
GÉNÉRAUX, jenerô-z.
GÉNÉREUSE, jenerœz.
GÉNÉREUSEMENT, jenerœzma-t.
GÉNÉREUX, jenerœ-z.
GÉNÉRIQUE, jenerik.
GÉNÉROSITÉ, jenerôzite.
GENÈSE, jœnêz.
GENESTROLLE, jenêstrol.
GENET, jœnê-t.
GENÊT, jœnê-t.
GENETTE, jœnêt.
GENEVRIER, jœnevrie.
GÉNIE, jeni.
GENIÈVRE, jeniêvr.
GÉNISSE, jenis.
GÉNITAL, E, jenital.
GÉNITAUX, jenitô-z.
GÉNITIF, jenitif.
GÉNITOIRES, jenitûar-z.
GENOU, jœnû.
GENOUILLÈRE, jœnûlêr.
GÉNOVÉFAIN, jenovefi.
GENRE, jar.
GENS, ja-z.
GENT, ja-t.
GENTE, jat.
GENTIANE, jasian.
GENTIL, jati.
GENTILHOMME, jatilom.
GENTILHOMMERIE, jantilomri.
GENTILHOMMIÈRE, jantilomiêr.
GENTILLÂTRE, jatilâtr.
GENTILLE, jatil.
GENTILLESSE, jatilês.
GENTILSHOMMES, jatizom-z.
GENTIMENT, jatima-t.
GÉNUFLEXION, jenuflèksio.
GÉOCENTRIQUE, jeosatrik.
GÉODÉSIE, jeodezi.
GÉODÉSIQUE, jeodezik.
GÉOGNOSIE, jeognôzi.
GÉOGRAPHE, jeograf.
GÉOGRAPHIE, jeografi.
GÉOGRAPHIQUE, jeografik.
GEÔLAGE, jôlaj.
GEÔLE, jeô'l.
GEÔLIER, jôlie.
GEÔLIÈRE, jôliêr.
GÉOLOGIE, jeoloji.
GÉOLOGIQUE, jeolojik.
GÉOLOGUE, jeolog.
GÉOMANCIE, jeomasi.
GÉOMANCIEN, jeomasii.
GÉOMANCIENNE, jeomasiên
GÉOMÉTRAL, E, jeometral.
GÉOMÉTRALEMENT, jeometralma-t.
GÉOMÉTRAUX, jeometrô-z.
GÉOMÈTRE, jeomêtr.
GÉOMÉTRIE, jeometri.
GÉOMÉTRIQUE, jeometrik.
GÉOMÉTRIQUEMENT, jeometrikma-t.
GÉORGIQUE, jeorjik.
GÉRANIUM, jeraniom.
GÉRANT, jera-t.
GÉRANTE, jerat.
GERBE, jêrb.
GERBÉE, jêrbe.
GERBER, jêrbe-r.
GERBOISE, jêrbûaz.
GERCE, jêrs.
GERCER, jêrse-r.
GERÇURE, jêrsur.

GÉRER, jere-r.
GERFAUT, jêrfô-t.
GERMAIN, jêrmi.
GERMAINE, jêrmên.
GERMANDRÉE, jêrmadre.
GERMANIQUE, jêrmanik.
GERMANISME, jêrmanism.
GERME, jêrm.
GERMÉ, E, jêrme.
GERMER, jêrme-r.
GERMINAL, jêrminal.
GERMINATION, jêrminâsio.
GÉROFLE, jerofl.
GÉRONDIF, jerodif.
GERZEAU, jêrzô.
GÉSIER, jezie.
GESSE, jês.
GESTATION, jêstâsio.
GESTE, jêst.
GESTICULATEUR, jêstikulatɛr.
GESTICULATION, jêstikulâtio.
GESTICULER, jêstikule-r.
GESTION, jêstio.
GIBBEUSE, jibêz.
GIBBEUX, jibê-z.
GIBBOSITÉ, jibôzite.
GIBECIÈRE, jibsiêr.
GIBELIN, jibli.
GIBELOTTE, jiblot.
GIBERNE, jibêrn.
GIBET, jibê-t.
GIBIER, jibie.
GIBOULÉE, jibûle.
GIBOYER, jibûaye-r.
GIBOYEUSE, jibûayêz.
GIBOYEUX, jibûayê-z.
GIGANTESQUE, jigatêsk.
GIGANTOMACHIE, jigatomahi.
GIGOT, jigô.
GIGOTTER, jigote-r.
CIGUE, jig.
GILET, jilê-t.
GILLE, jil.
GIMBLETTE, jiblêt.
GINGEMBRE, jijabr.

GIRAFE, jiraf.
GIRANDOLE, jiradol.
GIRASOL, jirasol.
GIRATOIRE, jiratûar.
GIRAUMONT, jirômo-t.
GIROFLE, jirofl.
GIROFLÉE, jirofle.
GIROFLIER, jiroflie.
GIRON, jiro.
GIROUETTE, jirûêt.
GISANT, jisa-t.
GISANTE, jisat.
GISEMENT, jisma-t.
GÎTE, jit.
GÎTER, jite-r.
GIVRE, jivr.
GLABRE, glabr.
GLAÇANT, glasa-t.
GLAÇANTE, glasat.
GLACE, glas.
GLACER, glase-r.
GLACEUSE, glasêz.
GLACEUX, glasê-z.
GLACIAL, E, glasial.
GLACIER, glasie.
GLACIÈRE, glasiêr.
GLACIS, glasi-z.
GLAÇON, glaso.
GLADIATEUR, gladiatɛr.
GLAÏEUL, glayɛl.
GLAIRE, glêr.
GLAIRER, glere-r.
GLAIREUSE, glêrêz.
GLAIREUX, glêrê-z.
GLAISE, glêz.
GLAISER, gleze-r.
GLAISEUSE, glêzêz.
GLAISEUX, glêzê-z.
GLAISIÈRE, glêziêr.
GLAIVE, glêv.
GLANAGE, glanaj.
GLAND, gla.
GLANDE, glad.
GLANDÉ, E, glade.
GLANDULAIRE, gladulêr.

GLANDULE, gla̲dul.
GLANDULEUSE, gla̲dulêz.
GLANDULEUX, gla̲dulê-z.
GLANE, glan.
GLANER, glane-r.
GLANEUR, glanɛr.
GLANEUSE, glanêz.
GLAPIR, glapir.
GLAPISSANT, glapisa̲-t.
GLAPISSANTE, glapisa̲t.
GLAPISSEMENT, glapisma̲-t.
GLAS, glâ-z.
GLAUCOME, glôkom.
GLAUQUE, glôk.
GLÈBE, glêb.
GLÈNE, glên.
GLENOÏDAL, E, glenoidal.
GLÉNOÏDE, glenoid.
GLETTE, glêt.
GLISSADE, glisad.
GLISSANT, glisa̲-t.
GLISSANTE, glisa̲t.
GLISSE, glise.
GLISSEMENT, glisma̲-t.
GLISSER, glise-r.
GLISSEUR, glisɛr.
GLISSOIRE, glisûar.
GLOBE, glob.
GLOBULAIRE, globulêr.
GLOBULE, globul.
GLOBULEUSE, globulêz.
GLOBULEUX, globulê-z.
GLOIRE, glûar.
GLORIEUSE, gloriêz.
GLORIEUSEMENT, gloriêzma̲-t.
GLORIEUX, gloriê-z.
GLORIFICATION, glorifikâsio̲.
GLORIFIER, glorifie-r.
GLORIOLE, gloriol.
GLOSE, glôz.
GLOSER, glôze-r.
GLOSEUR, glôzɛr.
GLOSEUSE, glôzêz.
GLOSSAIRE, glosêr.
GLOSSATEUR, glosatɛr.

GLOSSITE, glosit.
GLOSSOPÈTRE, glosopêtr.
GLOTTE, glot.
GLOUSSEMENT, glûsma̲-t.
GLOUSSER, glûse-r.
GLOUTERON, glûtro̲.
GLOUTON, glûto̲.
GLOUTONNE, glûton.
GLOUTONNEMENT, glûtonma̲-t.
GLOUTONNERIE, glûtonri.
GLU, glu.
GLUANT, glua̲-t.
GLUANTE, glua̲t.
GLUAU, gluô.
GLUER, glue-r.
GLUI, glui.
GLUME, glum.
GLUTEN, glutên.
GLUTINATIF, glutinatif.
GLUTINATIVE, glutinativ.
GLUTINEUSE, glutinêz.
GLUTINEUX, glutinê-z.
GLYPTIQUE, gliptik.
GNOME, gnôm.
GNOMIDE, gnômid.
GNOMIQUE, gnômik.
GNOMON, gnômo̲.
GNOMONIQUE, gnômonik.
GNOSTIQUES, gnostik.
GOBELET, goblê-t.
GOBER, gobe-r.
GOBERGER (SE), gobêrje-r.
GOBERGES, gobêrj-z.
GOBIN, gobi̲.
GODAILLER, godâle-r.
GODAILLEUR, godâlɛr.
GODELUREAU, godlurô.
GODER, gode-r.
GODET, godê-t.
GODIVEAU, godivô.
GOËLAND, goela̲-t.
GOËLETTE, goelêt.
GOEMON, goemo̲.
GOÉTIE, goesi.
GOGUENARD, gognar.

Goguenarde, gognard.
Goguenarder, gognarde-r.
Goguette, gogêt.
Goinfre, gûifr.
Goinfrer, gûifre-r.
Goinfrerie, gûifreri.
Goître, gûatr.
Goîtreuse, gûatrêz.
Goîtreux, gûatrê-z.
Golfe, golf.
Gomme, gom.
Gomme-gutte, gomgut.
Gommer, gome-r.
Gommeuse, gomêz.
Gommeux, gomê-z.
Gommier, gomie.
Gomphose, gofôz.
Gond, go.
Gondole, godol.
Gondolier, godolie.
Gonfalon, gofalo.
Gonfalonier, gofalonie.
Gonflement, goflema-t.
Gonfler, gofle-r.
Goniomètre, goniomêtr.
Goniométrie, goniometri.
Gonorrhée, gonore.
Gord, gor.
Gordien, gordii.
Goret, gorê-t.
Gorge, gorj.
Gorgé, e, gorje.
Gorgée, gorje.
Gorger, gorje-r.
Gorgerette, gorjerêt.
Gorgerin, gorjeri.
Gorgone, gorgon.
Gosier, gôzie.
Gothique, gotik.
Gouache, gûah.
Goudron, gûdro.
Goudronner, gûdrone-r.
Gouffre, gûfr.
Gouge, gûj.
Gouine, gûin.
Goujat, gûja-t.
Goujon, gûjo.
Goulet, gûlê-t.
Goulette, gûlêt.
Goulot, gûlô-t.
Goulotte, gûlot.
Goulu, e, gûlu.
Goulûment, gûluma-t.
Goupille, gûpil.
Goupillon, gûpilo.
Gourd, gûr.
Gourde, gûrd.
Gourdin, gûrdi.
Gourgandine, gûrgadin.
Gourgouran, gûrgûra.
Gourmade, gûrmad.
Gourmand, gûrma-t.
Gourmande, gûrmad.
Gourmander, gûrmade-r.
Gourmandise, gûrmadiz.
Gourme, gûrm.
Gourmer, gûrme-r.
Gourmet, gûrmê-t.
Gourmette, gûrmêt.
Gousse, gûs.
Gousset, gûsê-t.
Goût, gû-t.
Goûter, gûte-r.
Goutte, gût.
Gouttelette, gûtlêt.
Goutteuse, gûtêz.
Goutteux, gûtê-z.
Gouttière, gûtiêr.
Gouvernable, gûvêrnabl.
Gouvernail, gûvêrnal.
Gouvernante, gûvêrnat.
Gouverne, gûvêrn.
Gouvernement, gûvêrnema-t.
Gouvernemental, gûvêrnematal.
Gouverner, gûvêrne-r.
Gouverneur, gûvêrner.
Goyave, goyav.
Goyavier, goyavie.
Grabat, grabâ-t.
Grabuge, grabuj.

Grâce, grâ's.
Graciable, grasiabl.
Gracier, grasie-r.
Gracieuse, grasiêz.
Gracieusement, grasiêzma-t.
Gracieuser, grasiêze-r.
Gracieuseté, grasiêzte.
Gracieux, grasiê-z.
Gracilité, grasilite.
Gradation, gradâsio.
Grade, grad.
Gradé, grade.
Gradin, gradi.
Graduation, graduâsio.
Graduel, e, graduêl.
Graduellement, graduêlma-t.
Graduer, gradue-r.
Grailler, grâle-r.
Graillon, grâlo.
Grain, gri.
Graine, grên.
Grainetier, grêntie.
Grainetière, grêntiêr.
Graissage, grêsaj.
Graisse, grês.
Graisser, grese-r.
Graisseuse, grêsêz.
Graisseux, grêsê-z.
Gramen, gramên.
Graminée, gramine.
Grammaire, gram'êr.
Grammairien, gram'êrii.
Grammatical, e, gram'atikal.
Grammaticalement, gram'atikalma-t.
Grammaticaux, gram'atikô-z.
Grammatiste, gram'atist.
Gramme, gram.
Grand, gra-t.
Grande, grad.
Grandelet, gradlê-t.
Grandelette, gradlêt.
Grandement, gradma-t.
Grandesse, gradês.
Grandeur, grader.
Grandiose, gradiôz.
Grandir, gradir.
Grandissime, gradis'im.
Grange, graj.
Granit, granit.
Granitique, granitik.
Granulation, granulâsio.
Granuler, granule-r.
Granuleuse, granulêz.
Granuleux, granulê-z.
Graphique, grafik.
Graphiquement, grafikma-t.
Graphomètre, grafomêtr.
Grapin, grapi.
Grappe, grap.
Grappillage, grapilaj.
Grappiller, grapile-r.
Grappilleur, grapiler.
Grappilleuse, grapilêz.
Grapillon, grapilo.
Grappin, grapi.
Gras, grâ-z.
Grasse, grâs.
Gras-double, grâdûbl.
Grassement, grâsma-t.
Grasset, grâsê-t.
Grassette, grâsêt.
Grasseyement, graséyma-t.
Grasseyer, graseye-r.
Grassouillet, grâsûlê-t.
Grassouillette, grâsûlêt.
Gratification, gratifikâsio.
Gratifier, gratifie-r.
Gratin, grati.
Gratiole, grasiol.
Gratis, grâtis.
Gratitude, gratitud.
Gratte-cul, gratku.
Gratter, grate-r.
Grattoir, gratûar.
Gratuit, e, gratuit (1).

(1) Plusieurs grammairiens prétendent que l'on doit dire, Gratui, au masculin; mais presque tout le monde dit, Gratuit.

Gratuité, gratuite.
Gratuitement, gratuitma-t.
Gravatier, gravatie.
Gravats, gravâ-z.
Grave, grav.
Gravelée, gravle.
Graveleuse, gravlêz.
Graveleux, gravlê-z.
Gravelle, gravêl.
Gravelure, gravlur.
Gravement, gravma-t.
Graver, grave-r.
Graveur, gravɛr.
Gravier, gravie.
Gravir, gravir.
Gravitation, gravitâsio.
Gravité, gravite.
Graviter, gravite-r.
Gravois, gravûâ-z.
Gravure, gravur.
Gré, gre.
Grèbe, grêb.
Grec, grêk.
Greciser, gresize-r.
Grecque, grêk.
Gredin, gredi.
Gredine, grɛdin.
Gredinerie, grɛdinri.
Gréement, grema-t.
Greer, gree-r.
Greffe, grêf.
Greffer, grefe-r.
Greffeur, grefer.
Greffier, grefie.
Greffoir, grefûar.
Grége, grej.
Grégeois, grejûâ-z.
Grégorien, gregorii.
Gregorienne, gregoriên.
Grègue, grêg.
Grêle, grêl.
Grêler, grele-r.
Grelin, grɛli.
Grêlon, grêlo.
Grelot, grɛlô-t.
Grelotter, grɛlote-r.
Greluchon, grɛluho.
Grement, grema-t.
Grémil, gremil.
Grenade, grɛnad.
Grenadier, grenadie.
Grenadière, grenadiêr.
Grenadille, grɛnadil.
Grenadin, grɛnadi.
Grenadine, grɛnadin.
Grenaille, grɛnâl.
Grenat, grɛna-t.
Greneler, grɛnle-r.
Grener, grene-r.
Grèneterie, grêntri.
Grènetier, grêntie.
Grènetière, grêntiêr.
Grènetis, grênti.
Grenettes, grɛnêt-z.
Grenier, grɛnie.
Grenouille, grɛnûl.
Grenouillère, grɛnûlêr.
Grenu, e, grɛnu.
Grès, grê-z.
Grésil, grezil.
Grésillement, grezilma-t.
Grésiller, grezile-r.
Grève, grêv.
Grever, greve-r.
Gribouillage, gribûlaj.
Gribouiller, gribûle-r.
Griêche, griêh.
Grief, griêf.
Grièvè, griêv.
Grièvement, griêvma-t.
Grièveté, griêvte.
Griffade, grifad.
Griffe, grif.
Griffer, grife-r.
Griffon, grifo.
Griffonnage, grifonaj.
Griffonner, grifone-r.
Griffonneur, grifonɛr.
Griffonneuse, grifonêz.
Grignon, grigo.

Grignoter, grigote-r.
Grigou, grigû.
Gril, gri-l.
Grillade, grilad.
Grillage, grilaj.
Grille, gril.
Griller, grile-r.
Grillon, grilo.
Grimaçant, grimasa-t.
Grimaçante, grimasat.
Grimace, grimas.
Grimacer, grimase-r.
Grimacier, grimasie.
Grimacière, grimasiêr.
Grimaud, grimô.
Grimer (se), grime-r.
Grimoire, grimûar.
Grimpant, gripa-t.
Grimpante, gripat.
Grimper, gripe-r.
Grimpereau, gripró.
Grimpeur, gripɛr.
Grincement, grisma-t.
Grincer, grise-r.
Griotte, griot.
Griottier, griotie.
Grippe, grip.
Gripper, gripe-r.
Grippe-sou, gripsû.
Gris, gri-z.
Grisaille, grizâl.
Grisailler, grizâle-r.
Grisâtre, grizâtr.
Grise, griz.
Griser, grize-r.
Grisette, grizêt.
Grison, grizo.
Grisonne, grizon.
Grisonner, grizone-r.
Grisou, grizû.
Grive, griv.
Grivois, grivûâ-z.
Grivoise, grivûaz.
Grog, grog.
Grognard, grogar.
Grognement, grogma-t.
Grogner, groge-r.
Grogneur, grogɛr.
Grogneuse, grogɛ̂z.
Grognon, grogo.
Groin, grûi.
Grommeler, gromle-r.
Grondement, grodma-t.
Gronder, grode-r.
Gronderie, grodri. 1
Grondeur, grodɛr.
Grondeuse, grodɛ̂z.
Grondin, grodi.
Groom, grûm.
Gros, grô-z.
Groseille, grozêl.
Groseillier, grozele.
Grosse, grôs.
Grosserie, grôsri.
Grossesse, grôsês.
Grosseur, grôsɛr.
Grossier, grôsie.
Grossière, grôsiêr.
Grossièrement, grôsiêrma-t.
Grossièreté, grôsiêrte.
Grossir, grôsir.
Grossissement, grôsisma-t.
Grossoyer, grôsûaye-r.
Grotesque, grotêsk.
Grotesquement, grotêskɛma-t.
Grotte, grot.
Grouillant, grûla-t.
Grouillante, grûlat.
Grouillement, grûlma-t.
Grouiller, grûle-r.
Group, grûp.
Groupe, grûp.
Groupement, grûpma-t.
Grouper, grûpe-r.
Gruau, gruô.
Grue, gru.
Gruger, gruje-r.
Grume, grum.
Grumeau, grumô.
Grumeler (se), grumle-r.

GRUMELEUSE, grumlêz.
GRUMELEUX, grumlê-z.
GRUYÈRE, gruyêr.
GUÉ, ge.
GUÉABLE, geabl.
GUÈBRES, gêbr-z.
GUÉER, gee-r.
GUELFE, gêlf.
GUENILLE, genil.
GUENILLON, genilo.
GUENON, geno.
GUENUCHE, genuh.
GUÊPE, gê'p.
GUÊPIER, gepie.
GUÈRE, gêr.
GUÉRET, gerê.
GUÉRIDON, gerido.
GUÉRIR, gerir.
GUÉRISON, gerizo.
GUÉRISSABLE, gerisabl.
GUÉRITE, gerit.
GUERRE, gêr.
GUERRIER, gêrie.
GUERRIÈRE, gêriêr.
GUERROYER, gêrûaye-r.
GUERROYEUR, gêrûayer.
GUET, gê-t.
GUET-APENS, gêtapa-z.
GUÊTRE, gê'tr.
GUÊTRER, gêtre-r.
GUETTER, gête-r.
GUETTEUR, gêter.
GUEULARD, gelar.
GUEULARDE, gelard.
GUEULE, gel.
GUEULER, gele-r.
GUEUSAILLE, gêzâl.
GUEUSAILLER, gêzâle-r.
GUEUSANT, gêza-t.
GUEUSANTE, gêzat.
GUEUSARD, gêzar.
GUEUSE, gêz.
GUEUSER, gêze-r.
GUEUSERIE, gêzri.
GUEUX, gê-z.

GUI, gi.
GUICHET, gihê-t.
GUICHETIER, gihtie.
GUIDE, gid.
GUIDE-ÂNE, gidân.
GUIDER, gide-r.
GUIDON, gido.
GUIGNARD, gigar.
GUIGNE, gig.
GUIGNER, gige-r.
GUIGNIER, gigie.
GUIGNON, gigo.
GUILLAUME, gilôm.
GUILLEMET, gilmê-t.
GUILLEMETER, gilmete-r.
GUILLERET, gilrê-t.
GUILLERETTE, gilrêt.
GUILLERI, gilri.
GUILLOCHER, gilohe-r.
GUILLOCHIS, gilohi-z.
GUILLOTINE, gilotin.
GUILLOTINER, gilotine-r.
GUIMAUVE, gimôv.
GUIMBARDE, gibard.
GUIMPE, gip.
GUINDAGE, gidaj.
GUINDANT, gida-t.
GUINDER, gide-r.
GUINÉE, giné.
GUINGAN, giga.
GUINGOIS, gigûa-z.
GUINGUETTE, gigêt.
GUIPURE, gipur.
GUIRLANDE, girlad.
GUISE, giz.
GUITARE, gitar.
GUITARISTE, gitarist.
GUSTATIF, gustatif.
GUSTATION, gustâsio.
GUTTURAL, E, gut'ural.
GUTTURAUX, gut'urô-z.
GYMNASE, jimnâz.
GYMNASTIQUE, jimnastik.
GYNÉCÉE, jinese.
GYPSE, jips.

GIPSEUSE, jipsêz.
GIPSEUX, jipsê-z.
GYRATOIRE, jiratüar.
GYROMANCIE, jiromasi.

H (1)

H, ah ou hɛ.
HA, â, asp.
HABILE, abil.
HABILEMENT, abilma-t.
HABILETÉ, abilte.
HABILITER, abilite-r.
HABILLAGE, abilaj.
HABILLEMENT, abilma-t.
HABILLER, abile-r.
HABIT, abi.
HABITABLE, abitabl.
HABITACLE, abitakl.
HABITANT, abita-t.
HABITANTE, abitat.
HABITATION, abitâsio.
HABITER, abite-r.
HABITUDE, abitud.
HABITUEL, LE, abituêl.
HABITUELLEMENT, abituêlma-t.
HABITUER, abitue-r.
HÂBLER, âble-r, asp.
HÂBLERIE, âblɛri, asp.
HÂBLEUR, âblɛr, asp.
HÂBLEUSE, âblêz, asp.
HACHE, ah, asp.
HACHE-PAILLE, ahpâl, asp.
HACHER, ahe-r, asp.
HACHEREAU, ahrô, asp.
HACHETTE, ahêt, asp.
HACHIS, ahî-z, asp.
HACHOIR, ahüar, asp.
HACHURE, ahur, asp.
HAGARD, agar, asp.
HAGARDE, agard, asp.
HAHA, aa, asp.
HAHÉ, âe, asp.
HAIE, ê, asp.
HAIE, ay, asp.
HAILLON, âlo, asp.
HAINE, ên, asp.
HAINEUSE, ênêz, asp.
HAINEUSEMENT, ênêzma-t, asp.
HAINEUX, ênê-z, asp.
HAÏR, air, asp.
HAIRE, êr, asp.
HAÏSSABLE, aisabl, asp.
HALAGE, alaj, asp.
HALBRAN, albra, asp.
HÂLE, â'l, asp.
HALEINE, alên.
HALENEE, alene.
HALER, âle-r, asp.
HÂLER, â'le-r, asp.
HALETANT, alta-t, asp.
HALETANTE, altat, asp.
HALETER, alte-r, asp.

(1) Les mots à l'égard desquels le Dictionnaire de l'Académie prévient que l'*h* est aspirée sont appelés par nous Mots aspirés, et nous les indiquons par l'abréviation *asp.* Ils produisent, par rapport au mot qui précède, trois effets différents : 1° d'en repousser la liaison ; 2° de ne pas admettre l'élision de sa voyelle finale, et par conséquent de ne pas se joindre à lui par une apostrophe ; 3° de faire souvent prononcer un ɛ à la fin de ce mot, lorsqu'il se termine par une consonne. Ainsi l'on dit : une ah, sète arag.

Haleur, âler, asp.
Hallage, alaj, asp.
Hallali, alali.
Halle, al, asp.
Hallebarde, albard, asp.
Hallebardier, albardie, asp.
Hallier, alie, asp.
Hallucination, al'usinâsio.
Haloir, âloar, asp.
Halot, alô, asp.
Halte, alt, asp.
Hamac, amak, asp.
Hamadryade, amadriad.
Hameau, amô, asp.
Hameçon, amso.
Hampe, ap, asp.
Han, a, asp.
Hanap, anap, asp.
Hanche, ah, asp.
Hanebane, anban.
Hangar, agar, asp.
Hanneton, anto, asp.
Hanscrit, askri, asp.
Hanse, as, asp.
Hanseatique, aseatik.
Hansière, asièr, asp.
Hanter, ate-r, asp.
Hantise, atiz, asp.
Happe, ap, asp.
Happelourde, aplûrd, asp.
Happer, ape-r, asp.
Haquenée, akne, asp.
Haquet, akê-t, asp.
Harangue, arag, asp.
Haranguer, arage-r, asp.
Harangueur, arager, asp.
Haras, arâ-z, asp.
Harasser, arase-r, asp.
Harceler, arsele-r, asp.
Harde, ard, asp.
Harder, arde-r, asp.
Hardes, ard-z, asp.
Hardi, e, ardi, asp.
Hardiesse, ardiês, asp.
Hardiment, ardima-t, asp.

Harem, arêm, asp.
Hareng, ara, asp.
Harengère, arajêr.
Hargneuse, argêz, asp.
Hargneux, argê-z, asp.
Haricot, arikô, asp.
Haridelle, aridêl, asp.
Harmonica, armonika.
Harmonie, armoni.
Harmonieuse, armoniêz.
Harmonieusement, armoniêzma-t
Harmonieux, armoniê-z.
Harmonique, armonik.
Harmoniquement, armonikma-t
Harmoniste, armonist.
Harnachement, arnahma-t, asp.
Harnacher, arnahe-r, asp.
Harnais, arnê, asp.
Harnois, arnûâ, asp.
Haro, arô, asp.
Harpe, arp, asp.
Harpège, arpej, asp.
Harpéger, arpeje-r.
Harper, arpe-r, asp.
Harpie, arpi, asp.
Harpiste, arpist, asp.
Harpon, arpo, asp.
Harponner, arpone-r, asp.
Harponneur, arponer, asp.
Hart, ar, asp.
Haruspice, aruspis.
Hasard, azar, asp.
Hasarder, azarde-r, asp.
Hasardeuse, azardêz, asp.
Hasardeusement, azardêzma-t.
Hasardeux, azardê-z, asp.
Hase, âz, asp.
Hastaire, astêr.
Haste, ast, asp.
Hasté, e, aste, asp.
Hâte, â't, asp
Hâter, âte-r, asp.
Hâteur, âter, asp.
Hâtier, âtie, asp.
Hâtif, âtif, asp.

Hâtive, âtiv, asp.
Hâtivement, âtivma-t, asp.
Hâtiveté, âtivte, asp.
Haubans, ôba-z, asp.
Haubergeon, ôbèrjo, asp.
Haubert, ôbèr-t, asp.
Hausse, ôs, asp.
Hausse-col, ôskol, asp.
Haussement, ôsma-t, asp.
Hausser, ôse-r, asp.
Haussière, ôsièr.
Haut, ô-t, asp.
Haute, ôt, asp.
Hautain, ôti, asp.
Hautaine, ôtèn, asp.
Hautainement, ôtènma-t, asp
Hautbois, ôbuâ-z, asp.
Haut-de-chausse, ôdhôs, asp.
Haute-contre, ôtkotr, asp.
Hautement, ôtma-t, asp.
Hautesse, ôtès, asp.
Hauteur, ôter, asp.
Haut-fond, ôfo, asp.
Haut-le-corps, ôlkor, asp.
Hâve, âv, asp.
Havre, âvr, asp.
Havre-sac, avresak, asp.
Hé, e, asp.
Heaume, ôm, asp.
Hebdomadaire, èbdomadèr.
Heberger, ebèrje-r.
Hebeter, ebete-r.
Hebraïque, ebraik.
Hebraïsant, ebraiza-t.
Hebraïsme, ebraism.
Hebreu, ebré.
Hecatombe, ekatob.
Hectare, èktar.
Hectogramme, èktogram.
Hectolitre, èktolitr.
Hectomètre, èktomètr.
Hegire, ejir.
Heiduque, eduk.

Hein, i, asp.
Helas, elâs.
Heler, ele-r, asp.
Hélianthe, eliat.
Helianthème, eliatêm.
Heliaque, eliak.
Helice, elis.
Helicon, eliko.
Helioscope, elioskop.
Heliotrope, eliotrop.
Hellebore, el'ebor.
Hellenique, el'enik.
Hellénisme, el'enism.
Helleniste, el'enist.
Hélose, elôz.
Helvetique, elvetik.
Hem, èm.
Hématite, ematit.
Hematocèle, ematosêl.
Hematose, ematôz.
Hematurie, ematuri.
Hemérocalle, emerokal.
Hemicycle, emisikl.
Hemiplegie, emipleji.
Hémiptères, emiptêr-z.
Hemisphère, emisfêr.
Hemisphérique, emisferik.
Hémistiche, emistih.
Hemoptoïque, emoptoik.
Hemoptysie, emoptizi.
Hemorragie, emoraji.
Hemorroïdal, e, emoroidal.
Hémorroides, emoroid-z.
Hemostatique, emostatik.
Hendecagone, idekagon.
Hendecasyllabe, idekasil'ab.
Hennir, anir, asp. (1).
Hennissement, anisma-t, asp.
Hepatique, epatik.
Hépatite, epatit.
Heptagone, èptagon.
Heptandrie, èptadri.
Héraldique, eraldik.

(1) Malgré l'Académie, on prononce généralement, enir.

HÉRAUT, erô, asp.
HERBACÉ, E, èrbase.
HERBAGE, èrbaj.
HERBE, èrb.
HERBER, èrbe-r.
HERBETTE, èrbêt.
HERBIER, èrbie.
HERBIVORE, èrbivor.
HERBORISATION, èrborizâsio.
HERBORISÉ, E, èrborize.
HERBORISER, èrborize-r.
HERBORISEUR, èrborizer.
HERBORISTE, èrborist.
HERBU, E, èrbu.
HERCULE, èrkul.
HERCULÉEN, èrkulei.
HERCULÉENNE, èrkuleèn.
HÈRE, èr, asp.
HÉRÉDITAIRE, ereditèr.
HÉRÉDITAIREMENT, ereditèrma-t.
HÉRÉDITÉ, eredite.
HÉRÉSIARQUE, ereziark.
HÉRÉSIE, erezi.
HÉRÉTIQUE, eretik.
HÉRISSER, erise-r, asp.
HÉRISSON, eriso, asp.
HÉRITAGE, eritaj.
HÉRITER, erite-r.
HÉRITIER, eritie.
HÉRITIÈRE, eritièr.
HERMAPHRODISME, èrmafrodism.
HERMAPHRODITE, èrmafrodit.
HERMÈS, èrmês.
HERMÉTIQUE, èrmetik.
HERMÉTIQUEMENT, èrmetikma-t.
HERMINE, èrmin.
HERMITAGE, èrmitaj.
HERMITE, èrmit.
HERNIAIRE, èrnièr, asp.
HERNIE, èrni, asp.
HÉRODIENS, erodiè-z.
HÉROÏ-COMIQUE, eroikomik
HÉROÏDE, eroid.
HÉROÏNE, eroin.
HÉROÏQUE, eroik.
HÉROÏQUEMENT, eroikma-t.
HÉROÏSME, eroism.
HÉRON, ero, asp.
HÉRONNEAU, eronô, asp.
HÉROS, erô-z, asp.
HERSAGE, èrsaj, asp.
HERSE, èrs, asp.
HERSER, èrse-r, asp.
HERSEUR, èrser, asp.
HÉSITATION, ezitâsio.
HÉSITER, ezite-r.
HÉTÉROCLITE, eteroklit.
HÉTÉRODOXE, eterodoks.
HÉTÉRODOXIE, eterodoksi.
HÉTÉROGÈNE, eterojèn.
HÉTÉROGÉNÉITÉ, eterojeneite.
HETMAN, ètman.
HÊTRE, ètr, asp.
HEUR, er.
HEURE, er.
HEUREUSE, erêz.
HEUREUSEMENT, erêzma-t.
HEUREUX, erê-z.
HEURT, ert, asp.
HEURTER, erte-r, asp.
HEURTOIR, ertûar, asp.
HEXAÈDRE, egzaèdr.
HEXAGONE, egzagon.
HEXAMÈTRE, egzamètr.
HEXANDRIE, egzadri.
HIATUS, yâtus.
HIBOU, ibû, asp.
HIC, ik, asp.
HIDALGO, idalgô.
HIDEUSE, idêz, asp.
HIDEUSEMENT, idêzma-t, asp.
HIDEUX, idê-z, asp.
HIE, i, asp.
HIÈBLE, yèbl.
HIER, ièr.
HIÉRARCHIE, yerarhi, asp.
HIÉRARCHIQUE, yerarhik, asp.
HIÉRARCHIQUEMENT, yerarhikma-t, asp.
HIÉRATIQUE, yeratik.

HIEROGLYPHE, yeroglif.
HIEROGLYPHIQUE, yeroglifik.
HIEROPHANTE, yerofat.
HILARITÉ, ilarite.
HIPPIATRIQUE, ipiatrik.
HIPPOCENTAURE, iposator.
HIPPOCRAS, ipokrâs.
HIPPOCRATIQUE, ipokratik.
HIPPOCRÈNE, ipokrên.
HIPPODROME, ipodrôm.
HIPPOLITHE, ipolit.
HIPPOPOTAME, ipopotam.
HIRONDELLE, irodêl.
HISSER, ise-r, asp.
HISTOIRE, istùar.
HISTORIEN, istorii.
HISTORIER, istorie-r.
HISTORIETTE, istoriêt.
HISTORIOGRAPHE, istoriograf.
HISTORIQUE, istorik.
HISTORIQUEMENT, istorikma-t.
HISTRION, istrio.
HIVER, ivêr.
HIVERNAGE, ivêrnaj.
HIVERNER, ivêrne-r.
HO, ô, asp.
HOBEREAU, obrô, asp.
HOC, ok, asp.
HOCHE, oh, asp.
HOCHEMENT, ohma-t, asp
HOCHE-PIED, ohpie, asp.
HOCHEPOT, ohpô, asp.
HOCHE-QUEUE, ohkê, asp.
HOCHER, ohe-r, asp.
HOCHET, ohê-t, asp.
HOIR, ùar.
HOIRIE, ùari.
HOLA, ola, asp.
HOLLANDER, olade-r, asp.
HOLOCAUSTE, olokost.
HOLOGRAPHE, olograf.
HOMARD, omar, asp.
HOMBRE, obr.
HOMÉLIE, omeli.
HOMEOPATHE, omeopat.
HOMÉOPATHIE, omeopati.
HOMICIDE, omisid.
HOMICIDER, omiside-r.
HOMMAGE, omaj.
HOMMASSE, omas.
HOMME, om.
HOMOGÈNE, omojên.
HOMOGÉNEITÉ, omojeneite.
HOMOLOGATION, omologâsio.
HOMOLOGUE, omolog.
HOMOLOGUER, omologe-r.
HOMONYME, omonim.
HOMONYMIE, omonimi.
HOMOPHONIE, omofoni.
HONCHETS, ohê-z, asp.
HONGRE, ogr, asp.
HONGRER, ogre-r, asp.
HONGROYEUR, ogrùayer, asp.
HONNÊTE, onêt.
HONNÊTEMENT, onêtma-t.
HONNÊTETÉ, onête.
HONNEUR, oner.
HONNIR, onir, asp.
HONORABLE, onorabl.
HONORABLEMENT, onorablema-t.
HONORAIRE, onorêr.
HONORER, onore-r.
HONORES (AD), ad onorês.
HONORIFIQUE, onorifik.
HONTE, o't, asp.
HONTEUSE, otêz.
HONTEUSEMENT, otêzma-t.
HONTEUX, otê-z.
HÔPITAL, opital.
HÔPITAUX, opitô-z.
HOQUET, okê-t, asp.
HOQUETON, okto, asp.
HORAIRE, orêr.
HORDE, ord, asp.
HORION, orio, asp.
HORIZON, orizo.
HORIZONTAL, E, orizotal.
HORIZONTALEMENT, orizotalma-t.
HORIZONTAUX, orizotô-z.
HORLOGE, orloj.

HORLOGER, orloje.
HORLOGERIE, orlojri.
HORMIS, ormi-z.
HOROSCOPE, oroskop.
HORREUR, or'ɛr.
HORRIBLE, or'ibl.
HORRIBLEMENT, or'iblɛma̲-t.
HORRIPILATION, or'ipilâsio̲.
HORS, or-z, asp.
HORS-D'ŒUVRE, ordɛvr, asp.
HORTENSIA, orta̲sia.
HORTICULTEUR, ortikultɛr.
HORTICULTURE, ortikultur.
HOSPICE, ospis.
HOSPITALIER, ospitalie.
HOSPITALIÈRE, ospitalièr.
HOSPITALITÉ, ospitalite.
HOSPODAR, ospodar.
HOSTIE, osti.
HOSTILE, ostil.
HOSTILEMENT, ostilma̲-t.
HOSTILITÉ, ostilite.
HÔTE, ôt.
HÔTEL, ôtêl.
HÔTELIER, ôtɛlie.
HÔTELIÈRE, ôtɛlièr.
HÔTELLERIE, ôtêlri.
HÔTESSE, ôtês.
HOTTE, ot, asp.
HOTTÉE, ote, asp.
HOUBLON, ùblo̲, asp.
HOUE, ù, asp.
HOUER, ùe-r, asp.
HOUILLE, ùl̲, asp.
HOUILLER, ùl̲e, asp.
HOUILLÈRE, ùl̲èr, asp.
HOULAN, ùla̲, asp.
HOULE, ùl, asp.
HOULETTE, ùlêt, asp.
HOULEUSE, ùlêz, asp.
HOULEUX, ùlê-z, asp.
HOUPPE, ùp, asp.
HOUPPELANDE, ùpla̲d, asp.
HOURA, ùra, asp.
HOURAILLER, ùral̲e-r, asp.
HOURDAGE, ùrdaj, asp.
HOURDER, ùrde-r, asp.
HOURDIS, ùrdi-z, asp.
HOURI, ùri, asp.
HOURRA, ùr'a, asp.
HOURVARI, ùrvari, asp.
HOUSARD, ùzar, asp.
HOUSEAUX, ùzô-z.
HOUSPILLER, ùspil̲e-r, asp.
HOUSSARD, usar, asp.
HOUSSE, ùs, asp.
HOUSSINE, ùsin, asp.
HOUSSINER, ùsine-r, asp.
HOUSSOIR, ùsùar, asp.
HOUX, ù-z, asp.
HOYAU, ùayô, asp.
HUARD, uar, asp.
HUBLOT, ublô-t, asp.
HUCHE, uh, asp.
HUCHER, uhe-r, asp.
HUCHET, uhê-t, asp.
HUÉE, ue, asp.
HUER, ue-r, asp.
HUGUENOT, ugnô-t, asp.
HUGUENOTE, ugnot, asp.
HUILE, uil.
HUILER, uile-r.
HUILERIE, uilri.
HUILEUSE, uilêz.
HUILEUX, uilê-z.
HUILIER, uilie.
HUIS, ui-z.
HUISSERIE, uisri.
HUISSIER, uisie.
HUIT, uit, asp. (1).

(1) On prononce *ui* lorsque le mot qui suit commence par une consonne : ui *dragons*. Le mot *huit* est quelquefois pris substantivement alors il se prononce *uit* devant une consonne comme devant une voyelle. Exemples : *Le* uit *de cœur*, *le* uit *du mois prochain*.

Huitaine, uitên, asp.
Huitième, uitiêm, asp.
Huitièmement, uitiêm'a-t, asp.
Huître, uitr.
Hulan, ûla, asp.
Humain, umi.
Humaine, umên.
Humainement, umênma-t.
Humaniser, umanize-r.
Humaniste, umanist.
Humanité, umanite.
Humble, ubl.
Humblement, ublema-t.
Humectant, umêkta-t.
Humectante, umêktat.
Humectation, umêktâsio.
Humecter, umêkte-r.
Humer, ume-r, asp.
Humérus, umerus.
Humeur, umer.
Humide, umid.
Humidement, umidma-t.
Humidité, umidite.
Humiliant, umilia-t.
Humiliante, umiliat.
Humiliation, umiliâsio.
Humilier, umilie-r.
Humilité, umilite.
Humoral, **e**, umoral.
Humoraux, umorô-z.
Humorisme, umorism.
Humoriste, umorist.
Humus, umus.
Hune, un, asp.
Hunier, unie, asp.
Huppe, up, asp.
Huppé, **e**, upe, asp.
Hure, ur, asp.
Hurlement, urlema-t, asp.
Hurler, urle-r, asp.
Hurleur, urler.
Hurluberlu, urlubêrlu.
Hussard, usar, asp.
Hutte, ut, asp.
Hyacinthe, yasit.
Hybride, ibrid.
Hydrate, idrat.
Hydraté, **e**, idrate.
Hydraulique, idrolik.
Hydre, idr.
Hydrocèle, idrosêl.
Hydrocephale, idrosefal.
Hydrochlorate, idroklorat.
Hydrochlorique, idroklorik.
Hydrodynamique, idrodinamik.
Hydrofuge, idrofuj.
Hydrogène, idrojên.
Hydrogéné, **e**, idrojene.
Hydrographe, idrograf.
Hydrographie, idrografi.
Hydrographique, idrografik.
Hydrologie, idroloji.
Hydromel, idromêl.
Hydromètre, idromêtr.
Hydrometrie, idrometri.
Hydrophobe, idrofob.
Hydrophobie, idrofobi.
Hydropique, idropik.
Hydropisie, idropizi.
Hydropneumatique, idropnêmatik.
Hydroscope, idroskop.
Hydroscopie, idroskopi.
Hydrostatique, idrostatik.
Hydrosulfate, idrosulfat.
Hydrosulfure, idrosulfur.
Hydrosulfurique, idrosulfurik.
Hyène, yên.
Hygiène, ijyên.
Hygiénique, ijyenik.
Hygromètre, igromêtr.
Hygrométrie, igrometri.
Hygrométrique, igrometrik.
Hymen, imên.
Hymenee, imene.
Hyménoptère, imenoptêr.
Hymne, imn.
Hyoide, yoid.
Hyperbole, ipêrbol.
Hyperbolique, ipêrbolik.

HYPERBOLIQUEMENT, ipêrbolikma-t.
HYPERBORÉE, ipêrbore.
HYPERBORÉEN, ipêrborei.
HYPERBORÉENNE, ipêrboreèn.
HYPERTROPHIE, ipêrtrofi.
HYPOCONDRE, ipokodr.
HYPOCONDRIAQUE, ipokodriak.
HYPOCONDRIE, ipokodri.
HYPOCRAS, ipokrâs.
HYPOCRISIE, ipokrizi.
HYPOCRITE, ipokrit.
HYPOGASTRE, ipogastr.
HYPOGASTRIQUE, ipogastrik.
HYPOGÉE, ipoje.
HYPOGLOSSE, ipoglos.
HYPOTÉNUSE, ipotenus.
HYPOTHÉCAIRE, ipotekêr.
HYPOTHÉCAIREMENT, ipotekêrma-t.
HYPOTHÈQUE, ipotêk.
HYPOTHÉQUÉ, E, ipoteke.
HYPOTHÉQUER, ipoteke-r.
HYPOTHÈSE, ipotêz.
HYPOTHÉTIQUE, ipotetik.
HYPOTHÉTIQUEMENT, ipotetikma-t.
HYSOPE, izop.
HYSTÉRIE, isteri.
HYSTÉRIQUE, isterik.
HYSTÉRITE, isterit.
HYSTÉROCÈLE, isterosêl.

I

I, i.
IAMBE, yab.
IAMBIQUE, yabik.
IBIDEM, ibidêm.
IBIS, ibis.
ICELUI, iselui.
ICELLE, isêl.
ICHNEUMON, iknêmo.
ICHNOGRAPHIE, iknografi.
ICHNOGRAPHIQUE, iknografik.
ICHOREUSE, ikorêz.
ICHOREUX, ikoré-z.
ICHTHYOLITHE, iktiolit.
ICHTHYOLOGIE, iktioloji.
ICHTHYOLOGIQUE, iktiolojik.
ICHTHYOLOGISTE, iktiolojist.
ICHTHYOPHAGE, iktiofaj.
ICI, isi.
ICOGLAN, ikogla.
ICONOCLASTE, ikonoklast.
ICONOGRAPHE, ikonograf.
ICONOGRAPHIE, ikonografi.
ICONOGRAPHIQUE, ikonografik.
ICONOLÂTRE, ikonolâtr.
ICONOLOGIE, ikonoloji.
ICONOMAQUE, ikonomak.
ICOSAÈDRE, ikozaèdr.
ICOSANDRIE, ikozadri.
ICTÈRE, iktêr.
ICTÉRIQUE, ikterik.
IDE, id.
IDÉAL, E, ideal.
IDÉE, ide.
IDEM, idêm.
IDENTIFIER, idatifie-r.
IDENTIQUE, idatik.
IDENTIQUEMENT, idatikma-t.
IDENTITÉ, idatite.
IDÉOLOGIE, ideoloji.
IDÉOLOGIQUE, ideolojik.
IDÉOLOGUE, ideolog.
IDES, id-z.
IDIOME, idiôm.
IDIOPATHIE, idiopati.
IDIOPATHIQUE, idiopatik.
IDIOT, idió-t.

IDIOTE, idiot.
IDIOTISME, idiotism.
IDOINE, idùan.
IDOLÂTRE, idolâtr.
IDOLÂTRER, idolâtre-r.
IDOLÂTRIE, idolâtri.
IDOLE, idol.
IDYLLE, idil.
IF, if.
IGNAME, iguam.
IGNARE, igar.
IGNÉ, E, igne.
IGNICOLE, ignikol.
IGNITION, ignisio.
IGNOBLE, igobl.
IGNOBLEMENT, igoblɛma-t.
IGNOMINIE, igomini.
IGNOMINIEUSE, igominiȇz.
IGNOMINIEUSEMENT, igominiȇzma-t.
IGNOMINIEUX, igominiȇ-z.
IGNOBAMMENT, igorama-t.
IGNORANCE, igoras.
IGNORANT, igora-t.
IGNORANTE, igorat.
IGNORANTIN, igorati.
IGNORER, igore-r.
IL, il.
ILE, i'l.
ILÉON, ileo.
ILES, il-z.
ILÉUM, ileom.
ILEUS, ileus.
ILIAQUE, iliak.
ILION, ilio.
ILLÉGAL, E, il'egal.
ILLEGALEMENT, il'egalema-t.
ILLÉGALITÉ, il'egalite.
ILLÉGITIME, il'ejitim.
ILLÉGITIMEMENT, il'ejitim'a-t.
ILLEGITIMITE, il'egitimite.
ILLETTRE, E, il'etre.
ILLICITE, il'isit.
ILLICITEMENT, il'isitma-t.
ILLIMITE, E, il'imite.
ILLISIBLE, il'izibl.
ILLOGIQUE, il'ojik.
ILLUMINATION, il'uminâsio.
ILLUMINÉ, E, il'umine.
ILLUMINER, il'umine-r.
ILLUSION, il'uzio.
ILLUSOIRE, il'uzùar.
ILLUSOIREMENT, il'uzùarma-t.
ILLUSTRATION, il'ustrâsio.
ILLUSTRE, il'ustr.
ILLUSTRER, il'ustre-r.
ILLUSTRISSIME, il'ustrisim.
ILOT, ilô.
ILOTE, ilot.
ILOTISME, ilotism.
IMAGE, imaj.
IMAGINABLE, imajinabl.
IMAGINAIRE, imajinêr.
IMAGINATIF, imajinatif.
IMAGINATION, imajinâsio.
IMAGINATIVE, imajinativ.
IMAGINER, imajine-r.
IMAN, ima.
IMBÉCILE, ibesil.
IMBÉCILEMENT, ibesilma-t.
IMBÉCILLITE, ibesilite.
IMBERBE, iberb.
IMBIBER, ibibe-r.
IMBIBITION, ibibisio.
IMBROGLIO, ibroliô.
IMBU, E, ibu.
IMITABLE, imitabl.
IMITATEUR, imitatɛr.
IMITATRICE, imitatris.
IMITATIF, imitatif.
IMITATION, imitâsio.
IMITATIVE, imitativ.
IMITER, imite-r.
IMMACULE, E, im'akule.
IMMANGEABLE, im'ajabl.
IMMANQUABLE, im'akabl.
IMMANQUABLEMENT, im'akablɛma-t.
IMMATÉRIALITE, im'aterialite.
IMMATERIEL, LE, im'aterièl.

Immaterillement, im'ateriêl-ma-t.
Immatriculation, im'atrikulâsio.
Immatricule, im'atrikul.
Immatriculer, im'atrikule-r.
Immédiat, e, im'ediat.
Immédiatement, im'ediatma-t.
Immémorial, e, im'emorial.
Immémoriaux, im'emoriô-z.
Immense, im'as.
Immensément, im'asema-t.
Immensité, im'asite.
Immérité, e, im'erite.
Immersion, im'êrsio.
Immeuble, im'ebl.
Immigration, im'igrâsio.
Imminence, im'inas.
Imminent, im'ina-t.
Imminente, im'inat.
Immiscer (s'), imise-r.
Immixtion, imiksio.
Immobile, im'obil.
Immobilier, im'obilie.
Immobilière, im'obiliêr.
Immobilisation, im'obilizâsio.
Immobiliser, im'obilize-r.
Immobilité, im'obilite.
Immodéré, e, im'odere.
Immodérément, im'oderema-t.
Immodeste, im'odêst.
Immodestement, im'odêstema-t.
Immodestie, im'odêsti.
Immolation, im'olâsio.
Immoler, im'ole-r.
Immonde, im'od.
Immondice, im'odis.
Immoral, e, im'oral.
Immoralité, im'oralite.
Immoraux, im'orô-z.
Immortaliser, im'ortalize-r.
Immortalité, im'ortalite.
Immortel, le, im'ortêl.
Immuable, im'uabl.
Immuablement, im'uablema-t.
Immunité, im'unite.
Immutabilité, im'utabilite.
Impair, e, ipêr.
Impalpable, ipalpabl.
Impardonnable, ipardonabl.
Imparfait, iparfê-t.
Imparfaite, iparfêt.
Imparfaitement, iparfêtma-t.
Impartageable, ipartajabl.
Impartial, e, iparsial.
Impartialement, iparsialma-t.
Impartialité, iparsialite.
Impartiaux, iparsiô-z.
Impasse, ipâs.
Impassibilité, ipas'ibilite.
Impassible, ipas'ibl.
Impastation, ipastâsio.
Impatiemment, ipasiama-t.
Impatience, ipasias.
Impatient, ipasia-t.
Impatiente, ipasiat.
Impatientant, ipasiata-t.
Impatientante, ipasiatat.
Impatienter, ipasiate-r.
Impatroniser (s'), ipatronize-r.
Impayable, ipêyabl.
Impeccabilité, ipêk'abilite.
Impeccable, ipêk'abl.
Impénétrabilité, ipenetrabilite.
Impénétrable, ipenetrabl.
Impénétrablement, ipenetrablema-t.
Impénitence, ipenitas.
Impénitent, ipenita-t.
Impénitente, ipenitat.
Impense, ipas.
Impératif, iperatif.
Impérative, iperativ.
Impérativement, iperativma-t.
Impératrice, iperatris.
Imperceptible, ipêrsêptibl.
Imperceptiblement, ipêrsêptiblema-t.
Imperdable, ipêrdabl.
Imperfectibilité, ipêrfêktibilite.
Imperfectible, ipêrfêktibl.

Imperfection, ipêrfèksio.
Impérial, e, ipérial.
Impérialiste, ipérialist.
Impériaux, ipério-z.
Impérieuse, ipérièz.
Impérieusement, ipérièzma-t.
Impérieux, ipériè-z.
Impérissable, iperisabl.
Impéritie, iperisi.
Imperméabilité, ipêrméabilite.
Imperméable, ipêrméabl.
Impersonnel, le, ipêrsonêl.
Impersonnellement, ipêrsonêl-ma-t.
Impertinemment, ipêrtinama-t.
Impertinence, ipêrtinas.
Impertinent, ipêrtina-t.
Impertinente, ipêrtinat.
Imperturbabilité, ipêrturbabi-lite.
Imperturbable, ipêrturbabl.
Imperturbablement, ipêrturba-blema-t.
Impétrant, ipetra-t.
Impétrante, ipetrat.
Impétueuse, ipetuèz.
Impétueusement, ipetuèzma-t.
Impétueux, ipetuè-z.
Impétuosité, ipetuozite.
Impie, ipi.
Impiété, ipiete.
Impitoyable, ipitoayabl.
Impitoyablement, ipitoayable-ma-t.
Implacable, iplakabl.
Implantation, iplatâsio.
Implanter, iplate-r.
Implicite, iplisit.
Implicitement, iplisitma-t.
Impliquer, iplike-r.
Implorer, iplore-r.
Impoli, e, ipoli.
Impoliment, ipolima-t.
Impolitesse, ipolitês.
Impolitique, ipolitik.
Impolitiquement, ipolitikma-t.
Impondérable, ipoderabl.
Impopulaire, ipopulèr.
Impopularité, ipopularite.
Importance, iportas.
Important, iporta-t.
Importante, iportat.
Importation, iportâsio.
Importer, iporte-r.
Importun, iportu-n.
Importune, iportun.
Importunément, iportunema-t.
Importuner, iportune-r.
Importunité, iportunite.
Imposable, ipôzabl.
Imposant, ipôza-t.
Imposante, ipôzat.
Imposer, ipôze-r.
Imposition, ipôzisio.
Impossibilité, iposibilite.
Impossible, iposibl.
Imposte, ipost.
Imposteur, iposter.
Imposture, ipostur.
Impôt, ipô.
Impotence, ipotas.
Impotent, ipota-t.
Impotente, ipotat.
Impraticable, ipratikabl.
Imprécation, iprekâsio.
Imprégner, iprege-r.
Imprenable, iprenabl.
Imprescriptible, ipreskriptibl.
Impression, ipresio.
Impressionnable, ipresionabl.
Impressionner, ipresione-r.
Imprévoyance, iprevoayas.
Imprévoyant, iprevoaya-t.
Imprévoyante, iprevoayat.
Imprévu, e, iprevu.
Imprimé, iprime.
Imprimer, iprime-r.
Imprimerie, iprimrie.
Imprimeur, iprimer.
Improbable, iprobabl.

IMPROBATEUR, iprobater.
IMPROBATION, iprobâsio.
IMPROBATRICE, iprobatris.
IMPROBITÉ, iprobite.
IMPRODUCTIF, iproduktif.
IMPRODUCTIVE, iproduktiv.
IMPROMPTU, iproptu.
IMPROPRE, ipropr.
IMPROPREMENT, iproprema-t.
IMPROPRIÉTÉ, ipropriete.
IMPROUVER, iprûve-r.
IMPROVISATEUR, iprovizater.
IMPROVISATION, iprovizâsio.
IMPROVISATRICE, iprovizatris.
IMPROVISER, iprovize-r.
IMPROVISTE (A L'), iprovist.
IMPRUDEMMENT, iprudama-t.
IMPRUDENCE, iprudas.
IMPRUDENT, iprudа-t.
IMPRUDENTE, iprudat.
IMPUBÈRE, ipubêr.
IMPUDEMMENT, ipudama-t.
IMPUDENCE, ipudas.
IMPUDENT, ipuda-t.
IMPUDENTE, ipudat.
IMPUDEUR, ipuder.
IMPUDICITÉ, ipudisite.
IMPUDIQUE, ipudik.
IMPUDIQUEMENT, ipudikma-t.
IMPUISSANCE, ipuisas.
IMPUISSANT, ipuisa-t.
IMPUISSANTE, ipuisat.
IMPULSIF, ipulsif.
IMPULSION, ipulsio.
IMPULSIVE, ipulsiv.
IMPUNÉMENT, ipunema-t.
IMPUNI, E, ipuni.
IMPUNITÉ, ipunite.
IMPUR, E, ipur.
IMPURETÉ, ipurte.
IMPUTABLE, iputabl.
IMPUTATION, iputâsio.
IMPUTER, ipute-r.
INABORDABLE, inabordabl.
INACCEPTABLE, inaksêptabl.
INACCESSIBLE, inaksês'ibl.
INACCOMMODABLE, inakomodabl.
INACCORDABLE, inakordabl.
INACCOSTABLE, inakostabl.
INACCOUTUMÉ, E, inakûtume.
INACHEVÉ, E, inahve.
INACTIF, inaktif.
INACTION, inaksio.
INACTIVE, inaktiv.
INACTIVITÉ, inaktivite.
INADMISSIBILITÉ, inadmisibilite.
INADMISSIBLE, inadmisibl.
INADVERTANCE, inadvêrtas.
INALIÉNABILITÉ, inalienabilite.
INALIÉNABLE, inalienabl.
INALLIABLE, inaliabl.
INALTÉRABLE, inalterabl.
INAMOVIBILITÉ, inamovibilite.
INAMOVIBLE, inamovibl.
INANIMÉ, E, inanime.
INANITÉ, inanite.
INANITION, inanisio.
INAPERCEVABLE, inapêrsevabl.
INAPERÇU, E, inapêrsu.
INAPPÉTENCE, inapetas.
INAPPLICABLE, inaplikabl.
INAPPLICATION, inaplikâsio.
INAPPLIQUÉ, E, inaplike.
INAPPRÉCIABLE, inapresiabl.
INAPTITUDE, inaptitud.
INARTICULÉ, E, inartikule.
INATTAQUABLE, inatakabl.
INATTENDU, E, inatadu.
INATTENTIF, inatatif.
INATTENTION, inatasio.
INATTENTIVE, inatativ.
INAUGURATION, inôgurâsiô.
INAUGURER, inôgure-r.
INCALCULABLE, ikalkulabl.
INCANDESCENCE, ikadês'as.
INCANDESCENT, ikadês'a-t.
INCANDESCENTE, ikadês'at.
INCANTATION, ikatâsio.
INCAPABLE, ikapabl.
INCAPACITÉ, ikapasite.

INCARCÉRATION, ikarserâsio.
INCARCÉRER, ikarsere-r.
INCARNAT, ikarna-t.
INCARNATE, ikarnat.
INCARNATION, ikarnâsio.
INCARNER (S'), ikarne-r.
INCARTADE, ikartad.
INCENDIAIRE, isadiêr.
INCENDIE, isadi.
INCENDIER, isadie-r.
INCERTAIN, isêrti.
INCERTAINE, isêrtên.
INCERTAINEMENT, isêrtênma-t.
INCERTITUDE, isêrtitud.
INCESSAMMENT, isêsama-t.
INCESSANT, isês'a-t.
INCESSANTE, isês'at.
INCESSIBLE, isês'ibl.
INCESTE, isêst.
INCESTUEUSE, isêstuêz.
INCESTUEUSEMENT, isêstuêzma-t.
INCESTUEUX, isêstuê-z.
INCIDEMMENT, isidama-t.
INCIDENCE, isidas.
INCIDENT, isida-t.
INCIDENTE, isidat.
INCIDENTAIRE, isidatêr.
INCIDENTER, isidate-r.
INCINÉRATION, isinerâsio.
INCINÉRER, isinere-r.
INCIRCONCIS, isirkosi-z.
INCIRCONCISION, isirkosizio.
INCISE, isiz.
INCISER, isize-r.
INCISIF, isizif.
INCISION, isizio.
INCISIVE, isiziv.
INCITANT, isita-t.
INCITANTE, isitat.
INCITATION, isitâsio.
INCITER, isite-r.
INCIVIL, E, isivil.
INCIVILEMENT, isivilma-t.
INCIVILITÉ, isivilite.
INCIVIQUE, isivik.
INCIVISME, isivism.
INCLÉMENCE, iklemas.
INCLEMENT, iklema-t.
INCLÉMENTE, iklemat.
INCLINAISON, iklinêzo.
INCLINANT, iklina-t.
INCLINATION, iklinâsio.
INCLINER, ikline-r.
INCLUS, iklu-z.
INCLUSE, ikluz.
INCLUSIVEMENT, ikluzivma-t.
INCOERCIBLE, ikoêrsibl.
INCOGNITO, ikogitô.
INCOHÉRENCE, ikoeras.
INCOHERENT, ikoera-t.
INCOHERENTE, ikoerat.
INCOLORE, ikolor.
INCOMBUSTIBILITÉ, ikobustibilite.
INCOMBUSTIBLE, ikobustibl.
INCOMMENSURABILITÉ, ikom'asurabilite.
INCOMMENSURABLE, ikom'asurabl.
INCOMMODE, ikomod.
INCOMMODÉMENT, ikomodema-t.
INCOMMODER, ikomode-r.
INCOMMODITÉ, ikomodite.
INCOMMUNICABLE, ikomunikabl.
INCOMMUTABILITÉ, ikom'utabilite.
INCOMMUTABLE, ikom'utabl.
INCOMMUTABLEMENT, ikom'utablema-t.
INCOMPARABLE, ikoparabl.
INCOMPARABLEMENT, ikoparablema-t.
INCOMPATIBILITÉ, ikopatibilite.
INCOMPATIBLE, ikopatibl.
INCOMPETEMMENT, ikopetama-t.
INCOMPÉTENCE, ikopetas.
INCOMPETENT, ikopeta-t.
INCOMPÉTENTE, ikopetat.
INCOMPLET, ikoplê-t.
INCOMPLETE, ikoplêt.
INCOMPRÉHENSIBLE, ikopreasibl.
INCOMPRESSIBILITÉ, ikopres'ibilite.
INCOMPRESSIBLE, ikopres'ibl.

INCONCEVABLE, ikosevabl.
INCONCILIABLE, ikosiliabl.
INCONDUITE, ikoduit.
INCONGRU, E, ikogru.
INCONGRUITÉ, ikogruite.
INCONGRÛMENT, ikogruma-t.
INCONNU, E, ikonu.
INCONSÉQUENCE, ikosekas.
INCONSÉQUENT, ikoseka-t.
INCONSÉQUENTE, ikosekat.
INCONSIDÉRÉ, E, ikosidere.
INCONSIDÉRÉMENT, ikosiderema-t.
INCONSOLABLE, ikosolabl.
INCONSOLABLEMENT, ikosolablema-t.
INCONSTAMMENT, ikostama-t.
INCONSTANCE, ikostas.
INCONSTANT, ikosta-t.
INCONSTANTE, ikostat.
INCONSTITUTIONNEL, LE, ikostitusionêl.
INCONSTITUTIONNELLEMENT, ikostitusionêlma-t.
INCONTESTABLE, ikotêstabl.
INCONTESTABLEMENT, ikotêstablema-t.
INCONTESTÉ, E, ikotêste.
INCONTINENCE, ikotinas.
INCONTINENT, ikotina-t.
INCONTINENTE, ikotinat.
INCONVENANCE, ikovnas.
INCONVENANT, ikovna-t.
INCONVENANTE, ikovnat.
INCONVENIENT, ikovenia-t.
INCORPORALITÉ, ikorporalite.
INCORPORATION, ikorporâsio.
INCORPOREL, LE, ikorporêl.
INCORPORER, ikorpore-r.
INCORRECT, E, ikorêkt.
INCORRECTION, ikorêksio.
INCORRIGIBILITÉ, ikorijibilite.
INCORRIGIBLE, ikorijibl.
INCORRUPTIBILITÉ, ikoruptibilite.
INCORRUPTIBLE, ikoruptibl.
INCRÉDIBILITÉ, ikredibilite.
INCRÉDULE, ikredul.
INCRÉDULITÉ, ikredulite.
INCRÉÉ, E, ikree.
INCRIMINER, ikrimine-r.
INCROYABLE, ikrûayabl.
INCRUSTATION, ikrustâsio.
INCRUSTER, ikruste-r.
INCUBATION, ikubâsio.
INCUBE, ikub.
INCULPATION, ikulpâsio.
INCULPER, ikulpe-r.
INCULQUER, ikulke-r.
INCULTE, ikult.
INCULTURE, ikultur.
INCURABILITÉ, ikurabilite.
INCURABLE, ikurabl.
INCURIE, ikuri.
INCURSION, ikursio.
INCUSE, ikuz.
INDE, id.
INDÉCEMMENT, idesama-t.
INDÉCENCE, idesas.
INDÉCENT, idesa-t.
INDÉCENTE, idesat.
INDÉCHIFFRABLE, idehifrabl.
INDÉCIS, idesi-z.
INDÉCISE, idesiz.
INDÉCISION, idesizio.
INDÉCLINABLE, ideklinabl.
INDÉCOMPOSABLE, idekopôzabl.
INDÉCROTTABLE, idekrotabl.
INDÉFECTIBLE, idefêktibl.
INDÉFINI, E, idefini.
INDÉFINIMENT, idefinima-t.
INDÉFINISSABLE, idefinisabl.
INDÉLÉBILE, idelebil.
INDÉLIBÉRÉ, E, idelibere.
INDÉLICAT, idelika-t.
INDÉLICATE, idelikat.
INDÉLICATESSE, idelikatês.
INDEMNE, idêmn.
INDEMNISER, idamnize-r.
INDEMNITÉ, idamnite.
INDÉPENDAMMENT, idepadama-t.
INDÉPENDANCE, idepadas.

INDÉPENDANT, idepada-t.
INDÉPENDANTE, idepadat.
INDESTRUCTIBILITÉ, idêstruktibilite.
INDESTRUCTIBLE, idêstruktibl.
INDÉTERMINATION, idetêrminâsio.
INDÉTERMINÉ, E, idetêrmine.
INDÉTERMINÉMENT, idetêrminema-t.
INDÉVOT, idevô.
INDÉVOTE, idevot.
INDÉVOTION, idevôsio.
INDEX, idêks.
INDICATEUR, idikater.
INDICATIF, idikatif.
INDICATION, idikâsio.
INDICATIVE, idikativ.
INDICE, idis.
INDICIBLE, idisibl.
INDICTION, idiksio.
INDIENNE, idiên.
INDIFFÉREMMENT, idiferama-t.
INDIFFÉRENCE, idiferas.
INDIFFÉRENT, idifera-t.
INDIFFÉRENTE, idiferat.
INDIGENCE, idijas.
INDIGÈNE, idijên.
INDIGENT, idija-t.
INDIGENTE, idijat.
INDIGESTE, idijêst.
INDIGESTION, idijêstio.
INDIGNATION, idiĝâsio.
INDIGNE, idiĝ.
INDIGNEMENT, idiĝma-t.
INDIGNER (S'), idiĝe-r.
INDIGNITÉ, idiĝite.
INDIGO, idigô.
INDIGOTERIE, idigotri.
INDIGOTIER, idigotie.
INDIQUER, idike-r.
INDIRECT, E, idirêkt.
INDIRECTEMENT, idirêktema-t.
INDISCIPLINABLE, idisiplinabl.
INDISCIPLINE, idisiplin.
INDISCIPLINÉ, E, idisipline.
INDISCRET, idiskrê-t.
INDISCRÈTE, idiskrêt.
INDISCRÈTEMENT, idiskrêtma-t.
INDISCRÉTION, idiskresio.
INDISPENSABLE, idispasabl.
INDISPENSABLEMENT, idispasablema-t.
INDISPONIBLE, idisponibl.
INDISPOSER, idispôze-r.
INDISPOSITION, idispôzisio.
INDISSOLUBILITÉ, idis'olubilite.
INDISSOLUBLE, idis'olubl.
INDISSOLUBLEMENT, idis'olublema-t.
INDISTINCT, E, idistikt.
INDISTINCTEMENT, idistiktema-t.
INDIVIDU, idividu.
INDIVIDUALISER, idividualize-r.
INDIVIDUALITÉ, idividualite.
INDIVIDUEL, LE, idividuêl.
INDIVIDUELLEMENT, idividuêlma-t.
INDIVIS, idivi-z.
INDIVISE, idiviz.
INDIVISÉMENT, idivizema-t.
INDIVISIBILITÉ, idivizibilite.
INDIVISIBLE, idivizibl.
INDIVISIBLEMENT, idiviziblema-t.
INDIVISION, idivizio.
IN-DIX-HUIT, idizuit.
INDOCILE, idosil.
INDOCILITÉ, idosilite.
INDOLENCE, idolas.
INDOLENT, idola-t.
INDOLENTE, idolat.
INDOMPTABLE, idotabl (1).
INDOMPTÉ, E, idote.
IN-DOUZE, iduz.

(1) Nous nous soumettons avec beaucoup de regret à l'Académie, qui supprime le *p*; mais presque toutes les personnes qui prononcent bien disent idoptabl, idopte.

INDU, E, idu.
INDUBITABLE, idubitabl.
INDUBITABLEMENT, idubitablɛma-t.
INDUCTION, iduksio.
INDUIRE, iduir.
INDULGENCE, iduljas.
INDULGENT, idulja-t.
INDULGENTE, iduljat.
INDULTAIRE, idultêr.
INDÛMENT, iduma-t.
INDUSTRIE, idustri.
INDUSTRIEL, LE, idustriél.
INDUSTRIEUSE, idustriêz.
INDUSTRIEUSEMENT, idustriêzma-t.
INDUSTRIEUX, idustriê-z.
INÉBRANLABLE, inebralabl.
INÉBRANLABLEMENT, inebralablɛma-t.
INÉDIT, inedi-t.
INÉDITE, inedit.
INEFFABILITÉ, inefabilite.
INEFFABLE, inefâbl.
INEFFAÇABLE, inefasabl.
INEFFICACE, inefikas.
INEFFICACITÉ, inefikasite.
INÉGAL, E, inegal.
INÉGALEMENT, inegalma-t.
INÉGALITÉ, inegalite.
INÉGAUX, inegô-z.
INÉLÉGANCE, inelegas.
INÉLÉGANT, inelega-t.
INÉLÉGANTE, inelegat.
INÉLIGIBILITÉ, inelijibilite.
INÉLIGIBLE, inelijibl.
INEPTE, inêpt.
INEPTIE, inêpsi.
INÉPUISABLE, inepuizabl.
INERTE, inêrt.
INERTIE, inêrsi.
INESPÉRÉ, E, inêspere.
INESPÉRÉMENT, inêsperema-t.
INESTIMABLE, inêstimabl.
INÉVITABLE, inevitabl.
INÉVITABLEMENT, inevitablɛma-t.
INEXACT, E, inegzakt.
INEXACTEMENT, inegzaktɛma-t.
INEXACTITUDE, inegzaktitud.
INEXCUSABLE, inêkskuzabl.
INEXÉCUTABLE, inegzekutabl.
INEXÉCUTION, inegzekusio.
INEXERCÉ, E, inegzêrse.
INEXIGIBLE, inegzijibl.
INEXORABLE, inegzorabl.
INEXORABLEMENT, inegzorablɛma-t.
INEXPÉRIENCE, inêksperias.
INEXPÉRIMENTÉ, E, inêksperimate.
INEXPIABLE, inêkspiabl.
INEXPLICABLE, inêksplikabl.
INEXPRIMABLE, inêksprimabl.
INEXPUGNABLE, inêkspugnabl.
INEXTENSIBLE, inêkstasibl.
INEXTINGUIBLE, inêkstiguibl.
IN EXTREMIS, in êkstremis.
INEXTRICABLE, inêkstrikabl.
INFAILLIBILITÉ, ifalibilite.
INFAILLIBLE, ifalibl.
INFAILLIBLEMENT, ifaliblɛma-t.
INFAISABLE, ifɛzabl.
INFAMANT, ifama-t.
INFAMANTE, ifamat.
INFÂME, ifâm.
INFAMIE, ifami.
INFANT, ifa-t.
INFANTE, ifat.
INFANTERIE, ifatri.
INFANTICIDE, ifatisid.
INFATIGABLE, ifatigabl.
INFATIGABLEMENT, ifatigablɛma-t.
INFATUATION, ifatuâsio.
INFATUER, ifatue-r.
INFÉCONDITÉ, ifekodite.
INFECT, E, ifêkt.
INFECTER, ifêkte-r.
INFECTION, ifêksio.
INFÉODATION, ifeodâsio.*
INFÉODER, ifeode-r.
INFÉRER, ifere-r.
INFÉRIEUR, E, iferiɛr.
INFÉRIEUREMENT, iferiɛrma-t.

Infériorité, iferiorite.
Infernal, e, ifêrnal.
Infernaux, ifêrnô-z.
Infertile, ifêrtil.
Infertilité, ifêrtilite.
Infester, ifêste-r.
Infidèle, ifidêl.
Infidèlement, ifidêlma-t.
Infidélité, ifidelite.
Infiltration, ifiltrâsio.
Infiltrer (s'), ifiltre-r.
Infime, ifim.
Infini, e, ifini.
Infiniment, ifinima-t.
Infinité, ifinite.
Infinitésimal, e, ifinitezimal.
Infinitésimaux, ifinitezimô-z.
Infinitif, ifinitif.
Infirmatif, ifirmatif.
Infirmation, ifirmâsio.
Infirmative, ifirmativ.
Infirme, ifirm.
Infirmer, ifirme-r.
Infirmerie, ifirmeri.
Infirmier, ifirmie.
Infirmière, ifirmiêr.
Infirmité, ifirmite.
Inflammable, iflamabl.
Inflammation, iflamâsio.
Inflammatoire, iflamatûar.
Infléchir, iflehir.
Inflexibilité, iflêksibilite.
Inflexible, iflêksibl.
Inflexiblement, iflêksiblema-t.
Inflexion, iflêksio.
Infliger, iflije-r.
Inflorescence, iflorêsas.
Influence, iflugs.
Influencer, ifluase-r.
Influent, iflua-t.
Influente, ifluat.
Influer, iflue-r.
In-folio, ifoliô.
Information, iformâsio.
Informe, iform.
Informer, iforme-r.
Infortune, ifortun.
Infortuné, e, ifortune.
Infraction, ifraksio.
Infranchissable, ifrahisabl.
Infructueuse, ifruktuêz.
Infructueusement, ifruktuêz - ma-t.
Infructueux, ifruktuê-z.
Infus, ifu-z.
Infuse, ifuz.
Infuser, ifuze-r.
Infusible, ifuzibl.
Infusion, ifuzio.
Infusoires, ifuzûar.
Ingambe, igab.
Ingénier (s'), ijenie-r.
Ingenieur, ijenier.
Ingénieuse, ijeniêz.
Ingénieusement, ijeniêzma-t.
Ingénieux, ijeniê-z.
Ingénu, e, ijenu.
Ingénuité, ijenuite.
Ingenument, ijenuma-t.
Ingérer (s'), ijere-r.
Ingestion, ijêstio.
Ingrat, igra-t.
Ingrate, igrat.
Ingratitude, igratitud.
Ingredient, igredia-t.
Inguérissable, igerisabl.
Inguinal, e, iguinal.
Inguinaux, iguinô-z.
Inhabile, inabil.
Inhabileté, inabilte.
Inhabilite, inabilite.
Inhabitable, inabitabl.
Inhabite, e, inabite.
Inhérence, ineras.
Inherent, inera-t.
Inherente, inerat.
Inhibition, inibisio.
Inhospitalier, inospitalie.
Inhospitalière, inospitaliêr.
Inhospitalité, inospitalite.

Inhumain, inumi.
Inhumaine, inumên.
Inhumainement, inumênma-t.
Inhumanité, inumanite.
Inhumation, inumâsio.
Inhumer, inume-r.
Inimaginable, inimajinabl.
Inimitable, inimitabl.
Inimitié, inimitie.
Inintelligible, initêl'ijibl.
Inique, inik.
Iniquement, inikma-t.
Iniquité, inikite.
Initial, e, inisial.
Initiation, inisiâsio.
Initiative, inisiativ.
Initié, e, inisie.
Initier, inisie-r.
Injecter, ijêkte-r.
Injection, ijêksio.
Injonction, ijoksio.
Injure, ijur.
Injurier, ijurie-r.
Injurieuse, ijuriêz.
Injurieusement, ijuriêzma-t.
Injurieux, ijuriê-z.
Injuste, ijust.
Injustement, ijustema-t.
Injustice, ijustis.
Inlisible, ilizibl.
In manus, in mânus.
In naturalibus, in naturalibus.
Innavigable, in'avigabl.
Inné, e, in'e.
Innocemment, inosama-t.
Innocence, inosas.
Innocent, inosa-t.
Innocente, inosat.
Innocenter, inosate-r.
Innocuité, inokuite.
Innombrable, in'obrabl.
Innombrablement, in'obrablema-t.
Innommé, e, in'ome.
Innovateur, in'ovater.
Innovation, in'ovâsio.

Innover, in'ove-r.
Inobservation, inobservâsio.
Inoccupé, e, inokupe.
In-octavo, inoktavô.
Inoculateur, inokulater.
Inoculation, inokulâsio.
Inoculatrice, inokulatris.
Inoculer, inokule-r.
Inodore, inodor.
Inoffensif, inofasif.
Inoffensive, inofasiv.
Inondation, inodâsio.
Inonder, inode-r.
Inopiné, e, inopine.
Inopinément, inopinema-t.
Inopportun, inoportu.
Inopportune, inoportun.
Inopportunité, inoportunite.
Inorganique, inorganik.
Inouï, e, inûi.
In pace, in pâse.
In partibus, in partibus.
In-petto, in pet'o.
In-promptu, iproptu.
In-quarto, ikûartô.
Inquiet, ikiê-t.
Inquiète, ikiêt.
Inquiétant, ikieta-t.
Inquiétante, ikietat.
Inquiéter, ikiete-r.
Inquiétude, ikietud.
Inquisiteur, ikiziter.
Inquisition, ikizisio.
Inquisitorial, e, ikizitorial.
Inquisitoriaux, ikizitoriô-z.
Insaisissable, isezisabl.
Insalubre, isalubr.
Insalubrité, isalubrite.
Insatiabilité, isasiabilite.
Insatiable, isasiabl.
Insatiablement, isasiablema-t.
Inscription, iskripsio.
Inscrire, iskrir.
Insçu (a l'), isu.
Insecte, isêkt.

IN-SEIZE, i̲sêz.
INSENSÉ, E, i̲sa̲se.
INSENSIBILITÉ, i̲sa̲sibilite.
INSENSIBLE, i̲sa̲sibl.
INSENSIBLEMENT, i̲sa̲siblɛma̲-t.
INSÉPARABLE, i̲separabl.
INSÉPARABLEMENT, i̲separablɛma̲-t.
INSÉRER, i̲sere-r.
INSERTION, i̲sêrsio̲.
INSIDIEUSE, i̲sidiëz.
INSIDIEUSEMENT, i̲sidiëzma̲-t.
INSIDIEUX, i̲sidië-z.
INSIGNE, i̲sig̃.
INSIGNIFIANCE, i̲sig̃ifia̲s.
INSIGNIFIANT, i̲sig̃ifia̲-t.
INSIGNIFIANTE, i̲sig̃ifia̲t.
INSINUANT, i̲sinua̲-t.
INSINUANTE, i̲sinua̲t.
INSINUATION, i̲sinuâsio̲.
INSINUER, i̲sinue-r.
INSIPIDE, i̲sipid.
INSIPIDITÉ, i̲sipidite.
INSISTANCE, i̲sista̲s.
INSISTER, i̲siste-r.
INSOCIABILITÉ, i̲sosiabilite.
INSOCIABLE, i̲sosiabl.
INSOLATION, i̲solâsio̲.
INSOLEMMENT, i̲solama̲-t.
INSOLENCE, i̲sola̲s.
INSOLENT, i̲sola̲-t.
INSOLENTE, i̲sola̲t.
INSOLITE, i̲solit.
INSOLUBILITÉ, i̲solubilite.
INSOLUBLE, i̲solubl.
INSOLVABILITÉ, i̲solvabilite.
INSOLVABLE, i̲solvabl.
INSOMNIE, i̲somni.
INSOUCIANCE, i̲sûsia̲s.
INSOUCIANT, i̲sûsia̲-t.
INSOUCIANTE, i̲sûsia̲t.
INSOUMIS, i̲sûmi-z.
INSOUMISE, i̲sûmiz.
INSOUTENABLE, i̲sûtnabl.
INSPECTER, i̲spêkte-r.
INSPECTEUR, i̲spêktɛr.
INSPECTION, i̲spêksio̲.
INSPIRATEUR, i̲spiratɛr.
INSPIRATION, i̲spirâsio̲.
INSPIRATRICE, i̲spiratris.
INSPIRER, i̲spire-r.
INSTABILITÉ, i̲stabilite.
INSTALLATION, i̲stal'asio̲.
INSTALLER, i̲stale-r.
INSTAMMENT, i̲stama̲-t.
INSTANCE, i̲sta̲s.
INSTANT, i̲sta̲-t.
INSTANTE, i̲sta̲t.
INSTANTANÉ, E, i̲sta̲tane.
INSTANTANÉMENT, i̲sta̲tanema̲-t.
INSTAR (A L'), i̲star.
INSTIGATEUR, i̲stigatɛr.
INSTIGATRICE, i̲stigatris.
INSTIGATION, i̲stigâsio̲.
INSTIGUER, i̲stige-r.
INSTILLATION, i̲stilâsio̲.
INSTILLER, i̲stile-r.
INSTINCT, i̲sti̲-k.
INSTINCTIF, i̲sti̲ktif.
INSTINCTIVE, i̲sti̲ktiv.
INSTINCTIVEMENT, i̲sti̲ktivma̲-t.
INSTITUER, i̲stitue-r.
INSTITUT, i̲stitu-t.
INSTITUTES, i̲stitut-z.
INSTITUTEUR, i̲stitutɛr.
INSTITUTION, i̲stitusio̲.
INSTITUTRICE, i̲stitutris.
INSTRUCTEUR, i̲struktɛr.
INSTRUCTIF, i̲struktif.
INSTRUCTION, i̲struksio̲.
INSTRUCTIVE, i̲struktiv.
INSTRUIRE, i̲struir.
INSTRUMENT, i̲struma̲-t.
INSTRUMENTAIRE, i̲struma̲têr.
INSTRUMENTAL, E, i̲struma̲tal.
INSTRUMENTATION, i̲struma̲tâsio̲.
INSTRUMENTER, i̲struma̲te-r.
INSU, i̲su.
INSUBORDINATION, i̲subordinâsio̲.
INSUBORDONNE, E, i̲subordone.
INSUCCÈS, i̲suksê-z.

INSUFFISAMMENT, isufizama-t.
INSUFFISANCE, isufizas.
INSUFFISANT, isufiza-t.
INSUFFISANTE, isufizat.
INSUFFLATION, isuflâsio.
INSUFFLER, isufle-r.
INSULAIRE, isulêr.
INSULTANT, isulta-t.
INSULTANTE, isultat.
INSULTE, isult.
INSULTER, isulte-r.
INSUPPORTABLE, isuportabl.
INSUPPORTABLEMENT, isuportablɛma-t.
INSURGÉ, E, isurje.
INSURGENTS, isurja-z.
INSURGER (S'), isurje-r.
INSURMONTABLE, isurmotabl.
INSURRECTION, isurêksio.
INSURRECTIONNEL, LE, isurêksionêl.
INTACT, E, itakt.
INTACTILE, itaktil.
INTARISSABLE, itarisabl.
INTÉGRAL, E, itegral.
INTÉGRALEMENT, itegralma-t.
INTEGRANT, itegra-t.
INTÉGRANTE, itegrat.
INTÉGRATION, itegrâsio.
INTÈGRE, itêgr.
INTÉGRER, itegre-r.
INTÉGRITÉ, itegrite.
INTELLECT, itêl'êkt.
INTELLECTIF, itêl'êktif.
INTELLECTIVE, itêl'êktiv.
INTELLECTUEL, LE, itêl'êktuêl.
INTELLIGENCE, itêl'ijas.
INTELLIGENT, itêl'ija-t.
INTELLIGENTE, itêl'ijat.
INTELLIGIBLE, itêl'ijibl.
INTELLIGIBLEMENT, itêl'ijiblɛma-t.
INTEMPÉRANCE, itaperas.
INTEMPÉRANT, itapera-t.
INTEMPÉRANTE, itaperat.
INTEMPÉRÉ, E, itapere.
INTEMPÉRIE, itaperi.
INTEMPESTIF, itapêstif.
INTEMPESTIVE, itapêstiv.
INTEMPESTIVEMENT, itapêstivma-t.
INTENDANCE, itadas.
INTENDANT, itada-t.
INTENDANTE, itadat.
INTENSE, itas.
INTENSITÉ, itasite.
INTENTER, itate-r.
INTENTION, itasio.
INTENTIONNÉ, E, itasione.
INTENTIONNEL, LE, itasionêl.
INTERCALAIRE, itêrkalêr.
INTERCALATION, itêrkalâsio.
INTERCALER, itêrkale-r.
INTERCÉDER, itêrsede-r.
INTERCEPTER, itêrsêpte-r.
INTERCEPTION, itêrsêpsio.
INTERCESSEUR, itêrsês'ɛr.
INTERCESSION, itêrsês'io.
INTERCOSTAL, E, itêrkostal.
INTERCURRENTE, itêrkurat.
INTERDICTION, itêrdiksio.
INTERDIRE, itêrdir.
INTERDIT, itêrdi-t.
INTERDITE, itêrdit.
INTERESSANT, iteresa-t.
INTÉRESSANTE, iteresat.
INTERESSER, iterese-r.
INTERÊT, iterê-t.
INTERFERENCE, itêrferas.
INTERFOLIER, itêrfolie-r.
INTÉRIEUR, E, iterier.
INTERIEUREMENT, iterierma-t.
INTÉRIM, iterim.
INTÉRIMAIRE, iterimêr.
INTERJECTION, itêrjêksio.
INTERJETER, itêrjɛte-r.
INTERLIGNE, itêrlig̃.
INTERLIGNER, itêrlig̃e-r.
INTERLINÉAIRE, itêrlineêr.
INTERLOCUTEUR, itêrlokutɛr.
INTERLOCUTION, itêrlokusio.
INTERLOCUTOIRE, itêrlokutûar.
INTERLOCUTRICE, itêrlokutris.

INTERLOPE, itêrlop.
INTERLOQUER, itêrloke-r.
INTERMÈDE, itêrmêd.
INTERMÉDIAIRE, itêrmediêr.
INTERMEDIAT, itêrmedia-t.
INTERMÉDIATE, itêrmediat.
INTERMINABLE, itêrminabl.
INTERMISSION, itêrmisio.
INTERMITTENCE, itêrmit'as.
INTERMITTENT, itêrmita-t.
INTERMITTENTE, itêrmitat.
INTERNE, itêrn.
INTERNONCE, itêrnos.
INTERPELLATION, itêrpêl'âsio.
INTERPELLER, itêrpel'e-r.
INTERPOSER, itêrpôze-r.
INTERPOSITION, itêrpôzisio.
INTERPRÉTATIF, itêrpretatif.
INTERPRÉTATION, itêrpretâsio.
INTERPRETATIVE, itêrpretativ.
INTERPRÈTE, itêrprêt.
INTERPRÉTER, itêrprete-r.
INTERRÈGNE, itêr'êg.
INTERROGATEUR, iterogatœr.
INTERROGATIF, iterogatif.
INTERROGATION, iterogâsio.
INTERROGATIVE, iterogativ.
INTERROGATOIRE, iterogatûar.
INTERROGATRICE, iterogatris.
INTERROGER, iteroje-r.
INTERROMPRE, iteropr.
INTERRUPTEUR, iterupter.
INTERRUPTION, iterupsio.
INTERSECTION, itêrsêksio.
INTERSTICE, itêrstis.
INTERVALLE, itêrval.
INTERVENANT, itêrvena-t.
INTERVENANTE, itêrvenat.
INTERVENIR, itêrvenir.
INTERVENTION, itêrvasio.
INTERVERSION, itêrvêrsio.
INTERVERTIR, itêrvêrtir.
INTESTAT, itêsta.
INTESTIN, itêsti.
INTESTINAL, E, itêstinal.
INTESTINAUX, itêstinô-z.
INTESTINE, itêstin.
INTIMATION, itimâsio.
INTIME, itim.
INTIMÉ, itime.
INTIMEMENT, itim'a-t.
INTIMER, itime-r.
INTIMIDATION, itimidâsio.
INTIMIDER, itimide-r.
INTIMITÉ, itimite.
INTITULÉ, ititule.
INTITULER, ititule-r.
INTOLÉRABLE, itolerabl.
INTOLÉRANCE, itoleras.
INTOLÉRANT, itolera-t.
INTOLÉRANTE, itolerat.
INTOLÉRANTISME, itoleratism.
INTONATION, itonâsio.
INTRADOS, itradô-z.
INTRADUISIBLE, itraduizibl.
INTRAITABLE, itrêtabl.
INTRANSITIF, itrazitif.
INTRANSITIVE, itrazitiv.
INTRÉPIDE, itrepid.
INTRÉPIDEMENT, itrepidma-t.
INTRÉPIDITÉ, itrepidite.
INTRIGANT, itriga-t.
INTRIGANTE, itrigat.
INTRIGUE, itrig.
INTRIGUER, itrige-r.
INTRINSÈQUE, itrisêk.
INTRINSÈQUEMENT, itrisêkma-t.
INTRODUCTEUR, itrodukter.
INTRODUCTIF, itroduktif.
INTRODUCTION, itroduksio.
INTRODUCTIVE, itroduktiv.
INTRODUCTRICE, itroduktris.
INTRODUIRE, itroduir.
INTROÏT, itroit.
INTROMISSION, itromisio.
INTRONISATION, itronizâsio.
INTRONISER, itronize-r.
INTROUVABLE, itrûvabl.
INTRUS, itru-z.
INTRUSE, itruz.

Intrusion, itruzio.
Intuitif, ituitif.
Intuition, ituisio.
Intuitive, ituitiv.
Intuitivement, ituitivma-t.
Intumescence, itumes'as.
Inusité, e, inuzite.
Inutile, inutil.
Inutilement, inutilma-t.
Inutilité, inutilite.
Invaincu, e, iviku.
Invalide, ivalid.
Invalidement, ivalidma-t.
Invalider, ivalide-r.
Invalidité, ivalidite.
Invariabilité, ivariabilite.
Invariable, ivariabl.
Invariablement, ivariablεma-t.
Invasion, ivâzio.
Invective, ivêktiv.
Invectiver, ivêktive-r.
Invendable, ivadabl.
Inventaire, ivatêr.
Inventer, ivate-r.
Inventeur, ivater.
Inventif, ivatif.
Invention, ivasio.
Inventive, ivativ.
Inventorier, ivatorie-r.
Inventrice, ivatris.
Inversable, ivêrsabl.
Inverse, ivêrs.
Inversion, ivêrsio.
Investigateur, ivêstigater.
Investigation, ivêstigasio.
Investigatrice, ivêstigatris.
Investir, ivêstir.
Investissement, ivêstisma-t.
Investiture, ivêstitur.
Invétérer (s'), ivetere-r.
Invincible, ivisibl.
Invinciblement, ivisiblεma-t.
Inviolabilité, iviolabilite.
Inviolable, iviolabl.
Inviolablement, iviolablεma-t.
Invisibilité, ivizibilite.
Invisible, ivizibl.
Invisiblement, iviziblεma-t.
Invitation, ivitâsio.
Invité, ivite
Inviter, ivite-r.
Invocation, ivokâsio.
Involontaire, ivolotêr.
Involontairement, ivolotêrma-t.
Invoquer, ivoke-r.
Invraisemblable, ivrêsablabl.
Invraisemblance, ivrêsablas.
Invulnérable, ivulnerabl.
Iode, yod.
Iodure, yodur.
Ionien, yonyi.
Ionienne, yonyên.
Ionique, yonyk.
Iota, yota.
Ipécacuana, ipekakuana.
Ipso facto, ipsô faktô.
Irascible, iras'ibl.
Irato (ab), irato.
Ire, ir.
Iridium, iridiom.
Iris, iris.
Irisé, e, irize.
Ironie, ironi.
Ironique, ironik.
Ironiquement, ironikma-t.
Iroquois, irokûâ-z.
Iroquoise, irokûaz.
Irradiation, ir'adiâsio.
Irradier, ir'adie-r.
Irrationnel, le, ir'âsionêl.
Irrationnellement, ir'asionêl-ma-t.
Irréconciliable, ir'ekosiliabl.
Irréconciliablement, ir'ekosilia-blεma-t.
Irrécusable, ir'ekuzabl.
Irréductibilité, ir'eduktibilite.
Irréductible, ir'eduktibl.
Irréfléchi, e, ir'eflehi.
Irréflexion, ir'eflêksio.

Irréformable, ir'eformabl.
Irréfragable, ir'efragabl.
Irrégularité, ir'egularite.
Irrégulier, ir'egulie-r.
Irrégulière, ir'egulièr.
Irrégulièrement, ir'egulièrma-t.
Irréligieuse, ir'elijyéz.
Irréligieusement, ir'elijyèzma-t.
Irréligieux, ir'elijyè-z.
Irréligion, ir'elijyo.
Irrémédiable, ir'emediabl.
Irrémissible, ir'emisibl.
Irrémissiblement, ir'emisiblema-t.
Irréparable, ir'eparabl.
Irréparablement, ir'eparablema-t.
Irrépréhensible, ir'epreasibl.
Irréprochable, ir'eprohabl.
Irréprochablement, ir'eprohablema-t.
Irrésistible, ir'ezistibl.
Irrésistiblement, ir'ezistiblema-t.
Irrésolu, e, ir'ezolu.
Irrésolument, ir'ezoluma-t.
Irrésolution, ir'ezolusio.
Irrespectueuse, ir'èspèktuéz.
Irrespectueusement, ir'èspèktuèzma-t.
Irrespectueux, ir'èspèktuè-z.
Irrévéremment, ir'everama-t.
Irrévérence, ir'everas.
Irrévérent, ir'evera-t.
Irrévérente, ir'everat.
Irrévocabilité, ir'evokabilite.
Irrévocable, ir'evokabl.
Irrévocablement, ir'evocablema-t.
Irrigation, irigâsio.
Irritabilité, iritabilite.
Irritable, iritabl.
Irritant, irita-t.
Irritante, iritat.
Irritation, iritâsio.
Irriter, irite-r.
Irruption, irupsio.
Isabelle, izabèl.
Ischurie, iskuri.
Isiaque, iziak.
Islamisme, islamism.
Isocèle, izosèl.
Isochrone, izokrôn.
Isochronisme, izokronism
Isolation, izolâsio.
Isolement, izolma-t.
Isolément, izolema-t.
Isoler, izole-r.
Isoloir, izolûar.
Israélite, izraelit.
Issu, e, is'u.
Isthme, ism
Italianisme, italianism.
Italique, italik.
Item, itèm.
Itératif, iteratif.
Itérative, iterativ.
Itérativement, iterativma-t.
Itinéraire, itinerêr.
Ive, iv.
Ivette, ivèt.
Ivoire, ivûar.
Ivraie, ivrê.
Ivre, ivr.
Ivresse, ivrês.
Ivrogne, ivrog.
Ivrognerie, ivrogri.
Ivrognesse, ivrogês.
Ixia, iksia.

J

J, ji ou je.
JÀ, ja.
JABLE, jâbl.
JABLER, jâble-r.
JABOT, jabô.
JABOTER, jabote-r.
JACASSER, jakase-r.
JACHÈRE, jahêr.
JACHERER, jahere-r.
JACINTHE, jasi̱t.
JACOBÉE, jakobe.
JACOBIN, jakobi̱.
JACOBINE, jakobin.
JACOBITE, jakobit.
JACONAS, jakona.
JACTANCE, jakta̱s.
JACULATOIRE, jakulatûar.
JADE, jad.
JADIS, jâdis.
JAGUAR, jaguar.
JAIET, jayê-t.
JAILLIR, jali̱r.
JAILLISSANT, jali̱sa̱-t.
JAILLISSANTE, jali̱sa̱t.
JAILLISSEMENT, jali̱sma̱-t.
JAIS, jê.
JALAP, jalap.
JALON, jalo̱.
JALONNER, jalone-r.
JALONNEUR, jaloner.
JALOUSER, jalûze-r.
JALOUSIE, jalûzi.
JALOUX, jalû-z.
JALOUSE, jalûz.
JAMAIS, jamê-z.
JAMBAGE, ja̱baj.
JAMBE, ja̱b.
JAMBÉ, E, ja̱be.
JAMBETTE, ja̱bêt.
JAMBIER, ja̱bie.
JAMBIÈRE, ja̱biêr.
JAMBON, ja̱bo̱.
JAMBONNEAU, ja̱bonô.
JAN, ja̱.
JANISSAIRE, janisêr.
JANSÉNISME, ja̱senism.
JANSÉNISTE, ja̱senist.
JANTE, ja̱t.
JANVIER, ja̱vie.
JAPON, japo̱.
JAPPEMENT, japma̱-t.
JAPPER, jape-r.
JAQUE, jak.
JAQUEMART, jakmar.
JAQUERIE, jâkri.
JAQUETTE, jakêt.
JAQUIER, jakie.
JARDIN, jardi̱.
JARDINAGE, jardinaj.
JARDINER, jardine-r.
JARDINET, jardinê-t.
JARDINIER, jardinie.
JARDINIÈRE, jardiniêr.
JARDON, jardo̱.
JARGON, jargo̱.
JARGONNER, jargone-r.
JARRE, jar.
JARRET, jarê-t.
JARRETÉ, E, jarte.
JARRETIÈRE, jartiêr.
JARS, jar.
JAS, jâ.
JASER, jâze-r.
JASERIE, jâzri.
JASEUR, jâzer.
JASEUSE, jâzêz.
JASMIN, jasmi̱.
JASPE, jasp.
JASPER, jaspe-r.
JASPURE, jaspur.
JATTE, jat.
JATTÉE, jate.

JAUGE, jôj.
JAUGEAGE, jôjaj.
JAUGER, jôje-r.
JAUGEUR, jôjɛr.
JAUNÂTRE, jônâtr.
JAUNE, jôn.
JAUNIR, jônir.
JAUNISSANT, jônisa-t.
JAUNISSANTE, jônisat.
JAUNISSE, jônis.
JAVART, javar.
JAVEAU, javô.
JAVELER, javle-r.
JAVELEUR, javlɛr.
JAVELINE, javlin.
JAVELLE, javêl.
JAVELOT, javlô.
JE, jɛ.
JECTISSES, jɛ̂ktis.
JEHOVAH, jeova.
JEJUNUM, jejunom.
JÉREMIADE, jeremiad.
JÉSUITE, jezuit.
JESUITIQUE, jezuitik.
JÉSUITIQUEMENT, jezuitikma-t.
JÉSUITISME, jezuitism.
JÉSUS, jezu.
JET, jé-t.
JETÉ, jɛte.
JETÉE, jɛte.
JETER, jɛte-r.
JETON, jɛto.
JEU, jɛ̂.
JEUDI, jɛ̂di.
JEUN (À), ju.
JEUNE, jɛn.
JEÛNE, jɛ̂'n.
JEÛNER, jɛ̂'ne-r.
JEUNESSE, jenês.
JEUNET, jɛnê-t.
JEUNETTE, jɛnêt.
JEÛNEUR, jɛ̂nɛr.
JEÛNEUSE, jɛ̂nɛ̂z.
JOAILLERIE, joâlri.
JOAILLIER, joâle.
JOAILLIÈRE, joâlér.
JOCKEY, jokê.
JOCKO, jokô.
JOCRISSE, jokris.
JOIE, jûâ.
JOINDRE, jûidr.
JOINT, jûi-t.
JOINTÉ, E, jûite.
JOINTIF, jûitif.
JOINTIVE, jûitiv.
JOINTOYER, jûitûaye-r.
JOINTURE, jûitur.
JOLI, E, joli.
JOLIET, joliê-t.
JOLIETTE, joliêt.
JOLIMENT, jolima-t.
JOLIVETÉ, jolivte.
JONC, jo.
JONCHÉE, johe.
JONCHER, johe-r.
JONCHETS, johê-z.
JONCTION, joksio.
JONGLER, jogle-r.
JONGLERIE, jogleri.
JONGLEUR, joglɛr.
JONQUE, jok.
JONQUILLE, jokil.
JOSEPH, jôzêf.
JOUAIL, jûâl.
JOUAILLER, jûâle-r.
JOUBARBE, jûbarb.
JOUE, jû.
JOUÉE, jûe.
JOUER, jûe-r.
JOUET, jûê-t.
JOUEUR, jûɛr.
JOUEUSE, jûɛ̂z.
JOUFFLU, E, jûflu.
JOUG, jûg.
JOUIR, jûir.
JOUISSANCE, jûisas.
JOUISSANT, jûisa-t.
JOUISSANTE, jûisat.
JOUJOU, jûjû.
JOUR, jûr.

JOURNAL, jûrnal.
JOURNALIER, jûrnalie.
JOURNALIÈRE, jûrnaliêr.
JOURNALISME, jûrnalism.
JOURNALISTE, jûrnalist.
JOURNAUX, jûrnô-z.
JOURNÉE, jûrne.
JOURNELLEMENT, jûrnêlma-t.
JOUTE, jût.
JOUTER, jûte-r.
JOUTEUR, jûtɛr.
JOUTEUSE, jûtêz.
JOUVENCE, jûvas.
JOUVENCEAU, jûvasô.
JOUVENCELLE, jûvasêl.
JOVIAL, E, jovial.
JOVIALEMENT, jovialma-t.
JOYAU, jûayô.
JOYEUSE, jûayêz.
JOYEUSEMENT, jûayêzma-t.
JOYEUSETE, jûayêzte.
JOYEUX, jûayê-z.
JUBÉ, jube.
JUBILAIRE, jubilêr.
JUBILATION, jubilâsio.
JUBILÉ, jubile.
JUCHER, juhe-r.
JUCHOIR, juhûar.
JUDAÏQUE, judaik.
JUDAISER, judaize-r.
JUDAÏSME, judaism.
JUDAS, judâ-z.
JUDICATURE, judikatur.
JUDICIAIRE, judisiêr.
JUDICIAIREMENT, judisiêrma-t.
JUDICIEUSE, judisiêz.
JUDICIEUSEMENT, judisiêzma-t.
JUDICIEUX, judisiê-z.
JUGE, juj.
JUGEMENT, jujma-t.
JUGER, juje-r.
JUGULAIRE, jugulêr.
JUGULER, jugule-r.
JUIF, juif.
JUILLET, julêt.
JUIN, jui.
JUIVE, juiv.
JUIVERIE, juivri.
JUJUBE, jujub.
JULE, jul.
JULEP, julêp.
JULIENNE, juliên.
JUMART, jumar-t.
JUMEAU, jumô.
JUMELLE, jumêl.
JUMELE, E, jumle.
JUMELLES, jumêl-z.
JUMENT, juma-t.
JUNON, Juno.
JUNTE, jut.
JUPE, jup.
JUPITER, Jupitêr.
JUPON, jupo.
JURANDE, jurad.
JURAT, jura-t.
JURATOIRE, juratûar.
JURÉ, E, jure.
JUREMENT, jurma-t.
JURER, jure-r.
JUREUR, jurɛr.
JURI, juri.
JURIDICTION, juridiksio.
JURIDICTIONNEL, LE, juridiksio nêl.
JURIDIQUE, juridik.
JURIDIQUEMENT, juridikma-t.
JURISCONSULTE, juriskosult.
JURISPRUDENCE, jurisprudas.
JURISTE, jurist.
JURON, juro.
JURY, juri.
JUS, ju-z.
JUSANT, juza-t.
JUSQUE, juskɛ.
JUSQUIAME, juskiam.
JUSSION, jusio.
JUSTAUCORPS, justôkor.
JUSTE, just.
JUSTEMENT, justɛma-t.
JUSTESSE, justês.

JUSTICE, justis.
JUSTICIABLE, justisiabl.
JUSTICIER, justisie.
JUSTIFIABLE, justifiabl.
JUSTIFIANT, justifia-t.
JUSTIFIANTE, justifiat.
JUSTIFICATIF, justifikatif.
JUSTIFICATION, justifikâsio.
JUSTIFICATIVE, justifikativ.
JUSTIFIER, justifie-r.
JUTEUSE, jutèz.
JUTEUX, jutê-z.
JUXTAPOSER (SE), jukstapôze-r.
JUXTAPOSITION, jukstapôzisio.

K

K, kâ ou kε.
KABAK, kabak.
KABILE, kabil.
KABIN, kabi.
KAHOUANNE, kaûan.
KAKATOÈS, kakatoês.
KALEIDOSCOPE, kaleidoskop.
KALI, kali.
KAMICHI, kamiki.
KAN, ka.
KANDJAR, kadjiar.
KANDJIARD, kadjiar.
KANGUROO, kagurô.
KAOLIN, kaoli.
KARABÉ, karabe.
KARAT, kara.
KARATA, karata.
KARMESSE, karmês.
KATAKOUA, katakûa.
KERATOPHYTE, keratofit.
KERMÈS, kêrmês.
KERMESSE, kêrmês.
KILOGRAMME, kilogram.
KILOLITRE, kilolitr.
KILOMÈTRE, kilomêtr.
KILOMÉTRIQUE, kilometrik.
KING, kig.
KININE, kinin.
KINO, kinô.
KIOSQUE, kiosk.
KIRSCH, kirh.
KIRSCH-WASSER, kirhvâzr.
KLEPHTE, klêft.
KNOUT, knût.
KOPECK, kopêk.
KORAN, kora.
KOUAN, kûa.
KREUTZER, krêtzr.
KURTCHIS, kurthis.
KYNANCIE, kinasi.
KYRIELLE, kiriêl.
KYSTE, kist.
KYSTEUSE, kistèz.
KYSTEUX, kistê-z.
KYSTIQUE, kistik.
KYSTOTOME, kistotôm.
KYSTOTOMIE, kistotomi.

L

L, êl ou lε.
LA, la.
LA, lâ.
LÀ, la.
LABARUM, labarom.
LABEUR, laber.

LABIAL, E, labial.
LABIÉ, E, labie.
LABORATOIRE, laboratûar.
LABORIEUSE, laboriêz.
LABORIEUSEMENT, laboriêzma-t.
LABORIEUX, laboriê-z.
LABOUR, labûr.
LABOURABLE, labûrabl.
LABOURAGE, labûraj.
LABOURER, labûre-r.
LABOUREUR, labûrer.
LABYRINTHE, labirit.
LAC, lak.
LACER, lase-r.
LACÉRATION, laserâsio.
LACÉRER, lasere-r.
LACERON, lâsro.
LACET, lasê-t.
LÂCHE, lâh.
LÂCHEMENT, lâhma-t.
LÂCHER, lâhe-r.
LÂCHETÉ, lâhte.
LACINIÉ, E, lasinie.
LACIS, lasi-z.
LACONIQUE, lakonik.
LACONIQUEMENT, lakonikma-t.
LACONISME, lakonism.
LACRYMAL, E, lakrimal.
LACRYMATOIRE, lakrimatûar.
LACRYMAUX, lakrimô-z.
LACS, lâ-z.
LACTATE, laktat.
LACTATION, laktâsio.
LACTÉ, E, lakte.
LACUNE, lakun.
LADRE, ladr.
LADRERIE, ladreri.
LADY, ledi.
LAGOPHTHALMIE, lagoftalmi.
LAGUNE, lagun.
LAI, E, lê.
LAIC, laik.
LAÎCHE, lêh.
LAID, lê.
LAIDE, lêd.
LAIDERON, lêdro.
LAIDEUR, lêder.
LAIE, lê.
LAINAGE, lênaj.
LAINE, lên.
LAINER, lêne-r.
LAINERIE, lênri.
LAINEUSE, lênêz.
LAINEUX, lênê-z.
LAINIER, lênie.
LAÏQUE, laik.
LAIRD, lêr.
LAIS, lê-z.
LAISSE, lês.
LAISSER, lese-r.
LAIT, lê-t.
LAITAGE, lêtaj.
LAITANCE, lêtas.
LAITE, lêt.
LAITÉ, E, lête.
LAITERIE, lêtri.
LAITERON, lêtro.
LAITEUSE, lêtêz.
LAITEUX, lêtê-z.
LAITIER, lêtie.
LAITIÈRE, lêtiêr.
LAITON, lêto.
LAITUE, lêtu.
LAIZE, lêz.
LAMA, lamâ.
LAMA, lama.
LAMANAGE, lamanaj.
LAMANEUR, lamaner.
LAMANTIN, lamati.
LAMBEAU, labô.
LAMBIN, labi.
LAMBINE, labin.
LAMBINER, labine-r.
LAMBOURDE, labûrd.
LAMBREQUINS, labreki-z.
LAMBRIS, labri-z.
LAMBRISSAGE, labrisaj.
LAMBRISSER, labrise-r.
LAME, lam.
LAMÉ, E, lame.

LAMELLE, E, lamêl'e.
LAMELLEUSE, lamêl'ēz.
LAMELLEUX, lamêl'ē-z.
LAMENTABLE, lamatabl.
LAMENTABLEMENT, lamatablema-t.
LAMENTATION, lamatâsio.
LAMENTER, lamate-r.
LAMENTIN, lamati.
LAMIE, lami.
LAMINAGE, laminaj.
LAMINER, lamine-r.
LAMINOIR, laminûar.
LAMPADAIRE, lapadêr.
LAMPAS, lapâs.
LAMPE, lap.
LAMPÉE, lape.
LAMPER, lape-r.
LAMPERON, lapro.
LAMPION, lapio.
LAMPISTE, lapist.
LAMPROIE, laprûa.
LANCE, las.
LANCÉOLÉ, E, laseole.
LANCER, lase-r.
LANCETTE, lasêt.
LANCIER, lasie.
LANCINANT, lasina-t.
LANCINANTE, lasinat.
LANCIS, lasi-z.
LANDAMMAN, ladaman.
LANDAU, ladô.
LANDAW, ladô.
LANDE, lad.
LANDGRAVE, ladgrav.
LANDGRAVIAT, ladgravia-t.
LANDIER, ladie.
LANDWEHR, ladwêr.
LANERET, lanrê-t.
LANGAGE, lagaj.
LANGE, laj.
LANGOUREUSE, lagûrēz.
LANGOUREUSEMENT, lagûrēzma-t.
LANGOUREUX, lagûrē-z.
LANGOUSTE, lagûst.
LANGUE, lag.
LANGUETTE, lagêt.
LANGUEUR, lagēr.
LANGUIR, lagir.
LANGUISSAMMENT, lagisama-t.
LANGUISSANT, lagisa-t.
LANGUISSANTE, lagisat.
LANIER, lanie.
LANIÈRE, lanièr.
LANIFÈRE, lanifêr.
LANSQUENET, laskenê-t.
LANTERNE, latêrn.
LANTERNER, latêrne-r.
LANTERNERIE, latêrneri.
LANTERNIER, latêrnie.
LANTIPONNER, latipone-r.
LANUGINEUSE, lanujinēz.
LANUGINEUX, lanujinē-z.
LAPER, lape-r.
LAPEREAU, laprô.
LAPIDAIRE, lapidêr.
LAPIDATION, lapidâsio.
LAPIDER, lapide-r.
LAPIDIFICATION, lapidifikâsio.
LAPIDIFIER, lapidifie-r.
LAPIDIFIQUE, lapidifik.
LAPIN, lapi.
LAPINE, lapin.
LAPIS, lâpis.
LAPS, laps.
LAQUAIS, lakê.
LAQUE, lak.
LAQUEUSE, lakēz.
LAQUEUX, lakē-z.
LARCIN, larsi.
LARD, lar.
LARDER, larde-r.
LARDOIRE, lardûar.
LARDON, lardo.
LARE, lar.
LARGE, larj.
LARGEMENT, larjema-t.
LARGESSE, larjês.
LARGEUR, larjer.
LARGO, largô.
LARGUE, larg.

Larguer, large-r.
Larigot, larigô.
Larix, lariks.
Larme, larm.
Larmier, larmie.
Larmières, larmiêr-z.
Larmiers, larmie-z.
Larmoiement, larmûama-t.
Larmoyant, larmûaya-t.
Larmoyante, larmûayat.
Larmoyer, larmûaye-r.
Larron, lâro.
Larronnesse, lâronês.
Larve, larv.
Larves, larv-z.
Laryngé, e, larije.
Laryngien, larijyi.
Laryngienne, larijyên.
Laryngotomie, larigotomi.
Larynx, larikz.
Las, lâ-z.
Lasse, lâs.
Lascif, las'if.
Lascive, las'iv.
Lascivement, lasivma-t.
Lasciveté, lasivte.
Lassant, lâsa-t.
Lassante, lâsat.
Lasser, lâse-r.
Lassitude, lâsitud.
Last, last.
Latanier, latanie.
Latent, lata-t.
Latente, latat.
Latéral, e, lateral.
Latéralement, lateralma-t.
Latéraux, laterô-z.
Latere (a), latere.
Laticlave, latiklav.
Latin, lati.
Latine, latin.
Latiniser, latinize-r.
Latinisme, latinism.
Latiniste, latinist.
Latinité, latinite.
Latitude, latitud.
Latrie, latri.
Latrines, latrin-z.
Latte, lat.
Latter, late-r.
Lattis, lati-z.
Laudanum, lôdânom.
Laudatif, lôdatif.
Laudative, lôdativ.
Laudes, lôd-z.
Lauréat, lorea-t.
Lauréole, loreol.
Laurier, lorie.
Lavabo, lavabô.
Lavage, lavaj.
Lavande, lavad.
Lavandier, lavadie.
Lavandière, lavadiêr.
Lavaret, lavarê-t.
Lavasse, lavas.
Lave, lav.
Lavement, lavma-t.
Laver, lave-r.
Lavette, lavêt.
Laveur, laver.
Laveuse, lavêz.
Lavis, lavi-z.
Lavoir, lavûar.
Lavure, lavur.
Laxatif, laksatif.
Laxative, laksativ.
Layer, leye-r.
Layetier, lêytie.
Layette, lêyêt.
Layeur, lêyer.
Lazaret, lazarê-t.
Lazuli, lazuli.
Lazzi, lâzi.
Le, le.
Lé, le.
Lèche, lêh.
Lèchefrite, lêhfrit.
Lécher, lehe-r.
Leçon, leso.
Lecteur, lêkter.

LECTRICE, lêktris.
LECTURE, lêktur.
LÉGAL, E, legal.
LÉGALEMENT, legalma-t.
LÉGALISATION, legalizâsio.
LÉGALISER, legalize-r.
LÉGALITÉ, legalite.
LEGAT, lega-t.
LEGATAIRE, legatêr.
LEGATEUR, legatɛr.
LEGATION, legâsio.
LÉGAUX, legô-z.
LÉGENDAIRE, lejadêr.
LÉGENDE, lejad.
LEGER, leje.
LÉGÈRE, lejêr.
LEGÈREMENT, lejêrma-t.
LÉGÈRETÉ, lejêrte.
LÉGION, lejio.
LEGIONNAIRE, lejionêr.
LÉGISLATEUR, lejislatɛr.
LEGISLATIF, lejislatif.
LEGISLATION, lejislâsio.
LÉGISLATIVE, lejislativ.
LEGISLATRICE, lejislatris.
LÉGISLATURE, lejislatur.
LÉGISTE, lejist.
LEGITIMAIRE, lejitimêr.
LÉGITIMATION, lejitimâsio.
LEGITIME, lejitim.
LEGITIMEMENT, lejitim'a-t.
LÉGITIMER, lejitime-r.
LEGITIMITÉ, lejitimite.
LÉGITIMISTE, lejitimist.
LEGS, lê-g.
LÉGUER, lege-r.
LEGUME, legum.
LEGUMINEUSE, leguminɛz.
LÉGUMINEUX, leguminɛ-z.
LEMME, lèm.
LÉMURES, lemur-z.
LENDEMAIN, ladmi.
LENDORE, lador.
LÉNIFIER, lenifie-r.
LENITIF, lenitif.
LENITIVE, lenitiv.
LENT, la-t.
LENTE, lat.
LENTEMENT, latma-t.
LENTEUR, latɛr.
LENTICULAIRE, latikulêr.
LENTICULÉ, E, latikule.
LENTIFORME, latiform.
LENTILLE, latil.
LENTISQUE, latisk.
LEONIN, leoni.
LEONINE, leonin.
LÉOPARD, leopar.
LÉPIDOPTÈRE, lepidoptêr.
LÈPRE, lêpr.
LÉPREUSE, leprɛz.
LÉPREUX, leprɛ-z.
LÉPROSERIE, leprôzri.
LEQUEL, lɛkêl.
LEROT, lerô.
LES, lê-z.
LÈSE, lêz.
LÉSER, leze-r.
LÉSINE, lezin.
LÉSINER, lezine-r.
LÉSINERIE, lezinri.
LÉSION, lezio.
LESQUELS, LES, lêkêl-z.
LESSE, lês.
LESSIVAGE, lesivaj.
LESSIVE, lesiv.
LESSIVER, lesive-r.
LEST, lêst.
LESTAGE, lêstaj.
LESTE, lêst.
LESTEMENT, lêstɛma-t.
LESTER, lêste-r.
LESTEUR, lêstɛr.
LETHARGIE, letarji.
LÉTHARGIQUE, letarjik.
LETHIFÈRE, letifêr.
LETTRE, lêtr.
LETTRÉ, E, lêtre.
LEUCORRHEE, lɛkore.
LEUDE, lɛd.

LEUR, lɛr.
LEURRE, lɛr.
LEURRER, lɛre-r.
LEVAIN, lɛvi̲.
LEVANT, lɛva̲-t.
LEVANTINE, leva̲tin.
LÈVE, lêv.
LEVÉE, lɛve.
LEVER, lɛve-r.
LEVIER, lɛvie.
LEVIS, lɛvi.
LÉVITE, levit.
LÉVITIQUE, levitik.
LEVRAUDER, lɛvrôde-r.
LEVRAUT, lɛvrô.
LÈVRE, lêvr.
LEVRETTE, lɛvrêt.
LEVRETTÉ, E, lɛvrete.
LÉVRIER, levrie.
LEVRON, lɛvro̲.
LEVÛRE, lɛvur.
LEXICOGRAPHE, leksikograf.
LEXICOGRAPHIE, leksikografi.
LEXICOGRAPHIQUE, leksikografik.
LEXIQUE, leksik.
LEZ, le-z.
LEZARD, lezar.
LÉZARDE, lezard.
LEZARDÉ, E, lezarde.
LÉZARDER (SE), lezarde-r.
LIAIS, liê-z.
LIAISON, liêzo̲.
LIAISONNER, liêzone-r
LIANE, lian.
LIANT, lia̲-t.
LIANTE, lia̲t.
LIARD, liar.
LIARDER, liarde-r.
LIASSE, lias.
LIBAGE, libaj.
LIBATION, libâsio̲.
LIBELLE, libêl.
LIBELLER, libel'e-r.
LIBELLISTE, libel'ist.
LIBER, libêr.
LIBERA, libera.
LIBERAL, E, liberal.
LIBÉRALEMENT, liberalma̲-t.
LIBÉRALISME, liberalism
LIBÉRALITÉ, liberalite.
LIBÉRATEUR, liberatɛr.
LIBÉRATIF, liberatif.
LIBÉRATION, liberâsio̲.
LIBÉRATIVE, liberativ.
LIBÉRATRICE, liberatris.
LIBÉRER, libere-r.
LIBERTÉ, libêrte.
LIBERTICIDE, libêrtisid.
LIBERTIN, libêrti̲.
LIBERTINE, libêrtin.
LIBERTINAGE, libêrtinaj.
LIBERTINER, libêrtine-r.
LIBIDINEUSE, libidinɛ̂z.
LIBIDINEUX, libidinɛ̂-z.
LIBRAIRE, librêr.
LIBRAIRIE, librêri.
LIBRE, libr.
LIBREMENT, librɛma̲-t.
LICE, lis.
LICENCE, lisa̲s.
LICENCIÉ, lisa̲sie.
LICENCIEMENT, lisa̲sima̲-t.
LICENCIER, lisa̲sie-r.
LICENCIEUSE, lisa̲siɛ̂z.
LICENCIEUSEMENT, lisa̲siɛ̂zma̲-t.
LICENCIEUX, lisa̲siɛ̂-z.
LICET, lisêt.
LICHEN, likên.
LICITATION, lisitâsio̲.
LICITE, lisit.
LICITEMENT, lisitma̲-t.
LICITER, lisite-r.
LICOL, likol.
LICORNE, likorn.
LICOU, likû.
LICTEUR, liktɛr.
LIE, li'.
LIÉGE, liej.
LIEN, li̲.
LIER, lie-r.

Lierre, liêr.
Liesse, liês.
Lieu, liê.
Lieue, lié.
Lieur, liεr.
Lieutenance, liêtnas.
Lieutenant, liêtna-t.
Lieux, liê-z.
Lièvre, liêvr.
Ligament, ligama-t.
Ligamenteuse, ligamatêz.
Ligamenteux, ligamatê-z.
Ligature, ligatur.
Lige, lij.
Lignage, liĝaj.
Ligne, liĝ.
Lignée, liĝe.
Lignette, liĝêt.
Ligneul, liĝεl.
Ligneuse, liĝêz.
Ligneux, liĝê-z.
Ligue, lig.
Liguer, lige-r.
Ligueur, ligεr.
Ligueuse, ligêz.
Lilas, lilâ-z.
Liliacée, liliase.
Limace, limas.
Limaçon, limâso.
Limaille, limâl.
Limande, limad.
Limas, limas.
Limbe, lib.
Lime, lim.
Limer, lime-r.
Limier, limie.
Limitatif, limitatif.
Limitation, limitâsio.
Limitative, limitativ.
Limite, limit.
Limiter, limite-r.
Limitrophe, limitrof.
Limon, limo.
Limonade, limonad.
Limonadier, limonadie.
Limonadière, limonadiêr.
Limoneuse, limonêz.
Limoneux, limonê-z.
Limonier, limonie.
Limonière, limoniêr.
Limosinage, limozinaj.
Limousin, limûzi.
Limousine, limûzin.
Limpide, lipid.
Limpidité, lipidite.
Limure, limur.
Lin, li.
Linaire, linêr.
Linceul, lisεl.
Linéaire, lineêr.
Linéal, e, lineal.
Linéament, lineama-t.
Linge, lij.
Linger, lije.
Lingère, lijêr.
Lingerie, lijri.
Lingot, ligô.
Lingotière, ligotiêr.
Lingual, e, ligûal.
Linguiste, liguist.
Linguistique, liguistik.
Linière, liniêr.
Liniment, linima-t.
Linition, linisio.
Linon, lino.
Linot, linô-t.
Linotte, linot.
Linteau, litô.
Lion, lyo.
Lionne, lyon.
Lionceau, lyosô.
Lipothymie, lipotimi.
Lippe, lip.
Lippée, lipe.
Lippitude, lipitud.
Lippu, e, lipu.
Liquation, likûâsio.
Liquéfaction, likefaksio.
Liquéfier, likefie-r.
Liqueur, likεr.
Liquidateur, likidatεr.

Liquidation, likidâsio.
Liquidatrice, likidatris.
Liquide, likid.
Liquider, likide-r.
Liquidité, likidite.
Liquoreuse, likorêz.
Liquoreux, likorê-z.
Liquoriste, likorist.
Lire, lir.
Liron, liro.
Lis, lis (1).
Liséré, lizere.
Liseron, lizro.
Liseur, lizer.
Liseuse, lizêz.
Lisible, lizibl.
Lisiblement, liziblema-t.
Lisière, lizièr.
Lissage, lisaj.
Lisse, lis.
Lisser, lise-r.
Lissoir, lisûar.
Liste, list.
Lit, li-t.
Litanies, litani-z.
Liteau, litô.
Literie, litri.
Litharge, litarj.
Litharгé, e, litarje.
Lithargiré, e, litarjire.
Lithiasie, litiâzi.
Lithocolle, litokol.
Lithographe, litograf.
Lithographie, litografi.
Lithographier, litografie-r.
Lithographique, litografik.
Lithologie, litoloji.
Lithontriptique, litotriptik.
Lithophage, litofaj.
Lithophyte, litofit.
Lithotome, litotom.
Lithotomie, litotomi.
Lithotriteur, litotriter.
Lithotritie, litotrisi.
Litière, litièr.
Litigant, litiga-t.
Litigante, litigat.
Litige, litij.
Litigieuse, litijyêz.
Litigieux, litijyê-z.
Litispendance, litispadas.
Litre, litr.
Litron, litro.
Littéraire, literêr.
Littérairement, literêrma-t.
Littéral, e, literal.
Littéralement, literalma-t.
Littéralité, literalite.
Littérateur, literater.
Littérature, literatur.
Littoral, e, lit'oral.
Liturgie, liturji.
Liturgique, liturjik.
Liturgiste, liturjist.
Liure, liur.
Livide, livid.
Lividité, lividite.
Livraison, livrêzo.
Livre, livr.
Livrée, livre.
Livrer, livre-r.
Livret, livrê.
Lixiviation, liksiviâsio.
Lixiviel, le, liksiviêl.
Llama, lama.
Lobe, lob.
Lobé, e, lobe.
Lobule, lobul.
Local, e, lokal.
Localité, lokalite.
Locataire, lokatêr.
Locatif, lokatif.

(1) Quand ce mot, joint au mot fleurs, est employé comme terme de blason, on prononce li-z : *Les fleurs de*, Li. C'est la seule exception. On dit même, *l'Empire des* lis.

LOCATION, lokâsio.
LOCATIS, lokatis.
LOCATIVE, lokativ.
LOCAUX, lokô-z.
LOCH, lok.
LOCHE, loh.
LOCHIES, lohi.
LOCMAN, lokman.
LOCOMOTEUR, lokomoter.
LOCOMOTIF, lokomotif.
LOCOMOTION, lokomôsio.
LOCOMOTIVE, lokomotiv.
LOCOMOTRICE, lokomotris.
LOCUTION, lokusio.
LOF, lof.
LOFER, lofe-r.
LOGARITHME, logaritm.
LOGARITHMIQUE, logaritmik.
LOGE, loj.
LOGEABLE, lojabl.
LOGEMENT, lojma-t.
LOGER, loje-r.
LOGETTE, lojêt.
LOGEUR, lojer.
LOGEUSE, lojêz.
LOGICIEN, lojisyi.
LOGIQUE, lojik.
LOGIQUEMENT, lojikma-t.
LOGIS, loji-z.
LOGOGRIPHE, logogrif.
LOGOMACHIE, logomahi.
LOI, lûâ.
LOIN, lûi.
LOINTAIN, lûiti.
LOINTAINE, lûitên.
LOIR, lûar.
LOISIBLE, lûazibl.
LOISIR, lûazir.
LOK, lok.
LOMBAGO, lobago.
LOMBAIRE, lobêr.
LOMBARD, lobar.
LOMBES, lob-z.
LONG, lo-k.
LONGANIMITÉ, loganimite.
LONGE, loj.
LONGER, loje-r.
LONGÉVITÉ, lojevite.
LONGIMÉTRIE, lojimetri.
LONGITUDE, lojitud.
LONGITUDINAL, E, lojitudinal.
LONGITUDINALEMENT, lojitudinal-ma-t.
LONGITUDINAUX, lojitudinô-z.
LONGTEMPS, lota-z.
LONGUE, log.
LONGUEMENT, logma-t.
LONGUET, logê-t.
LONGUEUR, loger.
LONGUETTE, logêt.
LONGUE-VUE, logvu.
LOOCH, lok.
LOPIN, lopi.
LOQUACE, lokûas.
LOQUACITÉ, lokûasite.
LOQUE, lok.
LOQUET, lokê-t.
LOQUETEAU, loktô.
LOQUETTE, lokêt.
LORD, lor.
LORGNER, lorge-r.
LORGNETTE, lorgêt.
LORGNEUR, lorger.
LORGNEUSE, lorgêz.
LORGNON, lorgo.
LORIOT, loriô.
LORS, lor-z.
LORSQUE, lorske.
LOSANGE, lozaj.
LOT, lô.
LOTERIE, lotri.
LOTIER, lotie
LOTION, lôsio.
LOTIR, lotir.
LOTISSAGE, lotisaj.
LOTISSEMENT, lotisma-t.
LOTO, lotô.
LOTTE, lot.
LOTUS, lôtus.
LOUABLE, lûabl.

Louablement, lûablɛma̲-t.
Louage, lûaj.
Louange, lûa̲j.
Louanger, lûa̲je-r.
Louangeur, lûa̲jɛr.
Louangeuse, lûa̲jêz.
Louche, lûh.
Loucher, lûhe-r.
Louchet, lûhê-t.
Loucheur, lûhɛr.
Loucheuse, lûhêz.
Louer, lûe-r.
Loueur, lûɛr.
Loueuse, lûêz.
Lougre, lûgr.
Louis, lûi-z.
Loup, lû.
Loup-cervier, lûsêrvie.
Loupe, lûp.
Loupeuse, lûpêz.
Loupeux, lûpê-z.
Loup-garou, lûgarû.
Lourd, lûr.
Lourde, lûrd.
Lourdaud, lûrdô.
Lourdaude, lûrdôd.
Lourdement, lûrdɛma̲-t.
Lourderie, lûrdɛri.
Lourdeur, lûrdɛr.
Lourdise, lûrdiz.
Loutre, lûtr.
Louve, lûv.
Louveteau, lûvtô.
Louveterie, lûvtri.
Louvetier, lûvtye.
Louviers, lûvye.
Louvoyer, lûvûaye-r.
Louvre, lûvr.
Loyal, e, lûayal.
Loyalement, lûayalma̲-t.
Loyaute, lûayôte.
Loyaux, lûayô-z.
Loyer, lûaye.
Lozange, loza̲j.
Lubie, lubi.
Lubricité, lubrisite.
Lubrifier, lubrifie-r.
Lubrique, lubrik.
Lubriquement, lubrikma̲-t.
Lucarne, lukarn.
Lucide, lusid.
Lucidité, lusidite.
Lucifer, lusifêr.
Lucratif, lukratif.
Lucrative, lukrativ.
Lucre, lukr.
Lucubration, lukubrâsio̲.
Luette, luêt.
Lueur, luɛr.
Lugubre, lugubr.
Lugubrement, lugubrɛma̲-t.
Lui, lui.
Luire, luir.
Luisant, luiza̲-t.
Luisante, luiza̲t.
Lumachelle, lumahêl.
Lumbago, lo̲bago.
Lumière, lumiêr.
Lumignon, lumi̲go̲.
Luminaire, luminêr.
Lumineuse, luminêz.
Lumineux, luminê-z.
Lunaire, lunêr.
Lunaison, lunêzo̲.
Lunatique, lunatik.
Lundi, lu̲di.
Lune, lun.
Lunette, lunêt.
Lunettier, lunêtye.
Lupercales, lupêrkal-z.
Lupin, lupi̲.
Luron, luro̲.
Luronne, luron.
Lustrage, lustraj.
Lustral, e, lustral.
Lustration, lustrâsio̲.
Lustre, lustr.
Lustrer, lustre-r.
Lustrine, lustrin.
Lut, lut.

Luter, lute-r.
Luth, lut.
Luthéranisme, luteranism.
Lutherien, luteryi.
Luthérienne, luteryén.
Luthier, lutie.
Lutin, luti.
Lutiner, lutine-r.
Lutrin, lutri.
Lutte, lut.
Lutter, lute-r.
Lutteur, lutær.
Lutteuse, lutêz.
Luxation, luksâsio.
Luxe, luks.
Luxer, lukse-r.
Luxueuse, luksuêz.
Luxueux, luksuê-z.
Luxure, luksur.
Luxuriant, luksurya-t.
Luxuriante, luksuryat.
Luxurieuse, luksuryêz.
Luxurieusement, luksuryêzma-t.
Luxurieux, luksuryê-z.
Luzerne, luzêrn.
Luzernière, luzêrniér.
Lycanthrope, likatrop.
Lycanthropie, likatropi.
Lycée, lise.
Lycéen, lisei.
Lycopode, likopod.
Lymphatique, lifatik.
Lymphe, lif.
Lynx, liks.
Lyre, lir.
Lyrique, lirik.

M

M, êm ou mæ.
Ma, *ma*.
Mac-adam, makadam.
Macaque, makak.
Macaron, makaro.
Macaroni, makaroni.
Macédoine, masedûan.
Macer, mase-r.
Macération, maserâsio.
Macérer, masere-r.
Mâche, mâh.
Mâchecoulis, mâhkûli.
Mâchefer, mâhfêr.
Mâchelière, mâhœliér.
Mâcher, mâhe-r.
Machiavélique, mahiavelik.
Machiavélisme, mahiavelism.
Mâchicoulis, mâhikûli.
Machinal, e, mahinal.
Machinalement, mahinalma-t.
Machinateur, mahinatær.
Machination, mahinâsio.
Machine, *mahin*.
Machiner, mahine-r.
Machiniste, mahinist.
Mâchoire, mâhûar.
Mâchonner, mâhone-r.
Mâchurer, mâhure-r.
Macis, masis.
Maçon, mâso.
Maçonnage, mâsonaj.
Maçonner, mâsone-r.
Maçonnerie, mâsonri.
Maçonnique, mâsonik.
Macre, makr.
Macreuse, makrêz.
Maculation, makulâsio.
Maculature, makulatur.
Maculer, makule-r.
Madame, madam.

MADAPOLAM, madapolam.
MADEMOISELLE, madmûazêl.
MADÈRE, madêr.
MADONE, madon.
MADRAGUE, madrag.
MADRAS, madrâs.
MADRÉ, E, mâdre.
MADRÉPORE, madrepor.
MADRIER, madrie.
MADRIGAL, madrigal.
MADRIGAUX, madrigô-z.
MAFFLÉ, E, mâfle.
MAGASIN, magazi.
MAGASINAGE, magazinaj.
MAGASINIER, magazinie.
MAGE, maj.
MAGICIEN, majisyi.
MAGICIENNE, majisyên.
MAGIE, maji.
MAGIQUE, majik.
MAGISTER, majistêr.
MAGISTRAL, E, majistral.
MAGISTRALEMENT, majistralma-t.
MAGISTRAT, majistrâ-t.
MAGISTRATURE, magistratur.
MAGNANERIE, maganri.
MAGNANIME, maganim.
MAGNANIMEMENT, maganim'a-t.
MAGNANIMITÉ, maganimite.
MAGNAT, magna.
MAGNÉSIE, magezi.
MAGNÉTIQUE, magetik.
MAGNÉTISER, magetize-r.
MAGNÉTISEUR, magetizer.
MAGNÉTISEUSE, magetizêz.
MAGNÉTISME, magetism.
MAGNIFICAT, magnifikat.
MAGNIFICENCE, magifisas.
MAGNIFIQUE, magifik.
MAGNIFIQUEMENT, magifikma-t.
MAGNOLIER, magnolie.
MAGOT, mâgô-t.
MAHOMÉTAN, maometa.
MAHOMÉTANE, maometan.
MAHOMÉTISME, maometism.
MAI, mê.
MAIGRE, mêgr.
MAIGRELET, mêgrelê-t.
MAIGRELETTE, mêgrelêt.
MAIGREMENT, mêgrema-t.
MAIGRET, mêgrê-t.
MAIGRETTE, mêgrêt.
MAIGREUR, mêgrer.
MAIGRIR, megrir.
MAIL, mal.
MAILLE, mâl.
MAILLET, malê-t.
MAILLOCHE, maloh.
MAILLOT, malô-t.
MAIN, mi.
MAIN-D'ŒUVRE, midevr.
MAIN-FORTE, mifort.
MAINLEVÉE, milve.
MAINMISE, mimiz.
MAINMORTABLE, mimortabl.
MAINMORTE, mimort.
MAINT, mi-t.
MAINTE, mit.
MAINTENANT, mitna-t.
MAINTENIR, mitnir.
MAINTIEN, mityi.
MAIRAIN, mêri.
MAIRE, mêr.
MAIRIE, mêri.
MAIS, mê-z.
MAISON, mêzo.
MAISONNAGE, mêzonaj.
MAISONNÉE, mêzone.
MAISONNETTE, mêzonêt.
MAÎTRE, mê'tr.
MAÎTRESSE, mêtrês.
MAÎTRISE, mêtriz.
MAÎTRISER, mêtrize-r.
MAJESTÉ, majêste.
MAJESTUEUSE, majêstuêz.
MAJESTUEUSEMENT, majêstuêzma-t
MAJESTUEUX, majêstuê-z.
MAJEUR, E, mâjer.
MAJOR, mâjor.
MAJORAT, majora-t.

Majordome, majordom.
Majorité, majorite.
Majuscule, majuskul.
Maki, maki.
Mal, mal.
Malachite, malakit.
Malacie, malasi.
Malactique, malaktik.
Malade, malad.
Maladie, maladi.
Maladif, maladif.
Maladive, maladiv.
Maladrerie, maladreri.
Maladresse, maladrês.
Maladroit, maladrûa-t.
Maladroite, maladrûat.
Maladroitement, maladrûatma-t
Malai, malê.
Malaise, malêz.
Malaisé, e, maleze.
Malaisément, malezema-t.
Malart, malar.
Malavisé, e, malavize.
Malaxer, malakse-r.
Malcontent, malkota-t.
Malcontente, malkotat.
Mâle, mâl.
Malédiction, malediksio.
Maléfice, malefis.
Maléficié, e, malefisie.
Malemort, malmor.
Malencontre, malakotr.
Malencontreuse, malakotrêz.
Malencontreusement, malakotrêzma-t.
Malencontreux, malakotrê-z.
Mal-en-point, malapûi-t.
Malentendu, malatadu.
Malepeste, malpêst.
Mal-être, malêtr.
Malfaçon, malfaso.
Malfaisance, malfezas.
Malfaisant, malfeza-t.
Malfaisante, malfezat.
Malfaiteur, malfêter.
Malfamé, e, malfame.
Malgracieuse, malgrasiêz.
Malgracieusement, malgrasiêzma-t.
Malgracieux, malgrasiê-z.
Malgré, malgre.
Malhabile, malabil.
Malhabilement, malabilma-t.
Malhabileté, malabilte.
Malheur, maler.
Malheureuse, malerêz.
Malheureusement, malerêzma-t.
Malheureux, malerê-z.
Malhonnête, malonêt.
Malhonnêtement, malonêtma-t.
Malhonnêteté, malonêt'e.
Malice, malis.
Malicieuse, malisiêz.
Malicieusement, malisiêzma-t.
Malicieux, malisiê-z.
Maligne, malig̃.
Malignement, malig̃ma-t.
Malignité, malig̃ite.
Malin, mali.
Maline, malin.
Malines, malin.
Malingre, maligr.
Malintentionné, e, malitasione.
Malle, mal.
Malléabilité, maleabilite.
Malléable, maleabl.
Malléole, maleol.
Mallier, malie.
Malmener, malmene-r.
Malotru, e, malôtru.
Malpeigné, malpeg̃e.
Malplaisant, malplêza-t.
Malplaisante, malplêzat.
Malpropre, malpropr.
Malproprement, malpropræma-t.
Malpropreté, malproprete.
Malsain, malsi.
Malsaine, malsên.
Malséant, malsea-t.
Malséante, malseat.

Malsonnant, malsona-t.
Malsonnante, malsonat.
Malt, malt.
Maltôte, maltôt.
Maltôtier, maltôtie.
Maltraiter, maltrete-r.
Malvacée, malvase.
Malveillance, malvelas.
Malveillant, malvela-t.
Malveillante, malvelat.
Malversation, malvêrsâsio.
Malverser, malvêrse-r.
Malvoisie, malvûazi.
Maman, mama.
Mamelle, mamêl.
Mamelon, mamlo.
Mamelonné, e, mamlone.
Mamelu, e, mamlu.
Mameluk, mamlûk.
Mamillaire, mamil'êr.
Mammaire, mam'êr.
Mammifère, mam'ifêr.
Mammouth, mamût.
Manant, mana-t.
Mancenillier, masnilie.
Manche, mah.
Manchette, mahêt.
Manchon, maho.
Manchot, mahô.
Manchotte, mahot.
Mandant, mada-t.
Mandarin, madari.
Mandat, mada-t.
Mandataire, madatêr.
Mandater, madate-r.
Mandement, madma-t.
Mander, made-r.
Mandibule, madibul.
Mandille, madil.
Mandoline, madolin.
Mandragore, madragor.
Mandrin, madri.
Manducation, madukâsio.
Manéage, maneaj.
Manège, manej.

Mânes, mân-z.
Manganèse, maganêz.
Mangeable, majabl.
Mangeaille, majâl.
Mangeant, maja-t.
Mangeante, majat.
Mangeoire, majûar.
Manger, maje-r.
Manger, maje.
Mangerie, majri.
Mange-tout, majtû-t.
Mangeur, majer.
Mangeure, majur.
Mangeuse, majéz.
Mangouste, magûst.
Mangue, mag.
Manguier, magie.
Maniable, maniabl.
Maniaque, maniak.
Manichéen, manikei.
Manichéenne, manikeên.
Manichéisme, manikeism.
Manichordion, manikordio.
Manicle, manikl.
Manie, mani.
Maniement, manima-t.
Manier, manie-r.
Manière, maniêr.
Maniéré, e, maniere.
Manifestation, manifêstâsio.
Manifeste, manifêst.
Manifestement, manifêstema-t.
Manifester, manifêste-r.
Manigance, manigas.
Manigancer, manigase-r.
Manille, manil.
Manioc, maniok.
Manipulaire, manipulêr.
Manipulateur, manipulater.
Manipulation, manipulâsio.
Manipule, manipul.
Manipuler, manipule-r.
Manique, manik.
Maniveau, manivô.
Manivelle, manivêl.

Manne, mân.
Manne, man.
Mannequin, manki.
Mannequiné, e, mankine.
Manœuvre, manevr.
Manœuvrer, manevre-r.
Manœuvrier, manevrie.
Manoir, manûar.
Manouvrier, manûvrie
Manque, mak.
Manquement, makma-t.
Manquer, make-r.
Mansarde, masard.
Manse, mas.
Mansuétude, masuetud.
Mante, mat.
Manteau, matô.
Mantelet, matlê-t.
Mantelure, matlur.
Mantille, matil.
Manuel, le, manuêl.
Manuellement, manuêlma-t.
Manufacture, manufaktur.
Manufacturer, manufakture-r.
Manufacturier, manufakturie.
Manus (in), mânus (in).
Manuscrit, manuskri-t.
Manuscrite, manuskrit.
Manutention, manutasio.
Mappemonde, mapmod.
Maquereau, makrô.
Maquerelle, makrêl.
Maquette, makêt.
Maquignon, makigo.
Maquignonnage, makigonaj.
Maquignonner, makigone-r.
Marabout, marabû.
Maraîcher, marêhe.
Marais, marê-z.
Marasme, marasm.
Marasquin, maraski.
Marâtre, marâtr.
Maraud, marô.
Maraude, marôd.
Marauder, marôde-r.
Maraudeur, marôder.
Maraudeuse, marôdêz.
Maravédis, maravedis.
Marbre, marbr.
Marbrer, marbre-r
Marbrerie, marbreri.
Marbrier, marbrie.
Marbrière, marbriêr.
Marbrure, marbrur.
Marc, mar.
Marcassin, markasi.
Marcassite, markasit
Marchand, marha.
Marchande, marhad.
Marchander, marhade-r.
Marchandise, marhadiz.
Marche, marh.
Marché, marhe.
Marchepied, marhepie.
Marcher, marhe-r.
Marcheur, marher.
Marcheuse, marhêz.
Marcotte, markot.
Marcotter, markote-r.
Mardelle, mardêl.
Mardi, mârdi.
Mare, mar.
Marécage, marekaj.
Marécageuse, marekajêz.
Marécageux, marekajê-z.
Maréchal, marehal.
Maréchalerie, marehalri.
Maréchaussée, marehôse.
Maréchaux, marehô-z.
Marée, mare.
Marelle, marêl.
Mareyeur, mareyer.
Margay, margê.
Marge, marj.
Margelle, marjêl.
Marger, marje-r.
Marginal, e, marjinal.
Marginaux, marjinô-z.
Marginer, marjine-r.
Margrave, margrav.

Margraviat, margravya-t.
Marguerite, margerit.
Marguillier, margile.
Mari, mari.
Mariable, mariabl.
Mariage, mariaj.
Marier, marie-r.
Marieur, marier.
Marieuse, mariéz.
Marin, mari.
Marinade, marinad.
Marine, marin.
Mariner, marine-r.
Maringouin, marigûi.
Marinier, marinie.
Marinière, marinièr.
Marionnette, marionêt.
Marital, e, marital.
Maritalement, maritalma-t.
Maritaux, maritô-z.
Maritime, maritim.
Maritorne, maritorn.
Marivaudage, marivôdaj.
Marivauder, marivôde-r.
Marjolaine, marjolên.
Marli, marli.
Marmaille, marmâl.
Marmelade, marmelad.
Marmenteau, marmatô.
Marmite, marmit.
Marmiton, marmito.
Marmot, marmô-t.
Marmotte, marmot.
Marmotter, marmote-r.
Marmouset, marmûzê-t.
Marnage, marnaj.
Marne, marn.
Marner, marne-r.
Marneuse, marnéz.
Marneux, marnê-z.
Marnière, marnièr.
Marnois, marnûâ-z.
Maronite, maronit.
Maroquin, mârokì.
Maroquiner, mârokine-r.
Maroquinerie, mârokinri.
Maroquinier, mârokinie.
Marotte, marot.
Maroufle, marûfl.
Maroufler, marûfle-r.
Marquant, marka-t.
Marquante, markat.
Marque, mark.
Marquer, marke-r.
Marqueter, markete-r.
Marqueterie, marketri.
Marquette, markêt.
Marqueur, marker.
Marqueuse, markéz.
Marquis, marki-z.
Marquisat, markiza-t.
Marquise, markiz.
Marraine, mârên.
Marri, e, mari.
Marron, mâro.
Marronnage, mâronaj.
Marronne, mâron.
Marronner, mârone-r.
Marronnier, mâronie.
Mars, mârs.
Marsouin, marsûi.
Marsupiaux, marsupiô-z.
Martagon, martago.
Marte, mart.
Marteau, martô.
Martel, martél.
Martelage, martelaj.
Marteler, martele-r.
Martelet, martelê-t.
Marteleur, marteler.
Martial, e, marsial.
Martin-pêcheur, martipêher.
Martinet, martinê-t.
Martingale, martigal.
Martre, martr.
Martyr, e, martir.
Martyriser, martirize-r.
Martyrologe, martiroloj.
Marum, mârom.
Mascarade, mascarad.

Mascaret, maskarê-t.
Mascaron, maskarǫ.
Masculin, maskulį.
Masculine, maskulin.
Masque, mask.
Masquer, maske-r.
Massacrant, masakrą-t.
Massacrante, masakrąt.
Massacre, masakr.
Massacrer, masakre-r.
Massacreur, masakrœr.
Massage, masaj.
Masse, mas.
Massepain, maspį.
Masser, mase-r.
Massette, masêt.
Massicot, masikô.
Massier, masie.
Massif, masif.
Massive, masiv.
Massivement, masivmą-t.
Massue, masu.
Mastic, mastik.
Mastication, mastikâsiǫ.
Masticatoire, mastikatûar.
Mastigadour, mastigadûr.
Mastiquer, mastike-r.
Mastodonte, mastodǫt.
Mastoïde, mastoid.
Mastoïdien, mastoidyį.
Mastoïdienne, mastoidyên.
Masturbation, masturbâsiǫ.
Masturber, masturbe-r.
Masulipatan, mazulipatą.
Masure, mâzur.
Mât, mâ-t.
Mat, te, mat.
Matador, matador.
Matamore, matamor.
Matassin, matasį.
Matelas, matlâ-z.
Matelasser, matlase-r.
Matelassier, matlasie.
Matelassière, matlasiêr.
Matelot, matlô-t.
Matelote, matlot.
Mater, mate-r.
Mâter, mâte-r.
Mâtereau, mâtrô.
Matérialiser, materialize-r.
Matérialisme, materialism.
Matérialiste, materialist.
Matérialité, materialite.
Matériaux, materiô-z.
Matériel, e, materiêl.
Matériellement, materiêlmą-t.
Maternel, e, matêrnêl.
Maternellement, matêrnêlmą-t.
Maternité, matêrnite.
Mathématicien, matematisyį.
Mathématicienne, matematisyên.
Mathématique, matematik.
Mathématiquement, matematik-mą-t.
Matière, matiêr.
Mâtin, mâtį.
Matin, matį.
Matinal, e, matinal.
Matinaux, matinô-z.
Mâtineau, mâtinô.
Matinée, matine.
Mâtiner, mâtine-r.
Matines, matin-z.
Matineuse, matinœz.
Matineux, matinœ-z.
Matir, matir.
Matois, matûâ-z.
Matoise, matûaz.
Matoiserie, matûazri.
Matou, matû.
Matras, matrâ.
Matricaire, matrikêr.
Matrice, matris.
Matricule, matricul.
Matrimonial, e, matrimonial.
Matrimoniaux, matrimoniô-z.
Matrone, matron.
Maturation, maturâsiǫ.
Mâture, mâtur.
Maturité, maturite.

Maudire, môdir.
Maudit, môdi-t.
Maudite, môdit.
Maugréer, môgree-r.
Maure, mor.
Mauresque, morêsk.
Mauricaud, morikô.
Mausolée, môzole.
Maussade, môsad.
Maussadement, môsadma-t.
Maussaderie, môsadri.
Mauvais, movê-z.
Mauvaise, movêz.
Mauve, môv.
Mauviette, moviêt.
Mauvis, môvi.
Maux, mô-z.
Maxillaire, maksil'êr.
Maxime, maksim.
Maximum, maksimom.
Mazette, mâzêt.
Me, me.
Méandre, meadr.
Meat, mea-t.
Mécanicien, mekanisyi.
Mécanique, mekanik.
Mécaniquement, mekanikma-t.
Mécanisme, mekanism.
Mécène, mesên.
Méchamment, mehama-t.
Méchanceté, mehaste.
Méchant, meha-t.
Méchante, mehat.
Mèche, mêh.
Mechef, mehêf.
Mécher, mehe-r.
Mécompte, mekot.
Mécompter (se), mekote-r.
Méconium, mekoniom.
Méconnaissable, mekonêsabl.
Meconnaissance, mekonêsas.
Méconnaissant, mekonêsa-t.
Méconnaissante, mekonêsat.
Méconnaître, mekonêtr.
Mécontent, mekota-t.
Mécontente, mekotat.
Mécontentement, mekotatma-t.
Mecontenter, mekotate-r.
Mécréant, mekrea-t.
Medaille, medal.
Médaillier, medale.
Médailliste, medalist.
Médaillon, medalo.
Médecin, medsi.
Médecine, medsin.
Médeciner, medsine-r.
Médian, media.
Médiane, median.
Médianoche, medianoh.
Médiante, mediat.
Médiastin, mediasti.
Médiat, media-t.
Médiate, mediat.
Médiatement, mediatma-t.
Médiateur, mediatɛr.
Médiation, mediâsio.
Médiatiser, mediatize-r.
Mediatrice, mediatris.
Médical, e, medikal.
Medicament, medikama-t.
Médicamentaire, medikamatêr.
Medicamenter, medikamate-r.
Médicamenteuse, medikamatɛ̂z.
Médicamenteux, medikamatɛ̂-z.
Médicinal, e, medisinal.
Médicinaux, medisinô-z.
Médiocre, mediokr.
Médiocrement, mediokrɛma-t.
Médiocrité, mediokrite.
Medire, medir.
Médisance, medizas.
Médisant, mediza-t.
Medisante, medizat.
Méditatif, meditatif.
Méditation, meditâsio.
Meditative, meditativ.
Méditer, medite-r.
Méditerrané, e, mediterane.
Médium, mediom.
Médullaire, medul'êr.

Méfaire, mefêr.
Méfait, mefê-t.
Méfiance, mefias.
Méfiant, mefia-t.
Méfiante, mefiat.
Méfier (se), mefie-r.
Mégarde (par), megard.
Mégère, mejêr.
Mégie, meji.
Mégisserie, mejisri.
Mégissier, mejisie.
Meilleur, e, melœr.
Meistre, mêstr.
Mélancolie, melakoli.
Mélancolique, melakolik.
Mélancoliquement, melakolik-ma-t.
Mélange, melaj.
Mélanger, melaje-r.
Mélasse, melas.
Mêlée, mele.
Mêler, mele-r.
Mélèze, melêz.
Mélilot, melilô.
Mélisse, melis.
Mellifères, mêl'ifêr.
Mélodie, melodi.
Mélodieuse, melodiêz.
Mélodieusement, melodiêzma-t.
Mélodieux, melodiê-z.
Mélodrame, melodram.
Mélomane, meloman.
Mélomanie, melomani.
Melon, melo.
Mélongène, melojên.
Melonnière, meloniêr.
Mélopée, melope.
Méloplaste, meloplast.
Mémarchure, memarhur.
Membrane, mabran.
Membraneuse, mabranêz.
Membraneux, mabranê-z.
Membre, mabr.
Membré, e, mabre.
Membru, e, mabru.
Membrure, mabrur.
Même, mêm.
Mêmement, mêm'a.
Mémento, memito.
Memoire, memûar.
Mémorable, memorabl.
Mémoratif, memoratif.
Mémorative, memorativ.
Mémorial, memorial.
Menaçant, menasa-t.
Menaçante, menasat.
Menace, menas.
Menacer, menase-r.
Ménade, menad.
Ménage, menaj.
Ménagement, menajma-t.
Ménager, menaje-r.
Ménagère, menajêr.
Ménagerie, menajri.
Mendiant, madia-t.
Mendiante, madiat.
Mendicité, madisite.
Mendier, madie-r.
Menée, mene.
Mener, mene-r.
Ménestrel, menêstrêl.
Ménétrier, menetrie.
Meneur, menœr.
Meneuse, menêz.
Menin, meni.
Méninge, menij.
Ménisque, menisk.
Ménologe, menoloj.
Menon, meno.
Menotte, menot.
Menottes, mnot-z.
Mense, mas.
Mensonge, masoj.
Mensonger, masoje.
Mensongère, masojêr.
Menstrue, mastru.
Menstruel, le, mastruêl.
Menstrues, mastru-z.
Mensuel, le, masuêl.
Mental, e, matal.

Mentalement, matalma-t.
Menterie, matri.
Menteur, mater.
Menteuse, matêz.
Menthe, mat.
Mention, masio.
Mentionner, masione.
Mentir, matir.
Menton, mato.
Mentonnière. matonyêr.
Mentor, mitor.
Menu, e, menu.
Menuaille, menuâl.
Menuet, menuê-t.
Menuiser, menuize-r.
Menuiserie, menuizri.
Menuisier, menuizie.
Méphitique, mefitik.
Méphitisme, mefitism.
Méplat, mepla.
Méprendre (se), mepradr.
Mépris, mepri-z.
Méprisable, meprizabl.
Méprisant, mepriza-t.
Méprisante, meprizat.
Méprise, mepriz.
Mépriser, meprize-r.
Mer, mêr.
Mercantile, mêrkatil.
Mercantilement, mêrkatilma-t.
Mercantille, mêrkatil.
Mercenaire, mêrsenêr.
Mercenairement, mêrsenêrma-t.
Mercerie, mêrserie.
Merci, mêrsi.
Mercier, mêrsie.
Mercière, mêrsiêr.
Mercredi, mêrkredi.
Mercure, mêrkur.
Mercuriale, mêrkurial.
Mercuriel, le, mêrkuriêl.
Merde, mêrd.
Merdeuse, mêrdêz.
Merdeux, mêrdê-z.
Mère, mêr.

Méridien, meridyi.
Méridienne, meridyên.
Méridional, e, meridyonal.
Méridionaux, meridyonô-z.
Meringue, merig.
Mérinos, merinôs.
Merise, mriz.
Merisier, mrizie.
Méritant, merita-t.
Méritante, meritat.
Mérite, merit.
Mériter, merite-r.
Méritoire, meritûar.
Méritoirement, meritûarma-t.
Merlan, mêrla.
Merle, mêrl.
Merlette, mêrlêt.
Merlin, mêrli.
Merlon, mêrlo.
Merluche, mêrluh.
Merrain, meri.
Merveille, mêrvêl.
Merveilleuse, mêrvelêz.
Merveilleusement, mêrvelêzma-t.
Merveilleux, mêrvelê-z.
Mes, mê-z.
Mésaise, mezêz.
Mésalliance, mezalias.
Mésallier, mezalie-r.
Mésange, mezaj.
Mésarriver, mezarive-r.
Mésaventure, mezavatur.
Mésentère, mezatêr.
Mésentérique, mezaterik.
Mésestimer, mezêstime-r.
Mésintelligence, mezitêl'ijas.
Mesmérisme, mêsmerism.
Mesquin, mêski.
Mesquine, mêskin.
Mesquinement, mêskinma-t.
Mesquinerie, mêskinri.
Message, mesaj.
Messager, mesaje.
Messagère, mesajêr.

Messagerie, mesajri.
Messaline, mesalin.
Messe, mês.
Messéance, meseas.
Messéant, mesea-t.
Messéante, meseat.
Messeoir, mesûar.
Messer, mês'êr.
Messidor, mesidor.
Messie, mesi.
Messier, mesie.
Messieurs, mêsiê-z.
Messire, mes'ir.
Mestre, mêstr.
Mestre de camp, mêstrədeka.
Mesurable, mezurabl.
Mesurage, mezuraj.
Mesure, mezur.
Mesurer, mezure-r.
Mesureur, mezurer.
Mésuser, mezuze-r.
Métabole, metabol.
Métacarpe, metakarp.
Métachronisme, metakronism.
Metairie, meteri.
Métal, metal.
Métalepse, metalêps.
Métallique, metal'ik.
Métallisation, metalizâsio.
Métalliser, metalize-r.
Métallographie, métal'ografi.
Métallurgie, metalurji.
Métallurgique, metalurjik.
Métallurgiste, metalurjist.
Métamorphose, metamorfôz.
Métamorphoser, metamorfôze-r.
Métaphore, metafor.
Métaphorique, metaforik.
Métaphoriquement, metaforik-ma-t.
Métaphysicien, metafizisyi.
Métaphysique, metafizik.
Métaphysiquement, metafizik-ma-t.
Métaphysiquer, metafizike-r.
Métaplasme, metaplasm.
Métastase, metastâz.
Métatarse, metatars.
Métathèse, metatêz.
Métaux, metô-z.
Métayer, meteye.
Métayère, meteyêr.
Méteil, metêl.
Métempsycose, metapsikôz.
Météore, meteor.
Météorique, meteorik.
Météorisé, e, meteorize.
Metéorisme, meteorism.
Météorologie, meteoroloji.
Metéorologique, meteorolojik.
Méthode, metod.
Méthodique, metodik.
Méthodiquement, metodikma-t.
Méthodisme, metodism.
Méthodiste, metodist.
Méticuleuse, metikulêz.
Méticuleusement, metikulêz-ma-t.
Méticuleux, metikulê-z.
Méticulosité, metikulôzite.
Métier, metie.
Métis, se, metis.
Métonomasie, metonomazi.
Metonymie, metonimi.
Métope, metop.
Métoposcopie, metoposkopi.
Métrage, metraj.
Mètre, mêtr.
Métrique, metrik.
Métromane, metroman.
Metromanie, metromani.
Métropole, metropol.
Metropolitain, metropoliti.
Métropolitaine, metropolitên.
Mets, mê-z.
Mettable, metabl.
Metteur, meter.
Mettre, mêtr.
Meublant, mebla-t.
Meublante, meblat.

MEUBLE, mebl.
MEUBLER, meble-r.
MEUGLEMENT, mêglema-t.
MEUGLER, mêgle-r.
MEULE, mêl (1).
MEULE, mêl (2).
MEULIÈRE, mêliêr.
MEUNIER, mênie.
MEUNIERE, ménier.
MEURTRE, mertr.
MEURTRIER, mertrie.
MEURTRIÈRE, mertriêr.
MEURTRIR, mertrir.
MEURTRISSURE, mertrisur.
MEUTE, mêt.
MÉVENTE, mevat.
MÉZAIR, mezêr.
MEZZANINE, medzanin.
MEZZO-TERMINE, medzotêrmine.
MEZZO-TINTO, medzotito.
MI, mi.
MIASME, miasm.
MIAULEMENT, miôlma-t.
MIAULER, miôle-r.
MICA, mika.
MICACÉ, E, mikase.
MICHE, mih.
MICMAC, mikmak.
MICOCOULIER, mikokûlie.
MICROCOSME, mikrokosm.
MICROGRAPHIE, mikrografi.
MICROMÈTRE, mikromêtr.
MICROSCOPE, mikroskop.
MICROSCOPIQUE, mikroskopik.
MIDI, midi.
MIE, mi.
MIEL, miêl.
MIELLEUSE, mielêz.
MIELLEUSEMENT, mielêzma-t.
MIELLEUX, mielê-z.
MIEN, myi.
MIENNE, myên.
MIETTE, myêt.
MIEUX, myê-z.
MIEVRE, myêvr.
MIÈVRERIE, myêvreri.
MIÈVRETÉ, miêvrete.
MIGNARD, migar.
MIGNARDE, migard.
MIGNARDEMENT, migardema-t.
MIGNARDER, migarde-r.
MIGNARDISE, migardiz.
MIGNON, migo.
MIGNONNE, migon.
MIGNONNEMENT, migonma-t.
MIGNONNETTE, migonêt.
MIGNOTER, migote-r.
MIGRAINE, migrên.
MIGRATION, migrâsio.
MIJAURÉE, mijore.
MIJOTER, mijote-r.
MIL, mil (3).
MIL, mil (4).
MILAN, mila.
MILIAIRE, miliêr.
MILICE, milis.
MILICIEN, milisyi.
MILIEU, milyê.
MILITAIRE, militêr.
MILITAIREMENT, militêrma-t.
MILITANTE, militat.
MILITER, milite-r.
MILLE, mil.
MILLÉNAIRE, mil'enêr.
MILLE-PERTUIS, milpêrtui-z.
MILLE-PIEDS, milpie-z.
MILLÉPORE, mil'epor.
MILLÉSIME, mil'ezim.
MILLET, milê-t.
MILLIAIRE, miliêr.
MILLIARD, miliar.
MILLIASSE, milias.
MILLIÈME, miliêm.
MILLIER, milie.

(1) Meule de moulin.
(2) Monceau, amas de foin.
(3) Adjectif numéral.
(4) Petite graine.

Milligramme, mil'igram.
Millimètre, mil'imêtr.
Million, miliọ.
Millionième, milioniêm.
Millionnaire, milionêr.
Milord, milor.
Mime, mim.
Mimique, mimik.
Mimosa, mimôza.
Minable, minabl.
Minage, minaj.
Minaret, minarê-t.
Minauder, minôde-r.
Minauderie, minôdri.
Minaudier, minôdie.
Minaudiere, minôdiêr
Mince, mis.
Mine, min.
Miner, mine-r.
Minerai, minrê.
Minéral, e, mineral.
Mineralisateur, mineralizatêr.
Minéralisation, mineralizâsiọ.
Minéraliser, mineralize-r.
Mineralogie, mineraloji.
Mineralogique, mineralojik.
Minéralogiste, mineralojist.
Minéraux, minerô-z.
Minerve, minêrv.
Minet, minê-t.
Minette, minêt
Mineur, e, minêr.
Miniature, miniatur.
Miniaturiste, miniaturist.
Minière, miniêr.
Minime, minim.
Minimum, minimom.
Ministère, ministêr.
Ministeriel, le, ministeriêl.
Ministeriellement, ministeriêlma-t.
Ministre, ministr.
Minium, miniom
Minois, minûâ-z.
Minon, minọ.
Minoratif, minoratif.
Minorité, minorite.
Minot, minô-t.
Minuit, minui-t.
Minuscule, minuskul.
Minute, minut.
Minute, e, minute.
Minuter, minute-r.
Minutie, minusi.
Minutieuse, minusiêz.
Minutieusement, minusiêzma-t.
Minutieux, minusiê-z.
Mi-parti, e, miparti.
Miquelet, miklê-t.
Mirabelle, mirabêl.
Miracle, mirâkl.
Miraculeuse, mirakulêz
Miraculeusement, mirakulêzma-t.
Miraculeux, mirakulê-z.
Mirage, miraj.
Mire, mir.
Mirer, mire-r.
Mirliflore, mirliflor.
Mirliton, mirlitọ.
Mirmidon, mirmidọ.
Miroir, mirûar.
Miroité, e, mirûate
Miroiterie, mirûatri.
Miroitier, mirûatie.
Miroton, mirotọ.
Misaine, mizên.
Misanthrope, mizatrop.
Misanthropie, mizatropi.
Misanthropique, mizatropik.
Miscellanees, misel'ane.
Miscibilité, misibilite.
Miscible, misibl.
Mise, miz.
Miserable, mizerabl.
Misérablement, mizerablema-t.
Misere, mizêr.
Miserere, mizerere.
Miséricorde, mizerikord.
Misericordieuse, mizerikordiêz.

Miséricordieusement, mizerikordiêzma-t.
Miséricordieux, mizerikordiê-z.
Missel, misêl.
Mission, misio.
Missionnaire, misionêr.
Missive, misiv.
Mistral, mistral.
Mitaine, mitên.
Mite, mit.
Mithridate, mitridat.
Mitigation, mitigâsio.
Mitiger, mitije-r.
Miton, mito.
Mitonner, mitone-r.
Mitoyen, mitûayi.
Mitoyenne, mitûayên.
Mitoyenneté, mitûayênte.
Mitraillade, mitrâlad.
Mitraille, mitrâl.
Mitrailler, mitrâle-r.
Mitre, mitr.
Mitré, e, mitre.
Mitron, mitro.
Mixte, mikst.
Mixtiligne, mikstilig.
Mixtion, mikstio.
Mixtionné, e, mikstione.
Mixtionner, mikstione-r.
Mixture, mikstur.
Mnémonique, mnemonik.
Mnémotechnie, mnemotêkni.
Mobile, mobil.
Mobiliaire, mobiliêr.
Mobilier, mobilie.
Mobilière, mobilièr.
Mobilisation, mobilizâsio.
Mobiliser, mobilize-r.
Mobilité, mobilite.
Modalité, modalite.
Mode, mod.
Modelage, modlaj.
Modèle, modêl.
Modeler, modle-r.
Modérantisme, moderatism.
Modérateur, moderatɛr.
Modération, moderâsio.
Modératrice, moderatris.
Modérément, moderema-t.
Modérer, modere-r.
Moderne, modêrn.
Moderner, modêrne-r.
Modeste, modêst.
Modestement, modêstɛma-t.
Modestie, modêsti.
Modicité, modisite.
Modificatif, modifikatif.
Modification, modifikâsio.
Modificative, modifikativ.
Modifier, modifie-r.
Modillon, modilo.
Modique, modik.
Modiquement, modikma-t.
Modiste, modist.
Modulation, modulâsio.
Module, modul.
Moduler, module-r.
Moelle, mûal.
Moelleuse, mûalêz.
Moelleusement, mûalêzma-t.
Moelleux, mûalê-z.
Moellon, mûalo.
Mœurs, mɛrs.
Mofette, mofêt.
Moi, mûa.
Moignon, mûago.
Moinaille, mûanâl.
Moindre, mûidr.
Moine, mûan.
Moineau, mûanô.
Moinerie, mûanri.
Moinesse, mûanês.
Moinillon, mûanilo.
Moins, mûi-z.
Moire, mûar.
Moirer, mûare-r.
Mois, mûâ-z.
Moise, mûaz.
Moiser, mûaze-r.
Moisir, mûazir.

Moisissure, mûazisur.
Moissine, mûasin.
Moisson, mûaso.
Moissonner, mûasone-r.
Moissonneur, mûasonɛr.
Moissonneuse, mûasonɛz.
Moite, mûat.
Moiteur, mûatɛr.
Moitié, mûatie.
Moka, moka.
Mol, le, mol.
Molaire, molêr.
Môle, môl.
Moléculaire, molekulêr.
Molécule, molekul.
Molène, molên.
Molester, molêste-r.
Molette, molêt.
Molinisme, molinism.
Moliniste, molinist.
Mollah, mol'a.
Mollasse, molas
Mollement, molma-t.
Mollesse, molês.
Mollet, molê-t.
Mollette, molêt.
Molleton, molto.
Mollifier, molifie-r.
Mollir, molir.
Mollusque, molusk.
Molybdène, molibdên.
Moment, moma-t.
Momentané, e, momatane.
Momentanément, momatanema-t.
Momerie, momri.
Momie, momi.
Mon, mo-n (1).
Monacal, e, monakal.
Monacalement, monakalma-t.
Monacaux, monakô-z.
Monade, monad.
Monarchie, monarhi.
Monarchique, monarhik.
Monarchiquement, monarhik-ma-t.
Monarque, monark.
Monastère, monastêr.
Monastique, monastik.
Monceau, mosô.
Mondain, modi.
Mondaine, modên.
Mondainement, modênma-t.
Mondanité, modanite.
Monde, mod.
Monder, mode-r.
Mondifier, modifie-r.
Monétaire, monetêr.
Moniteur, monitɛr.
Monition, monisio.
Monitoire, monitûar.
Monitorial, e, monitorial.
Monitoriaux, monitoriô-z.
Monnaie, monê.
Monnayage, monêyaj.
Monnayer, monêye-r.
Monnayeur, monêyɛr.
Monochrome, monokrom.
Monocle, monokl.
Monocorde, monokord.
Monocotylédone, monokotiledon.
Monœcie, monesi.
Monogramme, monogram.
Monographie, monografi.
Monoïque, monoik.
Monolithe, monolit.
Monologue, monolog.
Monomane, monoman.
Monomanie, monomani.
Monôme, monôm
Monopétale, monopetal.
Monophylle, monofil.
Monopole, monopol.

(1) Lorsque l'on fait la liaison, la voyelle o perd sa nasalité et se prononce o. On dit, Mon *ami*, mon *espoir*, et non pas, Mon *ami*, mon *espoir*.

MONOPOLEUR, monopoler.
MONOPOLISER, monopolize-r.
MONOPTÈRE, monoptêr.
MONOSTIQUE, monostik.
MONOSYLLABE, monosil'ab.
MONOSYLLABIQUE, monosil'abik.
MONS, mos.
MONSEIGNEUR, mosêĝer.
MONSEIGNEURISER, mosêĝerize-r.
MONSIEUR, mesié.
MONSTRE, mostr.
MONSTRUEUSE, mostruéz.
MONSTRUEUSEMENT, mostruézma-t.
MONSTRUEUX, mostruê-z.
MONSTRUOSITÉ, mostruôzite.
MONT, mo-t.
MONTAGE, motaj.
MONTAGNARD, motaĝar.
MONTAGNARDE, motaĝard.
MONTAGNE, motaĝ.
MONTAGNEUSE, motaĝêz.
MONTAGNEUX, motaĝê-z.
MONTANT, mota-t.
MONTANTE, motat.
MONT-DE-PIÉTÉ, modpiete.
MONTE, mot.
MONTÉ, E, mote.
MONTER, mote-r.
MONTEUR, moter.
MONTGOLFIÈRE, mogolfiêr.
MONTICULE, motikul.
MONT-JOIE, mojûâ.
MONTOIR, motûar.
MONTRE, motr.
MONTRER, motre-r.
MONTUEUSE, motuéz.
MONTUEUX, motuê-z.
MONTURE, motur.
MONUMENT, monuma-t.
MONUMENTAL, E, monumatal.
MONUMENTAUX, monumatô-z.
MOQUER (SE), moke-r.
MOQUERIE, mokri.
MOQUETTE, mokêt.
MOQUEUR, moker.
MOQUEUSE, mokéz.
MONOTONE, monoton.
MONOTONIE, monotoni.
MORAILLES, morâl-z.
MORAILLON, morâlo.
MORAL, moral.
MORALEMENT, moralma-t.
MORALISER, moralize-r.
MORALISEUR, moralizer.
MORALISTE, moralist.
MORALITÉ, moralite.
MORAUX, morô-z.
MORBIDE, morbid.
MORBIDESSE, morbidês.
MORBIFIQUE, morbifik.
MORCEAU, morsô.
MORCELÉ, E, morsele.
MORCELER, morsele-r.
MORCELLEMENT, morsêlma-t.
MORDACITÉ, mordasite.
MORDANT, morda-t.
MORDANTE, mordat.
MORDICANT, mordika-t.
MORDICANTE, mordikat.
MORDICUS, mordikus.
MORDIENNE, mordiên.
MORDILLER, mordile-r.
MORDORÉ, E, mordore.
MORDRE, mordr.
MORE, mor.
MORELLE, morêl.
MORESQUE, morêsk.
MORFIL, morfil.
MORFONDRE, morfodr.
MORFONDURE, morfodur.
MORGELINE, morjelin.
MORGUE, morg.
MORIBOND, moribo.
MORIBONDE, moribod.
MORICAUD, morikô.
MORICAUDE, morikôd.
MORIGÉNER, morijene-r.
MORILLE, moril.
MORILLONS, morilo-z.

MORION, morio.
MORNE, morn.
MORNÉ, E, morne.
MOROSE, morôz.
MOROSITÉ, morôzite.
MORPHINE, morfin.
MORS, mor.
MORSURE, morsur.
MORT, mor-t.
MORTE, mort.
MORTADELLE, mortadêl.
MORTAILLABLE, mortâlabl.
MORTAISE, mortêz.
MORTALITÉ, mortalite.
MORTEL, LE, mortêl.
MORTELLEMENT, mortêlma-t.
MORTIER, mortie.
MORTIFÈRE, mortifêr.
MORTIFIANT, mortifia-t.
MORTIFIANTE, mortifiat.
MORTIFICATION, mortifikâsio.
MORTIFIER, mortifie-r.
MORTUAIRE, mortuêr.
MORUE, moru.
MORVE, morv.
MORVEAU, morvô.
MORVEUSE, morvêz.
MORVEUX, morvê-z.
MOSAÏQUE, mozaik.
MOSARABE, mozarab.
MOSCOUADE, moskûad.
MOSQUÉE, moske.
MOT, mô-t.
MOTET, motê-t.
MOTEUR, motεr.
MOTIF, motif.
MOTION, môsio.
MOTIVER, motive-r.
MOTRICE, motris.
MOTTE, mot.
MOTTER (SE), mote-r.
MOTUS, môtus.
MOU, mû.
MOUCHARD, mûhar.
MOUCHARDE, mûhard.
MOUCHARDER, mûharde-r.
MOUCHE, mûh.
MOUCHER, mûhe-r.
MOUCHEROLLE, mûhrol.
MOUCHERON, mûhro.
MOUCHETER, mûhte-r.
MOUCHETTES, mûhêt-z.
MOUCHETURE, mûhtur.
MOUCHEUR, mûhεr.
MOUCHEUSE, mûhεz.
MOUCHOIR, mûhûar.
MOUCHURE, mûhur.
MOUÇON, mûso.
MOUDRE, mûdr.
MOUE, mû.
MOUÉE, mûe.
MOUETTE, mûêt.
MOUFETTE, mûfêt.
MOUFLE, mûfl.
MOUFLON, mûflo.
MOUILLAGE, mûlaj.
MOUILLE-BOUCHE, mûlbûh
MOUILLER, mûle-r.
MOUILLETTE, mûlêt.
MOUILLOIR, mûlûar.
MOUILLURE, mûlur.
MOULAGE, mûlaj.
MOULE, mûl.
MOULER, mûle-r.
MOULEUR, mûlεr.
MOULIN, mûli.
MOULINAGE, mûlinaj.
MOULINER, mûline-r.
MOULINET, mûlinê-t.
MOULINEUR, mûlinεr.
MOULT, mûlt.
MOULU, E, mûlu.
MOULURE, mûlur.
MOURANT, mûra-t.
MOURANTE, mûrat.
MOURIR, mûrir.
MOURON, mûro.
MOURRE, mûr.
MOUSQUET, mûskê-t.
MOUSQUETADE, mûskεtad

MOUSQUETAIRE, mûsketêr.
MOUSQUETERIE, musketri.
MOUSQUETON, mûsketo.
MOUSSE, mûs.
MOUSSELINE, mûslin.
MOUSSER, mûse-r.
MOUSSERON, mûsro.
MOUSSEUSE, mûsêz.
MOUSSEUX, mûsê-z.
MOUSSOIR, mûsûar.
MOUSSON, mûso.
MOUSSU, E, mûsu.
MOUSTACHE, mûstah.
MOUSTIQUAIRE, mûstikêr.
MOUSTIQUE, mûstik.
MÔUT, mû.
MOUTARDE, mûtard.
MOUTARDIER, mûtardie.
MOUTIER, mûtie.
MOUTON, mûto.
MOUTONNER, mûtone-r.
MOUTONNIER, mûtonie.
MOUTONNIÈRE, mûtonièr.
MOUTURE, mûtur.
MOUVANCE, mûvas.
MOUVANT, mûva-t.
MOUVANTE, mûvat.
MOUVEMENT, mûvma-t.
MOUVER, mûve-r.
MOUVOIR, mûvûar.
MOXA, moksa.
MOYE, mûay.
MOYEN, mûayi (1).
MOYENNANT, mûayêna-t.
MOYENNE, mûayên.
MOYENNEMENT, mûayênma-t.
MOYEU, mûayê.
MOZARABE, mozarab.
MUABLE, muabl.
MUANCE, muas.
MUCILAGE, musilaj.
MUCILAGINEUSE, musilajinêz.
MUCILAGINEUX, musilajinê-z.
MUCOSITE, mukôzite.
MUE, mu.
MUER, mue-r.
MUET, muê-t.
MUETTE, muêt.
MUFLE, mufl.
MUFLIER, mufhe.
MUFTI, mufti.
MUGE, muj.
MUGIR, mujir.
MUGISSANT, mujisa-t.
MUGISSANTE, mujisat.
MUGISSEMENT, mujisma-t.
MUGUET, mugê-t.
MUGUETER, mugte-r.
MUID, mui.
MULÂTRE, mulâtr.
MULE, mul.
MULET, mulê-t.
MULETIER, multie.
MULOT, mulô-t.
MULTIFLORE, multiflor.
MULTIFORME, multiform.
MULTINÔME, multinôm.
MULTIPLE, multipl.
MULTIPLIABLE, multipliabl.
MULTIPLICANDE, multiplikad.
MULTIPLICATEUR, multiplikatêr.
MULTIPLICATION, multiplikâsio.
MULTIPLICITÉ, multiplisite.
MULTIPLIER, multiplie-r.
MULTITUDE, multitud.
MULTIVALVE, multivalv.
MUNICIPAL, E, munisipal.
MUNICIPALITÉ, munisipalite.
MUNICIPAUX, munisipô-z.
MUNICIPE, munisip.
MUNIFICENCE, munifisas.
MUNIR, munir.

(1) Dans la locution *moyen âge*, on le prononce comme le féminin, et l'on dit, *Dans le* muayên *âge*.

Munition, munisio.
Munitionnaire, munisionêr.
Muphti, mufti.
Muqueuse, mukêz.
Muqueux, muké-z.
Mur, mur.
Mûr, e, mur.
Murage, muraj.
Muraille, murâl.
Mural, e, mural.
Muraux, murô-z.
Mûrement, murma-t.
Murène, murên.
Murer, mure-r.
Muriate, muriat.
Muriatique, muriatik.
Mûrier, murie.
Mûrir, murir.
Murmure, murmur.
Murmurer, murmure-r.
Murrhin, muri.
Murrhine, murin.
Musaraigne, muzarêg.
Musard, muzar.
Musarde, muzard.
Musc, musk.
Muscade, muskad.
Muscadet, muskadê-t.
Muscadier, muskadie.
Muscadin, muskadi.
Muscat, muska-t.
Muscle, muskl.
Muscle, muskle.
Musculaire, muskulêr.
Musculeuse, muskulêz.
Musculeux, muskulê-z.
Muse, muz.
Museau, muzô.
Musée, muze.
Museler, muzle-r.
Muselière, muzliêr.
Muser, muze-r.
Muserolle, muzrol.
Musette, muzêt.
Muséum, muzeom.

Musical, e, muzikal.
Musicalement, muzikalma-t.
Musicaux, muzikô-z.
Musicien, muzisyi.
Musicienne, muzisyên.
Musico, muzikô.
Musique, muzik.
Musquer, muske-r.
Musulman, muzulma.
Musulmane, muzulman.
Musurgie, muzurji.
Mutabilité, mutabilite.
Mutation, mutâsio.
Mutilation, mutilâsio.
Mutiler, mutile-r.
Mutin, muti.
Mutine, mutin.
Mutiner (se), mutine-r.
Mutinerie, mutinri.
Mutisme, mutism.
Mutualité, mutualite
Mutuel, le, mutuel.
Mutuellement, mutuêlma-.
Myologie, myoloji.
Myope, myop.
Myopie, myopi.
Myosotis, myozotis.
Myotomie, myotomi.
Myriade, miryad.
Myriagramme, miryagram.
Myriamètre, miryamêtr.
Myriapode, miryapod.
Myrmidon, mirmido.
Myrobolan, mirobola.
Myrrhe, mir.
Myrrhis, miris.
Myrte, mirt.
Mystagogue, mistagog.
Mystère, mistêr.
Mystérieuse, misteriêz.
Mystérieusement, misteriêzma-t.
Mystérieux, misteriê-z.
Mysticité, mistisite.
Mystificateur, mistifikatœr.
Mystification, mistifikâsio.

MYSTIFIER, mistifie-r
MYSTIQUE, mistik.
MYSTIQUEMENT, mistikma-t.
MYTHE, mit.
MYTHOLOGIE, mitoloji.
MYTHOLOGIQUE, mitolojik.
MYTHOLOGUE, mitolog.

N

N, ên ou ne.
NABAB, nabab.
NABOT, nabô-t.
NABOTTE, nabot.
NACARAT, nakara-t.
NACELLE, nasêl.
NACRE, nakr.
NACRE, E, nakre.
NADIR, nadir.
NAGE, naj.
NAGEOIRE, najûar.
NAGER, naje-r.
NAGEUR, najer.
NAGEUSE, najêz.
NAGUÈRE, nagêr.
NAÏADE, nayad.
NAÏF, naif.
NAIN, ni.
NAINE, nên.
NAISSANCE, nêsas.
NAISSANT, nêsa-t.
NAISSANTE, nêsat.
NAÎTRE, nêtr.
NAÏVE, naiv.
NAÏVEMENT, naivma-t.
NAÏVETÉ, naivté.
NANAN, nana.
NANKIN, naki.
NANTIR, natir.
NANTISSEMENT, natisma-t.
NAPEL, napêl.
NAPHTE, naft.
NAPOLEON, napoleo.
NAPPE, nap.
NAPPERON, napro.
NARCISSE, narsis.
NARCOTINE, narkotin.
NARCOTIQUE, narkotik.
NARD, nar.
NARGUE, narg.
NARGUER, narge-r.
NARINE, narin.
NARQUOIS, narkûa-z.
NARQUOISE, narkûaz.
NARRATEUR, narater.
NARRATIF, naratif.
NARRATION, narâsio.
NARRATIVE, narativ.
NARRATRICE, naratris.
NARRE, na're.
NARRER, na're-r.
NARVAL, narval.
NASAL, E, nazal.
NASALEMENT, nazalma-t.
NASALITÉ, nazalite.
NASARD, nazar.
NASARDE, nazard.
NASARDER, nazarde-r.
NASEAU, nâzô.
NASILLARD, nazilar.
NASILLARDE, nazilard.
NASILLEMENT, nazilma-t.
NASILLER, nazile-r.
NASILLEUR, naziler.
NASILLEUSE, nazilêz.
NASSE, nas.
NATAL, E, natal.
NATATION, natâsio.
NATIF, natif.
NATION, nâsio.

NATIONAL, E, nâsional.
NATIONALEMENT, nâsionalma-t.
NATIONALISER, nâsionalize-r.
NATIONALITÉ, nâsionalite.
NATIONAUX, nâsionô-z.
NATIVE, nativ.
NATIVITÉ, nativite.
NATRON, nâtro.
NATRUM, nâtrom.
NATTE, nat.
NATTER, nate-r.
NATTIER, natie.
NATURALIBUS (IN), naturalibus (in).
NATURALISATION, naturalizâsio.
NATURALISER, naturalize-r.
NATURALISME, naturalism.
NATURALISTE, naturalist.
NATURE, natur.
NATUREL, LE, naturêl.
NATURELLEMENT, naturêlma-t.
NAUFRAGE, nofraj.
NAUFRAGÉ, E, nofraje
NAULAGE, nôlaj.
NAUMACHIE, nômahi.
NAUSEABOND, nôzeabo.
NAUSÉABONDE, nôzeabod.
NAUSER, nôze.
NAUTILE, nôtil.
NAUTIQUE, nôtik.
NAUTONNIER, nôtonie.
NAUTONNIÈRE, nôtoniêr.
NAVAL, E, naval.
NAVÉE, nave.
NAVET, navê-t.
NAVETTE, navêt.
NAVIGABLE, navigabl.
NAVIGATEUR, navigatœr.
NAVIGATION, navigâsio.
NAVIGUER, navige-r.
NAVILLE, navil.
NAVIRE, navir.
NAVRANT, nâvra-t.
NAVRANTE, nâvrat.
NAVRER, nâvre-r.

NE, ne.
NÉANMOINS, neamûi-z.
NEANT, nea-t.
NÉBULEUSE, nebulêz.
NEBULEUX, nebulê-z.
NÉCESSAIRE, nesesêr.
NECESSAIREMENT, nesesêrma-t.
NÉCESSITÉ, nesesite.
NÉCESSITER, nesesite-r.
NÉCESSITEUSE, nesesitêz.
NÉCESSITEUX, nesesitê-z.
NEC-PLUS-ULTRA, nêk pluz ultra.
NECROLOGE, nekroloj.
NÉCROLOGIE, nekroloji.
NECROLOGIQUE, nekrolojik.
NECROMANCE, nekromas.
NECROMANCIE, nekromasi.
NECROMANCIEN, nekromasyi.
NÉCROMANCIENNE, nekromasyén.
NECROMANT, nekroma-t.
NÉCROSE, nekrôz.
NECTAIRE, nêktêr.
NECTAR, nêktar.
NEF, nêf.
NÉFASTE, nefast.
NÈFLE, nêfl.
NEFLIER, neflie.
NÉGATIF, negatif.
NEGATION, negâsio.
NEGATIVE, negativ.
NÉGATIVEMENT, negativma-t.
NÉGLIGEMMENT, neglijama-t.
NÉGLIGENCE, neglijas.
NEGLIGENT, neglija-t.
NÉGLIGENTE, neglijat.
NEGLIGER, neglije-r.
NÉGOCE, negos.
NEGOCIABLE, negosiabl.
NEGOCIANT, negosia-t.
NEGOCIATEUR, negosiatœr.
NÉGOCIATION, negosiâsio.
NÉGOCIATRICE, negosiatris.
NÉGOCIER, negosie-r.
NÈGRE, nêgr.

NÉGRESSE, negrês.
NÉGRERIE, negreri.
NÉGRIER, negrie.
NÉGRILLON, negrilo.
NÉGRILLONNE, negrilon.
NEIGE, nêj.
NEIGER, neje-r.
NEIGEUSE, nêjêz.
NEIGEUX, nêjê-z.
NENNI, nani.
NÉNUFAR, nenufar.
NÉOGRAPHE, neograf.
NÉOGRAPHISME, neografism.
NÉOLOGIE, neoloji.
NÉOLOGIQUE, neolojik.
NÉOLOGISME, neolojism.
NÉOLOGUE, neolog.
NÉOPHYTE, neofit.
NÉPHRÉTIQUE, nefretik.
NÉRÉIDE, nereid.
NERF, nêrf (1).
NÉRITE, nerit.
NÉROLI, neroli.
NERPRUN, nêrpru.
NERVER, nêrve-r.
NERVEUSE, nêrvêz.
NERVEUX, nêrvê-z.
NERVIN, nêrvi.
NERVURE, nêrvur
NESCIO VOS, nesiô vôs.
NESTOR, nêstor.
NESTORIEN, nêstoryi.
NET, TE, nêt.
NETTEMENT, nêtma-t.
NETTETÉ, nêt'e.
NETTOIEMENT, netûama-t.
NETTOYAGE, netûayaj.
NETTOYER, netûaye-r.
NEUF, nɛf (2).
NEUF, nɛf (3).
NEUVE, nɛv.
NEUTRALEMENT, nêtralma-t.
NEUTRALISATION, nêtralizâsio.
NEUTRALISER, nêtralize-r.
NEUTRALITÉ, nêtralite.
NEUTRE, nêtr.
NEUVAINE, nɛvên.
NEUVIÈME, nɛviêm.
NEUVIÈMEMENT, nɛviêm'a-t.
NEVEU, nɛvê.
NEVRALGIE, nevralji.
NÉVRALGIQUE, nevraljik.
NEVRITIQUE, nevritik.
NÉVROSE, nevrôz.
NEWTONIEN, nêtonyi.
NEWTONIENNE, nêtonyên.
NEZ, ne-z.
NI, ni.
NIABLE, niabl.
NIAIS, niê-z.
NIAISE, niêz.
NIAISEMENT, niêzma-t.
NIAISER, nieze-r.
NIAISERIE, niêzri.
NICHE, nih.
NICHÉE, nihe.
NICHER, nihe-r.
NICHET, nihê-t.
NICHOIR, nihûar.
NICKEL, nikêl.

(1) Le f ne se fait point sentir au pluriel ; on dit, *les* nêr. On ne le prononce pas non plus dans les locutions *nerf de bœuf*, *nerf-ferrure;* on dit, nêr *de bœuf*, nêr *ferrure*.

(2) Nom de nombre. Quand il est suivi d'un substantif commençant par une consonne, il se prononce nɛ : nɛ *mille*, nɛ *cents*, nɛ *femmes*. Quand le substantif commence par une voyelle, on prononce nɛv : nɛv *années*, nɛv *hommes*. Employé comme substantif, *neuf* est invariable dans sa prononciation.

(3) Adjectif. Ce qui n'a point encore servi.

NICODÈME, nikodêm.
NICOTIANE, nikosian.
NID, ni.
NIDOREUSE, nidorêz.
NIDOREUX, nidorê-z.
NIÈCE, niês.
NIELLE, niêl.
NIELLER, niel'e-r.
NIER, nie-r.
NIGAUD, nigô.
NIGAUDE, nigôd.
NIGAUDER, nigôde-r.
NIGAUDERIE, nigôdri.
NILOMÈTRE, nilomêtr.
NIMBE, ni̲b.
NIPPE, nip.
NIPPER, nipe-r.
NIQUE, nik.
NITOUCHE, nitûh.
NITRATE, nitrat.
NITRE, nitr.
NITREUSE, nitrêz.
NITREUX, nitrê-z.
NITRIÈRE, nitriêr.
NITRIQUE, nitrik.
NIVEAU, nivô.
NIVELER, nivle-r.
NIVELEUR, nivler.
NIVELLEMENT, nivêlma̲-t.
NIVET, nivê-t
NIVÔSE, nivôz.
NOBILIAIRE, nobiliêr.
NOBILISSIME, nobilis'im.
NOBLE, nobl.
NOBLEMENT, noblema̲-t.
NOBLESSE, noblês.
NOCE, nos.
NOCHER, nohe.
NOCTAMBULE, nokta̲bul.
NOCTAMBULISME, nokta̲bulism.
NOCTURNE, nokturn.
NODOSITÉ, nodôzite.
NODUS, nodus.
NOEL, noêl.
NŒUD, nê.

NOIR, E, nûar
NOIRÂTRE, nûarâtr.
NOIRAUD, nûarô
NOIRAUDE, nûarôd.
NOIRCEUR, nûarser.
NOIRCIR, nûarsir.
NOIRCISSURE, nûarsisur.
NOISE, nûaz.
NOISETIER, nûaztie.
NOISETTE, nûazêt.
NOIX, nûâ-z.
NOLIS, nolis.
NOLISER, nolize-r.
NOLISSEMENT, nolisma̲-t.
NOM, no̲.
NOMADE, nomad.
NOMBRANT, no̲bra̲-t.
NOMBRE, no̲br.
NOMBRER, no̲bre-r.
NOMBREUSE, no̲brêz.
NOMBREUX, no̲brê-z.
NOMBRIL, nobri-l.
NOMENCLATEUR, noma̲klater.
NOMENCLATURE, noma̲klatur.
NOMINAL, E, nominal.
NOMINATEUR, nominater.
NOMINATIF, nominatif.
NOMINATION, nominâsio̲.
NOMINATIVE, nominativ.
NOMINATIVEMENT, nominativma̲-t.
NOMINAUX, nominô-z.
NOMMÉMENT, nomema̲-t.
NOMMER, nome-r.
NON, no̲.
NONAGÉNAIRE, nonajenêr.
NONAGÉSIME, nonajezim.
NONANTE, nona̲t.
NONANTIÈME, nona̲tiêm.
NONCE, no̲s.
NONCHALAMMENT, no̲halama̲-t.
NONCHALANCE, no̲hala̲s.
NONCHALANT, no̲hala̲-t.
NONCHALANTE, no̲hala̲t.
NONCIATURE, no̲siatur.
NONE, non.

NONIDI, nonidi.
NONIUS, nonius.
NONNAIN, noni.
NONNE, non.
NONNETTE, nonêt.
NONOBSTANT, nonobsta-t.
NONPAREILLE, noparêl.
NON-SENS, nosas.
NONUPLE, nonupl.
NONUPLER, nonuple-r.
NON-VALEUR, novaler
NOPAL, nopal.
NORD, nor.
NORD-EST, norêst.
NORD-OUEST, norûêst.
NORMAL, E, normal.
NORMAND, norma.
NORMANDE, normad.
NORMAUX, normô-z.
NOS, nô-z.
NOSOGRAPHIE, nozografi.
NOSOLOGIE, nozoloji.
NOSTALGIE, nostalji.
NOSTOC, nostok.
NOTA, nota.
NOTABILITÉ, notabilite.
NOTABLE, notabl.
NOTABLEMENT, notablema-t.
NOTAIRE, notêr.
NOTAMMENT, notama-t.
NOTARIAT, notaria.
NOTARIÉ, E, notarie.
NOTATION, notâsio.
NOTE, not.
NOTER, note-r.
NOTICE, notis.
NOTIFICATION, notifikâsio.
NOTIFIER, notifie-r.
NOTION, nôsio.
NOTOIRE, notûar.
NOTOIREMENT, notûarma-t.
NOTORIÉTÉ, notoriete.
NOTRE, notr.
NÔTRE (LE), nôtr.
NOTRE-DAME, Notredam.
NOUE, nû.
NOUER, nûe-r.
NOUET, nûê-t.
NOUEUSE, nûêz.
NOUEUX, nûê-z.
NOUGAT, nûga.
NOUILLES, nûl-z.
NOULET, nûlê-t.
NOURRAIN, nûri.
NOURRICE, nûris.
NOURRICIER, nûrisie.
NOURRICIÈRE, nûrisiêr.
NOURRIR, nûrir.
NOURRISSAGE, nûrisaj.
NOURRISSANT, nûrisa-t.
NOURRISSANTE, nûrisat.
NOURRISSEUR, nûriser.
NOURRISSON, nûriso.
NOURRITURE, nûritur.
NOUS, nû-z.
NOUURE, nûur.
NOUVEAU, nûvô.
NOUVEAUTÉ, nûvôte.
NOUVEL, LE, nûvêl.
NOUVELLEMENT, nûvêlma-t.
NOUVELLETÉ, nûvêlte.
NOUVELLISTE, nûvelist.
NOVALE, noval.
NOVATEUR, novater.
NOVATION, novâsio.
NOVEMBRE, novabr.
NOVICE, novis.
NOVICIAT, novisia-t.
NOVISSIMÉ, novis'ime.
NOYALE, nûayal.
NOYAU, nûayô.
NOYER, nûaye.
NOYER, nûaye-r.
NOYON, nûayo.
NU, E, nu.
NUAGE, nuaj.
NUAGEUSE, nuajêz.
NUAGEUX, nuajê-z.
NUAISON, nuêzo.
NUANCE, nuas.

NUANCER, nuase-r.
NUBÉCULE, nubekul.
NUBILE, nubil.
NUBILITÉ, nubilite.
NUDITÉ, nudite.
NUE, nu
NUÉE, nue.
NUEMENT, numa-t.
NUE-PROPRIÉTÉ, nupropriete.
NUER, nue-r.
NUIRE, nuir.
NUISIBLE, nuizibl.
NUIT, nui-t.
NUITAMMENT, nuitama-t.
NUITÉE, nuite.
NUL, LE, nul.
NULLEMENT, nulma-t.
NULLITÉ, nul'ite.
NÛMENT, numa-t.
NUMÉRAIRE, numerêr.
NUMÉRAL, E, numeral.
NUMÉRATEUR, numeratœr.
NUMÉRATION, numerâsio.
NUMÉRAUX, numerô-z.
NUMÉRIQUE, numerik.
NUMÉRIQUEMENT, numerikma-t.
NUMÉRO, numerô.
NUMÉROTAGE, numerotaj.
NUMÉROTER, numerote-r.
NUMISMATE, numismat.
NUMISMATIQUE, numismatik.
NUMISMATOGRAPHIE, numismatografi.
NUMMULAIRE, num'ulêr.
NUPTIAL, E, nupsial.
NUPTIAUX, nupsiô-z.
NUQUE, nuk.
NUTATION, nutâsio.
NUTRITIF, nutritif.
NUTRITION, nutrisio.
NUTRITIVE, nutritiv.
NYCTALOPE, niktalop.
NYCTALOPIE, niktalopi.
NYMPHE, nif.
NYMPHÉE, nife.
NYMPHOMANIE, nifomani.

O

O, ô.
Ô, ô.
OASIS, oazís.
OBÉDIENCE, obedias.
OBÉIR, obeir.
OBÉISSANCE, obeisas.
OBÉISSANT, obeisa-t.
OBÉISSANTE, obeisat.
OBÉLISQUE, obelisk.
OBÉRER, obere-r.
OBÉSITÉ, obezite.
OBÈSE, obêz.
OBIER, ôbie.
OBIT, obit.
OBJECTER, objêkte-r.
OBJECTIF, objêktif.
OBJECTION, objêksio.
OBJECTIVE, objêktiv
OBJET, objê-t.
OBJURGATION, objurgâsio.
OBLAT, oblat
OBLATION, oblâsio.
OBLIGATION, obligâsio.
OBLIGATOIRE, obligatûar.
OBLIGEAMMENT, oblijama-t.
OBLIGEANCE, oblijas.
OBLIGEANT, oblija-t.
OBLIGEANTE, oblijat.
OBLIGER, oblije-r.
OBLIQUE, oblik.
OBLIQUEMENT, oblikma-t.
OBLIQUITÉ, oblikuite.

OBLITÉRATION, obliterâsio̱.
OBLITÉRER, oblitere-r.
OBLONG, oblo̱.
OBLONGUE, oblo̱g.
OBOLE, obol
OBREPTICE, obrêptis.
OBREPTICEMENT, obrêptisma̱-t.
OBREPTION, obrêpsio̱.
OBSCÈNE, obsên.
OBSCÉNITÉ, obsenite.
OBSCUR, obskur.
OBSCURCIR, obskursir.
OBSCURCISSEMENT, obskursisma̱-t.
OBSCURÉMENT, obskurema̱-t.
OBSCURITÉ, obskurite.
OBSÉCRATION, obsekrâsio̱.
OBSÉDER, obsede-r.
OBSÈQUES, obsêk-z.
OBSÉQUIEUSE, obsekiêz.
OBSÉQUIEUSEMENT, obsekiêzma̱-t.
OBSÉQUIEUX, obsekiê-z.
OBSÉQUIOSITÉ, obsekiôzite.
OBSERVABLE, obsêrvabl.
OBSERVANCE, obsêrva̱s.
OBSERVANTIN, obsêrvati̱.
OBSERVATEUR, obsêrvater.
OBSERVATION, obsêrvâsio̱.
OBSERVATOIRE, obsêrvatûar.
OBSERVATRICE, obsêrvatris.
OBSERVER, obsêrve-r.
OBSESSION, obsesio̱.
OBSIDIANE, obsidian.
OBSIDIONAL, E, obsidional.
OBSTACLE, obstakl.
OBSTINATION, obstinâsio̱.
OBSTINÉMENT, obstinema̱-t.
OBSTINER, obstine-r.
OBSTRUCTIF, obstruktif.
OBSTRUCTION, obstruksio̱.
OBSTRUCTIVE, obstruktiv.
OBSTRUER, obstrue-r.
OBTEMPÉRER, obta̱pere-r.
OBTENIR, obtenir.
OBTENTION, obta̱sio̱.
OBTURATEUR, obturater.
OBTURATION, obturâsio̱.
OBTURATIVE, obturativ.
OBTUS, obtu-z.
OBTUSE, obtuz.
OBTUSANGLE, obtuza̱gl.
OBUS, ôbuz.
OBUSIER, ôbuzie.
OBVENTION, obva̱sio̱.
OBVIER, obvie-r.
OCA, oka.
OCCASE, okâz.
OCCASION, okâsio̱.
OCCASIONNEL, LE, okâzionêl.
OCCASIONNELLEMENT, okâzionêl-ma̱-t.
OCCASIONNER, okâzione-r.
OCCIDENT, oksida̱-t.
OCCIDENTAL, oksida̱tal.
OCCIDENTAUX, oksida̱tô-z.
OCCIPITAL, E, oksipital.
OCCIPITAUX, oksipitô-z.
OCCIPUT, oksiput.
OCCIRE, oksir.
OCCULTATION, okultâsio̱.
OCCULTE, okult.
OCCUPANT, okupa̱-t.
OCCUPANTE, okupa̱t.
OCCUPATION, okupâsio̱.
OCCUPER, okupe-r.
OCCURRENCE, okur'a̱-s.
OCCURRENT, okur'a̱-t.
OCCURRENTE, okur'a̱t.
OCÉAN, osea̱.
OCÉANIQUE, oseanik.
OCHLOCRATIE, oklokrasi.
OCRE, okr.
OCREUSE, okrêz.
OCREUX, okrê-z.
OCTAÈDRE, oktaêdr.
OCTAÉTÉRIDE, oktaeterid.
OCTANDRIE, okta̱dri.
OCTANT, okta̱-t.
OCTANTE, okta̱t.
OCTAVE, oktav.
OCTAVIN, oktavi̱.

Octavo (in-), oktavô (in).
Octidi, oktidi.
Octil, oktil.
Octobre, oktobr.
Octogénaire, oktojenêr.
Octogone, oktogon.
Octostyle, oktostil.
Octroi, oktrûâ.
Octroyer, oktrûaye-r.
Octuple, oktupl.
Octupler, oktuple-r.
Oculaire, okulêr.
Oculairement, okulêrma-t.
Oculiste, okulist.
Odalisque, odalisk.
Ode, od.
Odéon, odeo.
Odeur, ôdɛr.
Odieuse, odiɛ̂z.
Odieusement, odiɛ̂zma-t.
Odieux, odiɛ̂-z.
Odomètre, odomêtr.
Odontalgie, odotalji.
Odontalgique, odotaljik.
Odontoïde, odotoid.
Odontologie, odotoloji.
Odorant, odora-t.
Odorante, odorat.
Odorat, odora-t.
Odoriférant, odorifera-t.
Odoriférante, odoriferat.
Odyssée, odise.
Oecuménicité, ekumenisite.
Oecuménique, ekumenik.
Oedémateuse, edematɛ̂z.
Oedémateux, edematɛ̂-z.
Oedème, edêm.
Oedipe, edip.
Oeil, ɛl.
Oeillade, ɛlad.
Oeillère, ɛlêr
Oeillet, ɛlê-t.
Oeilleton, ɛlto.
Oeillette, ɛlêt.
Oenologie, enoloji.
Oenomancie, enomasi.
Oenomètre, enomêtr.
Oesophage, ezofaj.
Oeuf, ɛf (1).
Oeuvé, e, ɛ̂ve.
Oeuvre, ɛvr.
Offensant, ofasa-t.
Offensante, ofasat.
Offense, ofas.
Offenser, ofase-r.
Offenseur, ofasɛr.
Offensif, ofasif.
Offensive, ofasiv.
Offensivement, ofasivma-t.
Offerte, ofêrt.
Office, ofis.
Official, ofisial.
Officialité, ofisialite.
Officiant, ofisia-t.
Officiel, le, ofisiêl.
Officiellement, ofisiêlma-t
Officier, ofisie.
Officier, ofisie-r.
Officieuse, ofisiɛ̂z.
Officieusement, ofisiɛ̂zma-t.
Officieux, ofisiɛ̂-z.
Officinal, e, ofisinal.
Officinaux, ofisinô-z.
Officine, ofisin.
Offrande, ofrad.
Offrant, ofra-t.
Offre, ofr.
Offrir, ofrir.
Offusquer, ofuske-r
Ogive, ojiv.
Ogre, ogr.
Ogresse, ogrês.
Oh, ô.
Oie, ûâ.

(1) On prononce ɛ̂ au pluriel et devant les adjectifs *frais*, *dur*, *rouge*. On dit, *un ɛ̂ frais*, *un ɛ̂ dur*, *un ɛ̂ rouge*.

OIGNON, ogo.
OIGNONET, ogoné-t.
OIGNONIÈRE, ogonièr.
OILLE, ol.
OINDRE, ûidr.
OING, ûi.
OINT, ûi-t.
OISEAU, ûazô.
OISELER, ûazle-r.
OISELEUR, ûazler.
OISELIER, ûazelie.
OISELLERIE, ûazèlri.
OISEUSE, ûazêz.
OISEUX, ûazê-z.
OISIF, ûazif.
OISILLON, ûazilo.
OISIVE, ûaziv.
OISIVEMENT, ûazivma-t.
OISIVETÉ, ûazivte.
OISON, ûazo.
OLÉAGINEUSE, oleajinêz.
OLÉAGINEUX, oleajinê-z.
OLEANDRE, oleadr.
OLÉINE, olein.
OLFACTIF, olfaktif.
OLFACTION, olfaksio.
OLFACTIVE, olfaktiv.
OLIBAN, oliba.
OLIBRIUS, olibrius.
OLIGARCHIE, oligarhi.
OLIGARCHIQUE, oligarhik.
OLIVAIRE, olivêr.
OLIVAISON, olivêzo.
OLIVÂTRE, olivâtr.
OLIVE, oliv.
OLIVÈTE, olivêt.
OLIVIER, olivie.
OLLAIRE, ol'êr.
OLOGRAPHE, olograf.
OLYMPE, olip.
OLYMPIADE, olipyad.
OLYMPIEN, olipyi.
OLYMPIENNE, olipyên.
OLYMPIQUE, olipik.
OMBELLE, obêl.
OMBELLIFÈRE, obel'ifêr.
OMBILIC, obilik.
OMBILICAL, E, obilikal.
OMBILICAUX, obilikô-z.
OMBILIQUÉ, E, obilike.
OMBRAGE, obraj.
OMBRAGER, obraje-r.
OMBRAGEUSE, obrajêz.
OMBRAGEUX, obrajê-z.
OMBRE, obr.
OMBRELLE, obrêl.
OMBRER, obre-r.
OMBREUSE, obrêz.
OMBREUX, obrê-z.
OMÉGA, omega.
OMELETTE, omlêt.
OMETTRE, omêtr.
OMISSION, omisio.
OMNIBUS, omnibus.
OMNICOLORE, omnikolor.
OMNIPOTENCE, omnipotas.
OMNISCIENCE, omnisias.
OMNIVORE, omnivor.
OMOPLATE, omoplat.
ON, o-n.
ONAGRE, onagr.
ONANISME, onanism.
ONC, ok.
ONCE, os.
ONCLE, okl.
ONCQUES, ok-z.
ONCTION, oksio.
ONCTUEUSE, oktuêz.
ONCTUEUSEMENT, oktuêzma-t.
ONCTUEUX, oktuê-z.
ONCTUOSITÉ, oktuôsite.
ONDE, od.
ONDÉ, E, ode.
ONDIN, odi.
ONDINE, odin.
ONDOIEMENT, odûama-t.
ONDOYANT, odûaya-t
ONDOYANTE, odûayat.
ONDOYER, odûaye-r.
ONDULATION, odulâsio.

ONDULATOIRE, odulatüar.
ONDULÉ, E, odule.
ONDULER, odule-r.
ONDULEUSE, odulêz.
ONDULEUX, odulê-z.
ONERAIRE, onerêr.
ONEREUSE, onerêz.
ONÉREUX, onerê-z.
ONGLE, ogl.
ONGLEE, ogle.
ONGLET, oglê-t.
ONGLETTE, oglêt.
ONGUENT, oga-t.
ONGUICULE, E, oguikule.
ONGULE, E, ogule.
ONIROMANCIE, oniromasi.
ONOMATOPEE, onomatope.
ONTOLOGIE, otoloji.
ONTOLOGIQUE, otolojik.
ONYX, oniks.
ONZE, oz (1).
ONZIÈME, oziêm.
ONZIEMEMENT, oziêma-t.
OOLITHE, oolit.
OPACITÉ, opasite.
OPALE, opâl.
OPAQUE, opak.
OPERA, opera.
OPÉRATEUR, operatεr.
OPERATION, operâsio.
OPERCULE, opêrkul.
OPERCULÉ, E, opêrkule.
OPERER, opere-r.
OPHICLEIDE, ofikleid.
OPHITE, ofit.
OPHTHALMIE, oftalmi.
OPHTHALMIQUE, oftalmik.
OPIACÉ, E, opiase.
OPIAT, opiat.
OPILATION, opilâsio.
OPILER, opile-r.
OPIMES, opim-z.
OPINANT, opina-t.
OPINER, opine-r.
OPINIÂTRE, opiniâtr.
OPINIÂTRÉMENT, opiniâtrema-t.
OPINIÂTRER, opiniâtre-r.
OPINIÂTRETÉ, opiniâtrεte.
OPINION, opinio.
OPIUM, opyom.
OPODELDOCH, opodêldok.
OPPORTUN, oportu.
OPPORTUNE, oportun.
OPPORTUNITÉ, oportunite.
OPPOSANT, opôza-t.
OPPOSANTE, opôzat.
OPPOSÉ, E, opôze.
OPPOSER, opôze-r.
OPPOSITE, opôzit.
OPPOSITION, opôzisio.
OPPRESSER, oprêse-r.
OPPRESSEUR, oprêsεr.
OPPRESSIF, oprêsif.
OPPRESSION, oprêsio.
OPPRESSIVE, oprêsiv.
OPPRIMER, oprime-r.
OPPROBRE, oprobr.
OPTATIF, optatif.
OPTATIVE, optativ.
OPTER, opte-r.
OPTICIEN, optisyi.
OPTIMÉ, optime.
OPTIMISME, optimism.
OPTIMISTE, optimist.
OPTION, opsio.
OPTIQUE, optik.
OPULEMMENT, opulama-t.
OPULENCE, opulas.
OPULENT, opula-t.
OPULENTE, opulat.
OPUNTIA, oposia.
OPUSCULE, opuskul.

(1) Le mot oz se prononce comme s'il commençait par un h aspiré. On dit : *Vers* lê oz *heures*, *nous* som oz, lε oz *du mois*, et non, *Vers* lêz oz *heures*, *nous* somz oz, l'oz *du mois*.

OR, or.
ORACLE, orakl.
ORAGE, oraj.
ORAGEUSE, orajêz.
ORAGEUX, orajé-z.
ORAISON, orézo.
ORAL, E, oral.
ORANGE, oraj.
ORANGÉ, E, oraje.
ORANGEADE, orajad.
ORANGEAT, oraja-t.
ORANGER, oraje.
ORANGÈRE, orajêr.
ORANGERIE, orajri.
ORANG-OUTANG, oraûta.
ORATEUR, oratɛr.
ORATOIRE, oratûar.
ORATOIREMENT, oratûarma-t.
ORATORIEN, oratoryi.
ORATORIO, oratoryô.
ORBE, orb.
ORBICULAIRE, orbikulêr.
ORBICULAIREMENT, orbikulêrma-t.
ORBITAIRE, orbitêr.
ORBITE, orbit.
ORCANÈTE, orkanêt.
ORCHESTRE, orkêstr.
ORCHIS, orkis.
ORDINAIRE, ordinêr.
ORDINAIREMENT, ordinêrma-t.
ORDINAL, ordinal.
ORDINAND, ordina.
ORDINANT, ordina.
ORDINATION, ordinâsio.
ORDINAUX, ordinô-z.
ORDONNANCE, ordonas.
ORDONNANCEMENT, ordonasma-t.
ORDONNANCER, ordonase-r.
ORDONNATEUR, ordonatɛr.
ORDONNATRICE, ordonatris.
ORDONNÉ, E, ordone.
ORDONNER, ordone-r.
ORDRE, ordr.
ORDURE, ordur.
ORDURIER, ordurie.
ORDURIÈRE, orduriêr.
OREILLARD, orélar.
OREILLARDE, orêlard.
OREILLE, orél.
OREILLER, orele.
OREILLETTE, orélêt.
OREILLONS, orélo-z.
ORÉMUS, oremus.
ORÉOGRAPHIE, oreografi.
ORFÈVRE, orfevr.
ORFÈVRERIE, orfevrɛrie.
ORFÉVRI, E, orfevri.
ORFRAIE, orfrê.
ORFROI, orfrûa.
ORGANDI, orgadi.
ORGANE, organ.
ORGANEAU, organô.
ORGANIQUE, organik.
ORGANISATION, organizâsio.
ORGANISATEUR, organizatɛr.
ORGANISER, organize-r.
ORGANISME, organism.
ORGANISTE, organist.
ORGANSIN, orgasi.
ORGASME, orgasm.
ORGE, orj.
ORGEAT, orja-t.
ORGELET, orjɛlé-t.
ORGIE, orji.
ORGUE, org.
ORGUEIL, orgɛl.
ORGUEILLEUSE, orgɛléz.
ORGUEILLEUSEMENT, orgɛlézma-t
ORGUEILLEUX, orgɛlê-z.
ORIENT, oria-t.
ORIENTAL, E, oriatal.
ORIENTALISTE, oriatalist.
ORIENTAUX, oriatô-z.
ORIENTER, oriate-r.
ORIFICE, orifis.
ORIFLAMME, oriflâm.
ORIGAN, origa
ORIGINAIRE, orijinêr.
ORIGINAIREMENT, orijinêrma-t.
ORIGINAL, E, orijinal.

ORIGINALEMENT, orijinalma-t.
ORIGINALITÉ, orijinalite.
ORIGINAUX, orijinô-z.
ORIGINE, orijin.
ORIGINEL, LE, orijinêl.
ORIGINELLEMENT, orijinêlma-t.
ORILLARD, orilar.
ORILLARDE, orilard.
ORILLON, orilo.
ORIN, ori.
ORION, orio.
ORIPEAU, oripô.
ORME, orm.
ORMEAU, ormô.
ORMILLE, ormil.
ORMIN, ormi.
ORNE, orn.
ORNEMANTISTE, ornɛmatist.
ORNEMENT, ornɛma-t.
ORNER, orne-r.
ORNIÈRE, ornièr.
ORNITHOGALE, ornitogal.
ORNITHOLOGIE, ornitoloji.
ORNITHOLOGISTE, ornitolojist.
ORNITHOLOGUE, ornitolog.
ORNITHOMANCIE, ornitomasi.
OROBANCHE, orobah.
OROBE, orob.
ORONGE, oroj.
ORPAILLEUR, orpâlɛr.
ORPHELIN, orfɛli.
ORPHELINE, orfɛlin.
ORPHEON, orfeo.
ORPHÉONISTE, orfeonist.
ORPIMENT, orpima-t.
ORPIN, orpi.
ORQUE, ork.
ORSEILLE, orsêl.
ORTEIL, ortêl.
ORTHODOXE, ortodoks.
ORTHODOXIE, ortodoksi.
ORTHODROMIE, ortodromi.
ORTHOGONAL, E, ortogonal.
ORTHOGRAPHE, ortograf.
ORTHOGRAPHIE, ortografi.
ORTHOGRAPHIER, ortografie-r.
ORTHOGRAPHIQUE, ortografik.
ORTHOPÉDIE, ortopedi.
ORTHOPÉDIQUE, ortopedik.
ORTHOPNÉE, ortopne.
ORTIE, orti.
ORTIVE, ortiv.
ORTOLAN, ortola.
ORVALE, orval.
ORVIÉTAN, orvieta.
ORYCTOGRAPHIE, oriktografi.
ORYCTOLOGIE, oriktoloji.
OS, os (1).
OSCILLATION, osil'âsio.
OSCILLATOIRE, osil'atuar.
OSCILLER, osil'e-r.
OSEILLE, ôzêl.
OSER, ôze-r.
OSERAIE, ôzrê.
OSIER, ôzie.
OSMAZÔME, ozmazôm.
OSMONDE, osmod.
OSSELET, oslê-t.
OSSEMENTS, osma-z.
OSSEUSE, os'êz.
OSSEUX, os'ê-z.
OSSIFICATION, os'ifikâsio.
OSSIFIER, os'ifie-r.
OSSUAIRE, os'uêr.
OSTENSIBLE, ostasibl.
OSTENSIBLEMENT, ostasiblɛma-t.
OSTENSOIR, ostasûar.
OSTENTATION, ostatâsio.
OSTÉOCOLLE, osteokol.
OSTEOCOPE, osteokop.
OSTÉOGRAPHIE, osteografi.
OSTEOLITHE, osteolit.
OSTEOLOGIE, osteoloji.
OSTÉOTOMIE, osteotomi.

(1) On dit toujours ô au pluriel. Souvent aussi on prononce ô, au singulier.

OSTRACE, E, ostrase.
OSTRACISME, ostrasism.
OSTRACITE, ostrasit.
OSTROGOTH, ostrogô.
OTAGE, otaj.
OTALGIE, otalji.
OTER, ôte-r.
OTTOMANE, otoman.
OU, û.
OUAILLE, ûal̲.
OUAIS, ûê.
OUATE, ûat.
OUATER, ûate-r.
OUBLI, ûbli.
OUBLIE, ûbli.
OUBLIER, ûblie-r.
OUBLIETTES, ûbliêt-z.
OUBLIEUSE, ûbliêz.
OUBLIEUX, ûbliê-z.
OUEST, ûêst.
OUF, ûf.
OUI, ûi.
OUÏCOU, ûikû.
OUÏ-DIRE, ûidir.
OUÏE, ûi.
OUÏR, ûir.
OUISTITI, ûistiti.
OURAGAN, ûraga̲.
OURDIR, ûrdir.
OURDISSAGE, ûrdisaj.
OURDISSEUR, ûrdisɛr.
OURDISSEUSE, ûrdisɛ̂z.
OURDISSOIR, ûrdisûar.
OURLER, ûrle-r.
OURLET, ûrlê.
OURS, E, ûrs.
OURSIN, ûrsi̲.
OURSON, ûrso̲.
OURVARI, ûrvari.
OUTARDE, ûtard.
OUTARDEAU, ûtardô.
OUTIL, ûti.
OUTILLER, ûtil̲e-r.
OUTRAGE, ûtraj.
OUTRAGEANT, ûtraja̲-t.
OUTRAGEANTE, ûtraja̲t.
OUTRAGER, ûtraje-r.
OUTRAGEUSE, ûtrajɛ̂z.
OUTRAGEUSEMENT, ûtrajɛ̂zma̲-t.
OUTRAGEUX, ûtrajɛ̂-z.
OUTRANCE, ûtra̲s.
OUTRE, ûtr.
OUTRECUIDANCE, ûtrɛkuida̲s.
OUTRECUIDANT, ûtrɛkuida̲-t
OUTRECUIDANTE, ûtrɛkuida̲t.
OUTREMER, ûtrɛmêr.
OUTRE-PASSER, ûtrɛpâse-r.
OUTRER, ûtre-r.
OUVERT, ûvêr-t.
OUVERTE, ûvêrt.
OUVERTEMENT, ûvêrtɛma̲-t.
OUVERTURE, ûvêrtur.
OUVRABLE, ûvrabl.
OUVRAGE, ûvraj.
OUVRAGÉ, E, ûvraje.
OUVRER, ûvre-r.
OUVREUR, ûvrɛr.
OUVREUSE, ûvrez.
OUVRIER, ûvrie.
OUVRIÈRE, ûvriêr.
OUVRIR, ûvrir.
OUVROIR, ûvrûar.
OVAIRE, ovêr.
OVALAIRE, ovalêr.
OVALE, ôval.
OVATION, ovâsio̲.
OVE, ov.
OVIPARE, ovipar.
OVOÏDE, ovoid.
OXYCRAT, oksikra.
OXYDABLE, oksidabl.
OXYDATION, oksidâsio̲.
OXYDE, oksid.
OXYDER, okside-r.
OXYGÉNATION, oksijenâsio̲.
OXYGÈNE, oksijên.
OXYGENER, oksijene-r.
OXYGONE, oksigon.
OXYMEL, oksimêl.

P

P, pe ou pe.
PACAGE, pakaj.
PACAGER, pakaje-r.
PACE (IN), pâse (in).
PACHA, paha.
PACHALIK, pahalik.
PACHYDERME, pahidêrm.
PACIFICATEUR, pasifikater.
PACIFICATION, pasifikâsio.
PACIFICATRICE, pasifikatris.
PACIFIER, pasifie-r.
PACIFIQUE, pasifik.
PACIFIQUEMENT, pasifikma-t.
PACOTILLE, pakotil.
PACTE, pakt.
PACTISER, paktize-r.
PADOU, padû.
PADOUANE, padûan.
PAGAIE, pagay.
PAGANISME, paganism.
PAGE, paj.
PAGINATION, pajinâsio.
PAGINER, pajine-r.
PAGNE, pag.
PAGNON, pago.
PAGNOTE, pagot.
PAGODE, pagod.
PAIE, pêy.
PAIEMENT, pêma-t.
PAIEN, payi.
PAÏENNE, payên.
PAILLARD, palar.
PAILLARDE, palard.
PAILLARDER, palarde-r.
PAILLARDISE, palardiz.
PAILLASSE, palas.
PAILLASSON, palaso.
PAILLE, pâl.
PAILLER, pâle-r.
PAILLET, pâlê-t.
PAILLETTE, palêt.
PAILLEUX, pâlè-z.
PAILLON, pâlo.
PAIN, pi.
PAIR, pêr.
PAIRE, pêr.
PAIRESSE, pêrês.
PAIRIE, pêri.
PAISIBLE, pezibl.
PAISIBLEMENT, peziblema-t.
PAISSON, pêso.
PAÎTRE, pêtr.
PAIX, pê-z.
PAL, pal.
PALADIN, paladi.
PALAIS, palê-z.
PALAN, pala.
PALANÇONS, palaso-z.
PALANQUE, palak.
PALANQUIN, palaki.
PALASTRE, palastr.
PALATALE, palatal.
PALATIN, palati.
PALATINAT, palatina-t.
PALATINE, palatin.
PALE, pal.
PÂLE, pâl.
PALÉE, pale.
PALEFRENIER, palfrenie.
PALEFROI, palfrûa.
PALÉOGRAPHIE, paleografi.
PALERON, palro.
PALESTINE, palêstin.
PALESTRE, palêstr.
PALET, palê-t.
PALETOT, paltô.
PALETTE, palêt.
PALÉTUVIER, paletuvie.

Pâleur, pâler.
Pâli, pâli.
Palier, palie.
Palingénésie, palijenezi.
Palinodie, palinodi.
Pâlir, pâlir.
Palis, pali-z.
Palissade, palisad.
Palissader, palisade-r.
Palissage, palisaj.
Palissandre, palisadr.
Pâlissant, pâlisa-t.
Pâlissante, pâlisat.
Palisser, palise-r.
Palladium, pal'adiom.
Pallas, pal'âs.
Palliatif, paliatif.
Palliation, paliâsio.
Palliative, paliativ.
Pallier, palie-r.
Pallium, pal'iom.
Palma-christi, palma kristi.
Palme, palm
Palmé, e, palme.
Palmette, palmêt.
Palmier, palmie.
Palmipède, palmipêd.
Palmiste, palmist.
Palombe, palob.
Palonnier, palonie.
Pâlot, pâlô-t.
Pâlotte, pâlot.
Palpable, palpabl.
Palpablement, palpablɛma-t.
Palpe, palp.
Palper, palpe-r.
Palpitant, palpita-t.
Palpitante, palpitat.
Palpitation, palpitâsio.
Palpiter, palpite-r.
Palplanche, palplah.
Paltoquet, paltokê-t.
Palus, palus (1).
Pâmer, pâme-r.
Pâmoison, pamûazo.
Pamphlet, paflê-t.
Pamphlétaire, pafletêr.
Pamplemousse, paplɛmûs.
Pampre, papr.
Pan, pa.
Panacée, panase.
Panache, panah.
Panacher, panahe-r.
Panachure, panahur.
Panade, panad.
Panader (se), panade-r.
Panage, panaj.
Panais, panê-z.
Panard, panar.
Panaris, panari-z.
Panathénées, panatene.
Pancaliers, pakalie.
Pancarte, pakart.
Pancréas, pakreâs.
Pancréatique, pakreatik.
Pandectes, padêkt-z.
Pandémonium, pademoniom.
Pandiculation, padikulâsio.
Pandour, padûr.
Panégyrique, panejirik.
Panégyriste, panejirist.
Paner, pane-r.
Panerée, panre.
Paneterie, pantri.
Panetier, pantie.
Panetière, pantiêr.
Panicule, panikul.
Paniculé, e, panikule.
Panier, panie.
Panification, panifikâsio.
Panique, panik.
Panne, pan.

(1) L'Académie donne cette prononciation et dit que ce mot n'est usité que pour indiquer *les Palus Méotides*. Mais dans le Midi, où cette expression est conservée, on dit, *les* palu.

Panneau, panô.
Panneauter, panôte-r.
Panneton, panto.
Panonceau, panosô.
Panoplie, panopli.
Panorama, panorama.
Pansage, pasaj.
Panse, pas.
Pansement, pasma-t.
Panser, pase-r.
Pansu, e, pasu.
Pantalon, patalo.
Pantalonnade, patalonad.
Pantelant, patla-t.
Pantelante, patlat.
Panteler, patle-r.
Panthee, pate.
Panthéisme, pateism.
Panthéon, pateo.
Panthère, patêr.
Pantière, patiêr.
Pantin, pati.
Pantographe, patograf.
Pantoiement, patuâma-t.
Pantois, patuâ-z.
Pantomètre, patomêtr.
Pantomime, patomim.
Pantoufle, patûfl.
Paon, pa.
Paonne, pan.
Paonneau, panô.
Papa, papa.
Papal, e, papal.
Papas, papâs.
Papauté, papôte.
Papayer, papaye.
Pape, pap.
Papegai, papgê.
Papelard, paplar.
Papelarde, paplard.
Papelardise, paplardiz.
Papeline, paplin.
Paperasse, papras.
Paperasser, paprase-r.
Paperassier, paprasie.
Papesse, papês.
Papeterie, paptri.
Papetier, paptie.
Papier, papie.
Papilionacé, e, papilionase.
Papillionace, e, papilionase.
Papillaire, papil'êr.
Papille, papil.
Papillon, papilo.
Papillonner, papilone-r.
Papillotage, papilotaj.
Papillote, papilot.
Papilloter, papilote-r.
Papisme, papism.
Papiste, papist.
Papyrace, e, papirase.
Papyrus, papirus.
Pâque, pâk.
Paquebot, pakbô.
Pâquerette, pâkrêt.
Paquet, pakê-t.
Paquetier, paktie.
Par, par.
Para, para.
Parabolain, paraboli.
Parabole, parabol.
Parabolique, parabolik.
Paraboliquement, parabolikmâ-t.
Parachèvement, parahêvma-t.
Parachever, parahve-r.
Parachronisme, parakronism.
Parachute, parahut.
Paraclet, paraklê-t.
Parade, parad.
Parader, parade-r.
Paradigme, paradigm.
Paradis, paradi-z.
Paradoxal, e, paradoksal.
Paradoxaux, paradoksô-z.
Paradoxe, paradoks.
Paradoxisme, paradoksism.
Parafe, paraf.
Parafer, parafe-r.
Parage, paraj.
Paragoge, paragoj.

PARAGOGIQUE, paragojik.
PARAGRAPHE, paragraf.
PARAÎTRE, parêtr.
PARALIPOMÈNES, paralipomên-z.
PARALIPSE, paralips.
PARALLACTIQUE, paralaktik.
PARALLAXE, paralaks.
PARALLÈLE, paralêl.
PARALLELEMENT, paralêlma-t.
PARALLELIPIPÈDE, paralelipipêd.
PARALLELISME, paralelism.
PARALLELOGRAMME, paralelogram.
PARALOGISME, paralojism.
PARALYSER, paralize-r.
PARALYSIE, paralizi.
PARALYTIQUE, paralitik.
PARAMÈTRE, paramêtr.
PARANGON, parago.
PARAPET, parapê-t.
PARAPHE, paraf.
PARAPHER, parafe-r.
PARAPHERNAL, E, parafêrnal.
PARAPHERNAUX, parafêrnô-z.
PARAPHIMOSIS, parafimôzis.
PARAPHRASE, parafrâz.
PARAPHRASER, parafrâze-r.
PARAPHRASEUR, parafrâzer.
PARAPHRASEUSE, parafrâzêz.
PARAPHRASTE, parafrast.
PARAPLUIE, paraplui.
PARASELÈNE, paraselên.
PARASITE, parazit.
PARASOL, parasol.
PARATONNERRE, paratonêr.
PARAVENT, parava-t.
PARC, park.
PARCAGE, parkaj.
PARCELLAIRE, parsel'êr.
PARCELLE, parsêl.
PARCE QUE, parseke.
PARCHEMIN, parhemi.
PARCHEMINERIE, parheminri.
PARCHEMINIER, parhemime.
PARCIMONIE, parsimoni.
PARCIMONIEUSE, parsimoniêz.
PARCIMONIEUX, parsimonié-z.
PARCOURIR, parkûrir.
PARCOURS, parkûr-z.
PAR-DESSUS, pardesu.
PARDON, pardo.
PARDONNABLE, pardonabl.
PARDONNER, pardone-r.
PAREGORIQUE, paregorik.
PAREIL, LE, parêl.
PAREILLEMENT, parêlma-t.
PARELIE, pareli.
PARELLE, parêl.
PAREMENT, parma-t.
PARENCHYME, parahim.
PARENT, para-t.
PARENTAGE, parataj.
PARENTE, parat.
PARENTÉ, parate.
PARENTHESE, paratêz.
PARER, pare-r.
PARESSE, parês.
PARESSER, parese-r.
PARESSEUSE, parêsêz.
PARESSEUX, parêsê-z.
PARFAIRE, parfêr.
PARFAIT, parfê-t.
PARFAITE, parfêt.
PARFAITEMENT, parfêtma-t.
PARFILAGE, parfilaj.
PARFILER, parfile-r.
PARFOIS, parfôa-z.
PARFONDRE, parfodr.
PARFUM, parfu.
PARFUMER, parfume-r.
PARFUMEUR, parfumer
PARFUMEUSE, parfumêz.
PARHELIE, pareli.
PARI, pari.
PARIA, paria.
PARIER, parie-r.
PARIETAIRE, parietêr.
PARIETAL, parietal.
PARIETAUX, parietô-z.
PARIEUR, parier.
PARIEUSE, parièz.

PARISIEN, parizyi.
PARISIENNE, parizyên.
PARISIS, parizis.
PARISYLLABIQUE, parisil'abik.
PARITÉ, parite.
PARJURE, parjur.
PARJURER (SE), parjure-r.
PARLAGE, parlaj.
PARLANT, parla-t.
PARLANTE, parlat.
PARLEMENT, parlema-t.
PARLEMENTAIRE, parlematêr.
PARLEMENTER, parlemate-r.
PARLER, parle-r.
PARLERIE, parleri.
PARLEUR, parlar.
PARLEUSE, parlêz.
PARLOIR, parlûar.
PARMESAN, parmeza.
PARMI, parmi.
PARNASSE, parnas
PARODIE, parodi.
PARODIER, parodie-r.
PARODISTE, parodist.
PAROI, parûâ.
PAROISSE, parûas.
PAROISSIAL, E, parûasyal.
PAROISSIAUX, parûasyô-z.
PAROISSIEN, parûasyi.
PAROISSIENNE, parûasyên.
PAROLE, parol.
PAROLI, paroli.
PARONOMASE, paronomâz.
PARONOMASIE, paronomazi.
PARONYME, paronim.
PAROTIDE, parotid.
PAROXYSME, paroksism.
PARPAING, parpi.
PARQUE, park.
PARQUER, parke-r.
PARQUET, parkê-t.
PARQUETAGE, parketaj.
PARQUETER, parkete-r.
PARQUETERIE, parketri.
PARQUETEUR, parketer
PARRAIN, pâri.
PARRICIDE, par'isid.
PARSEMER, parseme-r.
PARSI, parsi.
PART, par.
PARTAGE, partaj.
PARTAGEABLE, partajabl.
PARTAGEANT, partaja-t.
PARTAGER, partaje-r.
PARTANCE, partas.
PARTANT, parta-t.
PARTENAIRE, partenêr.
PARTERRE, partêr.
PARTHENON, parteno.
PARTI, parti.
PARTIAIRE, parsiêr.
PARTIAL, E, parsial.
PARTIALEMENT, parsialma-t.
PARTIALITÉ, parsialite.
PARTIAUX, parsiô-z.
PARTIBUS (IN), partibus (in).
PARTICIPANT, partisipa-t.
PARTICIPANTE, partisipat.
PARTICIPATION, partisipâsio.
PARTICIPE, partisip.
PARTICIPER, partisipe-r.
PARTICULARISER, partikularize-r.
PARTICULARITE, partikularite.
PARTICULE, partikul.
PARTICULIER, partikulie.
PARTICULIÈRE, partikuliêr.
PARTICULIÈREMENT, partikulier-ma-t.
PARTIE, parti.
PARTIEL, LE, parsiêl.
PARTIELLEMENT, parsiêlma-t.
PARTIR, partir.
PARTISAN, partiza.
PARTITIF, partitif.
PARTITION, partisio.
PARTITIVE, partitiv.
PARTNER, partnêr.
PARTOUT, partû-t.
PARURE, parur.
PARVENIR, parvenir.

PARVENU, E, parvenu.
PARVIS, parvi-z.
PAS, pâ-z.
PASCAL, E, paskal.
PASIGRAPHIE, pazigrafi.
PASQUIN, paski.
PASQUINADE, paskinad.
PASSABLE, pâsabl.
PASSABLEMENT, pâsablema-t.
PASSADE, pâsad.
PASSAGE, pâsaj.
PASSAGER, pâsaje.
PASSAGÈRE, pâsajêr.
PASSAGÈREMENT, pâsajêrma-t.
PASSANT, pâsa-t.
PASSANTE, pâsat.
PASSATION, pâsâsio.
PASSAVANT, pâsava-t.
PASSE, pâs.
PASSE-CARREAU, pâskârô.
PASSE-DEBOUT, pâsdebû-t.
PASSE-DIX, pâsdis.
PASSE-DROIT, pâsdrûa-t.
PASSEGER, pâseje-r.
PASSEMENT, pasma-t.
PASSEMENTER, pasmate-r.
PASSEMENTERIE, pasmatri.
PASSEMENTIER, pasmatie.
PASSEMENTIÈRE, pasmatiêr.
PASSE-PARTOUT, pâspartû.
PASSE-PASSE, pâspâs.
PASSE-PIED, pâspie.
PASSE-POIL, pâspûal.
PASSE-PORT, pâspor-t.
PASSER, pâse-r.
PASSERAGE, pâsraj.
PASSEREAU, pâsrô.
PASSERELLE, pâsrêl.
PASSE-ROSE, pâsrôz.
PASSE-TEMPS, pâsta-z.
PASSEUR, pâser.
PASSEUSE, pâséz.
PASSIBILITÉ, pas'ibilite.
PASSIBLE, pas'ibl.
PASSIF, pasif.
PASSION, pâsio.
PASSIONNEMENT, pâsionema-t.
PASSIONNER, pâsione-r.
PASSIVE, pasiv.
PASSIVEMENT, pasivma-t.
PASSOIRE, pâsûar.
PASTEL, pastêl.
PASTÈQUE, pastêk.
PASTEUR, paster.
PASTICHE, pastih.
PASTILLAGE, pastilaj.
PASTILLE, pastil.
PASTORAL, E, pastoral.
PASTORALEMENT, pastoralma-t.
PASTORAUX, pastorô-z.
PASTOUREAU, pastûrô.
PASTOURELLE, pastûrêl.
PAT, pat.
PATACHE, patah.
PATAGON, patago.
PATARAFFE, pataraf.
PATARD, patar.
PATATE, patat.
PATATRAS, patatrâ.
PATAUD, patô.
PATAUDE, patôd.
PATAUGER, patôje-r.
PATE, pat.
PÂTE, pâ't.
PÂTÉ, pâte.
PÂTÉE, pâte.
PATELIN, patli.
PATELINAGE, patlinaj.
PATELINE, patlin.
PATELINER, patline-r
PATELINEUR, patliner.
PATELINEUSE, patlinéz.
PATELLE, patêl.
PATÈNE, patên.
PATENÔTRE, patnôtr.
PATENÔTRIER, patnôtrie.
PATENT, pata-t.
PATENTABLE, patatabl.
PATENTE, patat.
PATENTÉ, E, patate.

Pater, pâtêr.
Patère, patêr.
Paterne, patêrn.
Paternel, le, patêrnêl.
Paternellement, patêrnêlma-t.
Paternité, patêrnite.
Pâteuse, pâtêz.
Pâteux, pâtê-z.
Pathétique, patetik.
Pathétiquement, patetikma-t.
Pathognomonique, patognomonik.
Pathologie, patoloji.
Pathologique, patolojik.
Pathos, pâtôs.
Patibulaire, patibulêr.
Patiemment, pasiama-t.
Patience, pasias.
Patient, pasia-t.
Patiente, pasiat.
Patienter, pasiate-r.
Patin, pati.
Patinage, patinaj.
Patine, patin.
Patiner, patine-r.
Patineur, patinεr.
Patineuse, patinεz.
Pâtir, pâtir.
Pâtis, pâti-z.
Pâtisser, pâtise-r.
Pâtisserie, pâtisri.
Pâtissier, pâtisie.
Pâtissière, pâtisiêr.
Pâtissoire, pâtisûar.
Patois, patûâ-z.
Pâton, pâto.
Patraque, patrak.
Pâtre, pâtr.
Pâtres (ad), pâtrês (ad).
Patriarcal, e, patriarkal.
Patriarcalement, patriarkalma-t.
Patriarcat, pâtriarka-t.
Patriarcaux, patriarkô-z.
Patriarche, patriarh.
Patrice, patris.
Patriciat, patrisya-t.
Patricien, patrisyi.
Patricienne, patrisyên.
Patrie, patri.
Patrimoine, patrimûan.
Patrimonial, e, patrimonial.
Patrimoniaux, patrimoniô-z.
Patriote, patriot
Patriotique, patriotik.
Patriotiquement, patriotikma-t.
Patriotisme, patriotism.
Patron, patro.
Patronage, patronaj.
Patronal, e, patronal.
Patronne, patron.
Patronner, patrone-r.
Patronymique, patronimik.
Patrouille, patrûl.
Patrouiller, patrûle-r.
Patrouillis, patrûli-z.
Patte, pat.
Patte-d'oie, patdûâ.
Pattu, e, patu.
Pâturage, pâturaj.
Pâture, pâtur.
Pâturer, pâture-r.
Paturon, paturo.
Paume, pôm.
Paumelle, pômêl.
Paumer, pôme-r.
Paumier, pômie.
Paumure, pômur.
Paupérisme, pôperism.
Paupière, popiêr.
Pause, pôz.
Pauser, pôze-r.
Pauvre, pôvr.
Pauvrement, pôvrεma-t.
Pauvresse, pôvrês.
Pauvret, pôvrê-t.
Pauvrette, pôvrêt.
Pauvreté, pôvrεte.
Pavage, pavaj.
Pavane, pavan.

Pavaner (se), pavane-r.
Pave, pave.
Pavement, pavma-t.
Paver, pave-r.
Pavesade, pavzad.
Paveur, paver.
Pavie, pavi.
Pavillon, pavilo.
Pavois, pavûâ-z.
Pavoiser, pavûaze-r
Pavot, pavô-t.
Payable, pêyabl.
Payant, pêya-t.
Payante, pêyat.
Paye, pêy.
Payement, pêma-t.
Payen, payi.
Payenne, payên.
Payer, peye-r.
Payeur, pêyer.
Payeuse, pêyêz.
Pays, pei-z.
Paysage, peizaj.
Paysagiste, peizajist.
Paysan, peiza.
Paysanne, peizan.
Paysannerie, peizanri.
Payse, peiz.
Péage, peaj.
Peager, peaje.
Peau, pô.
Peausserie, pôsri.
Peaussier, pôsie.
Peautre, pôtr.
Pec, pêk.
Peccable, pêk'abl.
Peccadille, pekadil.
Peccant, pêk'a-t.
Peccante, pêk'at.
Peccata, pekata.
Peccavi, pek'avi.
Pêche, pêh.
Péche, pehe.
Pécher, pehe-r.
Pêcher, pêhe-r.
Pécheresse, pehrês.
Pêcherie, pêhri.
Pecheur, peher.
Pêcheur, pêher.
Pêcheuse, pêhéz.
Pecore, pekor.
Pecque, pêk.
Pectoral, e, pêktoral.
Pectoraux, pêktorô-z.
Peculat, pekula-t.
Pécule, pekul.
Pecuniaire, pekuniêr.
Pedagogie, pedagoji.
Pedagogique, pedagojik.
Pedagogue, pedagog.
Pédale, pedal.
Pedant, peda-t.
Pédante, pedat.
Pedanterie, pedatri.
Pedantesque, pedatêsk.
Pedantesquement, pedatêske-ma-t.
Pédantisme, pedatism.
Pederaste, pederast.
Pederastie, pederasti.
Pédestre, pedêstr.
Pédestrement, pedêstrema-t.
Pediculaire, pedikulêr.
Pédicule, pedikul.
Pédicure, pedikur.
Pediluve, pediluve.
Pedimane, pediman.
Pédon, pedo.
Pedoncule, pedokul.
Pedonculé, e, pedokule.
Pégase, pegâz.
Peigne, pêg
Peigner, pege-r.
Peigneur, pêger.
Peignoir, pêgûar.
Peignures, pêgur-z.
Peindre, pidr.
Peine, pên.
Peiner, pene-r.
Peintre, pitr.

Peinturage, pituraj.
Peinture, pitur.
Peinturer, piture-r.
Peintureur, piturer.
Pekin, peki.
Pelade, pelad.
Pelage, pelaj.
Pelamide, pelamid.
Pelard, plar.
Pêle-mêle, pêlmêl.
Peler, pele-r.
Pèlerin, pelri.
Pèlerine, pelrin.
Pèlerinage, pelrinaj.
Pélican, pelika.
Pelisse, plis.
Pelle, pêl.
Pellée, pele.
Pellerée, pêlre
Pelletée, pêlte.
Pelleterie, pêltri.
Pelletier, pêltie.
Pelletière, pêltiêr.
Pellicule, pêl'ikul.
Pelote, plot.
Peloter, plote-r.
Peloton, ploto.
Pelotonner, plotone-r.
Pelouse, plûz.
Peltaste, pêltast.
Pelte, pêlt.
Peluche, pluh.
Pelucher, pluhe-r.
Peluche, pluhe.
Pelucheux, pluhé-z.
Pelure, plur.
Pelvien, pelvi.
Pelvienne, pelvyên.
Penaillon, penâlo.
Penal, e, penal.
Pénalité, penalite.
Penard, penar.
Pénates, penat-z.
Penaud, penô.
Penaude, penôd.
Penchant, paha-t.
Penchement, pahma-t.
Pencher, pahe-r.
Pendable, padabl.
Pendaison, padêzo.
Pendant, pada-t.
Pendante, padat.
Pendard, padar.
Pendarde, padard.
Pendeloque, padlok.
Pendentif, padatif.
Pendiller, padile-r.
Pendre, padr.
Pendule, padul.
Pêne, pê'n.
Pénétrabilité, penetrabilite.
Pénétrable, penetrabl.
Pénétrant, penetra-t.
Pénétrante, penetrat.
Pénétratif, penetratif.
Pénétration, penetrâsio.
Pénétrative, penetrativ.
Pénétrer, penetre-r.
Pénible, penibl.
Péniblement, peniblema-t.
Péniche, penih.
Pénicillé, e, penisil'e.
Pénil, penil.
Péninsule, penisul.
Pénitence, penitas.
Pénitencier, penitasie.
Pénitent, penita-t.
Pénitente, penitat.
Pénitentiaire, penitasiér.
Penne, pên.
Pennon, pên'o.
Pénombre, penobr.
Penon, peno.
Pensant, pasa-t.
Pensante, pasat.
Pensée, pase.
Penser, pase-r.
Penseur, paser.
Pensif, pasif.
Pension, pasio.

PENSIONNAIRE, pasionêr.
PENSIONNAT, pasiona-t.
PENSIONNER, pasione-r.
PENSIVÉ, pasiv.
PENSUM, pisom.
PENTAGONE, pitagôn.
PENTATEUQUE, patatêk.
PENTE, pat.
PENTECÔTE, patkot.
PENTURE, patur.
PENULTIÈME, penultiêm.
PENURIE, penuri.
PÉPERIN, pepri.
PÉPIE, pepi.
PEPIN, pepi.
PÉPINIÈRE, pepiniêr.
PEPINIERISTE, pepinierist.
PERCALE, pêrkal.
PERCALINE, pêrkalin.
PERCANT, pêrsa-t.
PERCANTE, pêrsat.
PERCE (EN), pêrs (a).
PERCE-BOIS, pêrsebûa-z
PERCEE, pêrse.
PERCE-FEUILLE, pêrsefel.
PERCEMENT, pêrsema-t.
PERCE-OREILLE, pêrsorêl.
PERCE-PIERRE, pêrsepiêr.
PERCEPTEUR, pêrsêpter.
PERCEPTIBILITE, pêrsêptibilite.
PERCEPTIBLE, pêrsêptibl.
PERCEPTION, pêrsêpsio.
PERCER, pêrse-r.
PERCEVOIR, pêrsevûar.
PERCHE, pêrh.
PERCHER, pêrhe-r.
PERCHOIR, pêrhûar.
PERCLUS, pêrklu-z.
PERCLUSE, pêrkluz.
PERÇOIR, pêrsûar.
PERCUSSION, pêrkusio.
PERDABLE, pêrdabl.
PERDANT, pêrda-t.
PERDITION, pêrdisio.
PERDRE, pêrdr.
PERDREAU, pêrdrô
PERDRIX, pêrdri.
PERE, pêr.
PÉREGRINATION, peregrinâsio.
PEREGRINITÉ, peregrinite.
PEREMPTION, perapsio.
PÉREMPTOIRE. peraptûar.
PÉREMPTOIREMENT, peraptûarma-t.
PERFECTIBILITE, pêrfêktibilite.
PERFECTIBLE, pêrfêktibl.
PERFECTION, pêrfêksio.
PERFECTIONNEMENT, pêrfêksionma-t.
PERFECTIONNER, pêrfêksione-r.
PERFIDE, pêrfid.
PERFIDEMENT, pêrfidma-t.
PERFIDIE, pêrfidi.
PERFOLIÉ, E, pêrfolie.
PERFORATION. pêrforâsio.
PERFORER, pêrfore-r.
PERI, peri
PÉRIANTHE, periat.
PERICARDE, perikard.
PERICARPE, perikarp.
PERICHONDRE, perikodr.
PERICLITER, periklite-r.
PÉRICRÂNE, perikrân.
PÉRIDOT, peridô-t.
PERIDROME, pêridrôm.
PERIGÉE, perije.
PÉRIGUEUX, perigê-z.
PÉRIHÉLIE, perieli.
PERIL, peril.
PÉRILLEUSE, perilêz.
PÉRILLEUSEMENT, perilêzma-t.
PÉRILLEUX, perilê-z.
PÉRIMER, perime-r.
PERIMETRE, perimêtr.
PERINEE, perine.
PERIODE, period.
PERIODICITÉ, periodisite.
PERIODIQUE, periodik.
PÉRIODIQUEMENT, periodikma-t.
PÉRIŒCIENS, periesyi-z.

Périoste, periost.
Périostose, periostôz.
Péripatéticien, peripatetisyi̱.
Péripatéticienne, peripatetisyên.
Péripatétisme, peripatetism.
Péripétie, peripesi.
Périphérie, periferi.
Périphrase, perifrâz.
Périphraser, perifrâze-r.
Péripneumonie, peripnêmoni.
Périptère, periptêr.
Périr, perir.
Périsciens, perisyi̱-z.
Périssable, perisabl.
Péristaltique, peristaltik.
Péristyle, peristil.
Périsystole, perisistol.
Péritoine, peritûan.
Péritonite, peritonit.
Perkale, pêrkal.
Perkaline, pêrkalin.
Perle, pêrl.
Perlé, e, pêrle.
Perlure, pêrlur.
Permanence, pêrmana̱s.
Permanent, pêrmana̱-t.
Permanente, pêrmana̱t.
Perméabilité, pêrmeabilite.
Perméable, pêrmeabl.
Permesse, pêrmês.
Permettre, pêrmêtr.
Permis, pêrmi-z.
Permission, pêrmisio̱.
Permutant, pêrmuta̱-t.
Permutation, pêrmutâsio̱.
Permuter, pêrmute-r.
Pernicieuse, pêrnisiêz.
Pernicieusement, pêrnisiêzma̱-t.
Pernicieux, pêrnisiê-z.
Per obitum, pêr obitom.
Péroné, perone.
Péronnelle, peronêl.
Péroraison, perorêzo̱.
Pérorer, perore-r.
Péroreur, perorɛr.
Pérot, perô-t.
Pérou, perû.
Peroxyde, peroksid.
Perpendiculaire, pêrpa̱dikulêr.
Perpendiculairement, pêrpa̱dikulêrma̱-t.
Perpendicularité, pêrpa̱dikularite.
Perpendicule, pêrpa̱dikul.
Perpétration, pêrpetrâsio̱.
Perpétrer, pêrpetre-r.
Perpétuation, pêrpetuâsio̱.
Perpétuel, le, pêrpetuêl.
Perpétuellement, pêrpetuêlma̱-t.
Perpétuer, pêrpetue-r.
Perpétuité, pêrpetuite.
Perplexe, pêrplêks.
Perplexité, pêrplêksite.
Perquisition, pêrkizisio̱.
Perron, pero̱.
Perroquet, perokê-t.
Perruche, peruh.
Perruque, peruk.
Perruquier, perukie.
Pers, pêr-z.
Perse, pêrs.
Persécutant, pêrsekuta̱-t.
Persécutante, pêrsekuta̱t.
Persécuter, pêrsekute-r.
Persécuteur, pêrsekutɛr.
Persécution, pêrsekusio̱.
Persécutrice, pêrsekutris.
Persée, pêrse.
Persévéramment, pêrseverama̱-t.
Persévérance, pêrsevera̱s.
Persévérant, pêrsevera̱-t.
Persévérante, pêrsevera̱t.
Persévérer, pêrsevere-r.
Persicaire, pêrsikêr.
Persicot, pêrsikô.
Persienne, pêrsyên.
Persiflage, pêrsiflaj.
Persifler, pêrsifle-r.
Persifleur, pêrsiflɛr.
Persifleuse, pêrsiflêz.

Persil, pêrsi.
Persillade, pêrsilad.
Persillé, e, pêrsile.
Persique, pêrsik.
Persistance, pêrsistas.
Persistant, pêrsista-t.
Persistante, pêrsistat.
Persister, pêrsiste-r.
Personnage, pêrsonaj.
Personnalité, pêrsonalite.
Personne, pêrson.
Personnée, pêrsone.
Personnel, le, pêrsonêl.
Personnellement, pêrsonêlma-t.
Personnification, pêrsonifikâsio.
Personnifier, pêrsonifie-r.
Perspectif, pêrspêktif.
Perspective, pêrspêktiv.
Perspicace, pêrspikas.
Perspicacité, pêrspikasite.
Perspicuïté, pêrspikuite.
Perspiration, pêrspirâsio.
Persuader, pêrsuade-r.
Persuasif, pêrsuazif.
Persuasion, pêrsuâzio.
Persuasive, pêrsuaziv.
Perte, pêrt.
Pertinemment, pêrtinama-t.
Pertinence, pêrtinas.
Pertinent, pêrtina-t.
Pertinente, pêrtinat.
Pertuis, pêrtui-z.
Pertuisane, pêrtuizan.
Perturbateur, pêrturbatɛr.
Perturbation, pêrturbâsio.
Perturbatrice, pêrturbatris.
Pervenche, pêrvah.
Pervers, pêrvêr-z.
Perverse, pêrvêrs.
Perversion, pêrvêrsio.
Perversité, pêrvêrsite.
Pervertir, pêrvêrtir.
Pesade, pɛzad.
Pesamment, pɛzama-t.
Pesant, pɛza-t.
Pesante, pɛzat.
Pesanteur, pɛzatɛr.
Pesee, pɛze.
Peser, pɛze-r.
Peseur, pɛzɛr.
Peson, pɛzo.
Pessaire, pêsêr.
Pessimiste, pêsimist.
Peste, pêst.
Pester, pêste-r.
Pestifère, pêstifêr.
Pestiféré, e, pêstifere.
Pestilence, pêstilas.
Pestilent, pêstila-t.
Pestilente, pêstilat.
Pestilentiel, le, pêstilasiêl.
Pet, pê-t.
Petale, petal.
Petalisme, petalism.
Petarade, petarad.
Pétard, petar.
Pétarder, petarde-r.
Petardier, petardie.
Pétaud, petô.
Pétaudière, petôdiêr.
Petechial, petehial.
Petéchies, petehi-z.
Peter, pete-r.
Peteur, petɛr.
Peteuse, petêz.
Petillant, petila-t.
Petillante, petilat.
Pétillement, petilma-t.
Pétiller, petile-r.
Petiole, pesiol.
Petiolé, e, pesiole.
Petit, pɛti-t.
Petite, pɛtit.
Petitement, pɛtitma-t.
Petitesse, pɛtitês.
Pétition, petisio.
Pétitionnaire, petisionêr.
Petitionner, petisione-r.
Pétitoire, petitoar.
Peton, pɛto.

PETONCLE, petokl.
PETRÉE, petre.
PETREL, petrêl.
PÉTRIFIANT, petrifia-t.
PÉTRIFIANTE, petrifiat.
PETRIFICATION, petrifikâsio.
PÉTRIFIER, petrifie-r.
PETRIN, petri.
PETRIR, petrir.
PETRISSAGE, petrisaj.
PÉTRISSEUR, petriser.
PETRISSEUSE, petrisêz.
PETROLE, petrol.
PETTO (IN), pêt'ô (in).
PÉTULAMMENT, petulama-t.
PÉTULANCE, petulas.
PETULANT, petula-t.
PETULANTE, petulat.
PEU, pê.
PEUPLADE, peplad.
PEUPLE, pepl.
PEUPLER, peple-r.
PEUPLIER, peplie.
PEUR, per.
PEUREUSE, perêz.
PEUREUX, perê-z.
PEUT-ÊTRE, petêtr.
PHAETON, faeto.
PHALANGE, falaj.
PHALÈNE, falên.
PHANTASMAGORIE, fatasmagori.
PHARAON, farao.
PHARE, far.
PHARISIEN, farizyi.
PHARMACEUTIQUE, farmasêtik.
PHARMACIE, farmasi.
PHARMACIEN, farmasyi.
PHARMACOPÉE, farmakope.
PHARMACOPOLE, farmakopol.
PHARYNX, fariks
PHASE, fâz.
PHASEOLE, fazeol.
PHEBUS, febus.
PHENICOPTERE, fenikoptêr.
PHENIX, feniks.
PHENOMÉNAL, E, fenomenal.
PHENOMÉNAUX, fenomenô-z.
PHÉNOMÈNE, fenomên.
PHILANTHROPE, filatrop.
PHILANTHROPIE, filatropi.
PHILANTHROPIQUE, filatropik
PHILHARMONIQUE, filarmonik.
PHILHELLÈNE, filelên.
PHILIPPIQUE, filipik.
PHILOLOGIE, filoloji.
PHILOLOGIQUE, filolojik.
PHILOLOGUE, filolog.
PHILOMATHIQUE, filomatik.
PHILOSOPHALE, filozofal.
PHILOSOPHE, filozof.
PHILOSOPHIE, filozofi.
PHILOSOPHIQUE, filozofik.
PHILOSOPHIQUEMENT, filozofikma-t.
PHILOSOPHISME, filozofism.
PHILOTECHNIQUE, filotêknik.
PHILTRE, filtr.
PHLÉBOTOME, flebotom.
PHLÉBOTOMIE, flebotomi.
PHLÉBOTOMISER, flebotomize-r.
PHLEGMASIE, flêgmazi.
PHLEGMATIQUE, flêgmatik.
PHLEGME, flêgm.
PHLEGMON, flêgmo.
PHLEGMONEUSE, flegmonêz.
PHLEGMONEUX, flêgmonê-z.
PHLOGISTIQUE, flojistik.
PHLOGOSE, flogôz.
PHLYCTÈNE, fliktên.
PHŒNICURE, fenikur.
PHOLADE, folad.
PHONIQUE, fonik.
PHOQUE, fok.
PHOSPHATE, fosfat.
PHOSPHORE, fosfor
PHOSPHORESCENCE, fosforês'as.
PHOSPHORESCENT, fosforês'a-t
PHOSPHORESCENTE, fosforês'at.
PHOSPHOREUSE, fosforêz.
PHOSPHOREUX, fosforê-z.

PHOSPHORIQUE, fosforik.
PHRASE, frâz.
PHRASEOLOGIE, frâzeoloji.
PHRASER, frâze-r.
PHRASIER, frâzie.
PHRASEUR, frâzer.
PHRÉNÉSIE, frenezi.
PHRENETIQUE, frenetik.
PHRENIQUE, frenik.
PHRENOLOGIE, frenoloji.
PHTHISIE, ftizi.
PHTHISIQUE, ftizik.
PHYLLITHE, filit.
PHYSICIEN, fizisyi.
PHYSICIENNE, fizisyên.
PHYSIOGNOMONIE, fiziognomoni.
PHYSIOGNOMONIQUE, fiziognomonik.
PHYSIOGRAPHIE, fiziografi.
PHYSIOGRAPHIQUE, fiziografik.
PHYSIOLOGIE, fizioloji.
PHYSIOLOGIQUE, fiziolojik.
PHYSIOLOGISTE, fiziolojist.
PHYSIONOMIE, fizionomi.
PHYSIONOMISTE, fizionomist.
PHYSIQUE, fizik.
PHYSIQUEMENT, fizikma-t.
PHYTOLITHE, fitolit.
PHYTOLOGIE, fitoloji.
PIAFFER, piafe-r.
PIAFFEUR, piafer.
PIAILLER, piâle-r.
PIAILLERIE, piâlri.
PIAILLEUR, piâler.
PIAILLEUSE, piâlêz.
PIANISTE, pianist.
PIANO, pianô.
PIANO-FORTE, pianôforte.
PIASTRE, piastr.
PIAULER, piôle-r.
PIC, pik.
PICA, pika.
PICHOLINE, pikolin.
PICORÉE, pikore.
PICORER, pikore-r.
PICOREUR, pikorer.
PICOT, pikô.
PICOTEMENT, pikotma-t
PICOTER, pikote-r.
PICOTERIE, pikotri.
PICOTIN, pikoti.
PIE, pi.
PIÈCE, piês.
PIED, pie-t (1).
PIEDESTAL, piedêstal
PIEDESTAUX, piedêstô-z.
PIEDOUCHE, piedûh.
PIEGE, piêj.
PIE-MERE, pimêr.
PIERRAILLE, pierâl
PIERRE, piêr.
PIERRÉE, piere.
PIERRERIES, piêrri-z.
PIERRETTE, piêrêt.
PIERREUSE, piêrêz.
PIERREUX, piêrê-z.
PIERRIER, piêrye.
PIERROT, piêro.
PIERRURES, piêrur-z.
PIETE, piete.
PIETINEMENT, pietinma-t.
PIETINER, pietine-r.
PIETISTE, pietist.
PIÉTON, pieto.
PIETRE, piêtr.
PIÈTREMENT, piêtrema-t.
PIÈTRERIE, piêtreri.
PIEU, piê.
PIEUSE, piêz.
PIEUSEMENT, piêzma-t.
PIEUX, piê-z.
PIGEON, pijo.
PIGEONNEAU, pijonô.
PIGEONNIER, pijonie.

(1) La liaison ne se fait que dans les locutions, *De* piet *en cap*, *tenir* piet *a boule*, piet *a terre*, etc.

PIGNE, pig̃.
PIGNOCHER, pig̃ohe-r.
PIGNON, pig̃o.
PIGNORATIF, pignoratif.
PIGNORATIVE, pignorativ.
PIGRIÈCHE, pigriêh.
PILASTRE, pilastr.
PILAU, pilô.
PILE, pil.
PILER, pile-r.
PILEUR, pilɛr.
PILIER, pilye.
PILLAGE, pilaj.
PILLARD, pilar.
PILLARDE, pilard.
PILLER, pile-r.
PILLERIE, pilri.
PILLEUR, pilɛr.
PILON, pilo.
PILONAGE, pilonaj
PILONER, pilone-r.
PILORI, pilori.
PILOTAGE, pilotaj
PILOTE, pilot.
PILOTER, pilote-r.
PILOTIN, piloti.
PILOTIS, piloti-z.
PILULE, pilul.
PIMBÊCHE, pibêh.
PIMENT, pima-t.
PIMPANT, pipa-t.
PIMPANTE, pipat.
PIMPRENELLE, piprɛnêl.
PIN, pi.
PINACLE, pinakl.
PINASSE, pinas.
PINASTRE, pinastr.
PINÇARD, pisar.
PINCE, pis.
PINCEAU, pisô.
PINCÉE, pise.
PINCELIER, pisɛlie.
PINCE-MAILLE, pismâl
PINCER, pise-r.
PINCETTE, pisêt.
PINCHINA, pihina.
PINÇON, piso.
PINDARIQUE, pidarik.
PINDARISER, pidarize-r.
PINDARISEUR, pidarizɛr.
PINDE, pid.
PINÉALE, pineal.
PINEAU, pinô.
PINGOUIN, pigui.
PINNÉE, pine.
PINNE MARINE, pinmarin.
PINNULE, pinul.
PINQUE, pik.
PINSON, piso.
PINTADE, pitad.
PINTE, pit.
PINTER, pite-r.
PIOCHE, pioh.
PIOCHER, piohe-r.
PIOCHEUR, piohɛr.
PIOCHEUSE, piohɛ̂z.
PIOLER, piôle-r.
PION, pio.
PIONNER, pione-r
PIONNIER, pionie.
PIPE, pip.
PIPEAU, pipô.
PIPÉE, pipe.
PIPER, pipe-r.
PIPERIE, pipri.
PIPEUR, pipɛr.
PIPEUSE, pipɛ̂z.
PIQUANT, pika-t.
PIQUANTE, pikat.
PIQUE, pik.
PIQUÉ, pike.
PIQUE-NIQUE, piknik.
PIQUER, pike-r.
PIQUET, pikê-t.
PIQUETTE, pikêt.
PIQUEUR, pikɛr.
PIQUEUSE, pikɛ̂z.
PIQUIER, pikie.
PIQÛRE, pikur.
PIRATE, pirat.

Pirater, pirate-r.
Piraterie, piratri.
Pir, pir.
Pirogue, pirog.
Pirole, pirol.
Pirouette, pirùèt.
Pirouetter, pirùete-r.
Pirrhonien, pironyi.
Pirrhonienne, pironyèn.
Pirrhonisme, pironism.
Pis, pi-z.
Piscine, pisin.
Pisé, pize.
Pissasphalte, pisasfalt.
Pissat, pisa.
Pissement, pisma-t.
Pissenlit, pisali-t.
Pisser, pise-r.
Pisseur, piser.
Pisseuse, pisêz.
Pissoir, pisùar.
Pissoter, pisote-r.
Pissotière, pisotiêr.
Pistache, pistah.
Pistachier, pistahie.
Piste, pist.
Pistil, pistil.
Pistole, pistol.
Pistolet, pistolê-t.
Piston, pisto.
Pitance, pitas.
Pite, pit.
Piteuse, pitêz.
Piteusement, pitêzma-t.
Piteux, pitê-z.
Pitié, pitie.
Piton, pito.
Pitoyable, pitùayabl.
Pitoyablement, pitùayablema-t.
Pittoresque, pitorêsk.
Pittoresquement, pitorêskema-t.
Pituitaire, pituitêr.
Pituite, pituit.
Pituiteuse, pituitêz.
Pituiteux, pituitê-z.

Pivert, pivêr.
Pivoine, pivùan.
Pivot, pivô.
Pivotant, pivota-t.
Pivotante, pivotat.
Pivoter, pivote-r.
Pizzicato, pidzikatô.
Placage, plakaj.
Placard, plakar.
Placarder, plakarde-r.
Place, plas.
Placement, plasma-t
Placenta, plasita.
Placer, plase-r.
Placet, plasê-t.
Placeur, plaser.
Placeuse, plasêz.
Placide, plasid.
Placidité, plasidite.
Placidement, plasidma-t.
Plafond, plafo.
Plafonnage, plafonaj.
Plafonner, plafone-r.
Plafonneur, plafoner.
Plage, plaj.
Plagiaire, plajyêr.
Plagiat, plajya-t.
Plaidable, plêdabl.
Plaidant, plêda-t.
Plaidante, plêdat.
Plaider, plede-r.
Plaideur, plêder.
Plaideuse, plêdêz.
Plaidoirie, plêdùari.
Plaidoyer, plêdùaye.
Plaie, plê.
Plaignant, plêga-t
Plaignante, plêgat.
Plain, pli.
Plaindre, plidr.
Plaine, plên.
Plainte, plit.
Plaintif, plitif.
Plaintive, plitiv.
Plaintivement, plitivma-t.

Plaire, plêr.
Plaisamment, plêzama-t.
Plaisance, plêzas.
Plaisant, plêza-t.
Plaisante, plêzat.
Plaisanter, plêzate-r.
Plaisanterie, plêzatri.
Plaisir, plezir.
Plamée, plame.
Plan, pla.
Planche, plah.
Planchéier, plaheye-r.
Plancher, plahe.
Planchette, plahêt.
Plançon, plaso.
Plane, plan.
Planer, plane-r.
Planétaire, planetêr.
Planète, planêt.
Planeur, planer.
Planimétrie, planimetri.
Planisphère, planisfêr.
Plant, pla-t.
Plantage, plataj.
Plantain, plati.
Plantard, platar.
Plantation, platâsio.
Plante, plat.
Planter, plate-r.
Planteur, plater.
Plantoir, platûar.
Plantule, platul.
Plantureuse, platurêz.
Plantureusement, platurêzma-t.
Plantureux, platurê-z
Planure, planur.
Plaque, plak.
Plaqueminier, plakminie.
Plaquer, plake-r.
Plaquette, plakêt
Plaqueur, plaker.
Plastique, plastik.
Plastron, plastro.
Plastronner, plastrone-r.
Plat, pla-t.
Platane, platan.
Plataniste, platanist.
Plat-bord, plabor.
Plateau, platô.
Plate bande, platbad.
Platée, plate.
Plate-forme, platform.
Plate-longe, platloj.
Platement, platma-t.
Plateure, platur.
Platine, platin.
Platitude, platitud.
Platonicien, platonisyi
Platonicienne, plâtonisyên.
Platonique, platonik.
Platonisme, platonism.
Plâtrage, plâtraj.
Plâtras, plâtrâ-z.
Plâtre, plâtr.
Plâtrer, plâtre-r.
Plâtreuse, plâtrêz.
Plâtreux, platrê-z.
Plâtrier, plâtrie.
Plâtrière, plâtriêr.
Plausibilité, plôzibilite.
Plausible, plôzibl.
Plausiblement, plôziblema-t.
Plèbe, plêb.
Plébéien, plebeyi.
Plébéienne, plebeyên.
Plébiscite, plebisit.
Pléiades, pleyad-z.
Plein, pli.
Pleine, plên.
Pleinement, plênma-t.
Plénière, plenîêr.
Plénipotentiaire, plenipotasiêr
Plénitude, plenitud.
Pléonasme, pleonasm.
Pléthore, pletor.
Pléthorique, pletorik.
Pleurant, plera-t.
Pleurante, plerat.
Pleurard, plerar.

PLEURARDE, plɛrard.
PLEURE, plɛr.
PLEURER, plɛre-r.
PLEURÉSIE, plɛ̂rezi
PLEUREUR, plɛrɛr.
PLEUREUSE, plɛrɛ̂z.
PLEURNICHER, plɛrnihe-r.
PLEURNICHEUR, plɛrnihɛr.
PLEURNICHEUSE, plɛrnihɛ̂z.
PLEUROPNEUMONIE, plɛ̂ropnɛ̂mooi.
PLEURS, plɛr-z.
PLEUTRE, plɛ̂tr.
PLEUVOIR, plɛvdar.
PLÈVRE, plɛ̂vr.
PLEYON, pleyo.
PLI, pli.
PLIABLE, pliabl.
PLIAGE, pliaj.
PLIANT, plia-t.
PLIANTE, pliat.
PLICA, plika.
PLICATILE, plikatil.
PLIE, pli.
PLIÉ, plie.
PLIER, plie-r.
PLIEUR, plier.
PLIEUSE, pliêz.
PLINTHE, plit.
PLIOIR, plidar.
PLIQUE, plik.
PLISSEMENT, plisma-t
PLISSER, plise-r.
PLISSURE, plisur.
PLOC, plok.
PLOMB, p'o.
PLOMBAGE, plobaj
PLOMBAGINE, plobajin.
PLOMBER, plobe-r.
PLOMBERIE, plobri.
PLOMBIER, plobie.
PLONGEANT, ploja-t.
PLONGEANTE, plojat.
PLONGEON, plojo.
PLONGER, ploje-r.
PLONGEUR, plojɛr.
PLOYER, pldaye-r.
PLUCHE, pluh.
PLUIE, plui.
PLUMAGE, plumaj.
PLUMASSEAU, plumasô.
PLUMASSERIE, plumasri.
PLUMASSIER, plumasie.
PLUMASSIÈRE, plumasiêr.
PLUME, plum.
PLUMEAU, plumô.
PLUMÉE, plume.
PLUMER, plume-r.
PLUMET, plumê-t.
PLUMETIS, plumti-z.
PLUMITIF, plumitif.
PLUPART (LA), plupar.
PLURIEL, LE, pluriêl.
PLUS, plu-z (1).
PLUSIEURS, pluzier-z.

(1) La prononciation de *plus* devant une consonne varie ou peut varier selon les cas. — *Plus* se prononce toujours *plu*, quelle que soit sa position dans la phrase : 1° dans l'expression d'une négation ou d'une cessation d'action : Plu *de jeux; je n'aime* plu *la campagne, je n'y vais* plu; *je ne veux* plu *qu'on me loue;* 2° quand il indique une progression : Plu *je le vois*, plu *je l'estime;* 3° lorsque dans une comparaison il n'est pas immédiatement suivi de *que : Ta sœur est* plu *gracieuse que la mienne.* — Mais quand le mot *que* suit immédiatement *plus* dans un comparatif, il faut nécessairement prononcer *plus : Je mange* plus *que vous; il travaille* plus *que toi.* — *Plus*, signifiant *en outre*, se prononce également *plus : Un fauteuil*, plus *quatre chaises;* plus, *la somme de...* Il en est de même dans les locutions *de* plus *je dis* plus, *il y a* plus. — *Plus*, précédé de *le* dans un superlatif relatif et

Plus-value, pluvalu.
Plutôt, plutô-t.
Pluvial, e, pluvial.
Pluviaux, pluviô-z.
Pluvier, pluvie.
Pluvieuse, pluviêz.
Pluvieux, pluviê-z.
Pluviôse, pluviôz.
Pneumatique, pnématik.
Pneumonie, pnêmoni.
Pneumonique, pnêmonik.
Pochade, pohad.
Poche, poh.
Pocher, pohe-r
Pocheter, pohte-r.
Pochette, pohêt.
Podagre, podagr.
Podestat, podêsta-t.
Poêle, pûâl.
Poêlier, pûâlie.
Poêlon, pûâlo̱.
Poeme, poêm.
Poésie, poezi.
Poete, poêt.
Poetereau, poetrô.
Poétique, poetik.
Poétiquement, poetikma̱-t.
Poetiser, poetize-r.
Poids, pûâ-z.
Poignant, pûaga̱-t.
Poignante, pûaga̱t.
Poignard, pûagar.
Poignarder, pûagarde-r.
Poignee, pûage.
Poignet, pûagê-t.
Poil, pûal.
Poilu, e, pûalu.
Poinçon, pûiso̱.
Poinçonner, pûisone-r.
Poindre, pûidr.
Poing, pûi̱.
Point, pûi̱-t.
Pointage, pûi̱taj.
Pointal, pûi̱tal.
Pointe, pûi̱t.
Pointement, pûi̱tma̱-t.
Pointer, pûi̱te-r.
Pointeur, pûi̱tœr.
Pointillage, pûi̱tilaj.
Pointiller, pûi̱tile-r
Pointillerie, pûi̱tilrie.
Pointilleuse, pûi̱tilêz.
Pointilleux, pûi̱tilê-z.
Pointu, e, pûi̱tu.
Pointure, pûi̱tur.
Poire, pûar.
Poiré, pûare.
Poireau, pûarô.
Poirée, pûare.
Poirier, pûarie.
Pois, pûâ-z.
Poison, pûazo̱.
Poissard, pûasar.
Poissarde, pûasard.
Poisser, pûase-r.
Poisseuse, pûasêz.
Poisseux, pûasê-z.
Poisson, pûaso̱.
Poissonnaille, pûasonâl̲
Poissonnerie, pûasonri.

quand il ne termine pas la phrase, dans un superlatif absolu, se prononce *plu : L'or est le* plu *précieux des métaux, parce qu'il en est le* plu *pur.* — Mais quand il termine la phrase au superlatif absolu, il se prononce *plus C'est toujours vous que j'aime le* plus. — *Plus* dans quelques locutions adverbiales et *le plus*, employé substantivement, se prononcent indifféremment *plu* ou *plus : Tout au* plu ou *tout au* plus; *le* plu *que je puisse faire* ou *le* plus. Mais il faut dire *le plu-paye, la plu-value.* — Devant une voyell *plus* se prononce invariablement *pluz*, même dans tous les cas où devant une consonne on devrait prononcer *plus*.

Poissonneuse, pûasonêz.
Poissonneux, pûasoné-z.
Poissonnier, pûasonie.
Poissonnière, pûasonièr.
Poitrail, pûatral.
Poitrinaire, pûatrinêr.
Poitrine, pûatrin.
Poivrade, pûavrad.
Poivre, pûavr.
Poivrer, pûavre-r.
Poivrier, pûavrie.
Poivrière, pûavrièr.
Poix, pûâ-z.
Polacre, polakr.
Polaire, polêr.
Polarisation, polarizâsio.
Polariser, polarize-r.
Polarité, polarite.
Polder, poldêr.
Pôle, pôl.
Polémarque, polemark.
Polémique, polemik.
Poli, e, poli.
Police, polis.
Policer, polise-r.
Polichinelle, polihinêl.
Poliment, polima-t.
Polir, polir.
Polissage, polisaj.
Polisseur, poliser.
Polisseuse, polisêz.
Polissoir, polisûar.
Polissoire, polisûar.
Polisson, poliso.
Polissonne, polison.
Polissonner, polisone-r.
Polissonnerie, polisonri.
Polissure, polisur.
Politesse, politês.
Politique, politik.
Politiquement, politikma-t.
Politiquer, politike-r.
Pollen, pol'èn.
Pollicitation, pol'isitasio.
Polluer, pol'ue-r.
Pollution, pol'usio.
Poltron, poltro.
Poltronne, poltron.
Poltronnerie, poltronri.
Polyadelphie, poliadelfi.
Polyandrie, poliadri.
Polyèdre, poliêdr.
Polygame, poligam.
Polygamie, poligami.
Polyglotte, poliglot.
Polygone, poligôn.
Polygraphe, poligraf.
Polygraphie, poligrafi.
Polynôme, polinôm.
Polype, polip.
Polypétale, polipetal.
Polypeuse, polipêz.
Polypeux, polipé-z.
Polypier, polipie.
Polypode, polipod.
Polystyle, polistil.
Polysyllabe, polisil'ab
Polysynodie, polisinodi.
Polytechnique, politêknik.
Polythéisme, politeism.
Pommade, pomad.
Pommader, pomade-r.
Pomme, pom.
Pommeau, pomô.
Pommeler (se), pomle-r.
Pommelle, pomêl.
Pommer, pome-r.
Pommeraie, pomrê.
Pommette, pomêt.
Pommier, pomie.
Pompe, pop.
Pomper, pope-r.
Pompeuse, popêz.
Pompeusement, popézma-t.
Pompeux, popê-z.
Pompier, popie.
Pompon, popo.
Pomponner, popone-r.
Ponant, pona-t.
Ponce, pos.

PONCEAU, posô.
PONCER, pose-r.
PONCIRE, posir.
PONCIS, posi-z.
PONCTION, poksio.
PONCTUALITÉ, poktualite.
PONCTUATION, poktuâsio.
PONCTUEL, LE, poktuêl.
PONCTUELLEMENT, poktuêlma-t.
PONCTUER, poktue-r.
PONDAGE, podaj.
PONDÉRABLE, poderabl.
PONDÉRATION, poderâsio.
PONDÉRER, podere-r.
PONDEUSE, podêz.
PONDRE, podr.
PONGO, pogo.
PONT, po-t (1).
PONTE, pot.
PONTÉ, E, pote.
PONTER, pote-r.
PONTET, potê-t.
PONTIFE, potif.
PONTIFICAL, E, potifikal.
PONTIFICALEMENT, potifikalma-t.
PONTIFICAT, potifika-t.
PONTIFICAUX, potifikô-z.
PONTON, poto.
PONTONAGE, potonaj.
PONTONNIER, potonie.
PONTUSEAU, potuzô.
POPE, pop.
POPELINE, poplin.
POPLITE, E, poplite
POPULACE, populas.
POPULACIER, populasie
POPULACIÈRE, populasièr.
POPULAIRE, populèr.
POPULAIREMENT, populèrma-t.
POPULARISER, popularize-r.
POPULARITÉ, popularite.
POPULATION, populâsio.
POPULÉUM, populeom
POPULEUSE, populêz.
POPULEUX, populê-z.
PORACE, E, porase.
PORC, por-k (2).
PORC-ÉPIC, porkepik.
PORCELAINE, porsɛlên.
PORCHE, porh.
PORCHER, porhe.
PORCHÈRE, porhêr.
PORCHERIE, porhri.
PORE, por.
POREUSE, porêz.
POREUX, porê-z.
POROSITÉ, porôzite.
PORPHYRE, porfir.
PORPHYRISATION, porfirizâsio.
PORPHYRISER, porfirize-r.
PORPHYROGÉNÈTE, porfirojenêt.
PORREAU, porô.
PORT, por-t.
PORTABLE, portabl.
PORTAGE, portaj.
PORTAIL, portal.
PORTANT, porta-t.
PORTANTE, portat.
PORTATIF, portatif.
PORTATIVE, portativ.
PORTE, port.
PORTÉE, porte.
PORTEMENT, portɛma-t.
PORTER, porte-r.
PORTE-BALLE, portɛbal.
PORTE-CRAYON, portɛkrèyo

(1) La liaison ne se fait guère qu'avec un adjectif, et il convient, même dans ce cas, de s'en abstenir quelquefois. On dit : *Un* pot élevé ; mais il y aurait une affectation choquante à dire : *Un* pot *étroit*. On dit aussi : *Le* pot *aux ânes*, *le* pot *aux biches*. Mais jamais de liaison avec un verbe.

(2) On prononce *pork* lorsque ce mot finit la phrase.

PORTE-DRAPEAU, portɛdrapô.
PORTE-ENSEIGNE, portasêg̃.
PORTE-ÉTENDARD, portetadar.
PORTEFAIX, portɛfê
PORTEFEUILLE, portɛfɛl.
PORTE-MANTEAU, portematô.
PORTE-MOUSQUETON, portɛmùskɛto.
PORTE-VOIX, portɛvùâ-z.
PORTEUR, portɛr.
PORTEUSE, portëz.
PORTIER, portie.
PORTIÈRE, portiêr.
PORTION, porsio.
PORTIONCULE, porsiokul.
PORTIQUE, portik.
PORTOR, portor.
PORTRAIRE, portrêr.
PORTRAIT, portrê-t.
PORTRAITURE, portrêtur.
POSAGE, pôzaj.
POSE, pôz.
POSE, E, pôze.
POSÉMENT, pôzema-t.
POSER, pôze-r.
POSEUR, pôzɛr.
POSITIF, pôzitif.
POSITION, pôzisio.
POSITIVE, pôzitiv.
POSITIVEMENT, pôzitivma-t.
POSPOLITE, pospolit.
POSSEDER, posede-r.
POSSESSEUR, posês'ɛr.
POSSESSIF, posês'if.
POSSESSION, posêsio.
POSSESSOIRE, posês'ùar
POSSIBILITE, pos'ibilite.
POSSIBLE, posibl.
POSTAL, E, postal.
POSTCOMMUNION, postkomunio
POSTDATE, postɛdat.
POSTDATER, postɛdate-r.
POSTE, post.
POSTER, poste-r.
POSTERIEUR, E, posteriɛr.
POSTÉRIEUREMENT, posteriɛrma-t.
POSTERIORI (à), posteriori (a).
POSTÉRIORITÉ, posteriorite.
POSTÉRITÉ, posterite.
POSTFACE, postfas.
POSTHUME, postum.
POSTICHE, postih.
POSTILLON, postilo.
POST-SCRIPTUM, poskriptom.
POSTULANT, postula-t.
POSTULANTE, postulat.
POSTULATION, postulâsio.
POSTULER, postule-r.
POSTURE, postur.
POT, pô-t.
POTABLE, potabl.
POTAGE, potaj.
POTAGER, potaje
POTAGÈRE, potajêr.
POTASSE, potas.
POTASSIUM, potasiom.
POTEAU, potô.
POTÉE, pote.
POTELÉ, E, potle.
POTELET, potlê-t.
POTENCE, potas.
POTENTAT, potata-t.
POTENTIEL, LE, potasiêl.
POTERIE, potri.
POTERNE, potêrn
POTIER, potie.
POTIN, poti.
POTION, pôsio.
POTIRON, potiro
POU, pû
POUCE, pûs.
POUCETTES, pûsêt-z.
POUCIER, pûsie
POU-DE-SOIE, pûdsûâ
POUDING, pûdig̃.
POUDINGUE, pûdig̃.
POUDRE, pûdr.
POUDRER, pûdre-r.
POUDRERIE, pûdrɛri
POUDRETTE, pûdrêt.

POUDREUSE, pûdrêz.
POUDREUX, pûdrê-z.
POUDRIER, pûdrie.
POUDRIÈRE, pûdrièr.
POUF, pûf.
POUFFER, pûfe-r.
POUILLER, pûle-r.
POUILLES, pûl-z.
POUILLEUSE, pûlêz.
POUILLEUX, pûlê-z.
POULAILLER, pûlâle.
POULAIN, pûli.
POULAINE, pûlên.
POULARDE, pûlard.
POULE, pûl.
POULET, pûlê-t.
POULETTE, pûlêt.
POULEVRIN, pûlvri.
POULICHE, pûlih.
POULIE, pûli.
POULIN, pûli.
POULINE, pûlin.
POULINER, pûline-r.
POULINIÈRE, pûlinièr.
POULIOT, pûliô-t.
POULPE, pûlp.
POULS, pû-z.
POUMON, pûmo.
POUPARD, pûpar.
POUPART, pûpar.
POUPE, pûp.
POUPÉE, pûpe.
POUPIN, pûpi.
POUPINE, pûpin.
POUPON, pûpo.
POUPONNE, pûpon.
POUR, pûr.
POURBOIRE, pûrbûar.
POURCEAU, pûrsô.
POURCHASSER, pûrhase-r
POURFENDEUR, pûrfader.
POURFENDRE, pûrfadr.
POURIR, pûrir.
POURISSAGE, pûrisaj.
POURISSOIR, pûrisûar.
POURITURE, pûritur.
POURPARLER, pûrparle.
POURPIER, pûrpie.
POURPOINT, pûrpûi-t.
POURPRE, pûrpr.
POURPRÉ, E, pûrpre.
POURPRIS, pourpri-z.
POURQUOI, pûrkûa.
POURRIR, pûrir.
POURRISSAGE, pûrisaj.
POURRISSOIR, pûrisûar.
POURRITURE, pûritur
POURSUITE, pûrsuit.
POURSUIVANT, pûrsuiva-t
POURSUIVRE, pûrsuivr.
POURTANT, pûrta-t.
POURTOUR, pûrtûr.
POURVOI, pûrvûâ.
POURVOIR, pûrvûar.
POURVOYEUR, pûrvûayer.
POURVOYEUSE, pûrvûayêz.
POURVU, pûrvu.
POUSSE, pûs.
POUSSE-CUL, pûsku.
POUSSÉE, pûse.
POUSSE-PIEDS, pûspie-z.
POUSSER, pûse-r.
POUSSETTE, pûsêt.
POUSSIER, pûsie.
POUSSIÈRE, pûsièr.
POUSSIF, pûsif.
POUSSIVE, pûsiv
POUSSOIR, pûsûar.
POUSSOLANE, pûdzola'n.
POUT-DE-SOIE, pûdsûâ.
POUTRE, pûtr.
POUTRELLE, pûtrêl.
POUVOIR, pûvûar.
POUZZOLANE, pûdzola'n.
PRAGMATIQUE, pragmatik.
PRAIRIAL, prêrial.
PRAIRIE, prêri.
PRALINE, prâlin.
PRALINER, prâline-r.
PRAME, pram.

PRATICABLE, pratikabl.
PRATICIEN, pratisyi.
PRATICIENNE, pratisyèn.
PRATIQUE, pratik.
PRATIQUEMENT, pratikma-t.
PRATIQUER, pratike-r.
PRÉ, pre.
PRÉADAMITES, preadamit-z.
PREALABLE, prealabl.
PREALABLEMENT, prealablema-t.
PREAMBULE, preabul.
PRÉAU, preô.
PRÉBENDE, prebad.
PREBENDIER, prebadie.
PRÉCAIRE, prekêr.
PRÉCAIREMENT, prekêrma-t.
PRECAUTION, prekôsio.
PRÉCAUTIONNER, prekôsione-r.
PRECEDEMMENT, presedama-t.
PRÉCEDENT, preseda-t.
PRÉCÉDENTE, presedat.
PRÉCEDER, presede-r.
PRÉCEINTE, presit.
PRÉCEPTE, presêpt.
PRECEPTEUR, presêpter.
PRÉCEPTORAL, E, presêptoral.
PRÉCEPTORAT, presêptora-t.
PRECESSION, presêsio.
PRÊCHE, prêh.
PRÊCHER, prehe-r.
PRÊCHEUR, prêher.
PRÊCHEUSE, prêhêz.
PRECIEUSE, presiêz.
PRECIEUSEMENT, presiêzma-t.
PRECIEUX, presiê-z.
PRECIOSITE, presiôzite.
PRECIPICE, presipis.
PRÉCIPITAMMENT, presipitama-t.
PRÉCIPITANT, presipita-t.
PRECIPITATION, presipitâsio.
PRÉCIPITÉ, presipite.
PRÉCIPITER, presipite-r.
PRECIPUT, presiput.
PRECIS, presi-z.
PRECISE, presiz.
PRECISEMENT, presizema-t.
PRECISER, presize-r.
PRECISION, presizio.
PRECITÉ, E, presite.
PRECOCE, prekos.
PRECOCITÉ, prekosite.
PRÉCOMPTER, prekote-r.
PRECONÇU, E, prekosu.
PRÉCONISATION, prekonizâsio.
PRÉCONISER, prekonize-r.
PRÉCORDIAL, E, prekordial.
PRÉCORDIAUX, prekordiô-z.
PRÉCURSEUR, prekurser.
PREDÉCÉDER, predesede-r.
PREDECÈS, predesê-z.
PRÉDÉCESSEUR, predesêser.
PREDESTINATION, predêstinâsio
PRÉDESTINER, predêstine-r.
PREDETERMINANT, predetêrmina-t.
PREDÉTERMINANTE, predetêrminat
PRÉDETERMINATION, predetêrminâsio.
PRÉDETERMINER, predetêrmine-r.
PRÉDICANT, predika-t.
PRÉDICATEUR, predikater.
PRÉDICATION, predikâsio.
PREDICTION, prediksio.
PRÉDILECTION, predilêksio.
PREDIRE, predir.
PRÉDISPOSANT, predispôza-t.
PRÉDISPOSANTE, predispôzat.
PRÉDISPOSER, predispôze-r.
PRÉDISPOSITION, predispôzisio
PREDOMINANCE, predominas.
PRÉDOMINANT, predomina-t.
PREDOMINANTE, predominat.
PREDOMINER, predomine-r.
PREEMINENCE, preeminas.
PREEMINENT, preemina-t.
PREEMINENTE, preeminat.
PREÉTABLIR, preetablir.
PREEXISTANT, preegzista-t.
PREEXISTANTE, preegzistat.
PRÉEXISTENCE, preegzistas.
PREEXISTER, preegziste-r.

PREFACE, prefas.
PRÉFECTURE, prefèktur.
PRÉFÉRABLE, preferabl.
PRÉFÉRABLEMENT, preferablema-t.
PRÉFÉRENCE, preferas.
PRÉFÉRER, prefere-r.
PRÉFET, prefè-t.
PRÉFIX, E, prefiks.
PREFIXION, prefiksio.
PRÉJUDICE, prejudis.
PRÉJUDICIABLE, prejudisiabl.
PRÉJUDICIAUX, prejudisiô-z.
PRÉJUDICIEL, LE, prejudisièl.
PRÉJUDICIER, prejudisie-r.
PRÉJUGÉ, prejuje.
PRÉJUGER, prejuje-r.
PRÉLASSER (SE), prelase-r.
PRÉLAT, prela-t.
PRÉLATION, prelâsio.
PRÉLATURE, prelatur.
PRÊLE, prêl.
PRÉLÈVEMENT, prelêvma-t.
PRÉLEVER, prelve-r.
PRÉLIMINAIRE, preliminêr.
PRÉLIMINAIREMENT, preliminêr-ma-t.
PRÉLUDE, prelud.
PRÉLUDER, prelude-r.
PRÉMATURÉ, E, prematuré.
PRÉMATURÉMENT, prematurema-t.
PRÉMATURITÉ, prematurite.
PRÉMÉDITATION, premeditâsio.
PRÉMÉDITER, premedite-r.
PRÉMICES, premis-z.
PREMIER, premie.
PREMIÈRE, premièr.
PREMIÈREMENT, premièrma-t.
PRÉMISSES, premis-z.
PRÉMONTRÉS, premotre-z.
PRÉMOTION, premôsio.
PRÉMUNIR, premunir.
PRENABLE, prenabl.
PRENANT, prena-t.
PRENANTE, prenat.
PRENDRE, pradr.
PRENEUR, prener.
PRENEUSE, prenêz.
PRÉNOM, preno.
PRÉNOTION, prenôsio.
PRÉOCCUPATION, preokupâsio.
PRÉOCCUPER, preokupe-r.
PRÉOPINANT, preopina-t.
PRÉOPINER, preopine-r.
PRÉPARANT, prepara-t.
PRÉPARATIF, preparatif.
PRÉPARATION, preparâsio.
PRÉPARATOIRE, preparatûar.
PRÉPARER, prepare-r.
PRÉPONDÉRANCE, prepoderas.
PRÉPONDÉRANT, prepodera-t.
PRÉPONDÉRANTE, prepoderat.
PRÉPOSÉ, E, prepôze.
PRÉPOSER, prepôze-r.
PRÉPOSITIF, prepôzitif.
PRÉPOSITION, prepôzisio.
PRÉPOSITIVE, prepôzitiv.
PRÉPUCE, prepus.
PRÉROGATIVE, prerogativ.
PRÈS, prê.
PRÉSAGE, prezaj.
PRÉSAGER, prezaje-r.
PRESBYTE, prêzbit.
PRESBYTÈRE, prêzbitêr.
PRESBYTÉRIANISME, prêzbiteryanism.
PRESBYTÉRIEN, prêzbiteryi.
PRESBYTÉRIENNE, prêzbiteryên.
PRESCIENCE, presias.
PRESCRIPTIBLE, prêskriptibl.
PRESCRIPTION, prêskripsio.
PRESCRIRE, prêskrir.
PRÉSÉANCE, preseas.
PRÉSENCE, prezas.
PRÉSENT, preza-t.
PRÉSENTE, prezat.
PRÉSENTABLE, prezatabl.
PRÉSENTATEUR, prezatater.
PRÉSENTATION, prezatâsio.
PRÉSENTATIVE, prezatativ.
PRÉSENTEMENT, prezatma-t.

Presenter, prezate-r.
Préservateur, prezêrvater.
Préservatif, prezêrvatif.
Préservative, prezêrvativ.
Préservatrice, prezêrvatris.
Préserver, prezêrve-r.
Présidence, prezidas.
Président, prezida-t.
Présidente, prezidat.
Présider, prezide-r.
Présides, prezid-z.
Présidial, prezidial.
Présidialement, prezidialma-t
Presidiaux, prezidiô-z.
Presle, prêl.
Présomptif, prezoptif.
Présomption, prezopsio.
Presomptive, prezoptiv
Presomptueuse, prezoptuêz.
Presomptueusement, prezoptuêzma-t.
Présomptueux, prezoptuê-z.
Presque, prêsk-ɛ (1).
Presqu'île, prêskil.
Pressant, prêsa-t.
Pressante, prêsat.
Presse, prês.
Pressentiment, presatima-t.
Pressentir, presatir.
Presser, prese-r.
Pressier, presie.
Pression, prêsio.
Pressoir, prêsŭar.
Pressurage, prêsuraj.
Pressurer, prêsure-r.
Pressureur, prêsurɛr.
Prestance, prêstas.
Prestant, prêsta-t.
Prestation, prêstâsio.
Preste, prêst.
Prestement, prêstɛma-t.
Prestesse, prêstês.
Prestidigitateur, prêstidijitatêr.
Prestige, prêstij.
Prestigieuse, prêstijyêz.
Prestigieux, prêstijyê-z.
Presto, prêstô.
Prestolet, prêstolê-t.
Présumable, prezumabl.
Présumer, prezume-r.
Présupposer, presupôze-r.
Présupposition, presupôzisio.
Présure, presur.
Prêt, prê-t.
Prête, prêt.
Pretantaine, pretatêu.
Prétendant, pretada-t.
Prétendante, pretadat.
Pretendre, pretadr.
Prête-nom, prêtno.
Pretentaine, pretatên.
Prétentieuse, pretasiêz.
Prétentieux, pretasiê-z.
Prétention, pretasio.
Prêter, prete-r.
Prétérit, preterit.
Prétérition, preterisio.
Préteur, preter.
Prêteur, prêtɛr.
Prêteuse, prêtêz.
Prétexte, pretêkst.
Prétexter, pretêkste-r.
Pretintailles, pretitâl-z
Prétoire, pretŭar.
Prétorien, pretoryi.
Prétorienne, pretoryên.
Prêtraille, prêtrâl.
Prêtre, prêtr.
Prêtresse, prêtrês.
Prêtrise, prêtriz.
Préture, pretur.
Preuve, prɛv.
Preux, prê-z.
Prévaloir, prevalŭar.
Prévaricateur, prevarikatɛr.
Prévarication, prevarikâsio.

1) Le ɛ se fait sentir quand le mot suivant commence par une consonne.

Prévaricatrice, prevarikatris.
Prévariquer, prevarike-r.
Prévenance, prevnas.
Prévenant, prevna-t.
Prévenante, prevnat.
Prévenir, prevnir.
Préventif, prevatif.
Prévention, prevasio.
Préventive, prevativ.
Préventivement, prevativma-t.
Prévision, previzio.
Prévoir, prevûar.
Prevôt, prevô.
Prévôtal, e, prevotal.
Prévôtalement, prevotalma-t.
Prévôtaux, prevotô-z.
Prévôté, prevôte.
Prévoyance, prevûayas.
Prévoyant, prevûaya-t.
Prévoyante, prevûayat.
Priapée, priape.
Priapisme, priapism.
Prie-Dieu, pridiê
Prier, priye-r.
Prière, priyêr.
Prieur, e, prier.
Prieuré, priere.
Primage, primaj.
Primaire, primêr.
Primat, prima-t.
Primatial, e, primasial.
Primatie, primasi.
Primauté, primôte.
Prime, prim.
Prime abord (de), primabor.
Primer, prime-r.
Prime saut (de), primsô-t.
Prime-sautier, primsôtie.
Prime-sautiere, primsôtiêr.
Primevère, primvêr.
Primeur, primer.
Primicier, primisie.
Primidi, primidi.
Primitif, primitif.
Primitive, primitiv.
Primitivement, primitivma-t.
Primo, primô.
Primogéniture, primojenitur.
Primordial, e, primordial
Primordialement, primordialma-t.
Primordiaux, primordiô-z
Prince, pris.
Princeps, prisêps.
Princerie, prisri.
Princesse, prisês.
Princier, prisie.
Princière, prisiêr.
Principal, e, prisipal.
Principalement, prisipalma-t.
Principauté, prisipôte.
Principaux, prisipô-z.
Principe, prisip.
Principion, prisipio.
Printanier, pritanie.
Printanière, pritaniêr
Printemps, prita-z
Priori (à), priori (a)
Priorite, priorite.
Prise, priz.
Prisée, prize.
Priser, prize-r.
Priseur, prizer.
Priseuse, prizêz.
Prismatique, prismatik.
Prisme, prism.
Prison, prizo.
Prisonnier, prizonie.
Prisonnière, prizoniêr.
Privatif, privatif.
Privation, privâsio.
Privative, privativ.
Privativement, privativma-t
Privaute, privôte.
Privé, e, prive.
Privément, privema-t
Priver, prive-r.
Privilége, privilêj.
Privilegié, e, privileje.
Prix, pri-z.

Probabilisme, probabilism.
Probabilité, probabilite.
Probable, probabl.
Probablement, probablema-t.
Probante, probat.
Probation, probâsio.
Probe, prob.
Probité, probite.
Problématique, problematik.
Problématiquement, problematikma-t.
Problème, problêm.
Proboscide, probos'id.
Procédé, prosede.
Procéder, prosede-r.
Procédure, prosedur.
Procès, prosê-z.
Processif, prosês'if.
Procession, prosêsio.
Processionnal, prosêsional.
Processionnellement, prosêsionêlma-t.
Processive, prosês'iv.
Procès-verbal, prosêvêrbal.
Procès-verbaux, prosêvêrbô-z.
Prochain, prohi.
Prochaine, prohên.
Prochainement, prohênma-t.
Proche, proh.
Prochronisme, prokronism.
Proclamation, proklamâsio.
Proclamer, proklâme-r.
Proconsul, prokosul.
Proconsulaire, prokosulêr.
Proconsulat, prokosula-t.
Procréation, prokreâsio
Procréer, prokree-r.
Procurateur, prokuratœr.
Procuration, prokurâsio.
Procuratrice, prokuratris.
Procurer, prokure-r.
Procureur, prokurœr.
Procureuse, prokurêz.
Prodigalité, prodigalite.
Prodige, prodij.
Prodigieuse, prodijiêz.
Prodigieusement, prodijiêzma-t.
Prodigieux, prodijiê-z.
Prodigue, prodig.
Prodiguer, prodige-r.
Prodrome, prodrom.
Producteur, produktœr.
Productif, produktif.
Production, produksio.
Productive, produktiv.
Productrice, produktris.
Produire, produir.
Produit, produi-t.
Proéminence, proeminas.
Proéminent, proemina-t.
Proéminente, proeminat.
Profanateur, profanatœr.
Profanation, profanâsio.
Profanatrice, profanatris.
Profane, profan.
Profaner, profane-r.
Proférer, profere-r.
Profès, profê-z.
Professe, profês.
Professer, profese-r.
Professeur, profêsœr.
Profession, profêsio.
Professo (ex), profêsô (êks).
Professoral, e, profêsoral
Professorat, profêsora-t.
Professoraux, profêsorô-z.
Profil, profil.
Profiler, profile-r.
Profit, profi-t.
Profitable, profitabl.
Profiter, profite-r.
Profond, profo.
Profonde, profod.
Profondément, profodema-t.
Profondeur, profodœr.
Profusément, profuzema-t.
Profusion, profuzio.
Progéniture, projenitur.
Prognostic, pronostik.
Prognostique, prognostik.

PROGRAMME, program.
PROGRÈS, progrê-z.
PROGRESSER, progrês'e-r.
PROGRESSEUR, progrêser.
PROGRESSIF, progrêsif.
PROGRESSION, progrêsio.
PROGRESSIVE, progrêsiv.
PROGRESSIVEMENT, progrêsiv-ma-t.
PROHIBÉ, E, proibe.
PROHIBER, proibe-r.
PROHIBITIF, proibitif.
PROHIBITION, proibisio.
PROHIBITIVE, proibitiv.
PROIE, prûâ.
PROJECTILE, projêktil.
PROJECTION, projêksio.
PROJECTURE, projêktur.
PROJET, projê-t.
PROJETER, projte-r.
PROLÉGOMÈNES, prolegomên-z.
PROLEPSE, prolêps.
PROLEPTIQUE, prolêptik.
PROLÉTAIRE, proletêr.
PROLIFÈRE, prolifêr.
PROLIFIQUE, prolifik.
PROLIXE, proliks.
PROLIXEMENT, proliksema-t.
PROLIXITÉ, proliksite.
PROLOGUE, prolog.
PROLONGATION, prologâsio.
PROLONGE, proloj.
PROLONGEMENT, prolojma-t.
PROLONGER, proloje-r.
PROMENADE, promnad.
PROMENER, promne-r.
PROMENEUR, promner.
PROMENEUSE, promnêz.
PROMENOIR, promnûar.
PROMESSE, promês.
PROMETTEUR, promêter.
PROMETTEUSE, promêtêz.
PROMETTRE, promêtr.
PROMISCUITÉ, promiskuite.
PROMISSION, promisio.
PROMONTOIRE, promotûar.
PROMOTEUR, promoter.
PROMOTION, promôsio.
PROMOTRICE, promotris.
PROMOUVOIR, promûvûar.
PROMPT, pro-t.
PROMPTE, prot.
PROMPTEMENT, protma-t.
PROMPTITUDE, protitud.
PROMULGATION, promulgâsio.
PROMULGUER, promulge-r.
PRÔNE, prôn.
PRÔNER, prône-r.
PRÔNEUR, prôner.
PRONEUSE, prônêz.
PRONOM, prono.
PRONOMINAL, E, pronominal.
PRONOMINALEMENT, pronominal-ma-t.
PRONOMINAUX, pronominô-z.
PRONONCER, pronose-r.
PRONONCIATION, pronosiâsio.
PRONOSTIC, pronostik.
PRONOSTIQUER, pronostike-r.
PRONOSTIQUEUR, pronostiker.
PROPAGANDE, propagad.
PROPAGANDISME, propagadism
PROPAGANDISTE, propagadist.
PROPAGATEUR, propagater.
PROPAGATION, propagâsio.
PROPAGATRICE, propagatris.
PROPAGER, propaje-r.
PROPENSION, propasio.
PROPHÈTE, profê't.
PROPHÉTESSE, profetês.
PROPHÉTIE, profesi.
PROPHÉTIQUE, profetik.
PROPHÉTIQUEMENT, profetikma-t
PROPHÉTISER, profetize-r.
PROPHYLACTIQUE, profilaktik.
PROPICE, propis.
PROPITIATION, propisiâsio.
PROPITIATOIRE, propisiatûar
PROPOLIS, propolis.
PROPORTION, proporsio.

Proportionnalité, proporsiona-lite.
Proportionnel, le, proporsionêl.
Proportionnellement, proporsionêlma-t.
Proportionner, proporsione-r.
Propos, propô-z.
Proposable, propôzabl.
Proposant, propôza-t.
Proposer, propôze-r.
Proposition, propôzisio.
Propre, propr.
Proprement, propréma-t.
Propret, propré-t.
Proprette, proprêt.
Propreté, proprete.
Propriétaire, proprietêr.
Propriété, propriete.
Propylées, propile.
Prorata, prorâta.
Prorogatif, prorogatif.
Prorogation, prorogâsio.
Prorogative, prorogativ.
Proroger, proroje-r.
Prosaïque, prozaik
Prosaïser, prozaize-r.
Prosaïsme, prozaism.
Prosateur, prozatér.
Proscénium, proseniom.
Proscripteur, proskriptér.
Proscription, proskripsio
Proscrire, proskrir.
Proscrit, proskri-t.
Proscrite, proskrit.
Prose, prôz.
Prosecteur, prosêktér.
Prosélyte, prozelit.
Prosélytisme, prozelitism.
Prosodie, prozodi.
Prosodique, prozodik.
Prosopopée, prozopope.
Prospectus, prospêktus.
Prospère, prospêr.
Prospérer, prospere-r.
Prospérité, prosperite.
Prostate, prostat.
Prosternation, prostêrnâsio.
Prosternement, prostêrnéma-t.
Prosterner (se), prostêrne-r.
Prosthèse, prostêz.
Prostituée, prostitue.
Prostituer, prostitue-r
Prostitution, prostitusio.
Prostration, prostrâsio.
Prostyle, prostil
Protase, protâz.
Prote, prot.
Protecteur, protêktér.
Protection, protêksio.
Protectorat, protêktora-t
Protectrice, protêktris.
Protée, prote.
Protéger, proteje-r.
Protestant, protêsta-t.
Protestante, protêstat.
Protestantisme, protêstatism.
Protestation, protêstâsio.
Protester, protêste-r
Protêt, protê-t.
Prothèse, protêz.
Protocole, protokol.
Protonotaire, protonotêr
Prototype, prototip.
Protoxyde, protoksid.
Protubérance, protuberas.
Protuteur, protutér.
Prou, prû.
Proue, prû.
Prouesse, prûês.
Prouver, prûve-r.
Provéditeur, proveditér.
Provenance, provnas.
Provenant, provna-t.
Provenante, provnat.
Provende, provad
Provenir, provnir.
Proverbe, provêrb.
Proverbial, e, provêrbial.
Proverbialement, provêrbialma-t.
Proverbiaux, provêrbiô-z.

PROVIDENCE, providas.
PROVIDENTIEL, LE, providasiêl.
PROVIGNEMENT, provigma-t.
PROVIGNER, provige-r.
PROVIN, provi.
PROVINCE, provis.
PROVINCIAL, E, provisial.
PROVINCIAUX, provisiô-z.
PROVISEUR, provizɛr.
PROVISION, provizio.
PROVISIONNEL, LE, provizionêl.
PROVISIONNELLEMENT, provizionêlma-t.
PROVISOIRE, provizûar.
PROVISOIREMENT, provizûarma-t.
PROVISORAT, provizora-t.
PROVISORERIE, provizor'i.
PROVOCATEUR, provokatɛr.
PROVOCATION, provokâsio.
PROVOCATRICE, provokatris.
PROVOQUER, provoke-r.
PROXÉNÈTE, proksenêt.
PROXIMITÉ, proksimite.
PRUDE, prud.
PRUDEMMENT, prudama-t.
PRUDENCE, prudas.
PRUDENT, pruda-t.
PRUDENTE, prudat.
PRUDERIE, prudri.
PRUD'HOMIE, prudomi.
PRUD'HOMME, prudom.
PRUNE, prun.
PRUNEAU, prunô.
PRUNELAIE, prunlê.
PRUNELLE, prunêl.
PRUNELLIER, prunelie.
PRUNIER, prunie.
PRURIGINEUSE, prurijinɛz.
PRURIGINEUX, prurijinɛ-z.
PRURIT, prurit.
PRUSSIQUE, prusik.
PRYTANÉE, pritane.
PSALMISTE, psalmist.
PSALMODIE, psalmôdi.
PSALMODIER, psalmôdie-r.
PSALTERION, psalterio.
PSAUME, psôm.
PSAUTIER, psôtie.
PSEUDO, psɛdô.
PSEUDONYME, psɛdonim.
PSORA, psora.
PSORE, psor.
PSORIQUE, psorik.
PSYCHÉ, psihe.
PSYCHOLOGIE, psikoloji.
PSYCHOLOGIQUE, psikolojik.
PSYCHOLOGISTE, psikolojist.
PSYCHOLOGUE, psikolog.
PSYLLE, psil.
PTYALISME, ptialism.
PUANT, pua-t.
PUANTE, puat.
PUANTEUR, puatɛr.
PUBÈRE, pubêr.
PUBERTÉ, pubêrte.
PUBESCENT, pubês'a-t.
PUBESCENTE, pubês'at.
PUBIEN, pubyi.
PUBIENNE, pubyên.
PUBIS, pubis.
PUBLIC, publik.
PUBLICAIN, publiki.
PUBLICATION, publikâsio.
PUBLICISTE, publisist.
PUBLICITÉ, publisite.
PUBLIER, publie-r.
PUBLIQUE, publik.
PUBLIQUEMENT, publikma-t.
PUCE, pus.
PUCEAU, pusô.
PUCELAGE, puslaj.
PUCELLE, pusêl.
PUCERON, pusro.
PUDEUR, pudɛr.
PUDIBOND, pudibo.
PUDIBONDE, pudibod.
PUDICITÉ, pudisite.
PUDIQUE, pudik.
PUDIQUEMENT, pudikma-t
PUER, pue-r.

PUÉRIL, E, pueril.
PUÉRILEMENT, puerilma̲-t.
PUÉRILITÉ, puerilite.
PUERPÉRALE, puêrperal.
PUGILAT, pujila-t.
PUINE, puin.
PUÎNÉ, E, puine.
PUIS, pui-z.
PUISAGE, puizaj.
PUISARD, puizar.
PUISER, puize-r.
PUISQUE, puiskе.
PUISSAMMENT, puisama̲-t.
PUISSANCE, puisas.
PUISSANT, puisa̲-t.
PUISSANTE, puisa̲t.
PUITS, pui-z.
PULLULER, pul'ule-r.
PULMONAIRE, pulmonêr.
PULMONIE, pulmoni.
PULMONIQUE, pulmonik.
PULPATION, pulpâsio̲.
PULPE, pulp.
PULPER, pulpe-r.
PULPEUSE, pulpêz.
PULPEUX, pulpê-z.
PULSATIF, pulsatif.
PULSATION, pulsâsio̲.
PULSATIVE, pulsativ.
PULVÉRIN, pulveri̲.
PULVÉRISATION, pulverizâsio̲.
PULVÉRISER, pulverize-r.
PULVÉRULENT, pulverula̲-t.
PULVÉRULENTE, pulverulat.
PUMICIN, pumisi̲.
PUNAIS, punê-z.
PUNAISE, punêz.
PUNCH, po̲h.
PUNIQUE, punik.
PUNIR, punir.
PUNISSABLE, punisabl.
PUNISSEUR, punisœr.
PUNISSEUSE, punisêz.
PUNITION, punisio̲.
PUPILLAIRE, pupil'êr.
PUPILLARITÉ, pupil'arite.
PUPILLE, pupil.
PUPITRE, pupitr.
PUR, E, pur.
PUREAU, purô.
PURÉE, pure.
PUREMENT, purma̲-t
PURETÉ, purte.
PURGATIF, purgatif.
PURGATION, purgâsio̲.
PURGATIVE, purgativ.
PURGATOIRE, purgatûar.
PURGER, purje-r.
PURIFICATION, purifikâsio̲.
PURIFICATOIRE, purifikatûar.
PURIFIER, purifie-r.
PURIFORME, puriform.
PURISME, purism.
PURISTE, purist.
PURITAIN, puriti̲.
PURITAINE, puritên.
PURITANISME, puritanism
PURPURIN, purpuri̲.
PURPURINE, purpurin.
PURULENCE, purula̲s.
PURULENT, purula̲-t.
PURULENTE, purula̲t.
PUS, pu.
PUSILLANIME, puzil'anim.
PUSILLANIMITÉ, puzil'animite
PUSTULE, pustul.
PUSTULEUSE, pustulêz.
PUSTULEUX, pustulê-z.
PUTAIN, puti̲.
PUTANISME, putanism.
PUTASSERIE, putasri.
PUTASSIER, putasie.
PUTATIF, putatif.
PUTATIVE, putativ.
PUTOIS, putûâ-z.
PUTRÉFACTION, putrefaksio̲.
PUTRÉFIER, putrefie-r.
PUTRIDE, putrid.
PUTRIDITÉ, putridite.
PYGMÉE, pigme.

PYLONE, pilôn.
PYLORE, pilor
PYLORIQUE, pilorik.
PYRACANTHE, pirakat
PYRAMIDAL, E, piramidal
PYRAMIDAUX, piramidô-z
PYRAMIDE, piramid.
PYRAMIDER, piramide-r.
PYRÈTHRE, pirêtr.
PYRIQUE, pirik.
PYRITE, pirit.
PYRITEUSE, piritéz.
PYRITEUX, pirité-z.
PYROLIGNEUX, pirolige-z.
PYROMÈTRE, pirométr.
PYROPHORE, pirofor.
PYROSCAPHE, piroskaf.
PYROTECHNIE, pirotêkni.
PYROTECHNIQUE, pirotêknik.
PYRRHIQUE, pirik.
PYRRHONIEN, pironyi
PYRRHONIENNE, pironyên.
PYRRHONISME, pironism.
PYTHAGORICIEN, pitagorisyi
PYTHAGORICIENNE, pitagorisyén.
PYTHIE, piti.
PYTHIEN, pityi.
PYTHIQUES, pitik-z
PYTHONISSE, pitonis.

Q

Q, ku ou kε.
QUADRAGÉNAIRE, kûadrajenêr.
QUADRAGÉSIMAL, E, kûadrajezimal.
QUADRAGÉSIMAUX, kûadrajezimô-z.
QUADRAGÉSIME, kûadrajezim.
QUADRANGULAIRE, kûadragulêr.
QUADRAT (1), kadra-t.
QUADRAT, E (2), kûadra-t.
QUADRATIN, kadrati.
QUADRATRICE, kûadratris.
QUADRATURE (3), kûadratur.
QUADRATURE (4), kadratur.
QUADRIFIDE, kûadrifid.
QUADRIGE, kûadrij.
QUADRILATÈRE, kûadrilatêr.
QUADRILLE, kadril.
QUADRINÔME, kûadrinôm.
QUADRUMANE, kûadruman.
QUADRUPÈDE, kûadrupêd
QUADRUPLE, kûadrupl.
QUADRUPLER, kûadruple-r.
QUAI, ke.
QUAIAGE, keyaj.
QUAICHE, kêh.
QUAKER, kûakr.
QUAKERESSE, kûakrès.
QUALIFICATEUR, kalifikatεr.
QUALIFICATIF, kalifikatif
QUALIFICATION, kalifikâsio.
QUALIFICATIVE, kalifikativ.
QUALIFIER, kalifie-r.
QUALITÉ, kalite.
QUAND, ka-t.
QUANQUAM, kûakûam
QUANQUAN, kaka
QUANQUANER, kakane-r.
QUANT, ka-t.
QUANTES, kat.
QUANTIÈME, katiêm.

(1) Terme d'imprimerie.
(2) Terme d'astrologie.
(3) Terme de geométrie.
(4) Terme d'horlogerie.

Quantité, katite.
Quarantaine, karatên.
Quarante, karat.
Quarantième, karatiêm.
Quarderonner, karderone-r.
Quarre, kâr.
Quarré, kâre.
Quarrément, kârema-t.
Quarrer (se), kâre-r.
Quarrure, kârur.
Quart, kar-t.
Quartaine, kartên.
Quartan, karta.
Quartanier, kartanie.
Quartation, kartâsio.
Quartaut, kartô.
Quarte, kart.
Quartenier, kartɛnie.
Quarteron, kartro.
Quarteronne, kartron.
Quartidi, kûartidi.
Quartier, kartie.
Quartier-maitre, kartiemêtr.
Quartile, kûartil.
Quartinier, kartinie.
Quarto (in-), kûartô (i).
Quartz, kûartz.
Quartzeuse, kûartzêz.
Quartzeux, kûartzê-z.
Quasi, kazi.
Quasi-contrat, kazikotrâ-t.
Quasi-délit, kazideli-t.
Quasimodo, kazimodô.
Quaternaire, katêrnêr.
Quaterne, katêrn.
Quatorzaine, katorzên.
Quatorze, katorz
Quatorzième, katorziêm.
Quatorzièmement, katorziêm'a-t.
Quatrain, katri.
Quatre, katr-ɛ (1).
Quatre-temps, katrɛta-z.
Quatre-vingt, katrɛvi.
Quatre-vingtième, katrɛvitiêm.
Quatre-vingts, katrɛvi-z.
Quatrième, katriêm.
Quatrièmement, katriêm'a-t
Quatriennal, e, katrien'al.
Quatriennaux, katrien'ô-z.
Quatuor, kûatuor.
Quayage, keyaj.
Que, kɛ.
Quel, le, kêl.
Quelconque, kêlkok.
Quellement, kêlma-t.
Quelque, kêlkɛ.
Quelquefois, kêlkɛfûâ-z.
Quelqu'un, kêlku-n.
Quelqu'une, kêlkun.
Quémander, kemade-r.
Quémandeur, kemadɛr.
Quémandeuse, kemadêz
Qu'en-dira-t-on, kadirato.
Quenotte, kɛnot.
Quenouille, kɛnûl.
Quenouillé, kɛnûle.
Quercitron, kêrsitro
Querelle, kerêl.
Quereller, krele-r.
Querelleur, krelɛr.
Querelleuse, krelêz.
Quérir, kerir.
Questeur, kuêstɛr.
Question, kêstio.
Questionnaire, kêstionêr
Questionner, kêstione-r.
Questionneur, kêstionɛr
Questionneuse, kêstionêz.
Questure, kuêstur.
Quête, kê't.
Quêter, kête-r.
Quêteur, kêtɛr.
Quêteuse, kêtêz.
Queue, kê.
Queuter, kête-r.
Queux, kê.

(1) On prononce katrɛ quand le mot suivant commence par une consonne

QUI, ki.
QUIA, kuia.
QUIBUS, kuibus.
QUICONQUE, kikok.
QUIDAM, kida,
QUIDANE, kidan.
QUIDDITÉ, kuidite.
QUIESCENT, kuiés'a-t.
QUIESCENTE, kuiés'at.
QUIÉTISME, kuietism.
QUIETISTE, kuietist.
QUIETUDE, kuietud.
QUILLAGE, kilaj.
QUILLE, kil.
QUINA, kina.
QUINAIRE, kuinêr.
QUINCAILLE, kikâl.
QUINCAILLERIE, kikâlri.
QUINCAILLIER, kikâle.
QUINCONCE, kikos.
QUINDECAGONE, kuidekagon.
QUINDÉCEMVIRS, kuidesêmvir-z.
QUINE, kin.
QUININE, kinin.
QUINOLA, kinola.
QUINQUAGÉNAIRE, kuikuajener.
QUINQUAGÉSIME, kuikûajezim.
QUINQUE, kuikue.
QUINQUENNAL, E, kuikuên'al.
QUINQUENNAUX, kuikuên'ô-z.
QUINQUET, kikê.
QUINQUINA, kikina.
QUINT, ki-t.
QUINTAINE, kitên
QUINTAL, kital.
QUINTAN, kita.
QUINTANE, kitan
QUINTAUX, kitô-z.
QUINTE, kit.
QUINTEFEUILLE, kitfêl.
QUINTESSENCE, kités'as.
QUINTESSENCIER, kintês'asie-r
QUINTETTO, kuitét'ô.
QUINTEUSE, kitêz.
QUINTEUX, kitê-z.
QUINTIDI, kuitidi.
QUINTUPLE, kuitupl.
QUINTUPLER, kuituple-r.
QUINZAINE, kizên.
QUINZE, kiz.
QUINZIÈME, kiziêm.
QUINZIÈMEMENT, kiziêm'a-t.
QUIPOS, kipôs.
QUIPROQUO, kiprokô.
QUIRINAL, kuirinal.
QUITTANCE, kitas.
QUITTANCER, kitase-r.
QUITTE, kit.
QUITTEMENT, kitma-t.
QUITTER, kite-r.
QUITUS, kuitus.
QUI-VIVE, kiviv.
QUOAILLER, koâle-r.
QUOI, kûa.
QUOIQUE, kûakε.
QUOLIBET, kolibê-t.
QUOTE, kot.
QUOTE-PART, kotpar.
QUOTIDIEN, kotidyi.
QUOTIDIENNE, kotidyén
QUOTIDIENNEMENT, kotidyénma-t.
QUOTIENT, kosia-t.
QUOTITE, kotite.

R

R, ér ou rε.
RABÂCHAGE, rabâhaj.
RABÂCHER, rabâhe-r.
RABÂCHERIE, rabâhri
RABÂCHEUR, rabâher.
RABÂCHEUSE, rabâhéz.

Rabais, rabê-z.
Rabaissement, rabêsma-t.
Rabaisser, rabese-r.
Rabat, raba.
Rabat-joie, rabajûâ.
Rabattre, rabatr.
Rabêtir, rabetir.
Rabbin, rabi.
Rabbinique, rabinik.
Rabbinisme, rabinism
Rabbiniste, rabinist.
Rabdologie, rabdoloji.
Rabiole, rabiol.
Rabique, rabik.
Râble, râbl.
Râblu, e, râblu.
Rabonnir, rabonir.
Rabot, rabô.
Raboter, rabote-r.
Raboteur, rabotɛr.
Raboteuse, rabotɛ̂z.
Raboteux, rabotɛ̂-z.
Rabougrir, rabûgrir.
Rabouillère, rabûlér.
Raboutir, rabûtir.
Rabrouer, rabrûe-r.
Racahout, rakaû.
Racaille, rakâl.
Raccommodage, rakomodaj.
Raccommodement, rakomodma-t.
Raccommoder, rakomode-r.
Raccommodeur, rakomodɛr.
Raccommodeuse, rakomodɛ̂z.
Raccord, rakor.
Raccordement, rakordɛma-t.
Raccorder, rakorde-r.
Raccourcir, rakûrsir.
Raccourcissement, rakûrsisma-t.
Raccoutrement, rakûtrɛma-t.
Raccoutrer, rakûtre-r.
Raccoutumer (se), rakûtume-r.
Raccroc, rakrô.
Raccrocher, rakrohe-r.
Raccrocheuse, rakrohɛ̂z.
Race, ras.
Rachat, raha-t.
Rachetable, rahtabl.
Racheter, rahte-r.
Rachidien, rahidyi.
Rachidienne, rahidyén.
Rachitique, rahitik.
Rachitis, rahitis.
Rachitisme, rahitism.
Racinage, rasinaj.
Racinal, rasinal.
Racinaux, rasinô-z.
Racine, rasin.
Rack, rak.
Racler, râkle-r.
Racleur, râklɛr.
Racloir, râklûar.
Racloire, râklûar.
Raclure, râklur.
Racolage, rakolaj.
Racoler, rakole-r.
Racoleur, rakolɛr.
Raconter, rakote-r
Raconteur, rakotɛr.
Raconteuse, rakotɛ̂z.
Racornir, rakornir.
Racornissement, rakornisma-t.
Racquitter (se), rakite-r.
Rade, rad.
Radeau, radô.
Rader, rade-r.
Radial, e, radial.
Radiant, radia-t.
Radiante, radiat.
Radiation, radiâsio.
Radiaux, radiô-z.
Radical, e, radikal.
Radicalement, radikalma-t.
Radicalisme, radikalism.
Radicant, radika-t.
Radicante, radikat.
Radicaux, radikô-z.
Radicule, radikul.
Radier, radie.
Radier, radie-r.
Radieuse, radiɛ̂z.

RADIEUX, radiê-z.
RADIOMÈTRE, radiomêtr.
RADIS, radi-z.
RADIUS, radius.
RADOTAGE, radotaj.
RADOTER, radote-r.
RADOTERIE, radotri.
RADOTEUR, radoter.
RADOTEUSE, radotêz.
RADOUB, radûb.
RADOUBER, radûbe-r.
RADOUCIR, radûsir.
RADOUCISSEMENT, radûsisma-t.
RAFALE, rafal.
RAFFERMIR, rafêrmir.
RAFFERMISSEMENT, rafêrmisma-t.
RAFFINAGE, rafinaj.
RAFFINEMENT, rafinma-t.
RAFFINER, rafine-r.
RAFFINERIE, rafinri.
RAFFINEUR, rafiner.
RAFFOLER, rafole-r.
RAFLE, râfl.
RAFLER, râfle-r.
RAFRAÎCHIR, rafrêhir
RAFRAÎCHISSANT, rafrêhisa-t.
RAFRAÎCHISSANTE, rafrêhisat.
RAFRAÎCHISSEMENT, rafrêhisma-t.
RAGAILLARDIR, ragalardir.
RAGE, raj.
RAGOT, ragô.
RAGOTE, ragot.
RAGOÛT, ragû-t.
RAGOÛTER, ragûte-r.
RAGRAFER, ragrafe-r.
RAGRANDIR, ragradir.
RAGRÉER, ragree-r.
RAGRÉMENT, ragrema-t.
RAGUÉ, rage.
RAÏA, raya.
RAIDE, rêd.
RAIE, rê.
RAIFORT, refor.
RAIL, rêl.
RAILLER, râle-r.
RAILLERIE, râlri.
RAILLEUR, râler.
RAILLEUSE, râlêz.
RAINCEAU, risô.
RAINE, rên.
RAINETTE, rênêt.
RAINURE, rênur.
RAIPONCE, rêpos.
RAIRE, rêr.
RAIS, rê-z.
RAISIN, rêzi.
RAISINÉ, rêzine.
RAISON, rêzo.
RAISONNABLE, rêzonabl.
RAISONNABLEMENT, rêzonablema-t.
RAISONNEMENT, rêzonma-t.
RAISONNER, rêzone-r.
RAISONNEUR, rêzoner.
RAISONNEUSE, rêzonêz.
RAJA, raja.
RAJAH, raja.
RAJEUNIR, rajenir.
RAJEUNISSEMENT, rajenisma-t.
RAJUSTEMENT, rajustema-t.
RAJUSTER, rajuste-r.
RÂLE, râl.
RÂLEMENT. râlma-t.
RALENTIR, ralatir.
RALENTISSEMENT, ralatisma-t.
RÂLER, râle-r.
RALINGUE, ralig.
RALINGUER, ralige-r.
RALLIEMENT, ralima-t.
RALLIER, ralie-r.
RALLONGE, raloj.
RALLONGEMENT, ralojma-t.
RALLONGER, raloje-r.
RALLUMER, ralume-r.
RAMADAN, ramada.
RAMAGE, ramaj.
RAMAGER, ramaje-r.
RAMAIGRIR, ramegrir.
RAMAIGRISSEMENT, ramegrisma-t.
RAMAS, ramâ-z.

RAMASSE, ramâs.
RAMASSER, ramâse-r.
RAMASSEUR, ramâsɛr.
RAMASSIS, ramâsi-z.
RAMAZAN, ramaza.
RAMBOUR, rabûr.
RAME, ram.
RAMEAU, ramô.
RAMÉE, rame.
RAMENDER, ramade-r.
RAMENER, ramne-r.
RAMEQUIN, ramki.
RAMER, rame-r.
RAMETTE, ramêt.
RAMEUR, ramɛr.
RAMEUSE, ramɛ̂z.
RAMEUX, ramɛ̂-z.
RAMIER, ramie.
RAMIFICATION, ramifikâsio
RAMIFIER (SE), ramifie-r.
RAMILLES, ramil-z.
RAMINGUE, ramig.
RAMOLLIR, ramolir.
RAMOLLISSANT, ramolisa-t.
RAMOLLISSANTE, ramolisat
RAMON, ramo.
RAMONAGE, ramonaj.
RAMONER, ramone-r.
RAMONEUR, ramonɛr.
RAMPANT, rapa-t.
RAMPANTE, rapat.
RAMPE, rap.
RAMPEMENT, rapma-t.
RAMPER, rape-r.
RAMPIN, rapi.
RAMURE, ramur.
RANCE, ras.
RANCHER, rahe.
RANCIDITÉ, rasidite
RANCIO, rasiô.
RANCIR, rasir.
RANCISSURE, rasisur.
RANÇON, raso.
RANÇONNEMENT, rasonma-t.
RANÇONNER, rasone-r.
RANÇONNEUR, rasonɛr.
RANÇONNEUSE, rasonɛz.
RANCUNE, rakun.
RANCUNIER, rakunie.
RANCUNIÈRE, rakuniêr.
RANG, ra-k.
RANGÉE, raje.
RANGER, raje-r.
RANIMER, ranime-r.
RANULAIRE, ranulêr.
RANULE, ranul.
RANZ, ras.
RAOUT, raût.
RAPACE, rapas.
RAPACITE, rapasite.
RAPATELLE, rapatêl.
RAPATRIAGE, rapatriaj.
RAPATRIER, rapatrie-r.
RAPATRIEMENT, rapatrima-t.
RÂPE, râp.
RÂPÉ, râpe.
RÂPER, râpe-r.
RAPETASSER, raptase-r.
RAPETISSER, raptise-r.
RAPIDE, rapid.
RAPIDEMENT, rapidma-t.
RAPIDITE, rapidite.
RAPIECER, rapiese-r.
RAPIÉCETAGE, rapiestaj.
RAPIECETER, rapieste-r.
RAPIÈRE, rapiêr.
RAPINE, rapin.
RAPINER, rapine-r.
RAPPAREILLER, raparêle-r.
RAPPARIER, raparie-r.
RAPPEL, rapêl.
RAPPELER, raple-r.
RAPPORT, rapor-t.
RAPPORTABLE, raportabl.
RAPPORTER, raporte-r.
RAPPORTEUR, raportɛr.
RAPPORTEUSE, raportɛz.
RAPPRENDRE, rapradr.
RAPPROCHEMENT, raprohma-t.
RAPPROCHER, raprohe-r.

RAPSODE, rapsôd.
RAPSODIE, rapsôdi.
RAPSODISTE, rapsôdist.
RAPT, rapt.
RÂPURE, , râpur.
RAQUETTE, rakêt.
RARE, râr.
RARÉFACTIF, rarefaktif.
RARÉFACTION, rarefaksio.
RARÉFACTIVE, rarefaktiv.
RARÉFIANT, rarefia-t.
RARÉFIANTE, rarefiat.
RARÉFIER, rarefie-r.
RAREMENT, rârma-t.
RARETE, rârte.
RARISSIME, râris'im.
RAS, râ-z.
RASE, râz.
RASADE, râzad.
RASANT, râza-t.
RASANTE, râzat.
RASEMENT, râzma-t.
RASER, râze-r.
RASIBUS, râzibus.
RASOIR, râzûar.
RASSADE, rasad.
RASSASIANT, rasazia-t.
RASSASIANTE, rasaziat.
RASSASIEMENT, rasazima-t
RASSASIER, rasazie-r.
RASSEMBLEMENT, rasablema-t.
RASSEMBLER, rasable-r.
RASSEOIR, rasûar.
RASSÉRÉNER, raserene-r.
RASSOTER, rasote-r.
RASSORTIR, rasortir.
RASSURANT, rasura-t.
RASSURANTE, rasurat.
RASSURER, rasure-r.
RAT, ra-t.
RATAFIA, ratafia.
RATATINER (SE), ratatine-r.
RATE, rat.
RÂTEAU, râtô.
RÂTELÉE, râtle.
RÂTELER, râtle-r.
RÂTELEUR, râtler.
RÂTELIER, râtelie.
RATER, rate-r.
RATIÈRE, ratiêr
RATIFICATION, ratifikâsio.
RATIFIER, ratifie-r.
RATINE, ratin.
RATINER, ratine-r.
RATION, râsio.
RATIONNEL, LE, râsionél.
RATISSAGE, ratisaj.
RATISSER, ratise-r.
RATISSOIRE, ratisûar.
RATISSURE, ratisur.
RATON, rato.
RATTACHER, ratahe-r.
RATTEINDRE, ratidr.
RATTRAPER, ratrape-r.
RATURE, ratur.
RATURER, rature-r.
RAUQUE. rôk.
RAVAGE, ravaj.
RAVAGER, ravaje-r.
RAVAGEUR, ravajer.
RAVALEMENT, ravalma-t
RAVALER, ravale-r.
RAVAUDAGE, ravôdaj.
RAVAUDER, ravôde-r.
RAVAUDERIE, ravôdri.
RAVAUDEUR, ravôder.
RAVAUDEUSE, ravôdez
RAVE, rav.
RAVELIN, ravli.
RAVIGOTE, ravigot.
RAVIGOTER, ravigote-r.
RAVILIR, ravilir.
RAVIN, ravi.
RAVINE, ravin.
RAVIR, ravir.
RAVISER (SE), ravize-r.
RAVISSANT, ravisa-t.
RAVISSANTE, ravisat.
RAVISSEMENT, ravisma-t.
RAVISSEUR, raviser.

RAVITAILLEMENT, ravitâlma-t.
RAVITAILLER, ravitale-r.
RAVIVER, ravive-r.
RAVOIR, ravûar.
RAYER, reye-r.
RAYON, rêyo.
RAYONNANT, rèyona-t.
RAYONNANTE, rêyonat.
RAYONNÉ, E, rêyone.
RAYONNER, rêyone-r.
RAYURE, rêyur.
RE, re.
RÉACTEUR, reaktɛr.
RÉACTIF, reaktif.
RÉACTION, reaksio.
RÉACTIONNAIRE, reaksionér.
RÉACTIVE, reaktiv.
RÉAGIR, reajir.
RÉAJOURNER, reajûrne-r.
RÉAL, real.
REALGAR, realgar
RÉALISABLE, realizabl.
REALISATION, realizâsio.
REALISER, realize-r.
RÉALISTES, realist-z.
REALITÉ, realite.
RÉAPPARITION, reaparisio.
REAPPEL, reapêl.
RÉAPPELER, reaple-r.
REAPPOSER, reapôze-r.
RÉAPPOSITION, reapôzisio.
RÉASSIGNATION, reasigâsio.
REASSIGNER, reasige-r.
RÉATTELER, reatle-r.
REAUX, reô-z.
REBAISSER, rɛbese-r.
REBANDER, rɛbade-r.
REBAPTISANTS, rɛbatiza
REBAPTISER, rɛbatize-r.
RÉBARBATIF, rebarbatif.
RÉBARBATIVE, rebarbativ.
REBÂTIR, rɛbâtir.
REBATTRE, rɛbatr.
REBEC, rɛbêk.
REBELLE, rɛbêl.
REBELLER (SE), rɛbel'e-r.
REBELLION, rebelio.
REBENIR, rɛbenir.
REBÉQUER (SE), rɛbeke-r.
REBLANCHIR, rɛblahir.
REBONDIR, rɛbodir.
REBONDISSANT, rɛbodisa-t
REBONDISSANTE, rɛbodisat.
REBONDISSEMENT, rɛbodisma-t.
REBORD, rɛbor.
REBORDER, rɛborde-r.
REBOTTER, rɛbote-r.
REBOUCHER, rɛbûhe-r.
REBOUILLIR, rɛbûlir.
REBOURS, rɛbûr-z.
REBOUTEUR, rɛbûtɛr.
REBOUTONNER, rɛbûtone-r.
REBRIDER, rɛbride-r.
REBROCHER, rɛbrohe-r.
REBRODER, rɛbrode-r.
REBROUSSER, rɛbrûse-r.
REBUFFADE, rɛbufad.
RÉBUS, rebus.
REBUT, rɛbu-t.
REBUTANT, rɛbûta-t.
REBUTANTE, rɛbutat.
REBUTER, rɛbute-r.
RECACHETER, rɛkahte-r.
RÉCALCITRANT, rekalsitra-t.
RÉCALCITRANTE, rekalsitrat.
RÉCAPITULATION, rekapitulâsio.
RÉCAPITULER, rekapitule-r.
RECARDER, rɛkarde-r.
RECASSER, rɛkâse-r.
RECÉDER, rɛsede-r.
RECEL, rɛsêl.
RECELE, rɛsele.
RECÈLEMENT, rɛsêlma-t.
RECELER, rɛsele-r.
RECELEUR, rɛselɛr.
RECÉLEUSE, rɛseléz.
RÉCEMMENT, resama-t.
RECENSEMENT, rɛsasma-t.
RECENSER, rɛsase-r.
RÉCENT, resa-t.

RECENTE, resat.
RECÉPAGE, rsepaj.
RECEPER, rsepe-r.
RECÉPISSÉ, resepis'e.
RÉCEPTACLE, resêptakl.
RÉCEPTION, resêpsio.
RECERCLER, rsêrkle-r.
RECETTE, rsêt.
RECEVABLE, rssvabl.
RECEVEUR, rsevsr.
RECEVEUSE, rssvêz.
RECEVOIR, rssvûar.
RECEZ, rsê.
RECHAMPIR, rehapir.
RECHANGE, rshaj.
RÉCHAPPER, rehape-r.
RECHARGEMENT, rsharjsma-t.
RECHARGER, rsharje-r.
RECHASSER, rshase-r.
RECHAUD, rehô.
RECHAUFFEMENT, rehôfma-t.
RECHAUFFER, rehôfe-r.
RÉCHAUFFOIR, rehôfûar.
RECHAUSSER, rshôse-r.
RÊCHE, rêh.
RECHERCHABLE, rshêrhabl.
RECHERCHE, rshêrh.
RECHERCHER, rshêrhe-r.
RECHIGNER, rshiĝe-r.
RECHOIR, rshûar.
RECHUTE, rshut.
RECIDIVE, residiv.
RÉCIDIVER, residive-r.
RÉCIF, resif.
RÉCIPIENDAIRE, resipiadêr.
RÉCIPIENT, resipia-t.
RÉCIPROCITÉ, resiprosite.
RÉCIPROQUE, resiprok.
RÉCIPROQUEMENT, resiprokma-t.
RÉCIT, resi.
RECITANT, resita-t.
RÉCITANTE, resitat.
RECITATEUR, resitatsr.
RÉCITATIF, resitatif.
RÉCITATION, resitâsio.
RECITER, resite-r.
RÉCLAMATION, reklamâsio.
RECLAME, reklâm.
RÉCLAMER, reklâme-r.
RECLOUER, rsklûe-r.
RECLUS, rsklu-z.
RECLUSE, rskluz.
RECLUSION, rskluzio.
RECLUSIONNAIRE, rskluzionêr.
RECOGNER, rskoĝe-r.
RÉCOGNITIF, rekognitif.
RECOGNITIVE, rekognitiv.
RECOIFFER, rskûafe-r.
RECOIN, rskûi.
RÉCOLEMENT, rekolma-t.
RÉCOLER, rekole-r.
RÉCOLLECTION, rekolêksio.
RECOLLER, rskole-r.
RÉCOLLETS, rekolê-z.
RÉCOLLIGER (SE), rekol'ije-r.
RECOLTE, rekolt.
RÉCOLTER, rekolte-r.
RECOMMANDABLE, rskomadabl.
RECOMMANDATION, rskomadâsio.
RECOMMANDER, rskomade-r.
RECOMMENCER, rskomase-r.
RÉCOMPENSE, rekopas.
RECOMPENSER, rekopase-r.
RECOMPOSER, rskopoze-r.
RECOMPOSITION, rskopôzisio.
RECOMPTER, rskote-r.
RECONCILIABLE, rekosiliabl.
RÉCONCILIATEUR, rekosiliatsr.
RÉCONCILIATION, rekosiliâsio.
RÉCONCILIATRICE, rekosiliatris.
RECONCILIER, rekosilie-r.
RÉCONDUCTION, rekoduksio.
RECONDUIRE, rskoduir.
RECONDUITE, rskoduit.
RÉCONFORT, rekofor-t.
RÉCONFORTATION, rekofortâsio.
RÉCONFORTER, rekoforte-r.
RECONNAISSABLE, rskonêsabl.
RECONNAISSANCE, rskonêsas.
RECONNAISSANT, rskonêsa-t.

RECONNAISSANTE, rɛkonêsat.
RECONNAITRE, rɛkonêtr.
RECONQUÉRIR, rɛkokerir.
RECONSTITUTION, rɛkostitusio.
RECONSTRUCTION, rɛkostruksio.
RECONSTRUIRE, rɛkostruir.
RÉCONVENTION, rekovasio.
RECOPIER, rɛkopie-r.
RECOQUILLEMENT, rɛkokilma-t.
RECOQUILLER, rɛkokile-r.
RECORDER, rɛkorde-r.
RECORRIGER, rɛkorije-r.
RECORS, rɛkor-z.
RECOUCHER, rɛkûhe-r.
RECOUDRE, rɛkûdr.
RECOUPE, rɛkûp.
RECOUPEMENT, rɛkûpma-t.
RECOUPER, rɛkûpe-r.
RECOUPETTE, rɛkûpêt.
RECOURBER, rɛkûrbe-r.
RECOURIR, rɛkûrir.
RECOURS, rɛkûr-z.
RECOUSSE, rɛkûs.
RECOUVRABLE, rɛkûvrabl.
RECOUVRANCE, rɛkûvras.
RECOUVREMENT, rɛkûvrɛma-t.
RECOUVRER, rɛkûvre-r.
RECOUVRIR, rɛkûvrir.
RÉCRÉANCE, rekreas.
RÉCRÉATIF, rekreatif.
RÉCRÉATION, rekreâsio.
RÉCRÉATIVE, rekreativ.
RECRÉER, rɛkree-r.
RÉCRÉER, rekree-r.
RECRÉPIR, rɛkrepir.
RÉCRIER (SE), rekrie-r.
RÉCRIMINATION, rekriminâsio.
RÉCRIMINATOIRE, rekriminatûar.
RÉCRIMINER, rekrimine-r.
RÉCRIRE, rekrir.
RECROITRE, rɛkrûatr.
RECROQUEVILLER (SE), rɛkrokvi-le-r.
RECRU, E, rɛkru.
RECRUTEMENT, rɛkrutma-t.
RECRUTER, rɛkrute-r.
RECRUTEUR, rɛkrutɛr.
RECTA, rêkta.
RECTANGLE, rêktagl.
RECTANGULAIRE, rêktagulêr.
RECTEUR, rêktɛr.
RECTIFICATEUR, rêktifikatɛr.
RECTIFICATIF, rêktifikatif.
RECTIFICATION, rêktifikâsio.
RECTIFICATIVE, rêktifikativ.
RECTIFIER, rêktifie-r.
RECTILIGNE, rêktilig.
RECTITUDE, rêktitud.
RECTO, rêktô.
RECTORAL, E, rêktoral.
RECTORAT, rêktora-t.
RECTORAUX, rêktorô-z.
RECTUM, rêktom.
REÇU, rɛsu.
RECUEIL, rekɛl.
RECUEILLEMENT, rɛkɛlma-t
RECUEILLIR, rɛkɛlir.
RECUIRE, rɛkuir.
RECUL, rɛkul.
RECULADE, rɛkulad.
RECULÉE, rɛkule.
RECULEMENT, rɛkulma-t.
RECULER, rɛkule-r.
RECULONS (A), rɛkulo.
RÉCUPÉRER, rekupere-r.
RÉCURAGE, rekuraj.
RÉCURER, rekure-r.
RÉCUSABLE, rekuzabl.
RÉCUSATION, rekuzâsio.
RÉCUSER, rekuze-r.
RÉDACTEUR, redaktɛr.
RÉDACTION, redaksio.
REDAN, reda.
RÉDARGUER, redargue-r.
REDDITION, rêd'isio.
REDÉFAIRE, rɛdefêr.
REDEMANDER, rɛdɛmade-r.
RÉDEMPTEUR, redaptɛr.
RÉDEMPTION, redapsio.
REDESCENDRE, rɛdesadr.

Redevable, redεvabl.
Redevance, rεdεvas.
Redevancier, redεvasie.
Redevancière, rεdεvasièr.
Redevenir, rεdεvnir.
Redevoir, rεdεvûar.
Redhibition, redibisio.
Redhibitoire, redibitûar.
Rediger, redije-r.
Redimer (se), redime-r.
Redingote, rεdigot.
Redire, rεdir.
Redite, rεdit.
Rédondance, redodas.
Rédondant, redoda-t.
Rédondante, redodat.
Redonner, rεdone-r.
Redorer, rεdore-r.
Redoublement, rεdûblεma-t.
Redoubler, rεdûble-r.
Redoutable, rεdûtabl.
Redoute, rεdût.
Redouter, rεdûte-r.
Redressement, rεdrêsma-t.
Redresser, rεdrese-r.
Redresseur, rεdrêsεr.
Reductible, reduktibl.
Réductif, reduktif.
Réduction, reduksio.
Reductive, reduktiv.
Réduire, reduir.
Réduit, redui-t.
Reduplication, reduplikâsio.
Réédification, reedifikâsio.
Reédifier, reedifie-r.
Reel, le, reêl.
Reélection, reelêksio.
Reélire, reelir.
Réellement, reêlma-t.
Reexportation, reêksportâsio.
Réexporter, reêksporte-r.
Réfaction, refaksio.
Refaire, rεfêr.
Refait, rεfê-t.
Réfection, refêksio.

Refectoire, refêktûar.
Refend, rεfa.
Refendre, rεfadr.
Référé, refere.
Référendaire, referadêr.
Référer, refere-r.
Refermer, rεfêrme-r.
Referrer, rεfêre-r.
Réfléchir, reflehir.
Réflechissement, reflehisma-t.
Reflecteur, reflêktεr.
Reflet, rεflê-t.
Refléter, rεflete-r.
Refleurir, rεflεrir.
Réflexibilité, reflêksibilite.
Reflexible, reflêksibl.
Reflexion, reflêksio.
Refluer, rεflue-r.
Reflux, rεflu-z.
Refondre, rεfodr.
Refonte, rεfot.
Réformable, reformabl.
Reformateur, reformatεr.
Réformation, reformâsio.
Réformatrice, reformatris.
Reforme, reform.
Reformer, rεforme-r.
Reformer, reforme-r.
Refoulement, rεfûlma-t.
Refouler, rεfûle-r.
Refouloir, rεfûlûar.
Réfractaire, refraktêr.
Refracter, refrakte-r.
Réfractif, refraktif.
Refraction, refraksio.
Réfractive, refraktiv.
Refrain, rεfri.
Refrangibilité, refrajibilite.
Réfrangible, refrajibl.
Refrapper, rεfrape-r.
Refréner, rεfrene-r.
Refrigérant, refrijera-t.
Refrigerante, refrijerat.
Réfrigeratif, refrijeratif.
Refrigeration, refrijerâsio.

Réfrigérative, refrijerativ.
Refringent, refrija-t.
Réfringente, refrijat.
Refrogner (se), rεfroĝe-r.
Refroidir, rεfrûadir.
Refroidissement, rεfrûadisma-t.
Refuge, rεfuj.
Réfugié, refujye.
Réfugier (se), refujye-r.
Refus, rεfu-z.
Refuser, rεfuze-r.
Réfutation, refutâsio.
Réfuter, refute-r.
Regagner, rεgâĝe-r.
Regain, rεgi.
Régal, regal.
Regalade, regalad.
Regalant, regala-t.
Régalante, regalat.
Regale, regal.
Régalement, regalma-t
Régaler, regale-r.
Régalien, regalyi.
Regaliste, regalist.
Regard, rεgar.
Regardant, rεgarda-t.
Regardante, rεgardat.
Regarder, rεgarde-r.
Regarnir, rεgarnir.
Régence, rejas.
Régénerateur, rejeneratεr.
Regénération, rejenerâsio.
Régeneratrice, rejeneratris.
Régenerer, rejenere-r.
Régent, reja-t.
Régente, rejat.
Régenter, rejate-r.
Régicide, rejisid.
Régie, reji.
Regimber, rεjibe-r.
Regime, rejim.
Regiment, rejima-t
Régimentaire, rejimatêr.
Region, rejio.
Régir, rejir.
Régisseur, rejisεr.
Registre, rεjistr.
Registrer, rεjistre-r.
Regle, rêgl.
Règlement, rêglεma-t.
Réglément, reglema-t.
Réglementaire, reglεmatêr.
Réglementer, reglεmate-r.
Régler, regle-r.
Réglet, reglê-t.
Reglette, reglêt.
Régleur, reglεr.
Réglisse, reglis.
Régnant, reĝa-t.
Régnante, reĝat.
Règne, rêĝ.
Régner, reĝe-r.
Regnicole, regnikol.
Regonflement, rεgoflεma-t.
Regonfler, rεgofle-r.
Regorgement, regorjεma-t.
Regorger, rεgorje-r.
Regrat, rεgra-t.
Regratter, rεgrate-r.
Regratterie, rεgratri.
Regrattier, rεgratie.
Regrattière, rεgratiêr.
Regret, rεgrê-t.
Regrettable, rεgretabl.
Regretter, rεgrete-r.
Regularisation, regularizâsio.
Régulariser, regularize-r.
Regularité, regularite.
Régulateur, regulatεr.
Regulatrice, regulatris.
Régule, regul.
Régulier, regulie.
Régulière, regulièr.
Regulièrement, regulièrma-t.
Réhabilitation, reabilitâsio.
Réhabiliter, reabilite-r.
Réhabituer, reabitue-r.
Rehaussement, rεôsma-t.
Rehausser, rεôse-r.
Rehauts, rεô-z.

Réimporter, rei̲porte-r.
Reimposer, rei̲pôze-r.
Reimposition, rei̲pôzisio̲.
Reimpression, rei̲presio̲.
Reimprimer, rei̲prime-r.
Rein, ri̲.
Reine, rên.
Reine-claude, rênglód (1).
Reine-marguerite, rênmargɛrit.
Reinette, rênêt.
Reinstallation, rei̲stalâsio̲.
Réinstaller, rei̲stale-r.
Reinté, e, ri̲te.
Reintégrande, rei̲tegra̲d.
Reintégrer, rei̲tegre-r.
Reis, rês.
Reitération, reiterâsio̲.
Reitérer, reitere-r.
Reître, rêtr.
Rejaillir, rɛja̲lir.
Rejaillissement, rɛja̲lisma̲-t.
Rejet, rɛjê-t.
Rejetable, rɛjɛtabl.
Rejeter, rɛjɛte-r.
Rejeton, rɛjɛto̲.
Rejoindre, rɛjûi̲dr.
Rejointoyer, rɛjûi̲tûaye-r.
Rejouer, rɛjûe-r.
Rejoui, e, rejûi.
Rejouir, rejûir.
Réjouissance, rejûisa̲s.
Rejouissant, rejûisa̲-t.
Rejouissante, rejûisa̲t.
Relâchant, rɛlâha̲-t.
Relâchante, rɛlâha̲t.
Relâche, rɛlâh.
Relâchement, rɛlâhma̲-t.
Relâcher, rɛlahe-r.
Relais, rɛlê-z.
Relaissé, relese.
Relancer, rɛla̲se-r.
Relaps, e, rɛlaps.
Rélargir, relarjir.
Relargissement, relarjisma̲-t.
Relater, rɛlate-r.
Relatif, rɛlatif.
Relation, rɛlâsio̲.
Relative, rɛlativ.
Relativement, rɛlativma̲-t.
Relaver, rɛlave-r.
Relaxation, rɛlaksâsio̲.
Relaxer, rɛlakse-r.
Relayer, rɛleye-r.
Relégation, rɛlegâsio̲.
Reléguer, rɛlege-r.
Relent, rla̲.
Relevailles, rɛlɛvâl-z.
Relevée, rɛlɛve.
Relèvement, rɛlêvma̲-t.
Relever, rɛlɛve-r.
Releveur, rɛlɛvɛr.
Reliage, rɛliaj.
Relief, rɛliêf.
Relier, rɛlie-r.
Relieur, rɛliɛr.
Religieuse, rɛlijyêz.
Religieusement, rɛlijyêzma̲-t.
Religieux, rɛlijyɛ-z.
Religion, rɛlijyo̲.
Religionnaire, rɛlijyonêr.
Reliquaire, rɛlikêr.
Reliquat, rɛlika-t.
Reliquataire, rɛlikatêr.
Relique, rɛlik.
Relire, rɛlir.
Reliure, rɛlyur.
Relocation, rɛlokâsio̲.
Relouer, rɛlûe-r.
Reluire, rɛluir.
Reluisant, rɛluiza̲-t.
Reluisante, rɛluiza̲t.
Reluquer, rɛluke-r.

(1) C'est à tort que certains auteurs veulent que l'on prononce Rênklôd, par étymologie. Dans la prononciation, la douce *n* transforme la dure *k* en sa douce *g*.

Remâcher, rɛmâhe-r.
Remaniement, rɛmanima̲-t.
Remanier, rɛmanie-r.
Remarier, rɛmarie-r.
Remarquable, rɛmarkabl.
Remarquablement, rɛmarkablɛ-ma̲-t.
Remarque, rɛmark.
Remarquer, rɛmarke-r.
Remballer, ra̲bale-r.
Rembarquement, ra̲barkɛma̲-t.
Rembarquer, ra̲barke-r.
Rembarrer, ra̲bâre-r.
Remblai, ra̲blê.
Remblayer, ra̲bleye-r.
Remboîtement, ra̲bûatma̲-t.
Remboîter, ra̲bûate-r.
Rembourrement, ra̲bûrma̲-t.
Rembourrer, ra̲bûre-r.
Remboursable, ra̲bûrsabl.
Remboursement, ra̲bûrsɛma̲-t.
Rembourser, ra̲bûrse-r.
Rembrunir, ra̲brunir.
Rembrunissement, ra̲brunisma̲-t.
Rembuchement, ra̲buhma̲-t.
Rembucher (se), ra̲buhe-r.
Remède, rɛmêd.
Remédiable, rɛmediabl.
Remédier, rɛmedie-r.
Remêler, rɛmele-r.
Remembrance, rɛma̲bra̲s.
Rememoratif, rɛmemoratif.
Rememorative, rɛmemorativ.
Rememorer, rɛmemore-r.
Remener, rɛmene-r.
Remercier, rɛmêrsie-r.
Remercîment, rɛmêrsima̲-t.
Réméré, remere.
Remettre, rɛmêtr.
Remeubler, rɛmɛble-r.
Réminiscence, reminis'a̲s.
Remise, rɛmiz.
Remiser, rɛmize-r.
Rémissible, remis'ibl.
Rémission, remisio̲.
Remissionnaire, remisionêr.
Rémittent, remit'a̲-t.
Remittente, remit'a̲t.
Remmener, ra̲mne-r.
Remolade, remolad.
Remontage, rɛmo̲taj.
Remonte, rɛmo̲t.
Remonter, rɛmo̲te-r.
Remontrance, rɛmo̲tra̲s.
Remontrer, rɛmo̲tre-r.
Remordre, rɛmordr.
Remords, rɛmor-z.
Remorque, rɛmork.
Remorquer, rɛmorke-r.
Remorqueur, rɛmorkɛr.
Remotis (a), remotis.
Remoudre, rɛmûdr.
Remoulade, remûlad.
Rémouleur, remûlɛr.
Remous, rɛmû-z.
Rempailler, ra̲pâle-r.
Rempailleur, ra̲pâlɛr.
Rempailleuse, ra̲pâlɛz.
Remparer (se), ra̲pare-r.
Rempart, ra̲par-t.
Remplaçant, ra̲plasa̲-t.
Remplaçante, ra̲plasa̲t.
Remplacement, ra̲plasma̲-t.
Remplacer, ra̲plase-r.
Remplage, ra̲plaj.
Rempli, ra̲pli.
Remplier, ra̲plie-r.
Remplir, ra̲plir.
Remplissage, ra̲plisaj.
Remplisseuse, ra̲plisɛz.
Remploi, ra̲plûâ.
Remployer, ra̲plûaye-r.
Remplumer, ra̲plume-r.
Rempocher, ra̲pohe-r.
Rempoissonnement, ra̲pûasonma̲-t.
Rempoissonner, ra̲pûasone-r.
Remporter, ra̲porte-r.
Rempotage, ra̲potaj.
Rempoter, ra̲pote-r.

Remuage, rεmuaj.
Remuant, rεmua-t.
Remuante, rεmuat.
Remue-ménage, rεmumenaj.
Remuement, rεmuma-t.
Remuer, rεmue-r
Remûment, rεmuma-t.
Rémunérateur, remuneratεr.
Rémunératif, remuneratif.
Rémunération, remunerâsio.
Rémunérative, remunerativ.
Rémunératoire, remuneratûar.
Rémunérer, remunere-r.
Renâcler, rεnâkle-r.
Renaissance, rεnêsas.
Renaissant, renêsa-t.
Renaissante, rεnêsat.
Renaître, rεnêtr.
Rénal, e, renal.
Renard, rεnar.
Renarde, renard.
Renardeau, rεnardô.
Renardier, rεnardie.
Renardière, rεnardiêr.
Renaux, renô-z.
Rencaissage, rakêsaj.
Rencaisser, rakese-r.
Renchérir, raherir.
Renchérissement, raherisma-t.
Rencogner, rakoĝe-r.
Rencontre, rakotr.
Rencontrer, rakotre-r.
Rencorser, rakorse-r.
Rendant, rada-t.
Rendante, radat.
Rendement, radma-t.
Rendetter, radete-r.
Rendez-vous, radevû-z.
Rendormir, radormir.
Rendoubler, radûble-r.
Rendre, radr.
Rendurcir, radursir.
Rêne, rê'n.
Renégat, rεnega-t.
Renégate, rεnegat.

Rénette, renêt.
Rénetter, renete-r.
Renfaîtage, rafêtaj.
Renfaîter, rafete-r.
Renfermer, rafêrme-r.
Renflement, raflεma-t.
Renfler, rafle-r.
Renfoncement, rafosma-t.
Renfoncer, rafose-r.
Renforcement, raforsεma-t.
Renforcer, raforse-r.
Renformir, raformir.
Renformis, raformi-z.
Renfort, rafor.
Renfrogner (se), rafroĝe-r.
Rengagement, ragajma-t.
Rengager, ragaje-r.
Rengaîner, ragene-r.
Rengorger (se), ragorje-r.
Rengraisser, ragrese-r.
Rengréner, ragrene-r.
Reniable, rεniabl.
Reniement, rεnima-t.
Renier, rεnie-r.
Renieur, rεniεr.
Renieuse, rεniεz.
Reniflement, reniflεma-t.
Renifler, rεnifle-r.
Reniflerie, rεniflεri.
Renifleur, rεniflεr.
Renifleuse, rεniflêz.
Renne, rên.
Renom, rεno.
Renommée, rεnome.
Renommer, rεnome-r.
Renonce, rεnos.
Renoncement, rεnosma-t.
Renoncer, rεnose-r.
Renonciation, rεnosiâsio.
Renoncule, rεnokul.
Renouée, rεnûe.
Renouement, rεnûma-t.
Renouer, rεnûe-r.
Renoueur, rεnûεr.
Renoueuse, rεnûεz.

RENOUVEAU, rɛnûvô.
RENOUVELER, rɛnûvle-r.
RENOUVELLEMENT, rɛnûvêlma-t.
RÉNOVATION, renovâsio.
RENSEIGNEMENT, rasêgma-t.
RENSEIGNER, rasege-r.
RENTE, rat.
RENTER, rate-r.
RENTIER, ratie.
RENTIÈRE, ratiêr.
RENTOILAGE, ratûalaj.
RENTOILER, ratûale-r.
RENTRAIRE, ratrêr.
RENTRAITURE, ratrêtur.
RENTRANT, ratra-t.
RENTRANTE, ratrat.
RENTRAYEUR, ratrêyɛr.
RENTRAYEUSE, ratrêyêz.
RENTRÉE, ratre.
RENTRER, ratre-r.
RENVERSE (A LA), ravêrs.
RENVERSEMENT, ravêrsɛma-t.
RENVERSER, ravêrse-r.
RENVOI, ravûa.
RENVOYER, ravûaye-r.
RÉORDINATION, reordinâsio.
RÉORDONNER, reordone-r.
RÉORGANISATION, reorganizâsio.
RÉORGANISER, reorganize-r.
RÉOUVERTURE, reûvêrtur.
REPAIRE, rɛpêr.
REPAÎTRE, rɛpêtr.
RÉPANDRE, repadr.
RÉPARABLE, reparabl.
REPARAÎTRE, rɛparêtr.
RÉPARATEUR, reparatɛr.
RÉPARATION, reparâsio.
RÉPARATRICE, reparatris.
RÉPARER, repare-r.
REPARLER, rɛparle-r.
REPARTIE, rɛparti.
REPARTIR, rɛpartir.
RÉPARTIR, repartir.
RÉPARTITEUR, repartitɛr.
RÉPARTITION, repartisio.
REPAS, rɛpâ-z.
REPASSAGE, rɛpâsaj.
REPASSER, rɛpâse-r.
REPASSEUSE, rɛpâsêz.
REPAVER, rɛpave-r.
REPÊCHER, rɛpêhe-r.
REPEINDRE, rɛpidr.
REPENSER, rɛpase-r.
REPENTANCE, rɛpatas.
REPENTANT, rɛpata-t.
REPENTANTE, rɛpatat.
REPENTIR (SE), rɛpatir.
REPERCER, rɛpêrse-r.
RÉPERCUSSIF, repêrkusif.
RÉPERCUSSION, repêrkusio.
RÉPERCUSSIVE, repêrkusiv.
RÉPERCUTER, repêrkute-r.
REPERDRE, rɛpêrdr.
REPÈRE, rɛpêr.
RÉPERTOIRE, repêrtûar.
RÉPÉTAILLER, repetâle-r.
RÉPÉTER, repete-r.
RÉPÉTITEUR, repetitɛr.
RÉPÉTITION, repetisio.
REPEUPLEMENT, rɛpɛplɛma-t.
REPEUPLER, rɛpɛple-r.
REPIC, rɛpik.
RÉPIT, repi-t.
REPLACEMENT, rɛplasma-t.
REPLACER, rɛplase-r.
REPLANTER, rɛplate-r.
REPLÂTRAGE, rɛplâtraj.
REPLÂTRER, rɛplâtre-r.
REPLET, rɛplê-t.
REPLÈTE, rɛplêt.
RÉPLÉTION, replesio.
REPLI, rɛpli.
REPLIER, rɛplie-r.
RÉPLIQUE, replik.
RÉPLIQUER, replike-r.
REPLONGER, rɛploje-r.
REPOLIR, rɛpolir.
RÉPONDANT, repoda-t.
RÉPONDANTE, repodat.
RÉPONDRE, repodr.

Reponse, repos.
Report, rεpor.
Reporter, rεporte-r.
Repos, rεpô-z.
Reposee, rεpôze.
Reposer, rεpôze-r.
Reposoir, rεpôzûar.
Repoussant, rεpûsa-t.
Repoussante, rεpûsat.
Repoussement, rεpûsma-t.
Repousser, rεpûse-r
Repoussoir, rεpûsûar.
Répréhensible, repreasibl.
Représension, repreasio.
Reprendre, rεpradr.
Représaille, rεprezâl.
Representant, rεprezata-t.
Représentatif, rεprezatatif.
Representation, rεprezatâsio.
Representative, rεprezatativ.
Representer, rεprezate-r.
Repressif, repres'if.
Répression, represio.
Repressive, repres'iv.
Réprimable, reprimabl.
Reprimande, reprimad.
Réprimander, reprimade-r.
Reprimant, reprima-t.
Reprimante, reprimat.
Reprimer, reprime-r.
Reprise, rεpriz.
Repriser, rεprize-r.
Reprobateur, reprobatεr.
Reprobation, reprobâsio.
Réprobatrice, reprobatris.
Reprochable, rεprohabl.
Reproche, rεproh.
Reprocher, rεprohe-r.
Reproducteur, rεproduktεr.
Reproductibilite, rεproduktibi-lite.
Reproductible, rεproduktibl.
Reproduction, rεproduksio.
Reproductrice, rεproduktris.
Reproduire, rεproduir.
Reprouver, rεprûve-r.
Reprouver, reprûve-r.
Reps, rêps.
Reptile, reptil.
Republicain, republiki.
Républicaine, republikên.
Republicanisme, republikanism.
République, republik.
Repudiation, repudiâsio.
Répudier, repudie-r.
Répugnance, repugas.
Repugnant, repuga-t.
Répugnante, repugat.
Repugner, repugé-r.
Repulluler, repul'ule-r.
Répulsif, repulsif.
Répulsion, repulsio.
Répulsive, repulsiv.
Réputation, reputâsio.
Réputer, repute-r.
Requerable, rεkerabl.
Requérant, rεkera-t.
Requerante, rεkerat.
Requérir, rεkerir.
Requête, rεkêt.
Requêté, rεkete.
Requêter, rεkete-r.
Requiem, rekuiêm.
Requin, rεki.
Requinquer (se), rεkike-r
Réquisition, rekizisio.
Réquisitoire, rekizitûar.
Rescif, resif.
Rescindant, res'ida-t.
Rescinder, res'ide-r.
Rescision, res'izio.
Rescisoire, res'izûar.
Rescription, rêskripsio.
Rescrit, rêskri-t.
Réseau, rezô.
Réséda, rezeda.
Réserve, rezêrv.
Reserver, rezêrve-r.
Réservoir, rezêrvûar.
Residant, rezida-t.

Résidante, rezidat.
Résidence, rezidas.
Résident, rezida-t.
Résider, rezide-r.
Résidu, rezidu.
Résignation, rezigâsio.
Résigner, rezige-r.
Résiliation, reziliâsio.
Résilier, rezilie-r.
Résilîment, rezilima-t.
Résille, rezil.
Résine, rezin.
Résineuse, rezinêz.
Résineux, rezinê-z.
Résipiscence, resipis'as.
Résistance, rezistas.
Résister, reziste-r.
Résoluble, rezolubl.
Résolûment, rezoluma-t.
Résolutif, rezolutif.
Résolution, rezolusio.
Résolutive, rezolutiv.
Résolutoire, rezolutûar.
Résolvant, rezolva-t.
Résolvante, rezolvat.
Resonnance, rezonas.
Résonnant, rezona-t.
Résonnante, rezonat.
Résonnement, rezonma-t.
Résonner, rezone-r.
Résorption, rezorpsio.
Résoudre, rezûdr.
Respect, rêspê-k.
Respectable, rêspêktabl.
Respecter, rêspêkte-r.
Respectif, rêspêktif.
Respective, rêspêktiv.
Respectivement, rêspêktivma-t.
Respectueuse, rêspêktuêz.
Respectueusement, rêspêktuêz-ma-t.
Respectueux, rêspêktuê-z.
Respirable, rêspirabl.
Respiration, rêspirâsio.
Respiratoire, rêspiratûar.
Respirer, rêspire-r.
Resplendir, rêspladir.
Resplendissant, rêspladisa-t.
Resplendissante, rêspladisat.
Resplendissement, rêspladisma-t.
Responsabilité, rêsposabilite.
Responsable, rêsposabl.
Ressac, resak.
Ressaisir, resezir.
Ressasser, resase-r.
Ressaut, resô-t.
Ressauter, resôte-r.
Ressemblance, resablas.
Ressemblant, resabla-t.
Ressemblante, resablat.
Ressembler, resable-r.
Ressemelage, resemlaj.
Ressemeler, resemle-r.
Ressemer, reseme-r.
Ressentiment, resatima-t.
Ressentir, resatir.
Resserrement, resêrma-t.
Resserrer, resere-r.
Ressif, resif.
Ressort, resor.
Ressortir, resortir.
Ressortissant, resortisa-t.
Ressortissante, resortisat.
Ressouder, resûde-r.
Ressource, resûrs.
Ressouvenir (se), resûvnir.
Ressuage, resuaj.
Ressuer, resue-r.
Ressui, resui.
Ressusciter, resusite-r.
Ressuyer, resuiye-r.
Restant, rêsta-t.
Restante, rêstat.
Restaur, rêstor.
Restaurant, rêstora-t.
Restaurante, rêstorat.
Restaurateur, rêstorater.
Restauration, rêstorâsio.
Restauratrice, rêstoratris.
Restaurer, rêstore-r.

Reste, rêst.
Rester, rêste-r.
Restituable, rêstituabl.
Restituer, rêstitue-r.
Restitution, rêstitusio.
Restreindre, rêstridr.
Restrictif, rêstriktif.
Restriction, rêstriksio.
Restrictive, rêstriktiv.
Restringent, rêstrija-t.
Restringente, rêstrijat.
Résultant, rezulta-t.
Résultante, rezultat.
Résultat, rezulta-t.
Résulter, rezulte-r.
Résumer, rezume-r.
Résurrection, rezurêksio.
Retable, retabl.
Rétablir, retablir.
Retablissement, retablisma-t.
Retaille, retâl.
Retailler, retâle-r.
Retaper, retape-r.
Retard, retar.
Retardataire, retardatêr.
Retardation, retardâsio.
Retardatrice, retardatris.
Retardement, retardema-t.
Retarder, retarde-r.
Reteindre, retidr.
Retendre, retadr.
Retenir, retenir.
Rétention, retasio.
Rétentionnaire, retasionêr.
Retentir, retatir.
Retentissant, retatisa-t.
Retentissante, retatisat.
Retentissement, retatisma-t.
Retentum, retitom.
Retenue, retenu.
Retersage, retêrsaj.
Reterser, retêrse-r.
Reticence, retisas.
Réticulaire, retikulêr.
Réticulé, e, retikule.
Rétif, retif.
Rétive, retiv.
Rétine, retin.
Retirade, retirad.
Retiration, retirâsio.
Retirement, retirma-t.
Retirer, retire-r.
Retombée, retobe.
Retomber, retobe-r.
Retondre, retodr.
Retordement, retordema-t.
Retordre, retordr.
Rétorquer, retorke-r.
Retors, retor-z.
Retorse, retors.
Rétorsion, retorsio.
Retorte, retort.
Retouche, retûh.
Retoucher, retûhe-r.
Retour, retûr.
Retourne, retûrn.
Retourner, retûrne-r.
Retracer, retrase-r.
Rétractation, retraktâsio.
Rétracter, retrakte-r.
Rétractile, retraktil.
Retractilite, retraktilite.
Retraction, retraksio.
Retraire, retrêr.
Retrait, retrê-t.
Retraite, retrêt.
Retraité, e, retrete.
Retranchement, retrahma-t.
Retrancher, retrahe-r.
Retravailler, retravale-r.
Rêtre, rêtr.
Rétrécir, retresir.
Retrécissement, retresisma-t.
Retremper, retrape-r.
Rétribuer, retribue-r.
Rétribution, retribusio.
Rétroactif, retroaktif.
Rétroaction, retroaksio.
Rétroactive, retroaktiv
Retroactivité, retroaktivite.

Rétrocéder, retrosede-r.

Rétrocession, retrosêsio.

Rétrogradation, retrogradâsio.

Rétrograde, retrograd.

Rétrograder, retrograde-r.

Retroussement, rεtrûsma-t.

Retrousser, rεtrûse-r.

Retroussis, rεtrûsi-z.

Retrouver, retrûve-r.

Rets, rê-z.

Réunion, reunio.

Réunir, reunir.

Réussir, reusir.

Réussite, reusit.

Revaloir, rεvalûar.

Revanche, rεvah.

Revancher, rεvahe-r.

Revancheur, rεvahεr.

Rêvasser, rêvase-r.

Rêvasserie, rêvasri.

Rêvasseur, rêvasεr.

Rêve, rêv.

Revêche, revêh.

Réveil, revêl.

Réveille-matin, revêlmati.

Réveiller, revele-r.

Réveillon, revelo.

Révélateur, revelater.

Révélation, revelâsio.

Révélatrice, revelatris.

Révéler, revele-r.

Revenant, revena-t.

Revenante, rεvenat.

Revenant-bon, rεvnabo.

Revendeur, rεvadεr.

Revendeuse, rεvadêz.

Revendication, rεvadikâsio.

Revendiquer, rεvadike-r.

Revendre, rεvadr.

Revenir, rεvenir.

Revente, rεvat.

Revenu, rεvenu.

Rêver, reve-r.

Réverbération, revêrberâsio.

Réverbère, revêrbêr.

Reverberer, revêrbere-r.

Reverdir, rεvêrdir.

Révéremment, reverama-t.

Révérence, reveras.

Révérencielle, reverasiêl.

Révérencieuse, reverasiêz.

Révérencieusement, reverasiêz-ma-t.

Révérencieux, reverasiê-z.

Révérend, revera.

Révérende, reverad.

Révérendissime, reveradis'im.

Révérer, revere-r.

Rêverie, rêvri.

Revers, rεvêr-z.

Réversal, e, revêrsal.

Reversement, rεvêrsema-t.

Reverser, rεvêrse-r.

Reversi, rεvêrsi.

Réversibilité, revêrsibilite.

Reversible, revêrsibl.

Réversion, revêrsio.

Revertier, rεvêrtie

Revestiaire, rεvêstiêr.

Revêtement, rεvêtma-t.

Revêtir, rεvetir.

Rêveur, rêvεr.

Rêveuse, rêvêz.

Revirade, revirad.

Revirement, rεvirma-t.

Revirer, rεvire-r.

Reviser, revize-r.

Réviseur, revizεr.

Revision, revizio.

Révivification, revivifikâsio.

Revivifier, revivifie-r.

Revivre, rεvivr.

Révocable, revokabl.

Révocation, revokâsio.

Révocatoire, revokatûar.

Revoir, rεvûar.

Revoler, rεvole-r.

Revolin, rεvoli.

Révoltant, revolta-t.

Révoltante, revoltat.

Révolte, revolt.
Révolter, revolte-r.
Revolu, e, revolu.
Révolution, revolusio̲.
Révolutionnaire, revolusionêr.
Révolutionnairement, revolusionêrma̲-t.
Révolutionner, revolusione-r.
Revomir, rɛvômir.
Revoquer, revoke-r.
Revue, rɛvu.
Révulsif, revulsif.
Revulsion, revulsio̲.
Révulsive, revulsiv.
Rez, re-z.
Rez-de-chaussée, redhôse.
Rhabdologie, rabdoloji.
Rhabillage, rabil̲aj.
Rhabiller, rabil̲e-r.
Rhabilleur, rabil̲ɛr.
Rhagade, ragad.
Rhapontic, rapo̲tik.
Rhapsode, rapsôd.
Rhapsodiste, rapsôdist.
Rheteur, retɛr.
Rhétoricien, retorisyi̲.
Rhetorique, retorik.
Rhingrave, ri̲grav.
Rhinocéros, rinoseros.
Rhodium, rodiom.
Rhododendron, rododi̲dro̲.
Rhombe, ro̲b.
Rhomboïdal, e, ro̲boidal.
Rhomboïdaux, ro̲boidô-z.
Rhomboide, ro̲boid.
Rhubarbe, rubarb.
Rhum, rom.
Rhumatismal, e, rumatismal.
Rhumatismaux, rumatismô-z.
Rhumatisme, rumatism.
Rhume, rum.
Rhus, rus.
Rhythme, ritm.
Rhythmique, ritmik.
Riant, ria̲-t.
Riante, ria̲t.
Ribambelle, riba̲bêl.
Ribaud, ribô.
Ribaude, ribôd.
Ribauderie, ribôdri.
Ribleur, riblɛr.
Ribordage, ribordaj.
Ribote, ribot.
Riboter, ribote-r.
Riboteur, ribotɛr.
Riboteuse, ribotɛ̂z.
Ricanement, rikanma̲-t.
Ricaner, rikane-r.
Ricanerie, rikanri.
Ricaneur, rikanɛr.
Ricaneuse, rikanɛ̂z.
Richard, rihar.
Richarde, rihard.
Riche, rih.
Richement, rihma̲-t.
Richesse, rihês.
Richissime, rihis'im.
Ricin, risi̲.
Ricocher, rikohe-r.
Ricochet, rikohê-t.
Ride, rid.
Rideau, ridô.
Ridelle, ridêl.
Rider, ride-r.
Ridicule, ridikul.
Ridiculement, ridikulma̲-t.
Ridiculiser, ridikulize-r.
Ridiculité, ridikulite.
Rièble, riêbl.
Rien, ryi̲.
Rieur, ryɛr.
Rieuse, ryɛ̂z.
Riflard, riflar.
Rigaudon, rigodo̲.
Rigide, rijid.
Rigidement, rijidma̲-t.
Rigidité, rijidite.
Rigodon, rigodo̲.
Rigole, rigol.
Rigorisme, rigorism.

Rigoriste, rigorist.
Rigoureuse, rigûrêz.
Rigoureusement, rigûrêzma-t.
Rigoureux, rigûrê-z.
Rigueur, rigɛr.
Rimailler, rimâle-r.
Rimailleur, rimâlɛr.
Rimailleuse, rimâlêz.
Rime, rim.
Rimer, rime-r.
Rimeur, rimɛr.
Rinceau, risô.
Rincer, rise-r.
Rinçure, risur.
Ringrave, rigrav.
Ripaille, ripâl.
Ripe, rip.
Riper, ripe-r.
Ripopée, ripope.
Riposte, ripost.
Riposter, riposte-r.
Ripuaire, ripuêr.
Rire, rir.
Ris, ri-z.
Risban, risba.
Risdale, risdal.
Risée, rize.
Risibilité, rizibilite.
Risible, rizibl.
Risiblement, riziblɛma-t.
Risquable, riskabl.
Risque, risk.
Risquer, riske-r.
Rissole, risol.
Rissoler, risole-r.
Ristorne, ristorn.
Rit, rit.
Rite, rit.
Ritournelle, ritûrnêl.
Ritualiste, ritualist.
Rituel, rituêl.
Rivage, rivaj.
Rival, e, rival.
Rivaliser, rivalize-r.
Rivalité, rivalite.
Rivaux, rivô-z.
Rive, riv.
River, rive-r.
Riverain, rivri.
Riveraine, rivrên.
Rivet, rivê-t.
Rivière, riviêr.
Rivure, rivur.
Rixdale, riksdal.
Rixe, riks.
Riz, ri-z.
Rizière, riziêr.
Rob, rob.
Robe, rob.
Robin, robi.
Robinet, robinê-t.
Robinier, robinie.
Roboratif, roboratif.
Roborative, roborativ.
Robre, robr.
Robuste, robust.
Robustement, robustɛma-t.
Roc, rok.
Rocaille, rokâl.
Rocailleur, rokâlɛr.
Rocailleuse, rokâlêz.
Rocailleux, rokâlê-z.
Rocambole, rokabol.
Roche, roh.
Rocher, rohe.
Rochet, rohê-t.
Rock, rok.
Rocou, rokû.
Rôder, rôde-r.
Rôdeur, rôdɛr.
Rodomont, rodomo.
Rodomontade, rodomotad.
Rogations, rogasio-z.
Rogatoire, rogatûar.
Rogaton, rogâto.
Rogne, roğ.
Rogner, roğe-r.
Rogneur, roğɛr.
Rogneuse, roğêz.
Rogneux, roğê-z.

ROGNON, rogo.
ROGNONNER, rogone-r.
ROGNURE, rogur.
ROGOMME, rogom.
ROGUE, rog.
ROI, rûa.
ROIDE, rêd.
ROIDEUR, rêder.
ROIDILLON, rêdilo.
ROIDIR, rêdir.
ROITELET, rûatlê-t.
RÔLE, rôl.
RÔLET, rôlê-t.
ROMAIN, romi.
ROMAINE, romên.
ROMAN, roma.
ROMANE, roman.
ROMANCE, romas.
ROMANCIER, romasie.
ROMANESQUE, romanêsk.
ROMANESQUEMENT, romanêske-ma-t.
ROMANTIQUE, romatik.
ROMANTISME, romatism.
ROMARIN, romari.
ROMPRE, ropr.
RONCE, ros.
ROND, ro.
RONDE, rod.
RONDACHE, rodah.
RONDEAU, rodô.
RONDELET, rodlê-t.
RONDELETTE, rodlêt.
RONDELLE, rodêl.
RONDEMENT, rodma-t.
RONDEUR, roder.
RONDIN, rodi.
RONDINER, rodine-r.
ROND-POINT, ropûi-t.
RONFLANT, rofla-t.
RONFLANTE, roflat.
RONFLEMENT, roflema-t.
RONFLER, rofle-r.
RONFLEUR, rofler.
RONFLEUSE, roflêz.
RONGER, roje-r.
RONGEUR, rojer.
ROQUEFORT, rokfor-t.
ROQUENTIN, rokati.
ROQUER, roke-r.
ROQUET, rokê-t.
ROQUETTE, rokêt.
ROQUILLE, rokil.
ROSACE, rôzas.
ROSACÉES, rôzase-z.
ROSAGE, rôzaj.
ROSAIRE, rôzêr.
ROSAT, rôza.
ROSBIF, rozbif.
ROSE, rôz.
ROSÉ, rôze.
ROSEAU, rôzô.
ROSE-CROIX, rôzkrûâ.
ROSÉE, rôze.
ROSERAIE, rôzrê.
ROSETTE, rôzêt.
ROSIER, rôzie.
ROSIÈRE, rôzier.
ROSSE, ros.
ROSSER, rose-r.
ROSSIGNOL, rosigol.
ROSSIGNOLER, rosigole-r.
ROSSINANTE, rosinat.
ROSSOLIS, rosoli.
ROSTRALE, rostral.
ROSTRES, rostr-z.
ROT, rô.
RÔT, rô.
ROTANG, rota.
ROTATEUR, rotater.
ROTATION, rotâsio.
ROTE, rot.
ROTER, rote-r.
RÔTI, roti.
RÔTIE, roti.
ROTIN, roti.
RÔTIR, rotir.
RÔTISSERIE, rotisri.
RÔTISSEUR, rotiser.
RÔTISSEUSE, rotisêz.

Rôtissoire, rotisûar.
Rotonde, rotod.
Rotondité, rotodite.
Rotule, rotul.
Roture, rotur.
Roturier, roturie.
Roturiere, roturiêr.
Roturièrement, roturiêrma-t.
Rouage, rûaj.
Rouan, rûa.
Rouanne, rûan.
Rouanner, rûane-r.
Rouannette, rûanêt.
Rouble, rûbl.
Rouc, rûk.
Rouche, rûh.
Roucou, rûkû.
Roucouer, rûkûe-r.
Roucoulement, rûkûlma-t.
Roucouler, rûkûle-r.
Roucouyer, rûkûye.
Roudou, rûdû.
Roue, rû.
Rouelle, rûêl.
Rouennerie, rûanri.
Rouer, rûe-r.
Rouerie, rûri.
Rouet, rûê-t.
Rouge, rûj.
Rougeâtre, rûjâtr.
Rougeaud, rûjô.
Rougeaude, rûjôd.
Rouge-gorge, rûjgorj.
Rougeole, rûjol.
Rouge-queue, rujkê.
Rouget, rûjê-t.
Rougette, rûjêt.
Rougeur, rûjer.
Rougir, rûjir.
Rouille, rûl.
Rouiller, rûle-r.
Rouillure, rûlur.
Rouir, rûir.
Rouissage, rûisaj.
Roulade, rûlad.
Roulage, rûlaj.
Roulant, rûla-t.
Roulante, rûlat.
Rouleau, rûlô.
Roulement, rûlma-t.
Rouler, rûle-r.
Roulette, rûlêt.
Rouleur, rûler.
Rouleuse, rûlêz.
Roulier, rûlie.
Roulière, rûliêr.
Roulis, rûli-z.
Rouloir, rûlûar.
Roupie, rûpi.
Roupiller, rûpile-r.
Roupilleur, rûpiler.
Roupilleuse, rûpilêz.
Roussâtre, rûsâtr.
Rousseau, rûsô.
Rousselet, rûslê-t.
Roussette, rûsêt.
Rousseur, rûser.
Roussi, rûsi.
Roussin, rûsi.
Roussir, rusir.
Rout, raût.
Route, rût.
Routier, rûtie.
Routière, rûtiêr.
Routine, rûtin.
Routiner, rûtine-r.
Routinier, rûtinie.
Routinière, rûtiniêr.
Routoir, rûtûar.
Rouverin, rûvri.
Rouvieux, rûviê-z.
Rouvre, rûvr.
Rouvrir, rûvrir.
Roux, rû-z.
Rousse, rûs.
Royal, e, rûayal.
Royalement, rûayalma-t.
Royalisme, rûayalism.
Royaliste, rûayalist.
Royaume, rûayôm.

Royauté, rûayôte.
Royaux, rûayô-z.
Ru, ru.
Ruade, ruad.
Rubacé, rubase.
Ruban, ruba.
Rubanerie, rubanri.
Rubanier, rubanie.
Rubanière, rubanièr.
Rubarbe, rubarb.
Rubéfaction, rubefaksio.
Rubéfiant, rubefia-t.
Rubéfiante, rubefiat.
Rubéfier, rubefie-r.
Rubiacées, rubiase-z.
Rubican, rubika.
Rubicond, rubiko.
Rubiconde, rubikod.
Rubine, rubin.
Rubis, rubi-z.
Rubrique, rubrik.
Ruche, ruh.
Rucher, ruhe-r.
Rude, rud.
Rudement, rudma-t.
Rudenté, e, rudate.
Rudenture, rudatur.
Rudéral, e, ruderal.
Rudéraux, ruderô-z.
Rudesse, rudês.
Rudiment, rudima-t.
Rudoyer, rudûaye-r.
Rue, ru.
Ruelle, ruèl.
Rueller, ruele-r.
Ruer, rue-r.
Rueur, ruɛr.
Rueuse, ruêz.
Rufien, rufia.
Rugine, rujin.
Ruginer, rujine-r.
Rugir, rujir.
Rugissant, rujisa-t.
Rugissante, rujisat.
Rugissement, rujisma-t.
Rugosité, rugôzite.
Rugueuse, rugêz.
Rugueux, rugê-z.
Ruilée, ruile.
Ruine, ruin.
Ruiner, ruine-r.
Ruineuse, ruinêz.
Ruineux, ruinê-z.
Ruisseau, ruisô.
Ruisselant, ruisla-t.
Ruisselante, ruislat.
Ruisseler, ruisle-r.
Rum, rom.
Rumb, rob.
Rumeur, rumɛr.
Ruminant, rumina-t.
Ruminante, ruminat.
Rumination, ruminâsio.
Ruminer, rumine-r.
Runique, runik.
Ruptoire, ruptûar.
Rupture, ruptur.
Rural, e, rural.
Ruraux, rurô-z.
Ruse, ruz.
Ruser, ruze-r.
Rustaud, rustô.
Rustaud, rustôd.
Rusticité, rustisite.
Rustique, rustik.
Rustiquement, rustikma-t.
Rustiquer, rustike-r.
Rustre, rustr.
Rut, rut.
Rutilant, rutila-t.
Rutilante, rutilat.
Rutoir, rutûar.
Rythme, ritm.

S

S, ês ou sɛ.
Sa, sa.
Sabaísme, sabaism.
Sabbat, saba-t.
Sabéen, sabei.
Sabéenne, sabeên.
Sabeisme, sabeism.
Sabine, sabin.
Sable, sâbl.
Sabler, sâble-r.
Sableuse, sâblɛ̂z.
Sableux, sâblɛ̂-z.
Sablier, sâblie.
Sablière, sâbliêr.
Sablon, sâblo.
Sablonner, sâblone-r.
Sablonneuse, sâblonɛ̂z.
Sablonneux, sâblonɛ̂-z.
Sablonnière, sâbloniêr.
Sabord, sabor.
Sabot, sabô.
Saboter, sabote-r.
Sabotier, sabotie.
Sabotière, sabotiêr.
Sabouler, sabûle-r.
Sabre, sâbr.
Sabrer, sâbre-r.
Sabretache, sâbrɛtah.
Sabreur, sâbrɛr.
Sac, sak.
Saccade, sakad.
Saccader, sakade-r.
Saccage, sakaj.
Saccagement, sakajma-t.
Saccager, sakaje-r.
Sacerdoce, sasêrdos.
Sacerdotal, e, sasêrdotal.
Sacerdotaux, sasêrdotô-z.
Sachée, sahe.
Sachet, sahê-t.
Sacoche, sakoh.
Sacramentaire, sakramatêr.
Sacramental, e, sakramatal.
Sacramentalement, sakramatal-ma-t.
Sacramentaux, sakramatô-z.
Sacramentel, le, sakramatêl.
Sacramentellement, sakramatêl-ma-t.
Sacre, sakr.
Sacré, e, sakre.
Sacrement, sakrɛma-t.
Sacrer, sakre-r.
Sacrificateur, sakrifikatɛr.
Sacrifice, sakrifis.
Sacrifier, sakrifie-r.
Sacrilége, sakrilej.
Sacrilégement, sakrilejma-t.
Sacripant, sakripa-t.
Sacristain, sakristi.
Sacristie, sakristi.
Sacrum, sakrom.
Saducéens, sadusei-z.
Saducéisme, saduseism.
Safran, safra.
Safraner, safrane-r.
Safre, safr.
Sagace, sagas.
Sagacité, sagasite.
Sagaie, sagay.
Sage, saj.
Sagement, sajma-t.
Sagesse, sajês.
Sagitté, e, sajite.
Sagou, sagû.
Sagouin, sagûi.
Sagouine, sagûin.
Sagum, sagom.
Saie, sê.
Saignant, sêga-t.
Saignante, sêgat.
Saignée, sege.

Saignement, sêgma-t.
Saigner, sege-r.
Saigneur, sêger.
Saigneuse, sêgêz.
Saigneux, sêgê-z.
Saillant, sala-t.
Saillante, salat.
Saillie, sali.
Saillir, salir.
Sain, si.
Sainbois, sibûâ.
Saindoux, sidû-z.
Saine, sên.
Sainement, sênma-t.
Sainfoin, sifûi.
Saint, si-t.
Sainte, sit.
Sainte-Barbe, sitbarb.
Saintement, sitma-t.
Sainte-Nitouche, sitnitûh.
Saintete, sitete.
Saint-Germain, sijêrmi.
Saïque, saik.
Saisir, sezi.
Saisine, sezin.
Saisir, sezir.
Saisissable, sezisabl.
Saisissant, sezisa-t.
Saisissante, sezisat.
Saisissement, sezisma-t.
Saison, sêzo.
Salade, salad.
Saladier, saladie.
Salage, salaj.
Salaire, salêr.
Salaison, salêzo.
Salamalec, salamalêk.
Salamandre, salamadr.
Salant, sala-t.
Salarié, e, salarie.
Salarier, salarie-r.
Salaud, salô.
Salaude, salôd.
Sale, sal.
Salé, e, sale.

Salement, salma-t.
Salep, salêp.
Saler, sale-r.
Saleron, salro.
Saleté, salte.
Saleur, saler.
Salicaire, salikêr.
Saliens, salyi-z.
Salière, salyêr.
Salifiable, salifiabl.
Saligaud, saligô.
Saligaude, saligôd.
Salignon, saligo.
Salin, sali.
Saline, salin.
Salique, salik.
Salir, salir.
Salissant, salisa-t.
Salissante, salisat.
Salisson, saliso.
Salissure, salisur.
Salivaire, salivêr.
Salivation, salivâsio.
Salive, saliv.
Saliver, salive-r.
Salle, sal.
Salmigondis, salmigodi-z.
Salmis, salmi-z.
Saloir, salûar.
Salon, salo.
Saloperie, salopri.
Salorge, salorj.
Salpêtre, salpêtr.
Salpêtrer, salpetre-r.
Salpêtrier, salpetrie.
Salpêtrière, salpetriêr.
Salsepareille, salsparêl.
Salsifis, salsifi-z.
Saltation, saltâsio.
Saltimbanque, saltibak.
Salubre, salubr.
Salubrité, salubrite.
Saluer, salue-r.
Salure, salur.
Salut, salu-t.

SALUTAIRE, salutêr.
SALUTAIREMENT, salutêrma-t.
SALUTATION, salutâsio.
SALVAGE, salvaj.
SALVANOS, salvanôs.
SALVATIONS, salvâsio-z.
SALVE, salv.
SALVE, salve.
SAMEDI, samdi.
SANSCRIT, saskri-t.
SANSCRITE, saskrit.
SAN-BENITO, sabenitô.
SANCIR, sasir.
SANCTIFIANT, saktifya-t.
SANCTIFIANTE, saktifyat.
SANCTIFICATION, saktifikâsyo.
SANCTIFIER, saktifye-r.
SANCTION, saksyo.
SANCTIONNER, saksyone-r.
SANCTUAIRE, saktuêr.
SANDAL, sadal.
SANDALE, sadal.
SANDARAQUE, sadarak.
SANDGIAK, sadjiak.
SANDGIAKAT, sadjiaka-t.
SANG, sa-k.
SANG-FROID, safrûa.
SANGIAC, sadjiak.
SANGIACAT, sadjiaka-t.
SANGLANT, sagla-t.
SANGLANTE, saglat.
SANGLE, sagl.
SANGLER, sagle-r.
SANGLIER, saglie.
SANGLOT, saglô.
SANGLOTER, saglote-r.
SANGSUE, sasu.
SANGUIFICATION, saguifikâsio.
SANGUIN, sagi.
SANGUINE, sagin.
SANGUINAIRE, saginêr.
SANGUINOLENT, saginola-t.
SANGUINOLENTE, saginolat.
SANHÉDRIN, saedri.
SANICLE, sanikl.

SANIE, sani.
SANIEUSE, saniëz.
SANIEUX, saniê-z.
SANITAIRE, sanitêr.
SANS, sa-z.
SANSCRIT, saskri-t.
SANSCRITE, saskrit.
SANSONNET, sasonê-t.
SANTAL, satal.
SANTÉ, sate.
SANTOLINE, satolin.
SANTON, sato.
SANVE, sav.
SAOUL, sû.
SAOULE, sûl.
SAOULER, sûle-r.
SAPAJOU, sapajû.
SAPAN, sapa.
SAPE, sap.
SAPER, sape-r.
SAPEUR, sapër.
SAPHÈNE, safên.
SAPHIQUE, safik.
SAPHIR, safir.
SAPHIRINE, safirin.
SAPIDE, sapid.
SAPIENCE, sapias.
SAPIENTIAUX, sapyisyô-z.
SAPIN, sapi.
SAPINE, sapin.
SAPONAIRE, saponêr.
SAPORIFIQUE, saporifik.
SAPOTE, sapot.
SAPOTIER, sapotie.
SARABANDE, sarabad.
SARBACANE, sarbakan.
SARBOTIÈRE, sarbotiêr.
SARCASME, sarkasm.
SARCASTIQUE, sarkastik.
SARCELLE, sarsêl.
SARCLAGE, sarklaj.
SARCLER, sarkle-r.
SARCLEUR, sarklër.
SARCLEUSE, sarklëz.
SARCLOIR, sarklûar.

Sarclure, sarklur.
Sarcocèle, sarkosêl.
Sarcocolle, sarkokol.
Sarcocollier, sarkokolie.
Sarcologie, sarkoloji.
Sarcomateuse, sarkomatêz.
Sarcomateux, sarkomatê-z.
Sarcome, sarkom.
Sarcophage, sarkofaj.
Sarcotique, sarkotik.
Sardanapale, sardanapal.
Sardine, sardin.
Sardoine, sardûan.
Sardonien, sardonyi.
Sarigue, sarig.
Sarment, sarma-t.
Sarmenteuse, sarmatêz.
Sarmenteux, sarmatê-z.
Sarrasin, sarazi.
Sarrasine, sarazin.
Sarrau, sârô.
Sas (1), sâ-z.
Sas (2), sâs.
Sassafras, sas'afra-z.
Sassenage, sasnaj.
Sasser, sâse-r.
Satan, sata.
Satanique, satanik.
Satellite, satêl'it.
Satiété, sasiete.
Satin, sati.
Satinade, satinad.
Satinage, satinaj.
Satiné, e, satine.
Satiner, satine-r.
Satire, satir.
Satirique, satirik.
Satiriquement, satirikma-t.
Satisfaction, satisfaksio.
Satisfaire, satisfêr.
Satisfaisant, satisfeza-t.
Satisfaisante, satisfezat.
Satrape, satrap.
Satrapie, satrapi.
Saturation, saturâsio.
Saturer, sature-r.
Saturnales, saturnal-z.
Saturne, saturn.
Satyre, satir.
Satyriasis, satiriazis.
Satyrion, satirio.
Satyrique, satirik.
Sauce, sôs.
Saucer, sôse-r.
Saucière, sôsièr.
Saucisse, sôsis.
Saucisson, sôsiso.
Sauf, sôf.
Sauf-conduit, sôfkodui-t.
Sauge, sôj.
Saugrenu, e, sôgrenu.
Saule, sôl.
Saumâtre, sômâtr.
Saumon, sômo.
Saumoné, e, sômone.
Saumoneau, sômonô.
Saumure, sômur.
Saunage, sônaj.
Sauner, sône-r.
Saunerie, sônri.
Saunier, sônie.
Saunière, sônièr.
Saupoudrer, sôpûdre-r.
Saur, sor.
Saurage, soraj.
Saurer, sore-r.
Sauret, sorê-t.
Sauriens, soryi-z.
Saussaie, sôsê.
Saut, sô-t.
Saute, sôt.
Sauté, sôte.
Sautelle, sôtêl.
Sauter, sôte-r.
Sautereau, sôtrô.
Sauterelle, sôtrêl.

(1) Sas, tamis. — (2) Le sas d'une écluse.

SAUTEUR, sôtær.
SAUTEUSE, sôtêz.
SAUTILLANT, sôtila-t.
SAUTILLANTE, sôtilat.
SAUTILLEMENT, sôtilma-t.
SAUTILLER, sôtile-r.
SAUTOIR, sôtûar.
SAUVAGE, sôvaj.
SAUVAGEON, sôvajo.
SAUVAGERIE, sôvajri.
SAUVE, sôv.
SAUVEGARDE, sôvgard.
SAUVEGARDER, sôvgarde-r.
SAUVER, sôve-r.
SAUVETAGE, sôvtaj.
SAUVEUR, sôvær.
SAVAMMENT, savama-t.
SAVANE, savan.
SAVANT, sava-t.
SAVANTASSE, savatas.
SAVANTE, savat.
SAVANTISSIME, savatis'im.
SAVATE, savat.
SAVETER, savte-r.
SAVETIER, savtye.
SAVEUR, savær.
SAVOIR, savûar.
SAVON, savo.
SAVONNAGE, savonaj.
SAVONNER, savone-r.
SAVONNERIE, savonri.
SAVONNETTE, savonêt.
SAVONNEUSE, savonéz.
SAVONNEUX, savoné-z.
SAVONNIER, savonie.
SAVOUREMENT, savûrma-t.
SAVOURER, savûre-r.
SAVOURET, savûrê-t.
SAVOUREUSE, savûréz.
SAVOUREUSEMENT, savûrézma-t.
SAVOUREUX, savurê-z.
SAXATILE, saksatil.
SAXIFRAGE, saksifraj.
SAYON, sêyo.
SBIRE, sbir.

SCABELLON, skabê'lo.
SCABIEUSE, skabiêz.
SCABREUSE, skâbrêz.
SCABREUX, skâbré-z.
SCALDE, skald.
SCALÈNE, skalên.
SCALPEL, skalpêl.
SCALPER, skalpe-r.
SCANDALE, skadal.
SCANDALEUSE, skadalêz.
SCANDALEUSEMENT, skadalêzma-t.
SCANDALEUX, skadalé-z.
SCANDALISER, skadalize-r.
SCANDER, skade-r.
SCAPHANDRE, skafadr.
SCAPULAIRE, skapulêr.
SCARABEE, skarabe.
SCARAMOUCHE, skaramûh.
SCARIFICATEUR, skarifikatær.
SCARIFICATION, skarifikâsio.
SCARIFIER, skarifie-r.
SCARLATINE, skarlatin.
SCEAU, sô.
SCEL, sêl.
SCÉLÉRAT, selera-t.
SCÉLÉRATE, selerat.
SCÉLÉRATESSE, seleratês.
SCÉLITE, selit.
SCELLÉ, sele.
SCELLEMENT, sêlma-t.
SCELLER, sele-r.
SCELLEUR, sêlær.
SCÈNE, sên.
SCÉNIQUE, senik.
SCÉNOGRAPHIE, senografi.
SCÉNOGRAPHIQUE, senografik.
SCEPTICISME, sêptisism.
SCEPTIQUE, sêptik.
SCEPTRE, sêptr.
SCHABRAQUE, habrak.
SCHAH, ha.
SCHAKO, hakô.
SCHALL, hâl.
SCHAPSKA, hapska.

SCHEIK, hêk.
SCHELLING, hli̱.
SCHENE, skên.
SCHÉRIF, herif.
SCHISMATIQUE, hismatik.
SCHISME, hism.
SCHISTE, hist.
SCHISTEUSE, histêz.
SCHISTEUX, histê-z.
SCHLAGUE, hlag.
SCHLICH, hlik.
SCHNAPAN, hnapa̱.
SCHOLAIRE, skolêr.
SCHOLASTIQUE, skolastik.
SCHOLASTIQUEMENT, skolastik-ma̱-t.
SCHOLIASTE, skoliast.
SCHOLIE, skoli.
SCIAGE, siaj.
SCIATÉRIQUE, siaterik.
SCIATIQUE, siatik.
SCIE, si.
SCIEMMENT, siama̱-t.
SCIENCE, sia̱s.
SCIENTIFIQUE, sia̱tifik.
SCIENTIFIQUEMENT, sia̱tifikma̱-t.
SCIER, sie-r.
SCIERIE, siri.
SCIEUR, siɛr.
SCILLE, sil.
SCILLITIQUE, silitik.
SCINDER, si̱de-r.
SCINQUE, si̱k.
SCINTILLANT, si̱til'a̱-t.
SCINTILLANTE, si̱til'a̱t.
SCINTILLATION, si̱til'âsio̱.
SCINTILLER, si̱til'e-r.
SCIOGRAPHIE, siografi.
SCION, sio̱.
SCISSILE, sisil.
SCISSION, sisio̱.
SCISSIONNAIRE, sisionêr.
SCISSURE, sisur.
SCIURE, syur.
SCOLAIRE, skolêr.
SCOLARITÉ, skolarite.
SCOLASTIQUE, skolastik.
SCOLASTIQUEMENT, skolastik-ma̱-t.
SCOLIASTE, skoliast.
SCOLIE, skoli.
SCOLOPENDRE, skolopa̱dr.
SCOMBRE, sko̱br.
SCORBUT, skorbu-t.
SCORBUTIQUE, skorbutik.
SCORIE, skori.
SCORIFICATION, skorifikâsio̱.
SCORIFICATOIRE, skorifikatûar.
SCORIFIER, skorifie-r.
SCORPIOÏDE, skorpioid.
SCORPION, skorpio̱.
SCORSONÈRE, skorsonêr.
SCOTIE, skoti.
SCRIBE, skrib.
SCROFULAIRE, skrofulêr.
SCROFULES, skroful-z.
SCROFULEUSE, skrofulêz.
SCROFULEUX, skrofulê-z.
SCROTOCÈLE, skrotosêl.
SCROTUM, skrotom.
SCRUPULE, skrupul.
SCRUPULEUSE, skrupulêz.
SCRUPULEUSEMENT, skrupulêz-ma̱-t.
SCRUPULEUX, skrupulê-z.
SCRUTATEUR, skrutatɛr.
SCRUTER, skrute-r.
SCRUTIN, skruti̱.
SCUBAC, skubak.
SCULPTER, skulte-r.
SCULPTEUR, skultɛr.
SCULPTURE, skultur.
SE, sɛ.
SÉANCE, sea̱s.
SÉANT, sea̱-t.
SÉANTE, sea̱t.
SEAU, sô.
SÉBACÉ, E, sebase.
SÉBILE, sebil.
SEC, sêk.

Sécable, sekabl.
Secante, sekat.
Sèche, sêh.
Sèchement, sêhma-t.
Sécher, sehe-r.
Sécheresse, sehrês.
Séchoir, sehûar.
Second, sego-t.
Secondaire, segodêr.
Secondairement, segodêrma-t.
Seconde, segod.
Secondement, segodma-t.
Seconder, segode-r.
Secondines, segodin-z.
Secouement, sekûma-t.
Secouer, sekûe-r.
Secoûment, sekûma-t.
Secourable, sekûrabl.
Secourir, sekûrir.
Secours, sekûr-z.
Secousse, sekûs.
Secret, sekrê-t.
Secrétaire, sekretêr.
Secrétairerie, sekretêr'i.
Secretariat, sekretaria-t.
Secrète, sekrêt.
Secrètement, sekrêtma-t.
Secreter, sekrete-r.
Sécréteur, sekreter.
Secrétion, sekresio.
Secretoire, sekretûar.
Sectaire, sêktêr.
Sectateur, sêktater.
Sectatrice, sêktatris.
Secte, sêkt.
Secteur, sêkter.
Section, sêksio.
Séculaire, sekulêr.
Sécularisation, sekularizâsio.
Séculariser, sekularize-r.
Sécularité, sekularite.
Séculier, sekulie.
Séculière, sekuliêr.
Séculièrement, sekulièrma-t.
Sécurité, sekurite.

Sedan, seda.
Sedatif, sedatif.
Sédative, sedativ.
Sédentaire, sedatêr.
Sédiment, sedima-t.
Séditieuse, sedisiêz.
Séditieusement, sedisiêzma-t.
Séditieux, sedisiê-z.
Sédition, sedisio.
Séducteur, sedukter.
Séduction, seduksio.
Séductrice, seduktris.
Séduire, seduir.
Séduisant, seduiza-t.
Séduisante, seduizat.
Segment, sêgma-t.
Ségrégation, segregâsio.
Seiche, sêh.
Seigle, sêgl.
Seigneur, seger.
Seigneurial, e, segerial.
Seigneuriaux, segeriô-z.
Seigneurie, segeri.
Seime, sêm.
Sein, si.
Seine, sên.
Seing, si.
Seize, sêz.
Seizième, sêziêm.
Seizièmement, sêziêm'a-t.
Séjour, sejûr.
Séjourner, sejûrne-r.
Sel, sêl.
Sélam, selam.
Selenite, selenit.
Sélénitéuse, selenitêz.
Séléniteux, selenitê-z.
Seller, sele-r.
Sellerie, sêlri.
Sellette, sêlêt.
Sellier, sêlie.
Selon, selo.
Seltz, sêls.
Semaille, semâl.
Semaine, semên.

Semainier, sɛmeme.
Semainière, sɛmeniêr.
Sémaphore, semafor.
Semblable, sablabl.
Semblablement, sablablɛma-t.
Semblant, sabla-t.
Sembler, sable-r.
Semelle, sɛmêl.
Semence, sɛmas.
Semencine, sɛmasin.
Semen-contra, semênkotra.
Semer, sɛme-r.
Semestre, sɛmêstr.
Semestrier, sɛmêstrie.
Semeur, sɛmɛr.
Semi, sɛmi.
Sémillant, semila-t.
Sémillante, semilat.
Séminaire, seminêr.
Séminal, e, seminal.
Séminariste, seminarist.
Séminaux, seminô-z.
Semis, sɛmi-z.
Sémitique, semitik.
Semoir, sɛmûar.
Semonce, sɛmos.
Semoncer, sɛmose-r.
Semoule, sɛmûl.
Semper-virens, sipêrviris.
Sempiternel, le, sipitêrnêl.
Sénat, sena-t.
Sénateur, senatɛr.
Sénatorial, e, senatorial.
Sénatoriaux, senatoryô-z.
Senatorien, senatoryi.
Sénatorienne, senatoryên.
Senatrice, senatris.
Senatus-consulte, senatusko-sult.
Senau, senô.
Sené, sene.
Sénéchal, e, senehal.
Sénechaussée, senehôse.
Senechaux, senehô-z.
Seneçon, sênso.
Sénestre, senêstr.
Senevé, senve.
Sénieur, senier.
Sénile, senil.
Senne, sên.
Sens, sas (1).
Sensation, sasâsio.
Sensé, e, sase.
Sensément, sasema-t.
Sensibilité, sasibilite.
Sensible, sasibl.
Sensiblement, sasiblɛma-t.
Sensiblerie, sasiblɛri.
Sensitif, sasitif.
Sensitive, sasitiv.
Sensorium, sisoriom.
Sensualisme, sasualism.
Sensualiste, sasualist.
Sensualité, sasualite.
Sensuel, le, sasuêl.
Sensuellement, sasuêlma-t.
Sente, sat.
Sentence, satas.
Sentencieuse, satasiêz.
Sentencieusement, satasiêzma-t.
Sentencieux, satasiê-z.
Senteur, satɛr.
Sentier, satie.
Sentiment, satima-t.
Sentimental, e, satimatal.
Sentimentaux, satimatô-z.
Sentine, satin.
Sentinelle, satinêl.
Sentir, satir.
Seoir, sûar.
Séparable, separabl.
Séparatif, separatif.

(1) Les mots composés, *bon sens*, *sens commun*, *a contre-sens*, se prononcent sans faire entendre le *s* final : bo sa, sa komu, à kotr sa ; mais on dit un no sas.

SÉPARATION, separâsio.
SÉPARATIVE, separativ.
SÉPARÉMENT, separema-t.
SÉPARER, separe-r.
SÉPIA, sepia.
SEPS, sêps.
SEPT, sêt (1).
SEPTANTE, sêptat.
SEPTEMBRE, sêptabr.
SEPTÉNAIRE, sêptenêr.
SEPTENNAL, E, sêptenal.
SEPTENNALITÉ, sêptenalite.
SEPTENNAUX, sêptenô-z.
SEPTENTRION, sêptatrio.
SEPTENTRIONAL, E, sêptatrional.
SEPTENTRIONAUX, sêptatrionô-z.
SEPTIDI, sêptidi.
SEPTIÈME, sêtiêm.
SEPTIÈMEMENT, sêtiêm'a-t.
SEPTIQUE, sêptik.
SEPTUAGÉNAIRE, sêptuajenêr.
SEPTUAGÉSIME, sêptuajezim.
SEPTUPLE, sêptupl.
SEPTUPLER, sêptuple-r.
SÉPULCRAL, E, sepulkral.
SÉPULCRAUX, sepulkrô-z.
SÉPULCRE, sepulkr.
SÉPULTURE, sepultur.
SÉQUELLE, sekêl.
SÉQUENCE, sekas.
SÉQUESTRATION, sekêstrâsio.
SÉQUESTRE, sekêstr.
SÉQUESTRER, sekêstre-r.
SEQUIN, seki.
SÉRAIL, seral.
SÉRAPHIN, serafi.
SÉRAPHIQUE, serafik.
SÉRASQUIER, seraskie.
SEREIN, seri.
SEREINE, serên.
SÉRÉNADE, serenad.
SÉRÉNISSIME, serenis'im.
SÉRÉNITÉ, serenite.
SÉREUSE, serêz.
SÉREUX, serê-z.
SERF, sêrf.
SERGE, sêrj.
SERGENT, sêrja-t.
SÉRIE, seri.
SÉRIEUSE, seriêz.
SÉRIEUSEMENT, seriêzma-t.
SÉRIEUX, seriê-z.
SERIN, sri.
SERINE, srin.
SERINER, srine-r.
SERINETTE, srinêt.
SERINGAT, sriga-t.
SERINGUE, srig.
SERINGUER, srige-r.
SERMENT, sêrma-t.
SERMENTÉ, E, sêrmate.
SERMON, sêrmo.
SERMONNAIRE, sêrmonêr.
SERMONNER, sêrmone-r.
SERMONNEUR, sêrmoner.
SÉROSITÉ, serôzite.
SERPE, sêrp.
SERPENT, sêrpa-t.
SERPENTE, sêrpat.
SERPENTEAU, sêrpatô.
SERPENTER, sêrpate-r.
SERPENTIN, sêrpati.
SERPENTINE, sêrpatin.
SERPETTE, sêrpêt.
SERPILLIÈRE, sêrpiliêr.
SERPOLET, sêrpolê-t.
SERRE, sêr.
SERRE-FILE, sêrfil.
SERREMENT, sêrma-t.
SERRE-PAPIERS, sêrpapie.

(1) On ne prononce pas le *t* devant une consonne : sê *chevaux*, à moins que *sept* ne signifie *septième*, *Charles* sêt *revient*, ou qu'il ne soit substantif. *Le* sêt *de cœur*.

SERRER, sere-r.
SERRE-TÊTE, sêrtêt.
SERRURE, serur.
SERRURERIE, serurṛi.
SERRURIER, serurie.
SERTIR, sêrtir.
SERTISSURE, sêrtisur.
SÉRUM, serom.
SERVAGE, sêrvaj.
SERVAL, sêrval.
SERVANT, sêrva̱-t.
SERVANTE, sêrva̱t.
SERVIABLE, sêrviabl.
SERVICE, sêrvis.
SERVIETTE, sêrviêt.
SERVILE, sêrvil.
SERVILEMENT, sêrvilma̱-t.
SERVILISME, sêrvilism.
SERVILITÉ, sêrvilite.
SERVIR, sêrvir.
SERVITEUR, sêrvitɛr.
SERVITUDE, sêrvitud.
SES, sê-z.
SÉSAME, sezam.
SÉSAMOÏDE, sezamoid.
SÉSÉLI, sezeli.
SESQUIALTÈRE, sêskuialtêr.
SESSILE, sêsil.
SESSION, sêsio̱.
SESTERCE, sêstêrs.
SETIER, stie.
SÉTON, seto̱.
SEUIL, sɛḻ.
SEUL, E, sɛl.
SEULEMENT, sɛlma̱-t.
SEULET, sɛlê-t.
SEULETTE, sɛlêt.
SÉVE, sêv.
SÉVÈRE, sevêr.
SÉVÈREMENT, sevêrma̱-t.
SÉVÉRITÉ, severite.
SÉVICES, sevis-z.
SÉVIR, sevir.
SEVRAGE, sɛvraj.
SEVRER, sɛvre-r.
SEVREUSE, sɛvrɛ̂z.
SEXAGÉNAIRE, segzajenêr.
SEXAGÉSIME, segzajezim.
SEXE, sêks.
SEXTANT, sêksta̱-t.
SEXTIDI, sêkstidi.
SEXTIL, E, sêkstil.
SEXTUPLE, sêkstupl.
SEXTUPLER, sêkstuple-r.
SEXUEL, LE, sêksuêl.
SHAKO, hakô.
SCHALL, hâl.
SHELING, hli̱.
SHÉRIF, herif.
SI, si.
SIAMOISE, siamûaz.
SIBARITE, sibarit.
SIBARITISME, sibaritism.
SIBYLLE, sibil.
SIBYLLIN, sibili̱.
SICAIRE, sikêr.
SICCATIF, sikatif.
SICCATIVE, sikativ.
SICCITÉ, siksite.
SICLE, sikl.
SICOMORE, sikomor.
SIDÉRAL, E, sideral.
SIDÉRAUX, siderô-z.
SIÈCLE, siêkl.
SIÉGE, siej.
SIÉGER, sieje-r.
SIEN, syi̱.
SIENNE, syên.
SIESTE, syêst.
SIEUR, syɛr.
SIFFLABLE, siflabl.
SIFFLANT, sifla̱-t.
SIFFLANTE, sifla̱t.
SIFFLEMENT, siflɛma̱-t.
SIFFLER, sifle-r.
SIFFLET, siflê-t.
SIFFLEUR, siflɛr.
SIFFLEUSE, siflɛ̂z.
SIGISBÉE, sijisbe.
SIGNAL, sig̃al.

SIGNALEMENT, sig̃alma̲-t.
SIGNALER, sig̃ale-r.
SIGNALETIQUE, sig̃aletik.
SIGNATAIRE, sig̃atèr.
SIGNATURE, sig̃atur.
SIGNAUX, sig̃ô-z.
SIGNE, sig̃.
SIGNER, sig̃e-r.
SIGNET, sinê-t.
SIGNIFIANT, sig̃ifia̲-t.
SIGNIFIANTE, sig̃ifia̲t.
SIGNIFICATIF, sig̃ifikatif.
SIGNIFICATION, sig̃ifikâsio̲.
SIGNIFICATIVE, sig̃ifikativ.
SIGNIFIER, sig̃ifie-r.
SILENCE, sila̲s.
SILENCIEUSE, sila̲siêz.
SILENCIEUSEMENT, sila̲siêzma̲-t.
SILENCIEUX, sila̲siê-z.
SILEX, silèks.
SILHOUETTE, silûêt.
SILICE, silis.
SILICEUSE, silisêz.
SILICEUX, silisê-z.
SILLAGE, si̲laj.
SILLON, si̲lo̲.
SILLONNER, si̲lone-r.
SILO, silô.
SILOUETTE, silûêt.
SIMAGRÉE, simagre.
SIMAISE, simèz.
SIMARRE, simar.
SIMILAIRE, similèr.
SIMILITUDE, similitud.
SIMILOR, similor.
SIMONIE, simoni.
SIMPLE, si̲pl.
SIMPLEMENT, si̲plɛma̲-t.
SIMPLESSE, si̲plês.
SIMPLICITE, si̲plisite.
SIMPLIFICATION, si̲plifikâsio̲.
SIMPLIFIER, si̲plifie-r.
SIMULACRE, simulakr.
SIMULATION, simulâsio̲.
SIMULER, simule-r.

SIMULTANÉ, E, simultane.
SIMULTANÉITÉ, simultaneite.
SIMULTANÉMENT, simultanema̲-t.
SINAPISÉ, E, sinapize.
SINAPISME, sinapism.
SINCÈRE, si̲sèr.
SINCÈREMENT, si̲sèrma̲-t.
SINCÉRITÉ, si̲serite.
SINÉCURE, sinekur.
SINECURISTE, sinekurist.
SINGE, si̲j.
SINGER, si̲je-r.
SINGERIE, si̲jri.
SINGULARISER, si̲gularize-r.
SINGULARITÉ, si̲gularite.
SINGULIER, si̲gulie.
SINGULIÈRE, si̲gulièr.
SINGULIÈREMENT, si̲gulièrma̲-t.
SINISTRE, sinistr.
SINISTREMENT, sinistrɛma̲-t.
SINON, sino̲.
SINOPLE, sinopl.
SINUEUSE, sinuêz.
SINUEUX, sinuê-z.
SINUOSITÉ, sinuôzite.
SINUS, sinus.
SIPHILIS, sifilis.
SIPHILITIQUE, sifilitik.
SIPHON, sifo̲.
SIRE, sir.
SIRÈNE, sirên.
SIRIUS, sirius.
SIROCO, sirokô.
SIROP, sirô.
SIRSACAS, sirsaka-s.
SIRTES, sirt-z.
SIS, si-z.
SISE, siz.
SISON, sizo̲.
SISTRE, sistr.
SISYMBRE, sizi̲br.
SITE, sît.
SITÔT, sitô-t.
SITUATION, situâsio̲.
SITUER, situe-r.

SIX, sis (1).
SIXAIN, sizi̱.
SIXIÈME, siziêm.
SIXIÈMEMENT, siziêm'a̱-t.
SIXTE, sikst.
SLOOP, slop.
SMILLE, smil.
SMILLER, smile̱-r.
SOBRE, sobr.
SOBREMENT, sobrema̱-t.
SOBRIÉTÉ, sobriete.
SOBRIQUET, sobrikê-t.
SOC, sok.
SOCIABILITÉ, sosiabilite.
SOCIABLE, sosiabl.
SOCIABLEMENT, sosiablema̱-t.
SOCIAL, E, sosial.
SOCIALISME, sosialism.
SOCIALISTE, sosialist.
SOCIAUX, sosiô-z.
SOCIÉTAIRE, sosietêr.
SOCIÉTÉ, sosiete.
SOCINIANISME, sosinianism.
SOCINIEN, sosinyi̱.
SOCINIENNE, sosinyên.
SOCLE, sokl.
SOCQUE, sok.
SOCRATIQUE, sokratik.
SODIUM, sodiom.
SODOMIE, sodomi.
SODOMITE, sodomit.
SŒUR, sɛr.
SŒURETTE, sɛrêt.
SOFA, sofâ.
SOFFITE, sofit.
SOFI, sofi.
SOI, sûa.
SOI-DISANT, sûa-diza̱-t.
SOIE, sûâ.
SOIERIE, sûari.
SOIF, sûaf.
SOIGNER, sûag̃e-r.
SOIGNEUSE, sûag̃êz.
SOIGNEUSEMENT, sûag̃êzma̱-t.
SOIGNEUX, sûag̃ê-z.
SOIN, sûi̱.
SOIR, sûar.
SOIRÉE, sûare.
SOIT, sûat (2).
SOIXANTAINE, sûasa̱tên.
SOIXANTE, sûasa̱t.
SOIXANTER, sûasa̱te-r.
SOIXANTIÈME, sûasa̱tiêm.
SOL, sol.
SOLAIRE, solêr.
SOLANÉES, solane-z.
SOLANUM, solanom.
SOLDAT, solda-t.
SOLDATESQUE, soldatêsk.
SOLDE, sold.
SOLDER, solde-r.
SOLE, sol.
SOLÉAIRE, soleêr.
SOLÉCISME, solesism.
SOLEIL, solêḻ.
SOLEN, solên.
SOLENNEL, LE, solanêl.
SOLENNELLEMENT, solanêlma̱-t.
SOLENNISATION, solanizâsio̱.
SOLENNISER, solanize-r.
SOLENNITÉ, solanite.
SOLFÉGE, solfej.
SOLFIER, solfie-r.
SOLIDAIRE, solidêr.
SOLIDAIREMENT, solidêrma̱-t.
SOLIDARITÉ, solidarite.
SOLIDE, solid.
SOLIDEMENT, solidma̱-t.

(1) On prononce si devant une consonne si *francs*, à moins que ce mot ne veuille dire *sixième*, *Charles* sis, ou ne soit substantif : ~~si degrés~~. *Le* sis *du mois*.

(2) On ne fait pas sentir le t lorsque le mot qui suit commence par une consonne.

SOLIDIFIER, solidifie-r.
SOLIDITÉ, solidite.
SOLILOQUE, solilok.
SOLINS, soli-z.
SOLIPÈDE, solipêd.
SOLITAIRE, solitêr.
SOLITAIREMENT, solitêrma-t.
SOLITUDE, solitud.
SOLIVE, soliv.
SOLIVEAU, solivô.
SOLLICITATION, solisitâsiô.
SOLLICITER, solisite-r.
SOLLICITEUR, solisiter.
SOLLICITEUSE, solisitêz.
SOLLICITUDE, solisitud.
SOLO, sôlô.
SOLSTICE, solstis.
SOLUBILITÉ, solubilite.
SOLUBLE, solubl.
SOLUTION, solusio.
SOLVABILITÉ, solvabilite.
SOLVABLE, solvabl.
SOMBRE, sobr.
SOMBRER, sobre-r.
SOMMAIRE, somêr.
SOMMAIREMENT, somêrma-t.
SOMMATION, somâsio.
SOMME, som.
SOMMEIL, somêl.
SOMMEILLER, somele-r.
SOMMELIER, somelie.
SOMMER, some-r.
SOMMET, somê-t.
SOMMIER, somie.
SOMMITÉ, somite.
SOMNAMBULE, somnabul.
SOMNAMBULISME, somnabulism.
SOMNIFÈRE, somnifêr.
SOMNOLENCE, somnolas.
SOMNOLENT, somnola-t.
SOMNOLENTE, somnolat.
SOMPTUAIRE, soptuêr.
SOMPTUEUSE, soptuêz.
SOMPTUEUSEMENT, soptuêzma-t.
SOMPTUEUX, soptuê-z.
SOMPTUOSITÉ, soptuôsite.
SON, so-n (1).
SON, so (2).
SONATE, sonat.
SONDAGE, sodaj.
SONDE, sod.
SONDER, sode-r.
SONDEUR, soder.
SONGE, soj.
SONGER, soje-r.
SONGEUR, sojer.
SONNANT, sona-t.
SONNANTE, sonat.
SONNER, sone-r.
SONNERIE, sonri.
SONNET, sonê-t.
SONNETTE, sonêt.
SONNEUR, soner.
SONORE, sonor.
SONORITÉ, sonorite.
SOPHA, sofâ.
SOPHI, sofi.
SOPHISME, sofism.
SOPHISTE, sofist.
SOPHISTICATION, sofistikâsio.
SOPHISTIQUE, sofistik.
SOPHISTIQUER, sofistike-r.
SOPHISTIQUERIE, sofistikri.
SOPHISTIQUEUR, sofistiker.
SOPORATIF, soporatif.
SOPORATIVE, soporativ.
SOPORIFIQUE, soporifik.
SOPRANO, soprânô.
SORBET, sorbê-t.
SORBIER, sorbie.
SORBONNE, sorbon.
SORCELLERIE, sorsêlri.
SORCIER, sorsie.
SORCIÈRE, sorsiêr.

(1) adjectif possessif. Lorsqu'on fait la liaison, o se transforme en o, son umer. — (2) Substantif. Il ne se lie jamais : *Un so agréable.*

Sordide, sordid.
Sordidement, sordidma-t.
Sordidité, sordidite.
Sornette, sornêt.
Sort, sor-t.
Sortable, sortabl.
Sortant, sorta-t.
Sorte, sort.
Sortie, sorti.
Sortilége, sortilêj.
Sortir, sortir.
Sot, sô-t (1).
Sot, sot (2)
Sotte, sot.
Sotie, soti.
Sottement, sotma-t.
Sottise, sotiz.
Sottisier, sotizie.
Sou, sû.
Soubassement, sûbâsma-t.
Soubresaut, sûbrεsô-t.
Soubrette, sûbrêt.
Soubreveste, sûbrεvêst.
Souche, sûh.
Souchet, sûhê-t.
Souchetage, sûhtaj.
Soucheteur, sûhtεr.
Souci, sûsi.
Soucier (se), sûsie-r.
Soucieuse, sûsiêz.
Soucieux, sûsiê-z.
Soucoupe, sûkûp.
Soudain, sûdi.
Soudaine, sûdên.
Soudainement, sûdênma-t.
Soudaineté, sûdênte.
Soudan, sûda.
Soudart, sûdar-t.
Soude, sûd.
Souder, sûde-r.
Soudiviser, sûdivise-r.
Soudoyer, sûdûaye-r.
Soudre, sûdr.
Soudure, sûdur.
Soufflage, sûflaj.
Souffle, sûfl.
Souffler, sûfle-r.
Soufflerie, sûflεri.
Soufflet, sûflê-t.
Souffleter, sûflεte-r.
Souffleur, sûflεr.
Souffleuse, sûflêz.
Soufflure, sûflur.
Souffrance, sûfras.
Souffrant, sûfra-t.
Souffrante, sûfrat.
Souffreteuse, sûfrεtêz.
Souffreteux, sûfrεtê-z.
Souffrir, sûfrir.
Soufre, sûfr.
Soufrer, sûfre-r.
Sougarde, sûgard.
Sougorge, sûgorj.
Souhait, sûê-t.
Souhaitable, sûêtabl.
Souhaiter, sûete-r.
Souiller, sûle-r.
Souillon, sûlo.
Souillure, sûlur.
Soûl, sû.
Soulagement, sûlajma-t.
Soulager, sûlaje-r.
Soûle, sûl.
Soûler, sûle-r.
Souleur, sûlεr.
Soulèvement, sûlêvma-t.
Soulever, sûlve-r.
Soulier, sûlie.
Souligner, sûlige-r.
Soultre, sûlt.
Soumettre, sûmêtr.
Soumission, sûmisio.
Soumissionnaire, sûmisionêr.
Soumissionner, sûmisione-r.

(1) Adjectif. On dit: *Il est* sô. Lorsque l'on fait la liaison, on prononce sot.
(2) Substantif. On dit : *C'est un* sot.

Soupape, sûpap.
Soupçon, sûpso.
Soupçonner, sûpsone-r.
Soupçonneuse, sûpsonéz.
Soupçonneux, sûpsoné-z.
Soupe, sûp.
Soupé, sûpe.
Soupente, sûpa-t.
Souper, sûpe-r (1).
Souper, sûpe (2).
Soupied, sûpie.
Soupière, sûpiêr.
Soupir, sûpir.
Soupirail, sûpiral.
Soupirant, sûpira-t.
Soupirer, sûpire-r.
Souple, sûpl.
Souplement, sûplema-t.
Souplesse, sûplês.
Souquenille, sûknil.
Source, sûrs.
Sourcil, sûrsi.
Sourciller, sûrsile-r.
Sourd, sûr.
Sourde, sûrd.
Sourdement, sûrdema-t.
Sourdine, sûrdin.
Sourdre, sûrdr.
Souriceau, sûrisô.
Souricière, sûrisiêr.
Sourire, sûrir.
Souris, sûri-z.
Sournois, sûrnûâ-z.
Sournoise, sûrnuaz.
Sous, sû-z.
Souscripteur, sûskripter.
Souscription, sûskripsio.
Souscrire, sûskrir.
Sous-louer, sûlûe-r.
Sous-marin, sûmari.
Sous-marine, sûmarin.
Sous-ordre, sûzordr.
Sous-préfecture, sûpreféktur.

Sous-préfet, sûpreféé-t.
Soussigné, e, sûsige.
Soustraction, sûstraksio.
Soustraire, sûstrêr.
Sous-ventrière, sûvatriêr.
Soutane, sûtan.
Soutanelle, sûtanêl.
Soute, sût.
Soutenable, sûtnabl.
Soutenant, sûtna-t.
Soutenement, sûtenma-t
Souteneur, sûtner.
Soutenir, sûtnir.
Souterrain, sûteri.
Souterraine, sûterên.
Soutien, sûtyi.
Soutirage, sûtiraj.
Soutirer, sûtire-r.
Souvenance, sûvnas.
Souvenir (se), sûvnir.
Souvent, sûva-t.
Souverain, sûvri.
Souveraine, sûvrên.
Souverainement, sûvrênma-t
Souveraineté, sûvrênte.
Soyeuse, sûayéz.
Soyeux, sûayé-z.
Spacieuse, spasiéz.
Spacieux, spasié-z.
Spadassin, spadasi.
Spahi, spai.
Spalme, spalm.
Spalmer, spalme-r.
Spalt, spalt.
Sparadrap, sparadra.
Sparte, spart.
Sparterie, sparteri.
Spasme, spasm.
Spasmodique, spasmodik.
Spasmologie, spasmoloji.
Spath, spat.
Spathe, spat.
Spatule, spatul.

(1) Verbe. — (2) Substantif.

SPÉCIAL, E, spesial.
SPÉCIALEMENT, spesialma-t.
SPÉCIALITÉ, spesialite.
SPÉCIAUX, spesiô-z.
SPÉCIEUSE, spesiêz.
SPÉCIEUSEMENT, spesiêzma-t.
SPÉCIEUX, spesiê-z.
SPÉCIFICATION, spesifikâsio.
SPÉCIFIER, spesifie-r.
SPÉCIFIQUE, spesifik.
SPÉCIFIQUEMENT, spesifikma-t.
SPÉCIMEN, spesimên.
SPECTACLE, spêktakl.
SPECTATEUR, spêktater.
SPECTATRICE, spêktatris.
SPECTRE, spêktr.
SPÉCULAIRE, spekulêr.
SPÉCULATEUR, spekulater.
SPÉCULATIF, spekulatif.
SPÉCULATION, spekulâsio.
SPÉCULATIVE, spekulativ.
SPECULATRICE, spekulatris.
SPÉCULER, spekule-r.
SPECULUM, spekulom.
SPENCER, spisêr.
SPERGULE, spêrgul.
SPERMA-CETI, spêrmaseti.
SPERMATIQUE, spêrmatik.
SPERMATOLOGIE, spêrmatoloji.
SPERME, spêrm.
SPHACÈLE, sfasêl.
SPHACÉLÉ, E, sfasele.
SPHÉNOIDE, sfenoid.
SPHÈRE, sfêr.
SPHÉRICITÉ, sferisite.
SPHÉRIQUE, sferik.
SPHÉRIQUEMENT, sferikma-t.
SPHÉROÏDE, sferoid.
SPHÉROMÈTRE, sferomêtr.
SPHINCTER, sfiktêr.
SPHINX, sfiks.
SPIC, spik.
SPINAL, E, spinal.
SPINOSISME, spinôzism.
SPINOSISTE, spinôzist.

SPIRAL, E, spiral.
SPIRITUALISATION, spiritualizâsio.
SPIRITUALISER, spiritualize-r.
SPIRITUALISME, spiritualism.
SPIRITUALISTE, spiritualist.
SPIRITUALITÉ, spiritualite.
SPIRITUEL, LE, spirituêl.
SPIRITUELLEMENT, spirituêlma-t.
SPIRITUEUSE, spirituêz.
SPIRITUEUX, spirituê-z.
SPLEEN, splin.
SPLENDEUR, splader.
SPLENDIDE, spladid.
SPLENDIDEMENT, spladidma-t.
SPOLIATEUR, spoliater.
SPOLIATION, spoliâsio.
SPOLIATRICE, spoliatris.
SPOLIER, spolie-r.
SPONDÉE, spode.
SPONGIEUSE, spojiêz.
SPONGIEUX, spojiê-z.
SPONGITE, spojit.
SPONTANÉ, E, spotane.
SPONTANÉITÉ, spotaneite.
SPONTANÉMENT, spotanema-t.
SPORADIQUE, sporadik.
SQUAMMEUSE, skûamêz.
SQUAMMEUX, skûamê-z.
SQUELETTE, skelêt.
SQUIRRE, skir.
SQUIRREUSE, skirêz.
SQUIRREUX, skirê-z.
STABILITÉ, stabilite.
STABLE, stabl.
STADE, stad.
STAGE, staj.
STAGIAIRE, stajyêr.
STAGNANT, stagna-t.
STAGNANTE, stagnat.
STAGNATION, stagnâsio.
STALACTITE, stalaktit.
STALAGMITE, stalagmit.
STALLE, stal.
STANCE, stas.
STATHOUDER, statûdr.

STATION, stâsio.
STATIONNAIRE, stâsionêr.
STATIONNEMENT, stâsionma-t.
STATIONNER, stâsione-r.
STATIQUE, statik.
STATISTIQUE, statistik.
STATUAIRE, statuêr.
STATUE, statu.
STATUER, statue-r.
STATU QUO (IN), statukô (in).
STATURE, statur.
STATUT, statu-t.
STÉATITE, steatit.
STÈLE, stêl.
STELLAIRE, stêl'êr.
STELLIONAT, steliona-t.
STELLIONATAIRE, stelionatêr.
STÉNOGRAPHE, stenograf.
STÉNOGRAPHIE, stenografi.
STÉNOGRAPHIER, stenografie-r.
STÉNOGRAPHIQUE, stenografik.
STENTOR, stator.
STEPPE, stêp.
STÈRE, stêr.
STÉRÉOBATE, stereobat.
STÉRÉOGRAPHIE, stereografi.
STÉRÉOGRAPHIQUE, stereografik.
STÉRÉOMÉTRIE, stereometri.
STÉRÉOTOMIE, stereotomi.
STÉRÉOTYPE, stereotip.
STÉRÉOTYPER, stereotipe-r.
STÉRÉOTYPIE, stereotipi.
STÉRILE, steril.
STÉRILITÉ, sterilite.
STERLING, stêrli.
STERNUM, stêrnom.
STERNUTATOIRE, stêrnutatûar.
STIBIÉ, stibie.
STIGMATE, stigmat.
STIGMATISER, stigmatize-r.
STILLATION, stil'âsio.
STIMULANT, stimula-t.
STIMULANTE, stimulat.
STIMULER, stimule-r.
STIMULUS, stimulus.
STIPENDIAIRE, stipadiêr.
STIPENDIER, stipadie-r.
STIPULANT, stipula-t.
STIPULANTE, stipulat.
STIPULATION, stipulâsio.
STIPULER, stipule-r.
STOCKFISCH, stokfih.
STOÏCIEN, stoisyi.
STOÏCIENNE, stoisyên.
STOÏCISME, stoisism.
STOÏQUE, stoik.
STOÏQUEMENT, stoikma-t.
STOMACAL, E, stomakal.
STOMACAUX, stomakô-z.
STOMACHIQUE, stomahik.
STORAX, storaks.
STORE, stor.
STRABISME, strabism.
STRAMONIUM, stramoniom.
STRANGULATION, stragulâsio.
STRAPONTIN, strapoti.
STRAS, strâs.
STRATAGÈME, stratajêm.
STRATÉGE, stratej.
STRATÉGIE, strateji.
STRATÉGIQUE, stratejik.
STRATÉGISTE, stratejist.
STRATIFICATION, stratifikâsio.
STRATIFIER, stratifie-r.
STRATOCRATIE, stratokrasi.
STRÉLITZ, strelits.
STRICT, E, strikt.
STRICTEMENT, striktema-t.
STRIÉ, E, strie.
STRIES, stri-z.
STROPHE, strof.
STRUCTURE, struktur.
STUC, stuk.
STUDIEUSE, studiêz.
STUDIEUSEMENT, studiêzma-t.
STUDIEUX, studié-z.
STUPÉFACTIF, stupefaktif.
STUPEFACTION, stupefaksio.
STUPÉFACTIVE, stupefaktiv.
STUPÉFAIT, stupefê-t.

STUPÉFAITE, stupefêt.
STUPÉFIANT, stupefia̲-t.
STUPÉFIANTE, stupefia̲t.
STUPÉFIER, stupefie-r.
STUPEUR, stupœr.
STUPIDE, stupid.
STUPIDEMENT, stupidma̲-t.
STUPIDITÉ, stupidite.
STYGMATE, stigmat.
STYGMATISER, stigmatize-r.
STYLER, stile-r.
STYLET, stilê-t.
STYLOBATE, stilobat.
SUAIRE, suêr.
SUANT, sua̲-t.
SUANTE, sua̲t.
SUAVE, suav.
SUAVEMENT, suavma̲-t.
SUAVITÉ, suavite.
SUBALTERNE, subaltêrn.
SUBDÉLÉGATION, subdelegâsio̲.
SUBDÉLÉGUER, subdelege-r.
SUBDIVISER, subdivize-r.
SUBDIVISION, subdivizio̲.
SUBIR, subir.
SUBIT, E, subit.
SUBITEMENT, subitma̲-t.
SUBITO, subitô.
SUBJONCTIF, subjo̲ktif.
SUBJUGUER, subjuge-r.
SUBLIMATION, sublimâsio̲.
SUBLIME, sublim.
SUBLIMÉ, sublime.
SUBLIMEMENT, sublim'a̲-t.
SUBLIMER, sublime-r.
SUBLIMITÉ, sublimite.
SUBLINGUAL, E, subli̲gûal.
SUBLUNAIRE, sublunêr.
SUBMERGER, submêrje-r.
SUBMERSION, submêrsio̲.
SUBORDINATION, subordinâsio̲.
SUBORDONNÉMENT, subordone-ma̲-t.
SUBORDONNER, subordone-r.
SUBORNATION, subornâsio̲.
SUBORNER, suborne-r.
SUBORNEUR, subornœr.
SUBORNEUSE, subornêz.
SUBRÉCARGUE, subrekarg.
SUBREPTICE, subrêptis.
SUBREPTICEMENT, subrêptisma̲-t.
SUBREPTION, subrêpsio̲.
SUBROGATION, subrogâsio̲.
SUBROGER, subroje-r.
SUBSÉQUEMMENT, subsekama̲-t.
SUBSÉQUENT, subseka̲-t.
SUBSÉQUENTE, subseka̲t.
SUBSIDE, subsid.
SUBSIDIAIRE, subsidiêr.
SUBSIDIAIREMENT, subsidiêrma̲-t.
SUBSISTANCE, subsista̲s.
SUBSISTER, subsiste-r.
SUBSTANCE, substa̲s.
SUBSTANTIEL, LE, substa̲siêl.
SUBSTANTIELLEMENT, substa̲siêl-ma̲-t.
SUBSTANTIF, substa̲tif.
SUBSTANTIVEMENT, substa̲tivma̲-t.
SUBSTITUER, substitue-r.
SUBSTITUT, substitu-t.
SUBSTITUTION, substitusio̲.
SUBTERFUGE, subtêrfuj.
SUBTIL, E, subtil.
SUBTILEMENT, subtilma̲-t.
SUBTILISATION, subtilizâsio̲.
SUBTILISER, subtilize-r.
SUBTILITÉ, subtilite.
SUBVENIR, subvœnir.
SUBVENTION, subva̲sio̲.
SUBVENTIONNER, subva̲sione-r.
SUBVERSIF, subvêrsif.
SUBVERSION, subvêrsio̲.
SUBVERSIVE, subvêrsiv.
SUBVERTIR, subvêrtir.
SUC, suk.
SUCCÉDANÉ, E, suksedane.
SUCCÉDER, suksede-r.
SUCCÈS, suksê-z.
SUCCESSEUR, suksêsœr.
SUCCESSIBILITÉ, suksêsibilite.

Successible, suksêsibl.
Successif, suksêsif.
Succession, suksêsio̠.
Successive, suksêsiv.
Successivement, suksêsivma̠-t.
Succin, suksi̠.
Succinct, e, suksi̠kt.
Succinctement, suksi̠ktɛma̠-t.
Succion, suksio̠.
Succomber, suko̠be-r.
Succube, sukub.
Succulent, sukula̠-t.
Succulente, sukulat.
Succursale, sukursal.
Sucement, susma̠t.
Sucer, suse-r.
Suceur, susɛr.
Suçoir, susûar.
Suçon, suso̠.
Suçoter, susote-r.
Sucre, sukr.
Sucrer, sukre-r.
Sucrerie, sukrɛri.
Sucrier, sukrie.
Sucrin, sukri̠.
Sud, sud.
Sud-est, sudêst.
Sudorifère, sudorifêr.
Sudorifique, sudorifik.
Sud-ouest, sudûêst.
Suée, sue.
Suer, sue-r.
Suette, suêt.
Sueur, suɛr.
Suffire, sufir.
Suffisamment, sufizama̠-t.
Suffisance, sufiza̠s.
Suffisant, sufiza̠-t.
Suffisante, sufizat.
Suffocant, sufoka̠-t.
Suffocante, sufokat.
Suffocation, sufokâsio̠.
Suffoquer, sufoke-r.
Suffragant, sufraga̠-t.
Suffrage, sufraj.
Suggérer, sugjere-r.
Suggestion, sugjêstio̠.
Suicide, suisid.
Suie, sui
Suif, suif.
Suiffer, suife-r.
Suint, sui̠-t.
Suintement, sui̠tma̠-t
Suinter, sui̠te-r.
Suisse, suis.
Suite, suit.
Suivant, suiva̠-t.
Suivante, suivat
Suiver, suife-r.
Suivre, suivr.
Sujet, sujê-t.
Sujétion, sujesio̠.
Sujette, sujêt.
Sulfate, sulfat.
Sulfite, sulfit.
Sulfure, sulfur.
Sulfureuse, sulfurɛ̂z.
Sulfureux, sulfurɛ̂-z.
Sulfurique, sulfurik.
Sultan, sulta̠.
Sultane, sultan.
Sultanin, sultani̠.
Sumac, sumak.
Super, supêr.
Superbe, supêrb.
Superbement, supêrbɛma̠-t.
Supercherie, supêrhɛri.
Superfétation, supêrfetâsio̠.
Superficie, supêrfisi.
Superficiel, le, supêrfisiél.
Superficiellement, supêrfisiélma̠-t.
Superfin, supêrfi̠.
Superfine, supêrfin.
Superflu, e, supêrflu.
Superfluité, supêrfluite.
Supérieur, e, superiɛr.
Supérieurement, superiɛrma̠-t.
Supériorité, superiorite.
Superlatif, supêrlatif.

Superlative, supêrlativ.
Superlativement, supêrlativma-t.
Superposer, supêrpôze-r.
Superposition, supêrpôzisio.
Superstitieuse, supêrstisiêz.
Superstitieusement, supêrstisiêz-ma-t.
Superstitieux, supêrstisiê-z.
Superstition, supêrstisio.
Supin, supi.
Supplanter, suplate-r.
Suppléant, suplea-t.
Suppléante, supleat.
Suppleer, suplee-r.
Supplément, suplema-t.
Supplementaire, suplematêr.
Supplétif, supletif.
Supplétive, supletiv.
Suppliant, suplia-t.
Suppliante, supliat.
Supplication, suplikâsio.
Supplice, suplis.
Supplicier, suplisie-r.
Supplier, suplie-r.
Supplique, suplik.
Support, supor.
Supportablement, suportablэ-ma-t.
Supportable, suportabl.
Supporter, suporte-r.
Supposable, supôzabl.
Supposer, supôze-r.
Supposition, supôzisio.
Suppositoire, supôzitûar.
Suppôt, supô-t.
Suppression, supresio.
Supprimer, suprime-r.
Suppuratif, supuratif.
Suppuration, supurâsio.
Suppurative, supurativ.
Suppurer, supure-r.
Supputation, suputâsio.
Supputer, supute-r.
Suprématie, supremasi.
Suprême, suprêm.
Sur, sur.
Sûr, e, sur.
Surabondamment, surabodama-t.
Surabondance, surabodas.
Surabondant, suraboda-t.
Surabondante, surabodat.
Surabonder, surabode-r.
Suranner, surane-r.
Surbaissement, surbêsma-t.
Surcharge, surharj.
Surcharger, surharje-r.
Surcroît, surkrûâ-t.
Surcroître, surkrûatr.
Surdité, surdite.
Surdos, surdô-z.
Sureau, surô.
Sûrement, surma-t.
Surenchère, surahêr.
Surenchérir, suraherir.
Surérogation, surerogâsio.
Surérogatoire, surerogatûar.
Suret, surê-t.
Surette, surêt.
Sûreté, surte.
Surexcitation, surêksitâsio.
Surface, surfas.
Surfaire, surfêr.
Surfaix, surfê-z.
Surgeon, surjo.
Surgir, surjir.
Surhaussement, surôsma-t.
Surhausser, surôse-r.
Surhumain, surumi.
Surhumaine, surumên.
Surintendance, suritadas.
Surintendant, suritada-t.
Surintendante, suritadat.
Surjet, surjê-t.
Surjeter, surjэte-r.
Surlendemain, surladmi.
Surmener, surmэne-r.
Surmontable, surmotabl.
Surmonter, surmote-r.
Surnager, surnaje-r.
Surnaturel, le, surnaturêl.

SURNATURELLEMENT, surnaturêl-ma-t.
SURNOM, surno.
SURNOMMER, surnome-r.
SURNUMÉRAIRE, surnumerêr.
SURNUMÉRARIAT, surnumeraria-t.
SUROS, surô.
SURPASSER, surpâse-r.
SURPAYER, surpeye-r.
SURPLIS, surpli-z.
SURPLOMB, surplo.
SURPLOMBER, surplobe-r.
SURPLUS, surplu-z.
SURPRENANT, surprena-t.
SURPRENANTE, surprenat.
SURPRENDRE, surpradr.
SURPRISE, surpriz.
SURSAUT, sursô.
SURSÉANCE, surseas.
SURSEOIR, sursûar.
SURTAXE, surtaks.
SURTAXER, surtakse-r.
SURTOUT, surtû-t.
SURVEILLANCE, survelas.
SURVEILLANT, survela-t.
SURVEILLANTE, survelat.
SURVEILLE, survêl.
SURVEILLER, survele-r.
SURVENANCE, survenas.
SURVENANT, survena-t.
SURVENANTE, survenat.
SURVENIR, survenir.
SURVIE, survi.
SURVIVANCE, survivas.
SURVIVANCIER, survivasie.
SURVIVANT, surviva-t.
SURVIVANTE, survivat
SURVIVRE, survivr.
SUS, sus.
SUSCEPTIBILITÉ, susêptibilite.
SUSCEPTIBLE, susêptibl.
SUSCITATION, susitâsio.
SUSCITER, susite-r.
SUSCRIPTION, suskripsio.
SUSDIT, susdi-t.
SUSDITE, susdit.
SUSPECT, suspê-k.
SUSPECTE, suspêkt.
SUSPECTER, suspêkte-r.
SUSPENDRE, suspadr.
SUSPENS, suspa.
SUSPENSIF, suspasif.
SUSPENSION, suspasio.
SUSPENSIVE, suspasiv.
SUSPENSOIR, suspasûar.
SUSPICION, suspisio.
SUSTENTER, sustate-r.
SUTURE, sutur.
SUZERAIN, suzri.
SUZERAINE, suzrên.
SUZERAINETÉ, suzrênte.
SVELTE, svêlt.
SYBARITE, sibarit.
SYBARITISME, sibaritism.
SYCOMORE, sikomor.
SYCOPHANTE, sikofat.
SYLLABAIRE, sil'abêr.
SYLLABE, sil'ab.
SYLLABIQUE, sil'abik.
SYLLEPSE, silêps.
SYLLOGISME, sil'ojism.
SYLLOGISTIQUE, sil'ojistik.
SYLPHE, silf.
SYLPHIDE, silfid.
SYLVAIN, silvi.
SYMBOLE, sibol.
SYMBOLIQUE, sibolik.
SYMBOLISER, sibolize-r.
SYMETRIE, simetri.
SYMETRIQUE, simetrik.
SYMETRIQUEMENT, simetrikma-t.
SYMÉTRISER, simetrize-r.
SYMPATHIE, sipati.
SYMPATHIQUE, sipatik.
SYMPATHISER, sipatize-r.
SYMPHONIE, sifoni.
SYMPHONISTE, sifonist.
SYMPTOMATIQUE, siptomatik.
SYMPTÔME, siptôm.
SYNAGOGUE, sinagog.

Synallagmatique, sinalagmatik.
Synchondrose, sikodrôz.
Synchrone, sikrôn.
Synchronique, sikronik.
Synchronisme, sikronism.
Syncope, sikop.
Syncoper, sikope-r.
Syncrétisme, sikretism.
Syndic, sidik.
Syndical, e, sidikal.
Syndicat, sidika-t.
Syndicaux, sidikô-z.
Syngénésie, sijenezi.
Synodal, e, sinodal.
Synodaux, sinodô-z.
Synode, sinod.
Synonyme, sinonim
Synonymie, sinonimi.
Synonymique, sinonimik.
Synoptique, sinoptik.
Synovial, sinovial.
Synoviaux, sinoviô-z.
Synovie, sinovi.
Syntaxe, sitaks.
Synthèse, sitêz.
Synthétique, sitetik.
Synthétiquement, sitetikma-t.
Syphilis, sifilis.
Syphilitique, sifilitik.
Syphon, sifo.
Syriaque, siriak.
Syrop, sirô.
Systaltique, sistaltik.
Systématique, sistematik.
Systématiquement, sistematik-ma-t.
Système, sistêm.
Syzygie, siziji.

T

T, te ou tɛ.
Ta, ta.
Tabac, taba-k.
Tabagie, tabaji.
Tabatière, tabatiêr.
Tabellion, tabelio.
Tabellionage, tabelionaj.
Tabernacle, tabêrnakl.
Tablature, tablatur.
Table, tabl.
Tableau, tablô.
Tabler, table-r.
Tabletier, tablɛtie.
Tabletière, tablɛtiêr.
Tablette, tablêt.
Tabletterie, tabletri.
Tablier, tablie.
Tabloin, tablûi.
Tabouret, tabûrê-t.
Tacet, tasêt.
Tache, tah.
Tâche, tâh.
Tacher, tahe-r.
Tâcher, tâhe-r.
Tacheter, tahte-r.
Tachygraphe, tahigraf.
Tachygraphie, tahigrafi.
Tachygraphique, tahigrafik.
Tacite, tasit.
Tacitement, tasitma-t.
Taciturne, tasiturn.
Taciturnité, tasiturnite.
Tact, takt.
Tacticien, taktisii.
Tactile, taktil.
Tactique, taktik.
Taffetas, taftâ-z.
Tafia, tafia.
Taie, tê.
Taillable, tâlabl.

Taillade, tâlad.
Taillader, talade-r.
Taillanderie, taladri.
Taillandier, taladie.
Taillant, tâla-t.
Taille, tâl.
Tailler, tâle-r.
Tailleur, tâlɛr.
Taillis, tâli-z.
Tailloir, tâlûar.
Tain, ti.
Taire, têr.
Taisson, têso.
Talapoin, talapûi.
Talc, talk.
Talent, tala-t
Talion, talio.
Talisman, talisma.
Talmouse, talmûz.
Talmud, talmud.
Taloche, taloh.
Talon, talo.
Talonner, talone-r.
Talonnière, taloniêr.
Talus, tâlu-z.
Taluter, talute-r.
Talweg, talwêg.
Tamarin, tamari.
Tamarinier, tamarinie.
Tamaris, tamaris.
Tambour, tabûr.
Tambourin, tabûri.
Tambouriner, tabûrine-r.
Tambourineur, tabûrinɛr.
Tamis, tami-z.
Tamiser, tamize-r.
Tampon, tapo.
Tamponner, tapone-r.
Tam-tam, tamtam.
Tan, ta.
Tancer, tase-r.
Tanche, tah.
Tandis, tadi.
Tangage, tagaj.
Tangence, tajas.
Tangente, tajat.
Tangible, tajibl.
Tanguer, tage-r.
Tanière, tanièr.
Tanin, tani.
Tannage, tanaj.
Tanne, tan.
Tanner, tane-r.
Tannerie, tanri.
Tanneur, tanɛr.
Tant, ta-t.
Tante, tat.
Tantinet, tatinê-t.
Tantôt, tatô-t.
Taon, ta.
Tapage, tapaj.
Tapageur, tapajɛr.
Tape, tap.
Tapecu, tapku.
Taper, tape-r.
Tapinois (en), tapinûa.
Tapioca, tapioka.
Tapir (se), tapir.
Tapisser, tapise-r.
Tapisserie, tapisri.
Tapissier, tapisie.
Tapissière, tapisiér.
Tapon, tapo.
Tapoter, tapote-r.
Taquer, take-r.
Taquet, takê-t.
Taquin, taki.
Taquine, takin.
Taquiner, takine-r.
Taquinement, takinma-t.
Taquinerie, takinri.
Taquoir, takûar.
Tarabuster, tarabuste-r.
Tarare, tarar.
Taraud, tarô.
Tarauder, tarôde-r.
Tard, tar.
Tarder, tarde-r.
Tardif, tardif.
Tardive, tardiv.

TARDIVEMENT, tardivma-t.
TARDIVETÉ, tardivte.
TARE, tar.
TARENTELLE, taratêl.
TARENTULE, taratul.
TARER, tare-r.
TARGE, tarj.
TARGETTE, tarjêt.
TARGUER (SE), targe-r.
TARIÈRE, tariêr.
TARIF, tarif.
TARIFER, tarife-r.
TARIR, tarir.
TARISSABLE, tarisabl.
TARISSEMENT, tarisma-t.
TARLATANE, tarlatan.
TAROTÉ, E, tarote.
TARSE, tars.
TARTAN, tarta.
TARTANE, tartan.
TARTARE, tartar.
TARTAREUSE, tartarëz.
TARTAREUX, tartarê-z.
TARTARIQUE, tartarik.
TARTE, tart.
TARTELETTE, tartelêt.
TARTINE, tartin.
TARTRATE, tartrat.
TARTRE, tartr.
TARTRIQUE, tartrik.
TARTUFE, tartuf.
TARTUFERIE, tartufri.
TAS, tâ-z.
TASSE, tâs.
TASSEAU, tâsô.
TASSEMENT, tâsma-t.
TASSER, tâse-r.
TASSETTE, tâsêt.
TÂTER, tâte-r.
TATILLON, tatilo.
TATILLONNAGE, tatilonaj.
TATILLONNER, tatilone-r.
TÂTONNEMENT, tâtonma-t.
TÂTONNER, tâtone-r.
TÂTONNEUR, tâtonër.
TÂTONNEUSE, tâtonëz.
TÂTONS (A), tâto.
TATOUAGE, tatûaj.
TATOUER, tatûe-r.
TAUDIS, tôdi-z.
TAUPE, tô'p.
TAUPIER, tôpie.
TAUPIÈRE, tôpiêr.
TAUPINIÈRE, tôpiniêr.
TAURÉADOR, toreador.
TAUREAU, torô.
TAUX, tô-z.
TAVERNE, tavêrn.
TAVERNIER, tavêrnie.
TAVERNIÈRE, tavêrniêr.
TAXATEUR, taksatër.
TAXATION, taksâsio.
TAXE, taks.
TAXER, takse-r.
TE, të.
TÉ, te.
TECHNIQUE, têknik.
TECHNOLOGIE, têknoloji.
TECHNOLOGIQUE, têknolojik.
TE DEUM, te Deom.
TÉGUMENT, teguma-t.
TEIGNE, têg.
TEIGNEUSE, têgëz.
TEIGNEUX, têgê-z.
TEILLE, têl.
TEILLIER, tele-r.
TEINDRE, tidr.
TEINT, ti.
TEINTE, tit.
TEINTER, tite-r.
TEINTURE, titur.
TEINTURIER, titurie.
TEINTURIÈRE, tituriêr.
TEL, LE, têl.
TÉLÉGRAPHE, telegraf.
TÉLÉGRAPHIQUE, telegrafik.
TÉLESCOPE, telêskop.
TÉLESCOPIQUE, telêskopik.
TELLEMENT, têlma-t.
TELLIÈRE, teliêr.

TELLURE, têlur.
TÉMÉRAIRE, temerêr.
TÉMÉRAIREMENT, temerêrma-t.
TÉMÉRITÉ, temerite.
TÉMOIGNAGE, temŭagaj.
TÉMOIGNER, temŭage-r.
TÉMOIN, temŭi.
TEMPE, tap.
TEMPÉRAMENT, taperama-t.
TEMPÉRANCE, taperas.
TEMPÉRANT, tapera-t.
TEMPERANTE, taperat.
TEMPÉRATURE, taperatur.
TEMPÉRER, tapere-r.
TEMPÊTE, tapê't.
TEMPÊTER, tapete-r.
TEMPÊTUEUSE, tapetuêz.
TEMPÊTUEUX, tapetuê-z.
TEMPLE, tapl.
TEMPLIER, taplie.
TEMPORAIRE, taporêr.
TEMPORAIREMENT, taporêrma-t.
TEMPORAL, E, taporal.
TEMPORALITÉ, taporalite.
TEMPOREL, LE, taporêl.
TEMPORELLEMENT, taporêlma-t.
TEMPORISATION, taporizâsio.
TEMPORISER, taporize-r.
TEMPORISEUR, taporizer.
TEMPS, ta-z.
TENABLE, tenabl.
TENACE, tenas.
TÉNACITÉ, tenasite.
TENAILLE, tenâl.
TENAILLER, tenâle-r.
TENAILLON, tenâlo.
TENANCIER, tenasie.
TENANCIÈRE, tenasiêr.
TENANT, tena-t.
TÉNARE, tenar.
TENDANCE, tadas.
TENDANT, tada-t.
TENDANTE, tadat.
TENDINEUSE, tadinêz.
TENDINEUX, tadinê-z.
TENDON, tado.
TENDRE, tadr.
TENDREMENT, tadrema-t.
TENDRESSE, tadrês.
TENDRON, tadro.
TÉNÈBRES, tenêbr-z.
TÉNÉBREUSE, tenebrêz.
TÉNÉBREUX, tenebrê-z.
TÈNEMENT, tenma-t.
TÉNESME, tenêsm.
TENEUR, tener.
TÉNIA, tenia.
TENIR, tenir.
TENON, teno.
TÉNOR, tenor.
TENSION, tasio.
TENTANT, tata-t.
TENTANTE, tatat.
TENTATEUR, tatater.
TENTATRICE, tatatris.
TENTATION, tatâsio.
TENTATIVE, tatativ.
TENTE, tat.
TENTER, tate-r.
TENTURE, tatur.
TÉNU, E, tenu.
TENUE, tenu.
TÉNUITÉ, tenuite.
TENURE, tenur.
TÉORBE, teorb.
TERCER, têrse-r.
TERCET, têrsê.
TÉRÉBENTHINE, terebatin.
TÉRÉBINTHE, terebit.
TERGIVERSATION, têrjivêrsasio.
TERGIVERSER, têrjivêrse-r.
TERME, têrm.
TERMINAISON, têrminêzo.
TERMINER, têrmine-r.
TERNAIRE, têrnêr.
TERNE, têrn.
TERNIR, têrnir.
TERNISSURE, têrnisur.
TERRAIN, teri.
TERRASSE, teras.

Terrassement, terasma̲-t.
Terrasser, terase-r.
Terrassier, terasie.
Terre, têr.
Terreau, têrô.
Terrein, teri̲.
Terre-plein, têrpli̲.
Terrer (se), tere-r.
Terrestre, terêstr.
Terreur, têr'ɛr.
Terreuse, teréz.
Terreux, terê-z.
Terrible, têribl.
Terriblement, têriblɛma̲-t.
Terrien, terii̲.
Terrienne, teriên.
Terrier, terie.
Terrine, terin.
Territoire, teritûar.
Territorial, e, teritorial.
Territoriaux, teritoriô-z.
Terroir, terûar.
Tertiaire, têrsiêr.
Tertre, têrtr.
Tes, tê-z.
Tesson, teso̲.
Test, tê (1).
Test, têst (2).
Testacé, e, têstase.
Testament, têstama̲-t.
Testamentaire, têstama̲têr.
Testateur, têstatɛr.
Testatrice, têstatris.
Tester, têste-r.
Testicule, têstikul.
Testimonial, e, têstimonial.
Testimoniaux, têstimoniô-z.
Teston, têsto̲.
Têtard, tetar.
Tête, têt.
Téter, tete-r.
Têtière, têtiêr.
Tétin, teti̲.
Tétine, tetin.
Téton, teto̲.
Têtu, e, tetu.
Teutonique, tétonik.
Texte, têkst.
Textile, têkstil.
Textuaire, têkstuêr.
Textuel, e, têkstuêl.
Textuellement, têkstuêlma̲-t.
Texture, têkstur.
Thaler, talêr.
Thalweg, talwêg.
Thaumaturge, tômaturj.
Thé, te.
Théatin, teati̲.
Théâtral, e, teâtral.
Théâtre, teâtr.
Théière, teyêr.
Théisme, teism.
Théiste, teist.
Thème, têm.
Thémis, temis.
Théocratie, teokrasi.
Théocratique, teokratik.
Théogonie, teogoni.
Théologal, e, teologal.
Théologaux, teologô.
Théologie, teoloji.
Théologien, teolojii̲.
Théologique, teolojik.
Théologiquement, teolojikma̲-t.
Théorème, teorêm.
Théoricien, teorisii̲.
Théorie, teori.
Théorique, teorik.
Théoriquement, teorikma̲-t.
Thérapeutique, terapêtik.
Thériaque, teriak.
Thermal, e, têrmal.
Thermaux, têrmô-z.
Thermes, têrm-z.
Thermidor, têrmidor.
Thermomètre, têrmomêtr.

(1) Vase. — (2) Serment politique des Anglais.

THÉSAURISER, tezorize-r.
THESAURISEUR, tezorizer.
THÉSAURISEUSE, tezorizêz.
THÈSE, têz.
THEURGIE, teurji.
THÉURGIQUE, teurjik.
THIBAUDE, tibôd.
THLASPI, tlaspi.
THON, to.
THORACIQUE, torasik.
THORACHIQUE, torahik.
THORAX, toraks.
THUIA. tuya.
THURIFÉRAIRE, turiferêr.
THYM, ti.
THYRSE, tirs.
TIARE, tiar.
TIBIA, tibia.
TIBIAL, E, tibial.
TIBIAUX, tibiô-z.
TIC, tik.
TIC-TAC, tiktak.
TIÈDE, tiêd.
TIÈDEMENT, tiêdma-t.
TIEDEUR, tieder.
TIÉDIR, tiedir.
TIEN, tii.
TIENNE, tiên.
TIERCE, tiêrs.
TIERCELET, tiêrselê-t.
TIERCEMENT, tiêrsema-t.
TIBBCER, tiêrse-r.
TIERS, tiêr-z.
TIGE, tij.
TIGNASSE, tigas.
TIGRE, tigr.
TIGRESSE, tigrês.
TIGRÉ, E, tigre.
TILBURY, tilburi.
TILLAC, tilak.
TILLE, til.
TILLEUL, tilel.
TIMARIOT, timariot.
TIMBALE, tibal.
TIMBALIER, tibalie.

TIMBRE, tibr.
TIMBRER, tibre-r.
TIMBREUR, tibrer.
TIMIDE, timid.
TIMIDEMENT, timidma-t.
TIMIDITE, timidite.
TIMON, timo.
TIMONIER, timonie.
TIMORÉ, E, timore.
TINCTORIAL, E, tiktorial.
TINCTORIAUX, tiktoriô-z.
TINE, tin.
TINETTE, tinêt.
TINTAMARRE, titamar.
TINTEMENT, titma-t.
TINTER, tite-r.
TINTOUIN, titûi.
TIQUE, tik.
TIQUER, tike-r.
TIQUEUR, tiker.
TIQUEUSE, tikêz.
TIR, tir.
TIRADE, tirad.
TIRAGE, tiraj.
TIRAILLEMENT, tirâlma-t.
TIRAILLER, tirâle-r.
TIRAILLERIE, tirâlri.
TIRAILLEUR, tirâler.
TIRANT, tira-t.
TIRELIRE, tirlir.
TIRER, tire-r.
TIBETAINE, tirtên.
TIREUR, tirer.
TIROIR, tirûar.
TISANE, tizan.
TISON, tizo.
TISONNER, tizone-r.
TISONNEUR, tizoner.
TISONNIER, tizonie.
TISSAGE, tisaj.
TISSER, tise-r.
TISSERAND, tisra.
TISSU, tisu.
TISSURE, tisur.
TITAN, tita.

TITILLATION, titil'àsio.
TITILLER, titil'e-r.
TITRE, titr.
TITRER, titre-r.
TITULAIRE, titulêr.
TOAST, tôst.
TOCSIN, toksi.
TOGE, toj.
TOI, tûa.
TOILE, tûal.
TOILERIE, tûalri.
TOILETTE, tûalêt.
TOISE, tûaz.
TOISER, tûaze-r.
TOISEUR, tûazer.
TOISON, tûazo.
TOIT, tûâ-t.
TOITURE, tûatur.
TÔLE, tôl.
TOLÉRABLE, tolerabl.
TOLÉRANCE, toleras.
TOLÉRANT, tolera-t.
TOLÉRANTE, tolerat.
TOLÉRANTISME, toleratism.
TOLÉRER, tolere-r.
TOLLÉ, tol'e.
TOMATE, tomat.
TOMBANT, toba-t.
TOMBANTE, tobat.
TOMBE, tob.
TOMBEAU, tobô.
TOMBER, tobe-r.
TOMBEREAU, tobrô.
TOME, tôm.
TON, to-n (1).
TON, to (2).
TONDAISON, todêzo.
TONDEUR, toder.
TONDEUSE, todëz.
TONDRE, todr.
TONIQUE, tonik.
TONNAGE, tonaj.
TONNANT, tona-t.
TONNANTE, tonat.
TONNE, ton.
TONNEAU, tonô.
TONNELET, tonlê-t.
TONNELIER, tonelie.
TONNELLE, tonêl.
TONNELLERIE, tonêlri.
TONNER, tone-r.
TONNERRE, tonêr.
TONNES, ton-z.
TONSURE, tosur.
TONSURER, tosure-r.
TONTE, tot.
TONTINE, totin.
TONTINIER, totinie.
TONTINIÈRE, totiniêr.
TOPAZE, topâz.
TÔPER, tôpe-r.
TOPINAMBOUR, topinabûr.
TOPIQUE, topik.
TOPOGRAPHIE, topografi.
TOPOGRAPHIQUE, topografik.
TOQUE, tok.
TOQUER, toke-r.
TOQUET, tokê-t.
TORCHE, torh.
TORCHER, torhe-r.
TORCHIS, torhi.
TORCHON, torho.
TORDAGE, tordaj.
TORDRE, tordr.
TORÉADOR, toreador.
TORPEUR, torper.
TORPILLE, torpil.
TORRÉFACTION, tor'efaksio.
TORRÉFIER, tor'efie-r.
TORRENT, tor'a-t.
TORRENTIEL, LE, tor'asiêl.
TORRIDE, tor'id.

(1) Adjectif possessif. Lorsque l'on fait la liaison, o se transforme en o : Ton êspûar.
(2) Substantif.

TORS, tor.
TORSADE, torsad.
TORSE, tors.
TORSION, torsio̲.
TORT, tor.
TORTE, tort.
TORTICOLIS, tortikoli-z.
TORTILLER, tortil̲e-r.
TORTILLON, tortil̲o̲.
TORTIONNAIRE, torsionêr.
TORTIS, torti-z.
TORTU, tortu.
TORTUE, tortu.
TORTUEUSE, tortuêz.
TORTUEUSEMENT, tortuêzma̲-t.
TORTUEUX, tortuê-z.
TORTUOSITÉ, tortuôzite.
TORTURE, tortur.
TORTURER, torture-r.
TORY, tori.
TOSCAN, toska̲.
TOSCANE, toskan.
TOSTE, tost.
TÔT, tô-t.
TOTAL, E, total.
TOTALEMENT, totalma̲-t.
TOTALITÉ, totalite.
TOTAUX, totô-z.
TOUAGE, tûaj.
TOUAILLE, tûâl̲.
TOUCHANT, tûha̲-t.
TOUCHANTE, tûha̲t.
TOUCHE, tûh.
TOUCHER, tûhe (1).
TOUCHER, tûhe-r (2).
TOUE, tû.
TOUÉE, tûe.
TOUER, tûe-r.
TOUFFE, tûf.
TOUFFU, E, tûfu.
TOUJOURS, tûjûr-z.
TOUPET, tûpê-t.
TOUPIE, tûpi.
TOUR, tûr.
TOURBE, tûrb.
TOURBEUSE, tûrbêz.
TOURBEUX, tûrbê-z.
TOURBIÈRE, tûrbiêr.
TOURBILLON, tûrbil̲o̲.
TOURBILLONNER, tûrbil̲one-r.
TOURELLE, tûrêl.
TOURIÈRE, tûriêr.
TOURILLON, tûril̲o̲.
TOURMALINE, tûrmalin.
TOURMENT, tûrma̲-t.
TOURMENTANT, tûrma̲ta̲-t.
TOURMENTANTE, tûrma̲ta̲t.
TOURMENTE, tûrma̲t.
TOURMENTER, tûrma̲te-r.
TOURMENTEUSE, tûrma̲têz.
TOURMENTEUX, tûrma̲tê-z.
TOURMENTIN, tûrma̲ti̲.
TOURNAILLER, tûrnâl̲e-r.
TOURNANT, tûrna̲-t.
TOURNANTE, tûrna̲t.
TOURNÉE, tûrne.
TOURNER, tûrne-r.
TOURNESOL, tûrnɛsol.
TOURNEUR, tûrnɛr.
TOURNEVIS, tûrnɛvis.
TOURNIQUET, tûrnikê-t.
TOURNOI, tûrnûâ.
TOURNOIEMENT, tûrnûama̲-t.
TOURNOIS, tûrnûâ-z.
TOURNOYER, tûrnûaye-r.
TOURNURE, tûrnur.
TOURTE, tûrt.
TOURTEAU, tûrtô.
TOURTEREAU, tûrtɛrô.
TOURTERELLE, tûrtɛrêl.
TOURTIÈRE, tûrtiêr.
TOURTRE, tûrtr.
TOUS (3), tû-z.
TOUS (4), tûs.

(1) Substantif.
(2) Verbe.
(3) Pluriel de *tout*.
(4) Pronom indéfini.

Toussaint, tûsi.
Tousser, tûse-r.
Tousseur, tûsɛr.
Tousseuse, tûsêz.
Tout, tû-t.
Toute, tût.
Toutefois, tûtfûa-z.
Toux, tû-z.
Toxicodendron, toksikodidro.
Toxique, toksik.
Tracas, trakâ-z.
Tracasser, trakase-r.
Tracasserie, trakasri.
Tracassier, trakasie.
Tracassière, trakasiêr.
Trace, tras.
Tracement, trasma-t.
Tracer, trase-r.
Trachée-artère, traheartêr.
Traction, traksio.
Tradition, tradisio.
Traditionnel, tradisionêl.
Traditionnellement, tradisionêlma-t.
Traducteur, tradukter.
Traduction, traduksio.
Traduire, traduir.
Traduisible, traduizibl.
Trafic, trafik.
Trafiquant, trafika-t.
Trafiquer, trafike-r.
Tragacanthe, tragakat.
Tragédie, trajedi.
Tragédien, trajedyi.
Tragédienne, trajedyên.
Tragi-comédie, trajikomedi.
Tragi-comique, trajikomik.
Tragique, trajik.
Tragiquement, trajikma-t.
Trahir, trair.
Trahison, traizo.
Traille, trâl.
Train, tri.
Traînage, trênaj.
Traînant, trêna-t.
Traînante, trênat.
Traînard, trênar.
Traîneau, trênô.
Traînée, trene.
Traîner, trene-r.
Traîneur, trêner.
Traire, trêr.
Trait, trê-t.
Traitable, trêtabl.
Traitant, trêta-t.
Traite, trêt.
Traité, trete.
Traitement, trêtma-t.
Traiter, trete-r.
Traiteur, trêter.
Traître, trêtr.
Traîtresse, trêtrês.
Traîtreusement, trêtrêzma-t.
Trajectoire, trajêktûar.
Trajet, trajê-t.
Tramail, tramal.
Trame, tram.
Tramer, trame-r.
Tramontane, tramotan.
Tranchant, traha-t.
Tranchante, trahat.
Tranche, trah.
Tranchée, trahe.
Trancher, trahe-r.
Tranchet, trahê-t.
Tranquille, trakil.
Tranquillement, trakilma-t.
Tranquillisant, trakiliza-t.
Tranquillisante, trakilizat.
Tranquilliser, trakilize-r.
Tranquillité, trakilite.
Transaction, trazaksio.
Transalpin, trazalpi.
Transalpine, trazalpin.
Transbordement, trasbordema-t.
Transborder, trasborde-r.
Transcendance, tras'adas.
Transcendant, tras'ada-t.
Transcendante, tras'adat.
Transcription, traskripsio.

TRANSCRIRE, traskrir.
TRANSE, tras.
TRANSFÉRER, trasfere-r.
TRANSFERT, trasfêr.
TRANSFIGURATION, trasfigurâsio.
TRANSFIGURER (SE), trasfigure-r.
TRANSFORMATION, trasformâsio.
TRANSFORMER, trasforme-r.
TRANSFUGE, trasfuj.
TRANSFUSION, trasfuzio.
TRANSGRESSER, trasgrês'e-r.
TRANSGRESSEUR, trasgrês'ɛr.
TRANSGRESSION, trasgrês'io.
TRANSIGER, trazije-r.
TRANSIR, trasir.
TRANSIT, trazit.
TRANSITIF, trazitif.
TRANSITION, trazisio.
TRANSITOIRE, trazitûar.
TRANSITIVE, trazitiv.
TRANSLATER, traslate-r.
TRANSLATIF, traslatif.
TRANSLATION, traslâsio.
TRANSLATIVE, traslativ.
TRANSMETTRE, trasmêtr.
TRANSMIGRATION, trasmigrâsio.
TRANSMISSIBLE, trasmis'ibl.
TRANSMISSION, trasmisio.
TRANSMUABLE, trasmuabl.
TRANSMUER, trasmue-r.
TRANSMUTATION, trasmutâsio.
TRANSPARENCE, trasparas.
TRANSPARENT, traspara-t.
TRANSPARENTE, trasparat.
TRANSPERCER, traspêrse-r.
TRANSPIRATION, traspirâsio.
TRANSPIRER, traspire-r.
TRANSPLANTATION, trasplatâsio.
TRANSPLANTER, trasplate-r.
TRANSPORT, traspor.
TRANSPORTABLE, trasportabl.
TRANSPORTER, trasporte-r.
TRANSPOSER, traspôze-r.
TRANSPOSITEUR, traspôzitɛr.
TRANSPOSITIF, traspôzitif.
TRANSPOSITION, traspôzisio.
TRANSPOSITIVE, traspôzitiv.
TRANSSUBSTANTIATION, trasubstasiâsio.
TRANSSUDER, trasude-r.
TRANSVASER, trasvâze-r.
TRANSVERSAL, E, trasvêrsal.
TRANSVERSALEMENT, trasvêrsalma-t.
TRANSVERSAUX, trasvêrsô-z.
TRAPÈZE, trapêz.
TRAPÉZOIDE, trapezoid.
TRAPPE, trap.
TRAPPISTE, trapist.
TRAPU, E, trapu.
TRAQUENARD, traknar.
TRAQUER, trake-r.
TRAQUEUR, trakɛr.
TRAVAIL, traval.
TRAVAILLER, travale-r.
TRAVAILLEUR, travalɛr.
TRAVAUX, travô-z.
TRAVÉE, trave.
TRAVERS, travêr.
TRAVERSE, travêrs.
TRAVERSÉE, travêrse.
TRAVERSER, travêrse-r.
TRAVERSIN, travêrsi.
TRAVESTIR, travêstir.
TRAVESTISSEMENT, travêstisma-t.
TRAYON, trêyo.
TRÉBUCHANT, trebuha-t.
TRÉBUCHANTE, trebuhat.
TRÉBUCHER, trebuhe-r.
TREBUCHET, trebuhê-t.
TREFILER, trefile-r.
TRÉFILERIE, trefilri.
TREFILEUR, trefilɛr.
TRÈFLE, trêfl.
TRÉFONDS, trefo.
TREILLAGE, trêlaj.
TREILLAGEUR, trêlajɛr.
TREILLE, trêl.
TREILLIS, treli-z.
TREIZE, trêz.

Treizième, trêziêm.
Treizièmement, trêziêmma-t.
Trema, tremâ.
Tremblant, trabla-t.
Tremblante, trablat.
Tremble, trabl.
Tremblement, trablema-t.
Trembler, trable-r.
Trembleur, trabler.
Trembleuse, trablêz.
Tremblotant, trablota-t.
Tremblotante, trablotat.
Trembloter, trablote-r.
Trémie, tremi.
Trémousser (se), tremûse-r.
Trempe, trap.
Tremper, trape-r.
Tremplin, trapli.
Trentaine, traten.
Trente, trat.
Trentième, tratiêm.
Trépan, trepa.
Trépaner, trepane-r.
Trépas, trepâ-z.
Trépassement, trepâsma-t
Trépasser, trepâse-r.
Trépidation, trepidâsio.
Trépied, trepie.
Trépignement, trepigma-t.
Trépigner, trepige-r.
Trépointe, trepûit.
Très, trê-z.
Trésor, trezor.
Trésorerie, trezorri.
Trésorier, trezorie.
Trésorière, trezoriêr.
Tressaillement, tresalma-t.
Tressaillir, tresalir.
Tresse, três.
Tresser, trese-r.
Tresseur, trêser.
Tresseuse, trêsêz.
Tréteau, tretô.
Treuil, trel.
Trêve, trêv.

Triage, triaj.
Triaires, triêr-z.
Triangle, triagl.
Triangulaire, triagulêr.
Triangulation, triagulâsio.
Tribade, tribad.
Tribord, tribor.
Tribu, tribu.
Tribulation, tribulâsio.
Tribun, tribu.
Tribunal, tribunal.
Tribunat, tribuna.
Tribunaux, tribunô-z.
Tribune, tribun.
Tribut, tribu-t.
Tributaire, tributêr.
Triceps, trisêps.
Tricher, trihe-r.
Tricherie, trihri.
Tricheur, triher.
Tricheuse, trihêz.
Tricoises, trikûaz.
Tricolore, trikolor.
Tricot, trikô-t.
Tricotage, trikotaj.
Tricoter, trikote-r.
Tricoteur, trikoter.
Tricoteuse, trikotêz.
Trictrac, triktrak.
Trident, trida-t.
Triennal, e, triên'al.
Triennaux, triên'ô-z.
Trier, trie-r.
Trigonométrie, trigonometri.
Trigonométrique, trigonometrik.
Trilatéral, trilateral.
Trilatéraux, trilaterô-z.
Trille, tril.
Trillion, trilio.
Trilogie, triloji.
Trimballer, tribale-r.
Trimestre, trimêstr.
Trimestriel, le, trimêstriêl.
Tringle, trigl.
Trinitaire, trinitêr.

TRINITÉ, trinite.
TRINÔME, trinô'm.
TRINQUER, trike-r.
TRIO, triô.
TRIOLET, triolê-t.
TRIOMPHAL, E, triofal.
TRIOMPHALEMENT, triofalma-t.
TRIOMPHANT, triofa-t.
TRIOMPHANTE, triofat.
TRIOMPHATEUR, triofatɛr.
TRIOMPHE, triof.
TRIOMPHER, triofe-r.
TRIPE, trip.
TRIPERIE, tripri.
TRIPHTHONGUE, triftog.
TRIPIER, tripie.
TRIPIÈRE, tripiêr.
TRIPLE, tripl.
TRIPLEMENT, triplɛma-t.
TRIPLER, triple-r.
TRIPLICATA, triplikata.
TRIPOLI, tripoli.
TRIPOT, tripô-t.
TRIPOTAGE, tripotaj.
TRIPOTER, tripote-r.
TRIQUE, trik.
TRIRÈME, trirêm.
TRISAÏEUL, E, trizayɛl.
TRISSYLLABE, trisil'ab.
TRISTE, trist.
TRISTEMENT, tristɛma-t.
TRISTESSE, tristês.
TRITON, trito.
TRITOXYDE, tritoksid.
TRITURATION, triturâsio.
TRITURER, triture-r.
TRIUMVIR, triomvir.
TRIUMVIRAT, triomvira.
TRIVIAL, E, trivial.
TRIVIALEMENT, trivialma-t.
TRIVIALITÉ, trivialite.
TROC, trok.
TROCHAÏQUE, trokaik.
TROCHANTER, trokatêr.
TROCHÉE, troke.
TROENE, troên.
TROGLODYTES, troglodit-z.
TROGNE, trog̃.
TROGNON, trogo.
TROIS, trûâ-z.
TROISIÈME, trûâziêm.
TROISIÈMEMENT, trûâziêmma-t.
TROMBE, trob.
TROMBLON, troblo.
TROMBONE, trobon.
TROMPE, trop.
TROMPE-L'ŒIL, tropl'ɛl.
TROMPER, trope-r.
TROMPERIE, tropri.
TROMPETER, tropete-r.
TROMPETTE, tropêt.
TROMPEUR, tropɛr.
TROMPEUSE, tropêz.
TRONC, tro.
TRONÇON, troso.
TRONÇONNER, trosone-r.
TRÔNE, trô'n.
TRÔNER, trôner.
TRONQUER, troke-r.
TROP, tro-p.
TROPE, trop.
TROPHÉE, trofe.
TROPIQUE, tropik.
TROQUER, troke-r.
TROQUEUR, trokɛr.
TROQUEUSE, trokêz.
TROT, trô.
TROTTE, trot.
TROTTER, trote-r.
TROTTEUR, trotɛr.
TROTTEUSE, trotêz.
TROTTINER, trotine-r.
TROTTOIR, trotûar.
TROU, trû.
TROUBADOUR, trûbadûr.
TROUBLE, trûbl.
TROUBLER, trûble-r.
TROUÉE, trûe.
TROUER, trûe-r.
TROUPE, trûp.

TROUPEAU, trupô.
TROUSSE, trûs.
TROUSSEAU, trûsô.
TROUSSEQUIN, trûski.
TROUSSER, trûse-r.
TROUVAILLE, trûvâl.
TROUVER, trûve-r.
TROUVÈRE, trûvêr.
TROUVEUR, trûver.
TRUAND, trua.
TRUANDE, truad.
TRUC, truk.
TRUCHEMENT, truhma-t.
TRUELLE, truêl.
TRUELLÉE, truele.
TRUFFE, truf.
TRUFFER, trufe-r.
TRUFFIÈRE, trûfiêr.
TRUIE, trui.
TRUITE, truit.
TRUITÉ, E, truite.
TRUMEAU, trumô.
TSAR, tzar ou gzar.
TU, tu.
TUANT, tua-t.
TUBE, tub.
TUBERCULE, tubêrkul.
TUBERCULEUSE, tubêrkulêz.
TUBERCULEUX, tubêrkulê-z.
TUBÉREUSE, tuberêz.
TUBEROSITÉ, tuberôsite.
TUBULAIRE, tubulêr.
TUBULE, E, tubule.
TUBULEUSE, tubulêz.
TUBULEUX, tubulê-z.
TUBULURE, tubulur.
TUDESQUE, tudêsk.
TUER, tue-r.
TUERIE, turi.
TUEUR, tuer.
TUF, tuf.
TUILE, tuil.
TUILEAU, tuilô.
TUILERIE, tuilri.
TUILIER, tuilie.
TULIPE, tulip.
TULIPIER, tulipie.
TULLE, tul.
TUMÉFACTION, tumefaksio.
TUMÉFIER, tumefie-r.
TUMEUR, tumer.
TUMULAIRE, tumulêr.
TUMULTE, tumult.
TUMULTUAIRE, tumultuêr.
TUMULTUAIREMENT, tumultuêrma-t.
TUMULTUEUSE, tumultuêz.
TUMULTUEUSEMENT, tumultuêzma-t.
TUMULTUEUX, tumultuê-z.
TUMULUS, tumulus.
TUNIQUE, tunik.
TURBAN, turba.
TURBINE, turbin.
TURBOT, turbô.
TURBOTIÈRE, turbotiêr.
TURBOTIN, turboti.
TURBULEUSEMENT, turbulêzma-t.
TURBULENCE, turbulas.
TURBULENT, turbula-t.
TURBULENTE, turbulat.
TURC, turk.
TURLUPINADE, turlupinad.
TURLUPINER, turlupine-r.
TURNEPS, turnêps.
TURPITUDE, turpitud.
TURQUOISE, turkûaz.
TUTÉLAIRE, tutelêr.
TUTELLE, tutêl.
TUTEUR, tuter.
TUTIE, tuti.
TUTOÎMENT, tutûama-t.
TUTOIEMENT, tutûama-t.
TUTOYER, tutûaye-r.
TUTRICE, tutris.
TUYAU, tuiyô.
TUYÈRE, tuiyêr.
TYMPAN, tipa.
TYMPANISER, tipanize-r.
TYMPANITE, tipanit.

Tympanon, tipano.
Type, tip.
Typhon, tifo.
Typhus, tifus-z.
Typique, tipik.
Typographe, tipograf.
Typographie, tipografi.
Typographique, tipografik.
Tyran, tira.
Tyranneau, tiran'ô.
Tyrannie, tirani.
Tyrannique, tiran'ik.
Tyranniquement, tiranikma-t.
Tyranniser, tiranize-r.
Tzar, tzar ou gzar.

U

U, u.
Ubiquitaire, ubikuitêr.
Ubiquité, ubikuite.
Uhlan, ûla.
Ukase, ukâz.
Ulcération, ulserâsio.
Ulcère, ulsêr.
Ulcérer, ulsere-r.
Ulcéreuse, ulserêz.
Ulcéreux, ulserê-z.
Uléma, ûlema.
Ultérieur, e, ulteryer.
Ultérieurement, ulteryerma-t.
Ultimatum, ultimâtom.
Ultramontain, ultramoti.
Ultramontaine, ultramotên.
Umble, obl.
Un, u-n.
Unanime, unanim.
Unanimement, unanimma-t.
Unanimité, unanimite.
Unau, unô.
Une, un.
Unguis, oguis.
Unième, uniêm.
Unièmement, uniêmma-t.
Uniflore, uniflor.
Uniforme, uniform.
Uniformément, uniformema-t.
Uniformité, uniformite.
Union, unio.
Unique, unik.
Uniquement, unikma-t.
Unir, unir.
Unisexuel, le, unisêksuêl.
Unisson, uniso.
Unitaire, unitêr.
Unité, unite.
Univalve, univalv.
Univers, univêr-z.
Universalité, univêrsalite.
Universaux, univêrsô-z.
Universel, le, univêrsêl.
Universellement, univêrsêlma-t.
Universitaire, univêrsitêr.
Université, univêrsite.
Uranus, uranus.
Urate, urat.
Urbain, urbi.
Urbaine, urbên.
Urbanité, urbanite
Urètre, urêtr.
Urgence, urjas.
Urgent, urja-t.
Urgente, urjat.
Urinaire, urinêr.
Urine, urin.
Uriner, urine-r.
Urique, urik.
Urne, urn
Ursuline, urselin.
Urticaire, urtikêr.

Us, us.
Usage, uzaj.
Usager, uzaje.
Usance, uzas.
User, uze-r.
Usine, uzin.
Usité, e, uzite.
Ustensile, ustasil.
Usuel, le, uzuêl.
Usuellement, uzuêlma-t.
Usufructuaire, uzufruktuêr.
Usufruit, uzufrui-t.
Usufruitier, uzufruitie.
Usufruitière, uzufruitiêr.
Usuraire, uzurêr.
Usurairement, uzurêrma-t.
Usure, uzur.
Usurier, uzurie.
Usurière, uzuriêr.
Usurpateur, uzurpatεr.
Usurpation, uzurpâsio.
Usurpatrice, uzurpatris.
Usurper, uzurpe-r.
Ut, ut.
Utérin, uteri.
Utérine, uterin.
Utérus, uterus.
Utile, util.
Utilement, utilma-t.
Utiliser, utilize-r.
Utilité, utilite.
Utopie, utopi.
Utopiste, utopist.
Uvée, uve.

V

V, ve ou vε.
Va, va.
Vacance, vakas.
Vacant, vaka-t.
Vacante, vakat.
Vacarme, vakarm.
Vacation, vakâsio.
Vaccin, vaksi.
Vaccination, vaksinâsio.
Vaccine, vaksin.
Vacciner, vaksine-r.
Vache, vah.
Vacher, vahe.
Vachère, vahêr.
Vacherie, vahri.
Vacillant, vasil'a-t.
Vacillante, vasil'at.
Vacillation, vasil'âsio.
Vaciller, vasil'e-r.
Vacuité, vakuite.
Vade-mecum, vâde mekom.
Vagabond, vagabo.
Vagabonde, vagabod.
Vagabondage, vagabodaj.
Vagabonder, vagabode-r.
Vagin, vaji.
Vaginal, e, vajinal.
Vaginaux, vajinô-z.
Vagissement, vajisma-t.
Vague, vag.
Vaguement, vagma-t.
Vaguemestre, vagmêstr.
Vaguer, vage-r.
Vaillamment, valama-t.
Vaillance, valas.
Vaillant, vala-t.
Vaillante, valat.
Vaillantise, valatiz.
Vain, vi.
Vaine, vên.
Vaincre, vikr.
Vainement, vênma-t.
Vainqueur, vikεr.
Vair, vêr.

VAISSEAU, vêsô.
VAISSELLE, vêsêl.
VAL, val.
VALABLE, valabl.
VALABLEMENT, valablɛma-t.
VALÉRIANE, valerian.
VALET, valê-t.
VALETAGE, valtaj.
VALETAILLE, valtâl.
VALETER, valte-r.
VALÉTUDINAIRE, valetudinêr.
VALEUR, valɛr.
VALEUREUSE, valɛrɛ̂z.
VALEUREUSEMENT, valɛrɛ̂zma-t.
VALEUREUX, valɛrɛ̂-z.
VALIDATION, validâsio.
VALIDE, valid.
VALIDÉ, valide.
VALIDEMENT, validma-t.
VALIDER, valide-r.
VALIDITÉ, validite.
VALISE, valiz.
VALLÉE, vale.
VALLON, valo.
VALOIR, valûar.
VALSE, vals.
VALSER, valse-r.
VALSEUR, valsɛr.
VALSEUSE, valsɛ̂z.
VALVE, valv.
VALVULE, valvul.
VAMPIRE, vapir.
VAN, va.
VANDALE, vadal.
VANDALISME, vadalism.
VANILLE, vanil.
VANILLIER, vanile.
VANITÉ, vanite.
VANITEUSE, vanitɛ̂z.
VANITEUX, vanitɛ̂-z.
VANNE, van.
VANNEAU, vanô.
VANNER, vane-r.
VANNERIE, vanri.
VANNETTE, vanêt.
VANNEUR, vanɛr.
VANNIER, vanie.
VANTAIL, vatal.
VANTARD, vatar.
VANTARDE, vatard.
VANTAUX, vatô-z.
VANTER, vate-r.
VANTERIE, vatri.
VA-NU-PIEDS, vanupie.
VAPEUR, vapɛr.
VAPOREUSE, vaporɛ̂z.
VAPOREUX, vaporɛ̂-z.
VAPORISATION, vaporizâtio.
VAPORISER, vaporize-r.
VAQUER, vake-r.
VARECH, varêk.
VARIABILITÉ, variabilite.
VARIABLE, variabl.
VARIANT, varia-t.
VARIANTE, variat.
VARIATION, variâsio.
VARICE, varis.
VARICÈLE, varisêl.
VARICOCÈLE, varikosêl.
VARIER, varie-r.
VARIÉTÉ, variete.
VARIETUR (NE), varietur (ne).
VARIOLE, variol.
VARIOLIQUE, variolik.
VARLOPE, varlop.
VASCULAIRE, vaskulêr.
VASCULEUSE, vaskulɛ̂z.
VASCULEUX, vaskulɛ̂-z.
VASE, vâz.
VASEUSE, vâzɛ̂z.
VASEUX, vâzɛ̂-z.
VASISTAS, vazistâs.
VASSAL, E, vasal.
VASSAUX, vasô-z.
VASSELAGE, vaslaj.
VASTE, vast.
VATICAN, vatika.
VA-TOUT, vatû.
VAUDEVILLE, vôdvil.
VAU-L'EAU (A), vôlô.

VAURIEN, vôrį.
VAUTOUR, vôtûr.
VAUTRER (SE), vôtre-r.
VAYVODE, vêyvod.
VEAU, vô.
VEDETTE, vedêt.
VÉGÉTABLE, vejetabl.
VÉGÉTAL, E, vejetal.
VÉGÉTANT, vejeta-t.
VÉGÉTANTE, vejetat.
VÉGÉTATIF, vejetatif.
VÉGÉTATION, vejetâsio.
VÉGÉTATIVE, vejetativ.
VÉGÉTAUX, vejetô-z.
VEGÉTER, vejete-r.
VÉHÉMENCE, veemas.
VEHÉMENT, veema-t.
VÉHÉMENTE, veemat.
VÉHÉMENTEMENT, veematma-t.
VÉHICULE, veikul.
VEILLE, vêl.
VEILLEE, vele.
VEILLER, vele-r.
VEILLEUR, vêler.
VEILLEUSE, vêlêz.
VEINE, vên.
VEINÉ, E, vene.
VEINER, vene-r.
VEINEUSE, vênêz.
VEINEUX, vênê-z.
VÉHICULE, veikul.
VELCHE, vêlh.
VÊLER, vele-r.
VÉLIN, velį.
VÉLITE, velit.
VELLÉITÉ, vel'eite.
VÉLOCE, velos.
VÉLOCITÉ, velosite.
VELOURS, velûr.
VELOUTÉ, velûte.
VELTE, vêlt.
VELU, E, velu.
VENAISON, venêzo.
VÉNAL, E, venal.
VÉNALEMENT, venalma-t.
VÉNALITÉ, venalite.
VENANT, vena-t.
VÉNAUX, venô-z.
VENDABLE, vadabl.
VENDANGE, vadaj.
VENDANGER, vadaje-r.
VENDANGEUR, vadajer.
VENDANGEUSE, vadajêz.
VENDÉMIAIRE, vademiêr.
VENDERESSE, vadrês.
VENDEUR, vader.
VENDEUSE, vadêz.
VENDRE, vadr.
VENDREDI, vadredi.
VÉNENEUSE, venenêz.
VÉNÉNEUX, venenê-z.
VÉNÉRABLE, venerabl.
VENÉRATION, venerâsio.
VÉNÉRER, venere-r.
VENERIE, venri.
VÉNÉRIEN, venerį.
VÉNÉRIENNE, veneriên.
VENETTE, venêt.
VENEUR, vener.
VENGEANCE, vajas.
VENGER, vaje-r.
VENGERESSE, vajrês.
VENGEUR, vajer.
VÉNIEL, LE, veniêl.
VÉNIELLEMENT, veniêlma-t.
VENI-MECUM, veni mekom.
VENIMEUSE, venimêz.
VENIMEUX, venimê-z.
VENIN, venį.
VENIR, venir.
VENT, va-t.
VENTAIL, vatal.
VENTAUX, vatô-z.
VENTE, vat.
VENTER, vate-r.
VENTEUSE, vatêz.
VENTEUX, vatê-z.
VENTILATEUR, vatilater.
VENTILATION, vatilâsio.
VENTILER, vatile-r.

Ventôse, vatôz.
Ventosité, vatôzite.
Ventouse, vatûz.
Ventouser, vatûze-r.
Ventre, vatr.
Ventricule, vatrikul.
Ventrière, vatriêr.
Ventriloque, vatrilok.
Ventru, e, vatru.
Venu, e, venu.
Vénus, venus.
Vêpres, vêpr-z.
Ver, vêr
Véracité, verasite.
Verbal, e, vêrbal.
Verbalement, vêrbalma-t.
Verbaliser, vêrbalize-r.
Verbaux, vêrbô-z.
Verbe, vêrb.
Verbeuse, vêrbêz.
Verbeux, vêrbê-z.
Verbiage, vêrbiaj.
Verd, vêr.
Verdâtre, vêrdâtr.
Verdeur, vêrder.
Verdict, vêrdik.
Verdier, vêrdie.
Verdir, vêrdir.
Verdoyant, vêrdûaya-t.
Verdoyante, vêrdûayat.
Verdoyer, vêrdûaye-r.
Verdure, vêrdur.
Verdurier, vêrdurie.
Véreuse, verêz.
Véreux, verê-z.
Verge, vêrj.
Vergé, e, vêrje.
Verger, vêrje.
Vergeter, vêrjete-r.
Vergettes, vêrjêt.
Vergeure, vêrjur.
Verglas, vêrglâ.
Vergogne, vêrgog.
Vergue, vêrg.
Véridique, veridik.
Vérificateur, verifikater.
Vérification, verifikâsio.
Vérifier, verifie-r.
Vérin, veri.
Vérine, verin.
Véritable, veritabl.
Véritablement, veritablema-t.
Vérité, verite.
Verjus, vêrju.
Vermeil, le, vêrmêl.
Vermicelle, vêrmihêl.
Vermicellier, vêrmihelie.
Vermiculaire, vêrmikulêr.
Vermiculé, e, vêrmikule.
Vermiculure, vêrmikulur.
Vermiforme, vêrmiform.
Vermifuge, vêrmifuj.
Vermillon, vêrmilo.
Vermine, vêrmin.
Vermineuse, vêrminêz.
Vermineux, vêrminê-z.
Vermisseau, vêrmisô.
Vermoulu, e, vêrmûlu.
Vermout, vermût.
Vernir, vêrnir.
Vernis, vêrni-z.
Vernisser, vêrnise-r.
Vernisseur, vêrniser.
Vernissure, vêrnisur.
Vérole, verol.
Vérolé, e, verole.
Vérolique, verolik.
Véron, vero.
Véronique, veronik.
Verrat, vera.
Verre, vêr.
Verrerie, vêrri.
Verrier, verie.
Verrière, veriêr.
Verrine, verin.
Verroterie, verotri.
Verrou, verû.
Verrouiller, verûle-r.
Verrue, veru.
Vers, vêr.

VERSANT, vêrsa-t.
VERSANTE, vêrsat.
VERSATILE, vêrsatil.
VERSATILITÉ, vêrsatilite.
VERSE, vêrs.
VERSEAU, vêrsô.
VERSEMENT, vêrsɛma-t.
VERSER, vêrse-r.
VERSET, vêrsê-t.
VERSIFICATEUR, vêrsifikatɛr.
VERSIFICATION, vêrsifikâsio.
VERSIFIER, vêrsifie-r.
VERSION, vêrsio.
VERSO, vêrsô.
VERSTE, vêrst.
VERT, vêr.
VERTE, vêrt.
VERTÉBRAL, E, vêrtebral.
VERTÉBRAUX, vêrtebrô-z.
VERTÈBRE, vêrtêbr.
VERTEBRÉ, E, vêrtebre.
VERTEMENT, vêrtɛma-t.
VERTICAL, E, vêrtikal.
VERTICALEMENT, vêrtikalma-t.
VERTICAUX, vêrtikô-z.
VERTIGE, vêrtij.
VERTIGINEUSE, vêrtijinêz.
VERTIGINEUX, vêrtijinê-z.
VERTIGO, vêrtigô.
VERTU, vêrtu.
VERTUEUSE, vêrtuêz.
VERTUEUSEMENT, vêrtuêzma-t.
VERTUEUX, vêrtuê-z.
VERVE, vêrv.
VERVEINE, vêrvên.
VESCE, vês.
VÉSICAL, E, vezikal.
VÉSICAUX, vezikô-z.
VÉSICATOIRE, vezikatûar.
VÉSICULAIRE, vezikulêr.
VÉSICULE, vezikul.
VESOU, vɛzû.
VESPETRO, vêspetrô.
VESSE, vês.
VESSER, vese-r.
VESSEUR, vêsɛr.
VESSEUSE, vêsêz.
VESSIE, vesi.
VESSIGON, vesigo.
VESTA, vêsta.
VESTALE, vêstal.
VESTE, vêst.
VESTIAIRE, vêstiêr.
VESTIBULE, vêstibul.
VESTIGE, vêstij.
VÊTEMENT, vêtma-t.
VÉTÉRAN, vetera.
VÉTÉRANCE, veteras.
VÉTÉRINAIRE, veterinêr.
VÉTILLE, vetil.
VÉTILLER, vetile-r.
VÉTILLEUSE, vetilêz.
VÉTILLEUX, vetilê-z.
VÊTIR, vetir.
VETO, vetô.
VÉTUSTÉ, vetuste.
VETYVER, vetivêr.
VEUF, vɛf.
VEULE, vêl.
VEUVAGE, vɛvaj.
VEUVE, vɛv.
VEXATION, vêksâsio.
VEXATOIRE, vêksatûar.
VEXER, vêkse-r.
VIABILITÉ, viabilite.
VIABLE, viabl.
VIAGER, viaje.
VIAGÈRE, viajêr.
VIANDE, viad.
VIATIQUE, viatik.
VIBRANT, vibra-t.
VIBRANTE, vibrat.
VIBRATION, vibrâsio
VIBRER, vibre-r.
VICAIRE, vikêr.
VICARIAT, vikaria-t.
VICE, vis.
VICENNAL, E, visen'al.
VICENNAUX, visen'ô-z.
VICE VERSÂ, vise vêrsa.

Vicier, visie-r.
Vicieuse, visiêz.
Vicieusement, visiêzma-t.
Vicieux, visiê-z.
Vicinal, visinal.
Vicinaux, visinô-z.
Vicissitude, visis'itud.
Vicomte, vikot.
Vicomté, vikote.
Vicomtesse, vikotês.
Victime, viktim.
Victimer, viktime-r.
Victoire, viktûar.
Victorieuse, viktoriêz.
Victorieusement, viktoriêzma-t.
Victorieux, viktoriê-z.
Victuaille, viktuâl.
Vidame, vidam.
Vidange, vidaj.
Vidangeur, vidajer.
Vide, vid.
Vider, vide-r.
Vidrecome, vidrkom.
Viduité, viduite.
Vie, vi.
Vieil, viêl.
Vieille, viêl.
Vieillard, vielar.
Viellerie, vielri.
Vieillesse, vielês.
Vieillir, vielir.
Vieillissant, vielisa-t.
Vieillissante, vielisat.
Vieillissement, vielisma-t.
Vieillot, vielô.
Vieillotte, vielot.
Vielle, viêl.
Vieller, viele-r.
Vielleur, vieler.
Vielleuse, vielêz.
Vierge, viêrj.
Vieux, viê-z.
Vif, vif.
Vigie, viji.
Vigilamment, vijilama-t.
Vigilance, vijilas.
Vigilant, vijila-t.
Vigilante, vijilat.
Vigile, vijil.
Vigne, vig̃.
Vigneron, vig̃ro.
Vigneronne, vig̃ron.
Vignette, vig̃êt.
Vignoble, vig̃obl.
Vigogne, vigog̃.
Vigoureuse, vigûrêz.
Vigoureusement, vigûrêzma-t.
Vigoureux, vigûrê-z.
Vigueur, viger.
Vil, e, vil.
Vilain, vili.
Vilaine, vilên.
Vilainement, vilênma-t.
Vilebrequin, vilbreki.
Vilement, vilma-t.
Vilenie, vilni.
Vileté, vilte.
Vilipender, vilipade-r.
Villa, vil'a.
Village, vilaj.
Villageois, vilajûâ-z.
Villageoise, vilajûaz.
Villanelle, vil'anêl.
Ville, vil.
Vin, vi.
Vinaigre, vinêgr.
Vinaigrer, vinegre-r.
Vinaigrette, vinegrêt.
Vinaigrier, vinegrie.
Vindicatif, vidikatif.
Vindicative, vidikativ.
Vindicte, vidikt.
Vinée, vine.
Vineuse, vinêz.
Vineux, vinê-z.
Vingt, vi-t (1).

(1) On fait entendre le *t* dans les adjectifs numéraux *vingt-deux*, *vingt-trois* et suivants, que l'on prononce vit dê, vit trûâ, vit katr, vit sik,

VINGTAINE, vitên.
VINGTIÈME, vitiêm.
VINIFICATION, vinifikâsio.
VIOL, viol.
VIOLACÉ, E, violase.
VIOLATEUR, violatɛr.
VIOLATION, violâsio.
VIOLÂTRE, violâtr.
VIOLATRICE, violatris.
VIOLE, viol.
VIOLEMENT, violma-t.
VIOLEMMENT, violama-t.
VIOLENCE, violas.
VIOLENT, viola-t.
VIOLENTE, violat.
VIOLENTER, violate-r.
VIOLER, viole-r.
VIOLET, violê-t.
VIOLETTE, violêt.
VIOLON, violo.
VIOLONCELLE, violohêl.
VIOLONISTE, violonist.
VIPÈRE, vipêr.
VIRAGO, viragô.
VIRELAI, virlê.
VIREMENT, virma-t.
VIRER, vire-r.
VIRGINAL, E, virjinal.
VIRGINAUX, virjinô-z.
VIRGINITÉ, virjinite.
VIRGULE, virgul.
VIRIL, E, viril.
VIRILEMENT, virilma-t.
VIRILITÉ, virilite.
VIROLE, virol.
VIROLÉ, E, virole.
VIRTUALITÉ, virtualite.
VIRTUEL, virtuêl.
VIRTUELLEMENT, virtuêlma-t.
VIRTUOSE, virtuôz.
VIRULENCE, virulas.
VIRULENT, virula-t.
VIRULENTE, virulat.
VIRUS, virus.
VIS, vis.
VISA, viza.
VISAGE, vizaj.
VIS-A-VIS, viz a vi-z.
VISCÉRAL, E, viseral.
VISCÉRAUX, viserô-z.
VISCÈRE, vis'êr.
VISCOSITÉ, viskôzite.
VISÉE, vize.
VISER, vize-r.
VISIBILITÉ, vizibilite.
VISIBLE, vizibl.
VISIBLEMENT, viziblɛma-t.
VISIÈRE, viziêr.
VISION, vizio.
VISIONNAIRE, vizionêr.
VISIR, vizir.
VISITANDINE, vizitadin.
VISITATION, vizitâsio.
VISITE, vizit.
VISITER, vizite-r.
VISITEUR, vizitɛr.
VISQUEUSE, viskêz.
VISQUEUX, viskê-z.
VISSER, vise-r.
VISUEL, LE, vizuêl.
VITAL, E, vital.
VITALITÉ, vitalite.
VITAUX, vitô-z.
VITCHOURA, vithûra.
VITE, vit.
VITEMENT, vitma-t.
VITESSE, vitês.
VITRAGE, vitraj.
VITRAUX, vitrô-z.
VITRE, vitr.

vit sis', vit sêt, vit uit vit nɛf. Mais on prononce, sans liaison et sans faire sentir le *t*, katrɛ vi u, katrɛ vi dê, katrɛ vi trûâ, katrɛ vi katr, katrɛ vi sik, katrɛ vi sis, katrɛ vi sêt, katrɛ vi uit, katrɛ vi nɛf.

VITRER, vitre-r.
VITRERIE, vitreri.
VITREUSE, vitrêz.
VITREUX, vitré-z.
VITRIER, vitrie-r.
VITRIFIABLE, vitrifiabl.
VITRIFICATION, vitrifikâsio.
VITRIFIER, vitrifie-r.
VITRIOL, vitriol.
VITRIOLÉ, E, vitriole.
VITRIOLIQUE, vitriolik.
VITUPÉRER, vitupere-r.
VIVACE, vivas.
VIVACITÉ, vivasite.
VIVANDIER, vivadie.
VIVANDIÈRE, vivadiêr.
VIVANT, viva-t.
VIVANTE, vivat.
VIVAT, vivat.
VIVE, viv.
VIVEMENT, vivma-t.
VIVIER, vivie.
VIVIFIANT, vivifia-t.
VIVIFIANTE, vivifiat.
VIVIFICATION, vivifikâsio.
VIVIFIER, vivifie-r.
VIVIPARE, vivipar.
VIVOTER, vivote-r.
VIVRE, vivr.
VIZIR, vizir.
VIZIRAT, vizira-t.
VOCABULAIRE, vokabulêr.
VOCAL, E, vokal.
VOCALISATION, vokalizâsio.
VOCALISER, vokalize-r.
VOCATIF, vokatif.
VOCATION, vokâsio.
VOCAUX, vokô-z.
VOCIFÉRATIONS, vosiferâsio-z.
VOCIFÉRER, vosifere-r.
VŒU, vé.
VOGUE, vog.
VOGUER, voge-r.
VOGUEUR, voger.
VOICI, vûasi.
VOIE, vûâ.
VOILA, vûala.
VOILE, vûal.
VOILER, vûale-r.
VOILURE, vûalur.
VOIR, vûar.
VOIRIE, vûari.
VOISIN, vûazi.
VOISINAGE, vûazinaj.
VOISINE, vûazin.
VOISINER, vûazine-r.
VOITURE, vûatur.
VOITURER, vûature-r.
VOITURIER, vûaturie.
VOITURIN, vûaturi.
VOIX, vûâ-z.
VOL, vol.
VOLABLE, volabl.
VOLAGE, volaj.
VOLAILLE, volâl.
VOLANT, vola-t.
VOLANTE, volat.
VOLATIL, E, volatil.
VOLATILISATION, volatilizâsio.
VOLATILISER, volatilize-r.
VOLATILITÉ, volatilite.
VOLATILLE, volatil.
VOL-AU-VENT, volôva-t.
VOLCAN, volka.
VOLCANIQUE, volkanik.
VOLCANISÉ, E, volkanize.
VOLE, vol.
VOLÉE, vole.
VOLER, vole-r.
VOLERIE, volri.
VOLET, volê-t.
VOLETER, volte-r.
VOLEUR, voler.
VOLEUSE, volêz.
VOLIÈRE, voliêr.
VOLIGE, volij.
VOLITION, volisio.
VOLONTAIRE, volotêr.
VOLONTAIREMENT, volotêrma-t.
VOLONTÉ, volote.

Volontiers, volotie.
Volte, volt.
Volte-face, voltɛfas.
Volter, volte-r.
Voltige, voltij.
Voltigement, voltijma-t.
Voltiger, voltije-r.
Voltigeur, voltijɛr.
Volubilité, volubilite.
Volume, volum.
Volumineuse, voluminêz.
Volumineux, voluminê-z.
Volupté, volupte.
Voluptuaire, voluptuêr.
Voluptueuse, voluptuêz.
Voluptueusement, voluptuêzma-t.
Voluptueux, voluptuê-z.
Volute, volut.
Vomique, vômik.
Vomir, vômir.
Vomissement, vômisma-t.
Vomitif, vômitif.
Vomitive, vômitiv.
Vomitoire, vômitûar.
Vorace, voras.
Voracité, vorasite.
Vos, vô-z.
Votant, vota-t.
Votation, votâsio.
Vote, vot.
Voter, vote-r.
Votif, votif.
Votive, votiv.
Votre, votr.
Vôtre, vôtr.
Vouer, vûe-r.
Vouloir, vûlûar.
Vous, vû-z.
Voussoir, vûsûar.
Voussure, vûsur.
Voûte, vût.
Voûter, vûte-r.
Voyage, vûayaj.
Voyager, vûayaje-r.
Voyageur, vûayajɛr.
Voyageuse, vûayajêz.
Voyant, vûaya-t.
Voyante, vûayat.
Voyelle, vûayêl.
Voyer, vûaye.
Vrai, e, vrê.
Vraiment, vrêma-t.
Vraisemblable, vrêsablabl.
Vraisemblablement, vrêsablablɛma-t.
Vraisemblance, vrêsablas.
Vrille, vril.
Vue, vu.
Vulgaire, vulgêr.
Vulgairement, vulgêrma-t.
Vulgariser, vulgarize-r.
Vulgarité, vulgarite.
Vulgate, vulgat.
Vulnérable, vulnerabl.
Vulnéraire, vulnerêr.
Vulve, vulv.

W

W, dûbl v, ou wɛ.
Wagon, wago.
Whig, wig.
Whist, wist.
Wisk, wisk.
Wiskey, wiski.
Wiski, wiski.

X

X, iks ou kse.
Xénelasie, gzenelazi.
Xérasie, gzerazi.
Xérophagie, gzerofaji.
Xérophthalmie, gzeroftalmi.
Xiphias, gzifiâs.
Xiphoïde, gzifoid.
Xylophage, gzilofaj.
Xyste, gzist.

Y

Y, i grêk ou ye.
Y, i.
Yacht, yak.
Yatagan, yataga̱.
Yèble, yêbl.
Yeuse, yêz.
Yeux, yê-z.
Yole, yol.
Ypréau, ipreô.
Yucca, yuka.

Z

Z, zêd ou ze.
Zagaie, zagay.
Zaïm, zaim.
Zain, zi̱.
Zani, zani.
Zèbre, zêbr.
Zébré, e, zebre.
Zébu, zebu.
Zélateur, zelater.
Zélatrice, zelatris.
Zèle, zêl.
Zélé, e, zele.
Zend-Avesta, Zi̱d avêsta.
Zénith, zenit.
Zénonique, zenonik.
Zénonisme, zenonism.
Zéolithe, zeolit.
Zéphire, zefir.
Zéphyr, zefir.
Zéro, zerô.
Zeste, zêst.
Zététique, zetetik.
Zibeline, ziblin.
Zigzag, zigzag.
Zinc, zi̱k.
Zinzolin, zi̱zoli̱.
Zizanie, zizani.
Zodiacal, e, zodiakal.
Zodiaque, zodiak.
Zoïle, zoil.
Zone, zôn.
Zoographie, zoografi.
Zoolithe, zoolit.
Zoologie, zooloji.
Zoologique, zoolojik.
Zoologiste, zoolojist.
Zoophyte, zoofit.
Zymotechnie, zimotêkni.

FIN.

NOTA.

J'avais cru, en commençant mon travail, que le signe de la longue suffirait pour indiquer les consonnes doubles, alors même qu'elles sont séparées par un *e* muet dans l'orthographe usuelle. Mais j'ai dû revenir sur cette opinion, d'autant que ce signe ne sera pas employé dans l'écriture phonétique ordinaire, et que les mots seraient complétement défigurés si l'on ne prononçait qu'une consonne. J'ai donc, dans la dernière partie du Dictionnaire et dans l'Errata, redoublé ces consonnes.

J'avais annoncé, dans ma préface, que je donnerais un verbe de chaque conjugaison et les verbes irréguliers; mais l'excessive longueur de l'impression de ce Dictionnaire, qui a exigé deux ans de travail, m'oblige à réserver ces verbes qui formeront un supplément.

ERRATA.

MÉMOIRE SUR LA RÉFORME DE L'ALPHABET.

Page	ligne	*au lieu de :*	*lisez :*
Page 4,	ligne 7,	consequences,	conséquences.
28,	19,	une voix exercée,	une voix connue.
33,	1,	et que ces deux,	que ces deux.
38,	15,	l's,	le s.

DICTIONNAIRE (*Préface*).

Page	ligne	*au lieu de :*	*lisez :*
42,	30,	l'écriture,	la prononciation.

A

Page	col.	lig.	*au lieu de :*	*lisez :*
53,	col. 2,	lig. 5,	abcede-r,	absede-r.
53,	2,	6,	abcê-z,	absê-z.
56,	1,	31,	akuhéz,	akûhɛ̂z.
57,	2,	25,	akupo̱ctur,	akupo̱ktur.
59,	1,	10,	adverser,	advêrsêr.
60,	1,	33,	afro̱tɛz,	afro̱tɛ̂z.
61,	2,	25,	ayɛl-s,	ayɛl-z.
66,	2,	39,	a̱plitude,	a̱plitud.

Page	col.	lig.	*au lieu de :*	*lisez :*
70,	2,	41,	apotikêr'i,	apotikêrri.
76,	2,	10,	asortisat,	asortisat.

B

89,	2,	2,	bizar'i,	bizarri.
90,	2,	1,	ODRUCHE,	BODRUCHE.
92,	2,	45,	bûlinie-r,	bûlinie.

C

102,	1,	17,	kadi,	kadi.
110,	1,	15,	hasêl,	hasêl.
112,	2,	33,	hɛmisie,	hɛmizie.
114,	1,	33,	hûâr,	hûar.
115,	2,	33,	sikiêm'a-t,	sikiêmma-t.
117,	2,	40,	klikâlie,	klikâle.
117,	note,	1,	Cependant on fait entendre ; *supprimez :* cependant ; *et lisez :* On fait entendre.	
126,	col. 2,	27,	kostitutionalite, lis. :	kostitusionalite.
127,	2,	4,	kotradictûarma-t,	kotradiktûarma-t.
128,	1,	6,	kotralto,	kotraltô.
128,	1,	41,	kotrɛmêtr,	kotrɛmê'tr.
129,	1,	20,	koverjat,	kovêrjat.
138,	1,	39,	kutɛr,	kotr.

D

139,	1,	2,	dabor,	d'abor.
139,	1,	13,	dalɛr-z,	d'alɛr-z.
142,	1,	22,	declivite,	deklivite.
143,	2,	10,	defectuêz,	defêktuêz.
148,	2,	12,	derêzô,	derêzo.
148,	2,	29,	derivâsiô,	derivâsio.
149,	1,	13,	desabuze-r,	dezabuze-r.
149,	2,	39,	desarume-r,	dezarume-r.
151,	2,	8,	detler,	detle-r.
151,	2,	34,	detirer,	detire-r.
152,	1,	23,	dêziêm'a-t,	dêziêmma-t.
153,	2,	2,	diâré,	diâre.
157,	2,	23,	diziêm'a-t,	diziêmma-t.

Page	col.	lig.	au lieu de :	lisez :
159,	2,	44,	dûziêm'a-t,	dûziêmma-t.
160,	1,	27,	drêsûâr,	drêsûar.

E

161,	2,	36,	ekâlêr,	ekâlêr.
166,	2,	43,	abôm'a-t,	abômma-t.
172,	1,	25,	asorselez,	asorselèz.
173,	1,	15,	atrepôzer,	atrepôzer.
176,	1,	4,	erâflure,	erâflur.
176,	1,	24,	erign,	erig.
176,	1,	43,	erukago,	erukagô.
177,	2,	37,	esuiyer,	esuiye-r.
178,	1,	4,	étalagist,	etalajist.
179,	2,	21,	êt'r,	ê'tr.
180,	2,	22,	evidûâr,	evidûar.
183,	2,	44,	êkstrêm'a-t,	êkstrêmma-t.
184,	2,	3,	egzutûâr,	egzutûar.

F

184,	2,	13,	faktor'i,	faktorri.
185,	2,	29,	fanfreluh,	fafreluh.
190,	2,	36,	flaconad,	flakonad.
193,	2,	7,	fortepiano,	fortepianô.
193,	2,	38,	fûat,	fûa.

G

201,	2,	3,	ÉNEALOGIE,	GÉNÉALOGIE.
202,	2,	31,	glêr,	glêr.

H

213,	2,	21,	onêt'e,	onêtte.
213,	2,	31,	otêz,	otêz, asp.
213,	2,	32,	otêzma-t,	otèzma-t, asp.
213,	2,	33,	oté-z,	oté-z, asp.
215,	1,	3,	uitiêm'a-t,	uitiêmma-t.
215,	2,	33,	yên,	yên, asp.

I

217,	1,	40,	il'ejitim'a-t,	il'ejitimma-t.
229,	2,	6,	itim'a-t,	itimma-t.

J

Page	col.	lig.	au lieu de :	lisez :
Page 233,	col. 1,	lig. 14,	*au lieu de :* ja̱vlɛr,	*lisez :* javlɛr.
233,	1,	19,	jɛ̂ktis,	jêktis.

L

239,	1,	31,	lejitim'a̱-t,	lejitimma̱-t.
239,	1,	40,	lèm,	lêm.

M

246,	1,	28,	maḡanim'a̱-t,	maḡanimma̱-t.
246,	2,	16,	midɛvr,	mi̱d'ɛvr.
247,	2,	16,	malonêt'e,	malonêtte.
250,	1,	4,	mari̱,	mari.
253,	1,	22,	me̱le-r,	mele-r.
253,	2,	3,	mêm'a̱-t,	mêmma̱-t.
254,	1,	34,	mɛ̂rsɛrie,	mɛ̂rsɛri.
256,	1,	6,	mɛ̂l,	mɛl.
263,	2,	22,	mutuel,	mutuɛ̂l.
263,	2,	23,	mutuelma̱-t,	mutuɛ̂lma̱-t.

N

266,	1,	35,	nêt'e,	nêtte.
266,	2,	14,	nɛviêm'a̱-t,	nɛviêmma̱-t.
268,	2,	32,	Novis,	Novice.

O

270,	2,	12,	okâsio̱,	okâzio̱.
272,	1,	14,	ûazê-z,	ûazɛ̂-z.
273,	1,	23,	o̱ziêm'a̱-t,	o̱ziêmma̱-t.

P

279,	2,	6,	papi̱lionase,	papi̱lonase.
288,	2,	7,	pêsɛ̂'r,	pês'êr.
290,	2,	21,	piêr'i-z,	piêrri-z.
301,	2,	24,	prɛ̂,	prê-z.
302,	1,	43,	prɛ̂stidijitatɛ̂r,	prɛ̂stidijitatɛr.
307,	1,	17,	provizor'i,	provizorri.
307,	2,	1,	psalterio,	psalterio̱.

Q

Page	col.	lig.	au lieu de :	lisez :
310,	1,	39,	katorziêm'a-t,	katorziêmma-t.
310,	2,	4,	katriêm'a-t,	katriêmma-t.
311,	2,	3,	kitfêl,	kitfɛl.
311,	2,	15,	kiziêm'a-t,	kiziêmma-t.

R

314,	1,	4,	ramasi-z,	ramâsi-z.
314,	2,	42,	raportɛz,	raportêz.
315,	2,	10,	râsio,	râsio.
315,	2,	32,	ravôdɛz,	ravôdêz.
316,	2,	26,	rɛbûta-t,	rɛbuta-t.
326,	2,	26,	rêsortir,	rɛsortir.
328,	2,	33,	rɛvizɛr,	revizɛr.

S

340,	1,	24,	sɛkretêr'i,	sɛkretêrri.
340,	2,	30,	sêziêm'a-t,	sêziêmma-t.
341,	2,	20,	sasualist,	sasualist.
342,	1,	19,	sêtiêm'a-t,	sêtiêmma-t.
343,	1,	4,	serur'i,	serurri.
344,	2,	42,	sît,	sit.
345,	1,	4,	siziêm'a-t,	siziêmma-t.
345, note 1,		2,	substantif : six *degrés*, *le* sis *du mois*, *lisez :* substantif : *le* sis *du mois* (en supprimant si *degrés*).	

FIN.

www.ingramcontent.com/pod-product-compliance
Ingram Content Group UK Ltd.
Pitfield, Milton Keynes, MK11 3LW, UK
UKHW020301230726
13925UKWH00001B/160